法国刑法总论

General Principles of French Criminal Law

孙平 著

清华大学出版社
北京

版权所有,侵权必究。举报: 010-62782989,beiqinquan@tup.tsinghua.edu.cn。

图书在版编目(CIP)数据

法国刑法总论 / 孙平著. -- 北京 : 清华大学出版社, 2025.1.
ISBN 978-7-302-67978-3

Ⅰ. D956.54

中国国家版本馆 CIP 数据核字第 20251QP608 号

责任编辑：朱玉霞
封面设计：傅瑞学
责任校对：王荣静
责任印制：宋　林

出版发行：清华大学出版社
　　　　网　　址：https://www.tup.com.cn, https://www.wqxuetang.com
　　　　地　　址：北京清华大学学研大厦 A 座　　邮　　编：100084
　　　　社 总 机：010-83470000　　　　　　　　邮　　购：010-62786544
　　　　投稿与读者服务：010-62776969, c-service@tup.tsinghua.edu.cn
　　　　质量反馈：010-62772015, zhiliang@tup.tsinghua.edu.cn
印 装 者：天津鑫丰华印务有限公司
经　　销：全国新华书店
开　　本：165mm×238mm　　印　张：26.75　　插　页：1　　字　数：437 千字
版　　次：2025 年 3 月第 1 版　　　　　　　　　印　次：2025 年 3 月第 1 次印刷
定　　价：199.00 元

产品编号：068840-01

国家社科基金后期资助项目
出 版 说 明

后期资助项目是国家社科基金设立的一类重要项目,旨在鼓励广大社科研究者潜心治学,支持基础研究多出优秀成果。它是经过严格评审,从接近完成的科研成果中遴选立项的。为扩大后期资助项目的影响,更好地推动学术发展,促进成果转化,全国哲学社会科学工作办公室按照"统一设计、统一标识、统一版式、形成系列"的总体要求,组织出版国家社科基金后期资助项目成果。

全国哲学社会科学工作办公室

序　言

在当今中国，一说起外国刑法，特别是大陆法系刑法，似乎就全是德日刑法的天下。究其缘由，既有德日刑法后来居上的历史原因，也有假道台湾渗透大陆的文化或语言便利。改革开放初期，我们通过影印台湾同行的著述，开始了解或接触的外国刑法理论或制度，基本都是以德日刑法为主。相比之下，作为大陆法系正宗甚至可以说是大陆法系"老大"的法国刑法，在中国的影响要小得多，译介的作品很少，对之进行的专门研究更如凤毛麟角。如果说德日刑法现在是神州大地几乎家喻户晓的当红明星，那么法国刑法就如同"前朝宫女"一般默默无闻。

事实上，法国的刑法学起步远早于德日刑法，研究成果丰硕，思想影响广泛，二战以后马克·安塞尔先生倡导的新社会防卫论即曾风靡全球。即便如今因为近邻德国的影响而风光不再，但是法国的刑法理论依然故我，法国刑法学家照旧悠闲自得，他们并不崇尚德国刑法理论那种哲学式的思辨研究，而是倾向于为教学服务、为司法实践服务，体现出某种英美法国家的务实精神。虽然刑法判例对于法国这样的大陆法国家不是正式的法律渊源，但其对于刑事立法和刑法学说的影响至关重要。法国的刑法理论研究主要体现在各类刑法学教科书、最高法院刑事判决、经典的刑法学杂志、专题论文集以及优秀刑法博士论文等文献资料中，专门的学说性论著相对欠缺。这一方面体现了学说在法国当代刑法领域的影响程度较低，另一方面也对我们全面和深入了解、研究法国刑法理论和制度提出一定的挑战。

与法国文化的独特性一致，法国的刑法理论一直自成一体。在犯罪构成理论方面，与德日刑法的犯罪构成要件符合性、违法性和该当性"三阶层"理论体系不同，法国刑法建立了以"行为"和"行为人"为基点的"二元论"犯罪理论体系，体现了将古典学派的客观主义与近代学派的主观主义相结合的刑法思想。法国的刑法特色主要表现为"罪分三等"，这种分类对定罪、量刑、审判组织和程序规则产生全方位影响，便于司法实践中对刑事案件进行分流管理和科学处理；法国刑法中设有法人犯罪制度，如今又将法人犯罪的罪名扩展到所有自然人实施的犯罪，这在大陆法国家中是具有开创性的举措，体现了实用主义刑事立法政策的导向；刑罚制度中对于刑罚的宣告和执行都强调"刑罚个别化原则"，并配置有较为多样的刑罚替代措施和调整措施，彰显了安塞尔倡导的新社会防卫论思想。另外，法国刑法中还引入某些民法制度，如刑法中的认识错误、为他人行为负刑事责任，将其作为减免刑事责任或扩大刑事责任范围的依据，这些都体现出为了打击犯罪而对刑法机制进行必要调整的务实考虑。法国对未成年人的刑事责任明确作出相对于成年人减半的规定，并对不同年龄段的未成年人设有教育措施、教育处罚和刑罚措施，在司法制度上设有未成年人法院，建立了比较完备的未成年人刑事司法制度，等等。这些都是法国刑法的精华所在。

作为一个"法的国家"，法国自然是当今世界法治比较发达的西方国家之一。其光辉灿烂的启蒙思想、悠久的成文法传统、发达的法典体系、复杂精细的司法组织、先进的法学教育制度特别是浓厚的法治文化环境，曾经是从帝制走向现代国家时期中国法制建设的样板。这一历史影响虽然在新中国成立以后的不同时期历经苏俄法学、英美法学和德日法学的挑战以及法语全球地位的下降而有所减弱，但也绝不至于消失。我们甚至大胆预言，这种影响还将随着全球化的进程、中国全面推进依法治国，以及中法全面战略合作伙伴关系的发展而日益提高。正是基于这样的认识，我们这些曾经留学法国的法律人一直致力于积极促进中法两国法学法律界的交流合作，一方面将法国的法学精华引进到中国，另一方面将中国法学的最新成果推广到法语世界。本书的出版即是这种努力的一部分。

特别需要指出的是，本书是孙平博士十多年来努力研修的成果。2005年刚从法国学成归来的孙平博士即加盟北师大刑科院，并自此坚持不懈地进行着法国刑法的文献收集、翻译、整理，撰写了很多评介研究法国刑法学说、立法进展和司法案例的学术文章。本书的出版填补了我国刑法学界法国刑法学研究专著的空白，为我国刑法学界了解大陆法系刑法的全貌开辟了一个新的界面，值得庆贺！

是为序。

卢建平

2024年6月于北京师范大学

目　录

第一篇　导　论

第一章　法国刑法发展史 … 3
第一节　原始社会时期 … 4
第二节　奴隶社会时期（公元前1世纪至公元5世纪） … 4
第三节　封建社会时期（公元5世纪至18世纪） … 6
　　一、前封建时期（公元5世纪至10世纪） … 6
　　二、封建割据时期（公元10世纪末至15世纪末） … 8
　　三、君主专制时期（公元15世纪末至18世纪末） … 12
第四节　资本主义时期（19世纪初至今） … 14
　　一、19世纪资本主义立法时期 … 14
　　二、20世纪以来现代资本主义立法时期 … 18

第二章　法国犯罪理论体系 … 25
第一节　犯罪理论体系的历史沿革 … 26
　　一、犯罪构成要件的产生 … 26
　　二、犯罪构成要件的争论 … 30
第二节　犯罪理论体系的基本框架 … 33
　　一、犯罪行为 … 34
　　二、负刑事责任的行为人 … 40
第三节　犯罪理论体系的重要问题 … 45
　　一、二元论体系的调整 … 45
　　二、刑事责任的新概念 … 46
第四节　犯罪理论体系的评价 … 48
　　一、关于犯罪理论体系的指导功能 … 48
　　二、关于"二元论"的犯罪理论体系 … 49

第二篇 刑法规范

第三章 罪刑法定原则 …… 55

第一节 原则的确定 …… 55
一、历史渊源 …… 55
二、存在的理由 …… 56
三、原则的价值 …… 57

第二节 原则的内容 …… 58
一、存在法律 …… 58
二、刑事法官职责的限制 …… 60

第三节 原则的衰退 …… 64
一、立法技术导致的衰退 …… 64
二、行政权导致的衰退 …… 65
三、法官权力导致的衰退 …… 67
四、超国家立法权导致的衰退 …… 67

第四章 刑法的渊源 …… 68

第一节 宪法 …… 69
第二节 国际条约与协定 …… 69
一、以《罗马条约》为基础的欧盟法律体系 …… 70
二、以《欧洲人权公约》为核心的欧洲委员会法律体系 …… 73

第三节 法律 …… 74
一、本义上的法律 …… 74
二、类似于法律的法令 …… 74

第四节 行政条例 …… 75
一、重罪轻罪领域中条例被授予的权限 …… 75
二、违警罪领域中条例的自主权限 …… 76

第五章 刑法效力的审查 …… 78

第一节 刑事法律的合宪性审查 …… 78
一、合宪性审查的范围 …… 78
二、合宪性审查的限制 …… 79

第二节 刑事规范的合约性审查 …… 79

  一、法国法官的审查 ………………………………………… 79
  二、国际法官的审查 ………………………………………… 82
 第三节 行政行为的合法性审查 ………………………………… 84
  一、诉讼与抗辩的区别 ……………………………………… 84
  二、向行政法院提起越权之诉 ……………………………… 85
  三、向刑事法院提出违法之抗辩 …………………………… 85

第六章 刑法的适用范围 …………………………………………… 88

 第一节 刑法的时间效力 ………………………………………… 88
  一、实体刑法 ………………………………………………… 88
  二、程序刑法 ………………………………………………… 97
 第二节 刑法的空间效力 ………………………………………… 99
  一、在法国实施的犯罪 ……………………………………… 100
  二、在法国域外实施的犯罪 ………………………………… 104

第三篇 犯 罪

第七章 犯罪的主要分类 …………………………………………… 111

 第一节 依犯罪严重性的分类 …………………………………… 111
  一、分类的标准：刑罚 ……………………………………… 111
  二、分类的后果 ……………………………………………… 112
  三、次分类的存在 …………………………………………… 114
 第二节 依犯罪性质的分类 ……………………………………… 115
  一、政治犯罪 ………………………………………………… 115
  二、军事犯罪 ………………………………………………… 118
  三、有组织犯罪和恐怖主义犯罪 …………………………… 119
  四、经济犯罪 ………………………………………………… 126

第八章 法律要件：犯罪罪名的认定 ……………………………… 129

 第一节 罪名认定的方法 ………………………………………… 129
  一、按照行为时间作出判断 ………………………………… 129
  二、法官对罪名的再认定 …………………………………… 130
  三、罪名认定的调整 ………………………………………… 133
 第二节 法律冲突时的罪名选择 ………………………………… 136

一、罪名的表面冲突 ·· 136
　　　二、罪名的想象竞合 ·· 138

第九章　事实要件 ·· 141

　第一节　犯罪既遂 ·· 142
　　　一、犯罪的实行方式 ·· 142
　　　二、犯罪结果 ·· 149
　第二节　犯罪未遂 ·· 154
　　　一、犯罪未遂的成立要件 ·· 154
　　　二、犯罪未遂的惩处 ·· 163

第十章　心理要件 ·· 165

　第一节　犯罪故意 ·· 165
　　　一、故意的概念 ·· 166
　　　二、故意与动机的区别 ·· 167
　　　三、犯罪故意的类型与程度 ·· 169
　第二节　刑事过失 ·· 173
　　　一、疏忽大意或轻率不慎之过失 ······································ 174
　　　二、蓄意置他人于险境之过失 ·· 179
　　　三、违警过失 ·· 182

第四篇　刑事责任

第十一章　个人刑事责任原则 ·· 187

　第一节　原则的阐述 ·· 187
　　　一、个人责任的确认 ·· 187
　　　二、个人刑事责任的意义 ·· 187
　第二节　领导人的刑事责任 ·· 188
　　　一、领导人的责任范围 ·· 190
　　　二、企业领导人负刑事责任的条件 ···································· 192

第十二章　法人的刑事责任 ·· 198

　第一节　法人刑事责任的立法概况 ···································· 199
　　　一、否定法人责任的历史惯例 ·· 199

二、司法和立法的发展 …… 201
三、《新刑法典》的改革 …… 202
第二节 法人刑事责任的范围 …… 203
一、承担刑事责任的法人 …… 203
二、法人承担刑事责任的犯罪行为 …… 205
第三节 法人承担刑事责任的条件 …… 208
一、法人只对其机关或代表的犯罪行为负责 …… 208
二、法人只对为其利益实施的犯罪负责 …… 209
三、法人刑事责任对自然人的影响 …… 210
第四节 法人承担刑事责任的归责机制 …… 212
一、以自然人的行为和犯意为中介 …… 212
二、机关或代表的行为证明 …… 214
三、机关或代表的行为推定 …… 215
四、代表责任的理论基础 …… 216
五、法人刑事责任的特征与评析 …… 218

第十三章 共同犯罪刑事责任的承担 …… 222

第一节 犯罪正犯 …… 223
一、正犯 …… 223
二、共同正犯 …… 224
第二节 犯罪共犯 …… 226
一、共犯的成立条件 …… 227
二、共犯的惩处 …… 239

第十四章 不负或减轻刑事责任的原因 …… 243

第一节 不可归罪的原因(主观原因) …… 243
一、"精神紊乱"或"神经精神紊乱" …… 245
二、强制 …… 251
三、刑法认识错误 …… 255
四、未成年人 …… 258
第二节 行为正当化事由(客观原因) …… 266
一、法律命令、法律许可和合法机关的指令 …… 268
二、正当防卫 …… 274
三、紧急避险 …… 281

四、被害人同意之问题 ·· 285

第五篇　刑　罚

第十五章　《新刑法典》中的刑罚概念 ·· 291

第一节　刑罚的目的和特征 ·· 291
一、刑罚的目的 ·· 291
二、刑罚的特征 ·· 292
三、刑罚与保安处分理念的趋同 ·· 293

第二节　指导原则 ·· 294
一、罪刑法定原则 ·· 294
二、主体性原则 ·· 297

第十六章　法定刑 ·· 303

第一节　刑罚及相近概念 ·· 303
一、刑罚和非刑事处罚 ·· 303
二、保安处分 ·· 304
三、从刑 ·· 306

第二节　刑罚的类型 ·· 307
一、主刑、替代刑和附加刑 ·· 307
二、刑罚的等级 ·· 309

第三节　刑罚的内容 ·· 315
一、身体刑和生命刑的消失 ·· 315
二、自由刑 ·· 317
三、财产刑 ·· 320
四、履行义务刑 ·· 323
五、涉及权利的刑罚 ·· 327
六、涉及名誉的刑罚 ·· 330

第十七章　宣告刑 ·· 332

第一节　无效的刑罚 ·· 333
一、宣告刑罚的法定障碍：免除刑罚的法定事由 ·· 333
二、宣告刑罚的适时性：刑罚的延期或宽免 ·· 334

第二节　宣告刑的确定 ·· 336

一、法官关于刑罚个别化的一般权限 ………………………… 336
　　二、刑罚性质的确定 …………………………………………… 338
　　三、刑罚数量的确定 …………………………………………… 340
　第三节　数罪适用的特殊规则 ………………………………………… 344
　　一、累犯 ………………………………………………………… 345
　　二、数罪并罚 …………………………………………………… 350
　第四节　审判法院关于刑罚执行的个别化权限 ……………………… 356
　　一、刑罚执行的附条件暂停：缓刑 …………………………… 356
　　二、刑罚执行时间的确定 ……………………………………… 364
　　三、刑罚执行方式的确定 ……………………………………… 366

第十八章　执行刑 ………………………………………………………… 369
　第一节　概述 …………………………………………………………… 369
　　一、刑罚的执行机关 …………………………………………… 369
　　二、刑罚执行中的个别化措施 ………………………………… 374
　　三、对不执行刑罚的处罚 ……………………………………… 375
　第二节　剥夺自由刑的执行 …………………………………………… 376
　　一、监狱制度 …………………………………………………… 376
　　二、剥夺自由刑执行过程中的个别化措施 …………………… 378
　第三节　罚金的执行 …………………………………………………… 393
　　一、征收的方式 ………………………………………………… 393
　　二、征收的保证 ………………………………………………… 394

第十九章　刑罚消灭的事由 ……………………………………………… 397
　第一节　保留判决的刑罚灭失事由 …………………………………… 397
　　一、犯人死亡 …………………………………………………… 397
　　二、刑罚的时效 ………………………………………………… 398
　　三、特赦 ………………………………………………………… 399
　　四、解除 ………………………………………………………… 401
　第二节　有罪判决灭失的事由 ………………………………………… 402
　　一、大赦 ………………………………………………………… 402
　　二、复权 ………………………………………………………… 404

主要参考文献 ……………………………………………………………… 407

后记 ………………………………………………………………………… 414

第一篇 导　　论

刑法是法律科学的一个分支。大陆法国家中,法国现代刑法成形于19世纪初,具有初创性。研究法国刑法总论有必要首先了解法国刑法的发展历史,这将为理解法国刑法的内容和特征提供背景参照。

刑法总论主要涉及刑法基本原则、犯罪、刑事责任和刑罚的一般制度及其理论研究。如果说犯罪论体系是刑法理论的一个重要问题,刑法中一切问题的解决,都在一定程度上与犯罪论体系有关[1],那么研究法国犯罪论体系,可以从根本上认知法国刑法学最核心的理论内容。

因此,导论中将分别论述法国刑法发展史和犯罪理论体系两个问题。

---

[1] 陈兴良主编:《犯罪论体系研究》,1页,北京,清华大学出版社,2005。

第一章　法国刑法发展史

　　回顾法国刑法的发展历史,需要置身于法国法发展史的背景之下。中外学者对法国法的历史发展过程有着不同的划分。法国学者倾向根据重大历史事件将其分成三个时期,即罗马法(5世纪末罗马帝国灭亡之前)至封建刑法时期(12世纪罗马法复兴)、旧制度刑法时期(13—18世纪)和现代刑法诞生时期(18世纪法国大革命以后)[①]。中国学者从马克思主义法学理论出发,将法国法的历史划分为四个时期:日耳曼法时期(5—9世纪),诸法并立时期(9—18世纪),资产阶级立法时期(18—19世纪),以及现代立法时期(20世纪)。[②] 也有的中国学者认为这种划分有欠妥当,尤其是后两个时期的划分没有充分反映出法国法的发展特点,因此认为应将法国法的历史划分为以下四个时期:前封建时期,封建割据时期,君主专制时期和大革命以后时期。理由是,法国大革命为法国法带来了彻底的变革,当代法国法律体系在大革命后即19世纪初就已经确立。虽然法国法在20世纪也有所发展,但其基本框架始终没有改变。[③] 笔者认为包括刑法学在内的法学属于社会科学,因此对法学的历史发展也可以根据我们所熟悉和习惯的社会性质发展的不同阶段进行划分,即分为原始社会时期、奴隶社会时期、封建社会时期和资本主义社会时期,理由是,不同性质社会的生产力对应不同的生产关系,经济基础决定上层建筑,包括刑法在内的法律作为上层建筑,在社会发展的不同阶段也体现出不同的性质特征,因此这样区分更为直观。而且这种划分也是以标志性历史事件或具有某种特征的社会形态形成或结束作为参照,其中公元前1世纪,高卢地区被恺撒征服,沦为罗马行省,标志着高卢地区由原始社会解体阶段进入奴隶制时代;5世纪末西罗马帝国灭亡和18世纪末法国大革命是两个重要的历史事件,

---

　　① 参见 Jean-Marie Carbasse, *Histoire du droit pénal et de la justice criminelle*, Paris: PUF, 2014, 3ème éd., Sommaire, pp.5~6.

　　② 参见《中国大百科全书》法学卷"法国法律概况",68~69页,北京,中国大百科全书出版社,2006。

　　③ 张若思:《法国法律体系概论》,2002年9月9日,http://www.hicourt.gov.cn/theory/artilce_list.asp?id=540,2015年10月18日截取。

前者标志欧洲开始进入封建社会,后者开启法国现代资本主义社会的新时代。

第一节 原始社会时期

从公元前6世纪开始,来自中欧地区的凯尔特人(Celtes)征服了今天法国以东的地区,并继续向今天法国东部、西部和北部地区扩张和定居下来,这就是现在法国人的祖先,他们被罗马人称为"高卢人"(Gaulois),他们生活的地区被称为"高卢地区"。高卢地区散居着许多相互敌对的原始凯尔特人部落。这一时期是法国的原始氏族社会时期,其解决纠纷的方式可区分为两种情形。

一种是氏族内部的矛盾。在氏族中,氏族首领,通常也是战争首领、政治首领与宗教首领。氏族首领享有绝对的权力,尤其是享有在本群体中维护秩序的绝对权力。氏族首领行使"家族裁判权",对氏族内部违反氏族戒律的分子进行惩罚,惩罚措施包括驱逐出氏族、作为祭祀品、从族群中清除。后来,驱逐出氏族的惩罚逐渐被"禁止参与氏族群体生活""死后不予以正常埋葬"的惩罚措施代替。氏族群体利益要求其首领在进行惩罚时不得不放弃个人的感情。①

另一种是氏族之间的矛盾。由于各氏族是独立自治群体,氏族之间没有中央权力机构,因此在发生矛盾纠纷时,只能通过氏族战争、不受任何控制的复仇来解决,这种原始的解决方式被称为"血族复仇"或"血亲复仇",尚不具备法律的性质。一个氏族成员对另外一个氏族成员实施了犯罪,就会引起后者发起针对前者整个氏族成员的复仇战争。这种报复,不仅仅是要伤害有罪者本人,还要殃及其亲属、其首领、其群体中最重要的成员。最初时期,刑事责任乃是一种集体的责任。② 这种刑事责任不仅不考虑个人的刑事责任,而且仅以受到的损害为依据发起报复,而不考虑行为人的有罪性(故意或过失)。

第二节 奴隶社会时期(公元前1世纪至公元5世纪)

国家的出现是奴隶制社会的重要特征。公元前2世纪,一部分具有半

---

① 参见[法]卡斯东·斯特法尼等著:《法国刑法总论精义》,罗结珍译,60~61页,北京,中国政法大学出版社,1998。

② 同上,62页。

城市设防中心特征的部落开始分化,形成了奴隶社会的基本特征,部落内部所施行的法律虽然来源于各部落固有的习惯和宗族戒律,但大都已带有明显的奴隶制法特征。① 公元前2世纪末,罗马人开始入侵高卢。至公元前56年前后,高卢地区为恺撒所征服,沦为罗马的行省。罗马文明是一种已经充分发展的、在社会、政治、经济、文化等方面已经相当成熟的奴隶制文明,罗马人的入侵引起高卢社会形态由原来的原始社会解体阶段进入奴隶制时代。② 罗马入侵后开始在高卢境内推行罗马法。但是,同已经具备完整结构的罗马法民法体系相比较,整个欧洲地区用以处罚犯罪的刑事法律还相当落后,既没有统一的法律形式,也没有固定的诉讼程序。因此,直至公元五世纪,高卢境内始终未能建立起独立的刑事法律制度,少量同犯罪和惩罚有关的法律仍然具有强烈的古罗马法色彩,并同民事法律制度混合在一起,具有典型的"刑民合一"的原始法律特征。在刑事司法领域中,依然保留着一部分反映氏族社会特征的习惯法、血亲复仇制度和同态复仇制度,犯罪的概念含混不清,制裁犯罪的随意性很强,但裁判方式已具有部族间"私人裁判"的特征。③

"私人裁判"的产生具有以下几个方面的原因:(1)氏族社会中不断升级的血亲复仇造成氏族成员的大量死亡。为了继续生存,就需要对复仇加以限制,就需要组织裁判活动④;(2)汇聚各个部族共同权威的城邦国家出现,逐步加强了对城邦领域内的部落和事务的统治和管理,从而使基于血缘形成的氏族权威得以削弱,血族复仇也就随之减少;(3)不同的氏族之所以聚合组成一个城邦国家,宗教往往在各氏族之间起到纽带联系作用并形成各氏族联盟的基础;城邦国家托词于宗教插手家族的裁判事务,使得司法裁判权的统一得以逐步确立起来。⑤

这个时期裁判制度之所以被称为私人裁判制度,是因为它在当事人之间进行,国家仍未真正参与其中,但是中央权力机构已经对私人当事人之间进行制裁或复仇的条件、权利和方式等方面进行控制和监督。这主要表现在:只有事先告知权力机构并且在受害人尚未得到正义的回报的情况下,才允许进行复仇;仅承认某些近亲属享有采取复仇行动的权利;逐步禁

---

① 何勤华主编:《法国法律发达史》,343页,北京,法律出版社,2001。
② 陈文海:《法国史》,24页,北京,人民出版社,2014。
③ 何勤华主编:《法国法律发达史》,344页,北京,法律出版社,2001。
④ J.-Cl. Soyer, *Droit pénal et procédure pénale*, Paris: L.G.D.J., 2012, 21ème éd., p.30.
⑤ 参见[法]卡斯东·斯特法尼等著:《法国刑法总论精义》,罗结珍译,64页,北京,中国政法大学出版社,1998。

止对罪犯以外的其他人实行复仇,尤其是当罪犯所在的群体已经与罪犯脱离关系,或甚至已将罪犯交出的情况下,更要禁止对其他人实行株连复仇。①另外,复仇还受到一定的空间或时间限制,比如在"庇护所",不得对加害人进行复仇,在"休战期",不得进行复仇。这些限制与宗教有关,中央权力机构也要求遵守相同的规定。由此可见,私人裁判以私人复仇为基础,同血族复仇相比,体现出限制复仇范围的进步。

"私人裁判"的主要制度包括:(1)共同宣誓人制度:被指控的犯罪人的家庭成员陪同其走上法庭并以宣誓的形式对他(的清白)表示支持②。(2)裁判搏斗制度:是指将氏族之间的复仇制度限制为单人之间一对一的格斗。(3)舍弃加害人制度:加害人被本族人舍弃给受害的氏族,这样就避免了加害人以外的其他本族成员受到报复。被舍弃的犯罪人不一定被处死,如果受害氏族认为有利可图,可将其在一定期间内沦为奴隶。(4)同态复仇制度:"以眼还眼,以牙还牙"的制度。由于同态复仇只能针对故意犯罪,因此制裁的实施还需以具备这一主观要件为条件。该制度体现出复仇的缓和化和节制化倾向。复仇程度受到限制,制裁只针对个人作出。这一方面体现了个人刑事责任理念的萌发,另一方面体现了中央权力机构对同态复仇制度采取严格限制的态度,这间接地导致受害方满足于金钱赔偿的和解制度③。(5)自愿和解制度:受害方接受金钱赔偿从而与加害人和解,并放弃行使复仇的权利。这种复仇价格化的制度来源于同态复仇制度,由于货币的出现,买卖代替了物物交换,因此不再是"以眼还眼",而是对于一只眼睛,赔偿一定数额的金钱。自愿和解必须建立在自愿的基础之上,受害人有权拒绝与加害人进行和解。

第三节 封建社会时期(公元 5 世纪至 18 世纪)

这一时期又可以分为前封建时期、封建割据时期和君主专制时期。

一、前封建时期(公元 5 世纪至 10 世纪)

公元 486 年,法兰克人击溃了西罗马帝国的残余势力后,建立了强大的法兰克蛮族封建王国——墨洛温王朝(dynastie mérovingienne)建都巴

---

① 参见[法]卡斯东·斯特法尼等著:《法国刑法总论精义》,罗结珍译,65 页,北京,中国政法大学出版社,1998。

② B. Bouloc, *Droit pénal général*, Paris: Dalloz, 2005, 19ème éd., p.51.

③ 同上, p.52.

黎。5世纪末至7世纪初,法兰克人①对大量习惯法进行简单的编纂整理,制定了一批"蛮族法典",比较有代表性的有滨海法兰克人制定的《撒利克法典》,滨河法兰克人制定的《里普利安法典》,勃艮第人制定的《勃艮第法典》。

《撒利克法典》(Lex Salica)总共有综合性法律约408条,其中具有刑法意义的条文多达343条,包含着大量有关犯罪和刑罚处罚的内容,但是在规定上缺乏概括性,例如,有74条涉及动物偷窃罪,其中20条涉及偷猪,16条涉及偷马,13条涉及偷牛,7条涉及偷羊,4条涉及偷狗,7条涉及偷鸟,7条涉及偷蜜蜂。由此可见,法兰克人在制定法律时还停留在对实践的汇总层面上,还没有形成抽象的概括能力,因此,与其说是"法典",还不如说是一部判例汇总。另外,对于犯罪的自由人而言,《撒利克法典》的处罚相当宽松,不仅没有酷刑,而且连坐牢的规定也没有。法典规定之罪的主要处罚方式就是交纳"和解费",即罪犯可以向受害人或其亲属交付一笔和解补偿金,这样就不再受到其他报复。当然,受害人或其亲属可以拒绝接受这笔钱,那么,接下来就只能采取人身报复这一武力解决方式。法典列举的裁判方式多种多样,如神裁法、搏斗法和宣誓法。以宣誓法为例,被告人在接受审判时,如有一定数目的亲属、邻居或朋友前来众口一词地证明被告人是无辜的,那么,被告人也就可以"清白"了。从这里我们可以看到《撒利克法典》所规定的诉讼形式依然侧重于带有控诉式特征的私人裁判。②

与《撒利克法典》相比,滨河法兰克人在本族习惯法基础上编成的《里普利安法典》(Lex Ribuaria)有一些明显的不同。第一,政治法和民法在整个法典中的比重明显增多。在有227条条款的版本中,与政治及民事有关的条款占113条,这说明社会生活和公共秩序的管理趋于复杂和成熟。第二,有关王权的条文增多且明确化。该法典赋予国王一系列特权,如"任何背叛国王者将丧失其生命,其一切财产悉被没收";又如,"一个依附于国王的领地的人,不管他是罗马人还是自由人,不能成为判处死罪的对象"。第三,教会的特权有了更多、更明确的规定。在这部法典中,教会的权利往往是与国王的特权并列的,即国王拥有的特权,教会同样拥有。这表明基

---

① 法兰克人主要分为两支:居住在莱茵河滨海一带的称为滨海(撒利克)法兰克人,居住在莱茵河下游平原一带的称为滨河(里普利安)法兰克人。

② 参见陈文海:《法国史》,43~44页,北京,人民出版社,2014。

督教会在滨河法兰克人社会中的地位已经比较高了。①

与前两部法典相比,勃艮第人的《勃艮第法典》(Lex Burgundionum)显示出更为系统、更为完善的法律特征。其内容主要有两个特征:第一,该法典在民事诉讼和公民权方面的规定已较为完备,民事方面的法条几乎占全部条文(354 条)的一半。第二,刑事处罚的手段呈现多样化趋势。除了"和解费"这种拿钱赎罪的惩处方式之外,该法典还规定了各种体罚方式以及各种精神羞辱法,例如:一人偷窃猎鹰,如被告发,则有两种惩处方式可供选择,一是让猎鹰从窃贼身上啄掉 6 盎司肉,二是让窃贼向猎鹰主人支付 6 个索利达(Solidus,古罗马金币)的罚金。②

从这三部法典可以看出,由于勃艮第人原来的居住地与东罗马帝国接近,受罗马法的影响较深,故其法典更多地体现了罗马法的特征,而滨海法兰克人和滨河法兰克人因与罗马帝国相距较远而所受影响相应减弱;滨河法兰克人位于滨海法兰克人的东部,经过一个多世纪的发展,已经更多地接触到了罗马法的内容,其法典也就比《撒利克法典》更明显地体现出罗马法的影响。罗马法对法兰克王国的影响并不仅仅表现为罗马法对各"蛮族"法律的渗透,更为重要的是,它还是占法兰克王国人口绝大多数的土著高卢人所普遍使用的法律。③

由此可见,这一时期的特征是随着日耳曼部落的入侵,法国法经历了由罗马法占统治地位(公元 5 世纪之前)到罗马法与日耳曼习惯法并存的变化,也就是说形成了法国北方适用日耳曼习惯法与南方适用罗马法的格局。此后,在长达四百多年的历史中,法兰克王国经常处于分裂、混战和短暂统一相互交替的过程之中,因而始终没有形成相对统一的刑法制度。④虽然作为战胜者,法兰克人的蛮族法典在西欧得到大范围推广,但是它们远不及罗马法对西欧法律发展产生的重要影响和作用。⑤

二、封建割据时期(公元 10 世纪末至 15 世纪末)

公元 10 世纪末至 15 世纪是法国的封建割据时期。卡佩王朝(royaume capétien)通过采邑制度将其统治扩大到整个法国,法律制度也随

---

① 参见陈文海:《法国史》,45 页,北京,人民出版社,2014。
② 同上。
③ 同上,46 页。
④ 何勤华主编:《法国法律发达史》,344~345 页,北京,法律出版社,2001。
⑤ 参见 François Olivier-Martin, Histoire du droit français, Paris: CNRS Edition, 2010, 3ème éd., p.29.

之发生变化,以部落为本位的属人主义(又称血统主义 jus sanguinis)让位于以地域为基础的属地主义。尽管如此,同一地域内的居民并非从属于同一法律制度。他们被划分为贵族、教士、商人和农奴等不同的阶级,不同阶级适用不同的法律。随着法律属地原则的确立,法兰西分为两个法律地区,法国北部受日耳曼部落的影响较大,属于习惯法地区,王国敕令集、教会法以及地方性日耳曼习惯法构成该地区的习惯法;南部因罗马法影响更大而属于成文法地区或罗马法地区,由查士丁尼编纂的罗马法为该地区的主要法律,并以罗马人习惯的方式适用于所有的人。而自13世纪起,法国这种地理上的南北差异开始变得越来越模糊,罗马法逐渐向北方习惯法的地区延伸,发展了这些领地的法律制度,促使整个王国开始出现真正意义上的刑法,封建王权得以加强。这一时期又可以分为前封建割据时期和封建君主制度确立时期。

(一)前封建割据时期(公元 10 世纪末至 13 世纪)

9世纪以后,西欧中世纪早期实施的国王封赏给臣属终身享有土地的采邑制走向衰落,并逐渐演变成封建世袭领地。10世纪末随着卡佩王朝的建立,法国的政治疆域基本确定,封建化过程基本完成,并逐步进入了封建庄园经济兴盛时期,全国已没有无领主的土地。国王名义上是最高领主,但无实权,仅在巴黎、奥尔良地区的王室领地行使管辖权。王室领地之外,整个法国分裂成50多个大小不同的封建世袭领地,对于这些地区,法国王室并不享有管辖权。在各个封建领地里,领主对依附农民拥有人身奴役权和司法权,由封建主和贵族设置法庭,实施一种难以确定的地方区域性习惯法,对依附农民进行民事或刑事审判、收取诉讼费和罚金。这一时期基本上实行控诉式诉讼。无论民事或刑事案件都被当作当事人之间的纠纷,采取相同的诉讼程序。诉讼由原告提起,法院不主动追究。开庭后,双方当事人进行辩论,原告和被告都应对自己的言辞负责,享有平等权利,承担同等义务。法院判决的主要根据是当事人或其亲属宣誓后所提供的事实。

处于封建自然经济时期的法国刑法,继承了日耳曼法的主要内容和形式,将刑事犯罪分为侵害公共利益罪和侵犯个人利益罪两大部分。当时,所谓侵害公共利益罪主要有叛逆罪、放火罪和暗杀罪等侵犯统治利益的严重犯罪,制裁方式为判处死刑或者宣布不受法律保护。所谓侵犯个人利益罪主要包括盗窃、伤害和杀人等比较常见的刑事犯罪,主要采用被害人家属复仇等原始而落后的方法予以制裁,但从12世纪起,在杀人犯罪的制裁中,具有计算"人的价格"作用的赔偿金制度替代了家属复仇制度。①

继查士丁尼《学说汇编》被重新发现之后,随着罗马法的复兴,法国南部形成了一个广泛适用罗马法的热潮,出现了一大批熟悉罗马法的学者和法官,出版了一系列关于罗马法的论著,逐步构成了具有法国本地特征的罗马法学派,即通常所说的人文主义法学派。在人文主义法学思想的影响之下,以往广泛流行的封建领主私人裁判制度遭到了严厉的批判,国王乘机采用各种手段限制和剥夺了封建大领主的司法裁判权。从12世纪后期起,获得了中小领主支持的法国王权逐步得到加强,封建大领主势力则逐步削弱,这一政治局势为实施相对统一的法律制度创造了基本的条件。②

(二)封建君主制度确立时期(公元13世纪至15世纪)

公元13世纪晚期,法国国王路易九世的司法改革,标志着法国君主制度和中央司法管辖权的确立。路易九世对原中央御前会议进行改组,设立两院制,即财务院和司法院,后者名为"巴列门",是王室法院的意思,一般称为巴黎高等法院。其目的是限制或缩小封建领主的审判权,加强中央司法管辖权。为了将司法权牢牢地控制在国王手里,路易九世多次颁布敕令,在王室领地内禁止司法决斗,并将叛逆、铸伪币、伪造王室法令、非法携带武器等案件均收归王室法庭审理。路易九世在王室领地内严禁私战的同时,还在王室领地之外实行"国王四十日",即法国任何诸侯受到侵害后,在40天内不得实施报复,可以向王室法庭上诉,请求仲裁。血亲复仇也在被禁之列。③ 封建地方法院,日益适用罗马法和教会法,并发展从领主法庭上诉到王室法院的程序。巴黎高等法院逐渐成为正式的上诉法院。由高等法院所产生的判决,逐渐成为法国北部各省习惯法的补充。④

习惯法、罗马法、教会法、王室法令、法院判例,都是当时的法律渊源。从13世纪起,一些特定地方习惯法由法学家私人编辑成册。例如,1250年前后问世的《诺曼底大习惯法》将当时诺曼底公爵领地的习惯法汇编在一起,对当时法国北部地区的司法实践具有相当影响。1280年前后的《普瓦蒂埃习惯法集》,系法学家菲利浦·伯玛诺(Philippe Beaumanoir)在研究普瓦蒂埃省的克莱蒙地方习惯法的基础上编纂而成,它以罗马法为指导思想,具有法律改革意义,兼具习惯法汇编和权威性法学著作的特征。而罗

---

① 何勤华主编:《法国法律发达史》,345~346页,北京,法律出版社,2001。
② 同上,346页。
③ 吕一民:《法国通史》,36页,上海,上海社会科学院出版社,2007。
④ 由嵘主编:《外国法制史》,135页,北京,北京大学出版社,2006。

马法的影响,随着查士丁尼《国法大全》的重新发现更为扩大,成为法国南部的基本法律渊源。随着法律制度朝着系统化和统一化的方向发展,习惯法受到王室法令的排斥。由于罗马法的复兴,法兰西封建法律体系及其习惯得到深刻改造,使之逐渐罗马法化,由习惯法转化为成文法,促进了南北两大法律地区向着融合和统一的方向发展。

逐步发展起来的法国刑法制度,主要的特征是宗教戒律与世俗法律相互混合成一体,实体法与程序法紧密地结合在一起。事实上,当时法国的政治和法律都掌握在僧侣手中,也和其他一切科学一样,成了神学的分支,一切按照神学中通行的原则来处理。教会本身就拥有刑事司法的权利,它首先在宗教法庭采用纠问式的诉讼方法,其后又在整个刑事诉讼范围内确立了纠问式的诉讼程序,并往往通过各种宗教控制手段和刑讯逼供等方法来审判罪犯,采用严刑峻法制裁异端,审判程序本身就已具有相当严厉的惩罚性,死刑、残废刑和羞辱刑广泛适用。

然而,罗马法复兴带来的理性,使个人刑事责任得以确立(但谋害君主罪除外,弑君者的家庭将被驱逐出王国)。对于犯罪,要求具备行为所表现出的主观故意。尤其是,对于未到青春期的人和精神病人,在不具备意念,即现在所谓的可归罪性的情况下,不负刑事责任。在惯例中,还接受了正当防卫和教唆犯的处罚减免。刑罚的功能同样有所发展。刑罚一般预防的目的,是为了确保刑罚的儆戒性,建立以心理强制为基础的令人敬畏的司法。

以法国为代表的中世纪欧洲国家的刑事立法,另一个重要的特征是创立了重、轻罪相区分的制度,这一制度至今仍然保留在法国刑法典中,成为法国刑法罪分三等制度的基本渊源。重罪的概念起源于所谓"依附农民失信罪",这种犯罪以庄园贵族与依附农民之间的契约为基础。如果依附于庄园的农民未能履行契约规定的义务,如忽视日常工作、战争时临阵脱逃等,庄园贵族就可以予以严厉的处罚,其中最严厉的处罚就是收缴其土地,使之沦落为奴仆。当时,对于以土地为生的农民而言,丧失土地就意味着沦为奴隶。因此,收缴土地被视为一种十分严重的惩罚,应受收缴土地处罚的犯罪就被视为十分严重的犯罪。此后,"依附农民失信罪"逐步演变成为特定的重罪概念。根据不同的犯罪适用不同审判程序的习惯,法国刑法逐步对各类犯罪进行重罪、轻罪的分类,最后发展成为定制。而处罚重罪的方法则不断扩展,最终产生了对重罪可以适用专门设置的徒刑或死刑的惩罚制度。①

---

① 何勤华主编:《法国法律发达史》,347 页,北京,法律出版社,2001。

三、君主专制时期（公元 15 世纪末至 18 世纪末）

公元 15 世纪，经过英法百年战争（1337—1453）、巴黎市民起义和扎克雷农民运动，有力地促进了法国的统一。作为百年战争的最后胜利者，法国统治者从 15 世纪中叶开始收复曾被英王室占领的领地和一些独立的法国贵族领地，开展领土统一大业。到了 15 世纪末期，法国的领土基本实现统一，法国经济已从战争的破坏中复苏，共同的法兰西民族文化也开始出现，共同的语言即法语正在逐渐形成，君主专制制度已完全确立。因此，从 15 世纪末 16 世纪初到 1789 年大革命，法国经历了近三百年的君主专制时期。在这一时期，法国法逐渐趋于统一。法国君主掌握着立法权，并将发布敕令（ordonnance）作为集中权力的必要手段。从 16 世纪起，法国资本主义生产关系开始萌芽和发展。但是，由于长年的侵略战争和宗教战争，新兴的资产阶级在整个社会生活中还未能发挥重要的作用；相反，力主恢复和平、休养生息的国王路易十四亲政后，法国的封建专制王权进入极盛时期。

反映封建统治意志的刑法，在路易十四和路易十五专政时期，同宗教势力的结合更为紧密，刑法为统治利益服务的性质表现得更为明显。在这一历史时期，刑法的渊源变得异常纷繁驳杂，习惯法、教会法、王室法、法学家的著作和学说、法院判例都是法律渊源。刑罚非常严厉。如同其他国家封建制度下的刑罚制度一样，法国封建专制时期的刑罚同样非常残酷，刑种繁多，死刑、残废刑和羞辱刑被广泛运用，而刑罚的适用又具有明显的等级区别。但是，在这一时期，法国刑法中刑事责任的理念逐渐地越来越主观化。在当时由客观事实和结果构成的犯罪定义中，又加入了过错的概念。对犯罪的新认识也随之产生对刑罚的新认识。过错的主观化引发的后果是，刑罚的目的在于避免犯罪人重新犯罪。到了 18 世纪，有罪性已被普遍接受为犯罪成立的必要条件。犯罪不再被当作简单的事实，而是被当作人的行为。司法的行使也不仅仅是本能的防御性反应，而是对一个行为作出价值判断。

至 18 世纪后期，法国的资产阶级已经掌握了举足轻重的经济实力，因而迫切需要争夺更加稳固的政治地位，代表资产阶级利益的启蒙运动蓬勃发展。启蒙思想家在抨击天主教会和专制王权的同时，对封建的刑事专擅制度、野蛮而残酷的刑罚体制进行了猛烈的批判，形成了一整套锐意改革、积极向上、以人为本的刑事法律思想，为法国建立第一部完整的资产阶级刑法典奠定了坚实的思想政治基础①。其中,以孟德斯鸠为代表的资产阶级法治思想和贝卡里亚的古典刑事学派的刑法思想,对当时法国刑法的改革起着至关重要的作用。其主要观点是,社会契约是建立在客观需要的基础上,它对公共秩序作出界定。刑罚就是对违反社会契约规定的犯罪行为引起的混乱作出的回应。犯罪不是心理过错,对犯罪的处罚不是追究报复或恕罪的目标。刑罚与其说针对以前的行为还不如说是针对将来的行为。刑罚主要起到预防作用,通过提醒禁令的存在,避免以后实施新的犯罪。这就是在每个人的心目中将刑罚与犯罪行为相联系,从而使其打消实施新的犯罪的念头。

1789年的法国大革命推翻了封建专制制度,建立了资产阶级共和国。大革命导致了法国法律体系的彻底改变,不仅法国法因此而真正实现了统一,更重要的是继承并发扬了罗马法的传统,严格区分公法与私法,从而奠定了法国现代法律体系的基础。这种区分的根本目的在于限制政府的行政权力,保障公民的权利与自由,因而具有重要意义。法国大革命之后,法律改革成为首要的内容之一。新成立的法兰西共和国首先进行的法律改革是在公民的权利与自由方面。1789年的《人权宣言》宣布所有人在法律面前一律平等,从而结束了过去对不同阶级适用不同法律的制度。

就刑法而言,1789年的《人权宣言》,确定了罪刑法定主义、罪刑等价主义和刑罚人道化改革等一系列重大的刑法原则。制宪会议又于1791年7月和10月,先后颁布了关于轻罪和重罪的两项法律,从而构成了法国历史上第一部完整、统一的刑法典,一般称其为1791年《刑法典》。1791年《刑法典》的立法精神和所确定的刑法原则大都直接来源于《人权宣言》,集中反映了资产阶级利益的刑法革命的重要成果。这部刑法的主要内容和特征概括如下:

在形式上,构筑了完整的近代刑法体系,在欧洲各国的刑事立法史上首先确立了总则与分则相结合的法典形式,将刑法的一般规定和解释性规定同具体的犯罪构成要件有机地联成一体,并对大量刑法的专门用语、术语和基本概念进行了明确的界定,希望借此保持法典的统一性,有效地防止法官随意解释刑法。

在内容上,首先,在刑事责任方面,其失去了道义方面的重要性,而获得了社会方面的重要性:刑罚不再是惩罚有罪的灵魂,而是破坏社会契约的人。这体现了刑法的世俗化发展。犯罪给社会秩序造成混乱的重要性

---

① 何勤华主编:《法国法律发达史》,349页,北京,法律出版社,2001。

胜过人格错乱的重要性。另外,根据"犯罪仿效"原则,共犯与正犯受到同样处罚。

在刑罚方面,建立了比较进步的、绝对的固定刑制度,即从限制法官的自由裁量权和保障刑罚公正的角度,对绝大部分犯罪的法定刑作出了唯一选择的限定①;严格限制了死刑的适用范围和执行方法,将死刑定义为纯粹剥夺生命权利的刑罚,禁止附带适用任何非人道的肉刑,并禁止对非侵犯生命的犯罪和非危害国家根本利益的犯罪适用死刑;确立了以自由刑为主体的体现刑罚人道化原则的刑罚体系,废除了封建时代盛行的身体刑、残废刑、没收刑和羞辱刑,并且废止了死刑执行前的断腕制度,为近代行刑制度和监禁制度的建立奠定了坚实的基础。

在罪名方面,废除了旧制度时期宗教犯罪的概念,在严格贯彻《人权宣言》的基础上,对刑法规范与宗教戒律、道德准则进行了明确的区分,使得世俗的刑法从此脱离了教会的严密控制;为了保护1789年大革命建立的公共机构,设立了许多政治性质的犯罪;对原先被认为是犯罪的自杀、同性恋等行为进行了非罪化处理,并且明确反对对危害性不大的行为和被害对象不明的行为适用刑罚。

但是,由于革命时期政治局势激烈动荡,政权交替过于频繁,而君主立宪派真正掌握了政权之后,对激进的革命运动持反对态度,再加上反抗外国联军战争的爆发,这部法国历史上第一部统一的刑法典并未真正付诸实施,但它和1789年的《人权宣言》结合在一起,构筑了相当完整的近代资产阶级刑法体系,对其他欧洲资本主义国家的刑法改革产生了巨大的推动力和影响力。

第四节 资本主义时期(19世纪初至今)

这个时期可以分为19世纪资本主义立法时期和现代立法时期。

一、19世纪资本主义立法时期

(一) 1810年《刑法典》

罗马法的复兴,帮助法国摆脱了私人裁判的桎梏,启蒙主义思想为法

---

① 例如,暴力抢夺(vol avec violence)处以10年奴役,拦路抢劫(vol sur une grande chemin)处以14年奴役,入户行窃(vol avec effraction)处以8年奴役,盗窃蜂箱(vol de ruches)处以4年拘押。参见 J.-P. Doucet, *La loi pénale*, Saint-Gildas de Rhys: Saint Gildas de Rhys, 2003, 3ème éd., No.10, p.19.

国的刑法革命和统一刑法典的制定提供了坚实的基础。而实证主义哲学和古典主义刑事思想的兴起,为拿破仑刑法典的问世提供了直接的理论依据。①

1810年的拿破仑《刑法典》分为四卷,共484条,第一卷是关于重罪、轻罪之刑罚及其效力,第二卷是关于重罪、轻罪之处罚、宥恕或负有责任的人,第三卷是关于重罪、轻罪及其刑罚,第四卷是违警罪及其刑罚;前两卷是总则规定,后两卷是分则规定。这部刑法典主要有以下几个方面的特征:

第一,坚持"罪分三等"的立法制度,坚持罪刑法定主义原则,给予法官有限的自由裁量权。法典第4条规定了罪刑法定原则及其必然后果的"刑法不溯及既往"原则,即"不论违警罪、轻罪或重罪,均不得以实施犯罪前法律未规定的刑罚处之"。关于法官的自由裁量权,法典并不像1791年的刑法那样给每一种犯罪规定一种绝对固定的刑罚,而是采用了规定刑罚的最高限和最低限的相对固定刑制度予以替代,对于某些犯罪还规定了两种不同的刑罚(如剥夺自由刑或罚金刑),这使得法官可以在刑罚的最高限和最低限的幅度内确定刑罚,或在不同的刑罚种类中选择一种适用。这样,既贯彻了罪刑法定原则,又克服了1791年刑法的刻板规定带来的弊端。

第二,受刑事古典学派客观主义的影响,1810年《刑法典》坚持刑事责任客观概念。每个犯罪的严重性是根据其造成的社会混乱被抽象地确定。定罪判刑时重视犯罪行为,其他因素均处于次要地位。既遂犯与未遂犯、正犯与共犯在判刑上并无差别,因为他们都实施了犯罪行为;而对预备行为则不予追究,因为这种行为还没有进入犯罪的实施阶段。然而,基于道德和宗教的回归,1810年《刑法典》中又多少引入一些主观性成分:相同犯罪的犯罪人不再受到相同的刑罚,这需要对犯罪人的人格作出判断。因此,在法律规定的范围内,法官要核查犯罪人行为的严重性。故意的概念又重新出现,但它仅在量刑时起到次要作用。最后,1810年《刑法典》还暗含地提出了一个核心要求,即可归罪性。即使法官不得超越事实来对故意做出判断,他至少应当确定犯罪人实施犯罪时存在识别能力。拿破仑刑法对此借鉴了启蒙时期的观点,即人是具有理性的人。因此,1810年刑法采取的原则是,除非存在相反证据,每个犯罪人都具有智力和意愿。犯罪人刑事责任的大小取决于由其拥有的智力能力。

---

① 何勤华主编:《法国法律发达史》,359页,北京,法律出版社,2001。

第三,在刑罚方面,1810年《刑法典》,全面接受了英国启蒙思想家边沁主张的功利主义刑事法学思想,强调刑罚的一般预防功能,希望通过对犯罪的严厉制裁,迫使受到惩罚的人产生更多的畏惧。因此,1810年刑法对大部分犯罪都规定了非常严厉的刑罚。主要表现在死刑增多,重新采用无期徒刑,规定一般没收制度(即没收全部财产)等。1810年刑法还确立了大量加重处罚的情节,允许法官在法定刑以上裁量刑罚。在刑罚执行制度上,1810年刑法恢复了封建时期广泛流行的侮辱刑和身体刑,被大革命废止的死刑前断腕制度也在1810年刑法中死灰复燃。

第四,在技术上体现了拿破仑法典编纂的一般方法和风格。法典的总则部分远不如分则部分发达,除贯彻罪刑法定原则这一原因外,与法典注重实际运用有关,它不追求刑法原则的理论概括,而主要规定这些原则的运用。法典条文简明,同类犯罪的规定都安排在相邻的条文里,不论这些犯罪的严重程度和刑罚是否相近,以便于法官引用。[①]

总体而言,虽然1810年《刑法典》恢复了一系列已被1791年刑法废除的残酷的刑罚方法,出现了一系列带有明显封建刑事专擅色彩的刑罚制度,并在刑事政策上出现了明显的重罚倒退,但在整体上并没有全面放弃资产阶级刑法革命的重要成果。如上所述,1810年刑法并未否定罪刑法定主义,仍然强调刑法不溯及既往的原则。在强调严厉制裁犯罪、回归刑罚权威的同时,并未完全忽视启蒙运动时期确立的"罪刑等价"和"刑罚平等"的原则。

(二) 1810年《刑法典》的发展

1810年《刑法典》在19世纪中经历多次修改,其中有两次较大的修改,第一次是七月王朝1832年4月28日的法律进行的修改,第二次是第二帝国时期1863年5月19日的法律进行的修改。

在19世纪中期,折中主义学派(éclectisme)处于优势地位。在这一时期出现较为频繁的政治更迭,使得监狱中关押了大量漠视新制度的人员,因此,监狱改革成为当时立法者的主要关注。同时,人们也提出了刑法的目标、刑罚的目的以及它们最为恰当的实现方式等新问题。折中主义是相对于客观主义和功利主义的观点,其观点主要是,什么都不得过度,不论是客观主义的自由意志论,还是功利主义的社会防卫论,都不得过度,而应当将它们限制在彼此相互平衡的状态中,"过度的公正不是公正,过度的功利

[①] 由嵘主编:《外国法制史》,267页,北京,北京大学出版社,2006。

不是功利"①,就是当时被广泛接受的名言。因此,折中主义又被称为"后古典主义"。该学派认为,人会受到各种个人因素和社会因素的影响,但是人具有意愿和智力的能力。换言之,人的身体、社会或经济方面能够使其具有实施犯罪的倾向性,但是从这种倾向过渡到行为还需要行为人具有主观意愿的活动。该学派强调,刑罚的功利性不仅存在于对犯罪人产生的威吓中,也存在于对犯人的矫正和再社会化过程中。该学派的观点得到当代大多数法国刑法学家的支持,最终使得刑罚的诸如报应、威吓、再社会化等不同功能得以升华和协调。② 当然,折中主义在当时也受到批判,被认为是过度的理性,只关注犯罪行为的研究而不关注犯罪人的研究,对犯罪人采用抽象的概念等。但是,折中主义的功劳在于摈弃了无用的过度恐吓的刑罚。这些思想在1830年至1870年的刑事立法中都有所体现。③ 这主要包括以下几个方面:

首先,七月王朝在修改刑法时,体现出人文主义色彩的恤刑主义原则,大幅度减轻了各类犯罪的法定刑,废止了残酷的烙印刑、死刑前断腕刑和侮辱柱刑,并且严格限制了死刑的适用范围;1848年的宪法废除了政治犯罪的死刑,1848年的法律废除了公开示众,1854年的法律彻底废止了全面剥夺犯罪人权利的所谓"民事死亡"的处罚方法,等等;另外,还在重罪和轻罪中引入了刑罚减轻情节。

其次,将一部分重罪改成了轻罪,从而消除刑罚不成比例所带来的负面效果。

最后,开始注意刑罚在教育改造犯罪人中的作用,这表明教育刑论已产生影响。例如,1850年8月5日关于教育和保护少年犯的法令规定了对少年犯的教育、帮助措施。

19世纪后期,法国经济高速增长,垄断性经济组织相继出现。以著名哲学家孔德(Auguste Comte,1798—1857)为代表的、反映早期垄断资本主义利益的实证主义哲学思想受到统治者的青睐。以实证主义哲学思想为基础的刑事人类学派理论,对法国的刑事立法影响甚巨,出现了一系列强调社会防卫、重视犯罪人危险状态的刑事立法,刑法中增加了大量有关保安处分的规定。比如,1885年5月27日颁布的刑罚执行法明文规定,对于被确认为无法改善的累犯,可以附加适用流放海外领地的刑罚,也就是在

---

① François Guizot(1787—1874),法国政治家和历史学家。
② J. Leroy, *Droit pénal général*, Paris: L.G.D.J., 2012, 4ème éd., pp.27~28.
③ 参见 B. Bouloc, *Droit pénal général*, Paris: Dalloz, 2005, 19ème éd., pp.64~65.

主刑执行完毕后,将犯人不定期地监禁在法国海外的殖民地;对于具有一定社会危险性的犯罪人,可以附加适用禁止在特定场所居住、滞留的处分。1881年8月14日的法律设立了假释制度,允许缩短宣告刑一半的执行期,而无需得到总统特赦。1891年3月26日颁布的刑事补充法规定了普通缓刑制度,该法以刑事人类学派的理论为基础,对道德尚未严重败坏的偶然犯和道德严重败坏的常习犯加以明确区别,对两者的处罚宽严分明,允许对偶然犯实施缓刑,但对常习犯则必须加重惩罚。同时,这一刑事补充法还确认了所谓的"危险状态",允许法官在"证据确凿"的条件下,对具有犯罪危险但尚未实施犯罪的"危险分子"予以一定的保安处分。[①]

二、20世纪以来现代资本主义立法时期

(一) 20世纪法国刑法的发展[②]

20世纪初叶,法国已发展成为一个庞大的殖民帝国,但国内的矛盾非常尖锐,犯罪问题日益严重。然而,在其他欧洲国家纷纷修订刑法以适应犯罪形势严重恶化的历史条件下,一直站在欧洲前沿的法国刑事立法,此时却出现了罕见的保守、沉默倾向。少量关于监狱制度的补充立法大都试图使实证主义刑法制度与古典主义刑法原则相互协调、相互折中,以继续维持原有的刑法体系,强调刑事政策实际功能的"刑罚实用主义"色彩非常强烈。第一次世界大战前后,保安处分在法国刑罚体系中的地位不断提高,各种具有强烈制裁功效的保安处分措施被广泛适用于无犯罪行为的精神病人、流浪者、乞丐和酗酒人。

两次世界大战之间,法国经济严重困难,政局不稳,政府内阁频繁更迭。在这一特殊社会条件下,力图迎合稳定要求的新社会防卫主义理论逐步抬头,最终成为支撑、左右整个法国刑事立法的指导思想。1934年提交国会讨论的刑法典修正案,全面反映了新社会防卫理论"防卫犯罪、防卫重罪"的刑事政策原则,充分体现了力图"使社会脱离犯罪危险"的新防卫主义目的。虽然,这部刑法修正案最终未获得通过,但其强化制裁力度、扩大惩罚范围的立法原则在同期的其他补充立法中依然得到了充分的体现。这一期间,严厉惩罚各类经济犯罪、金融犯罪的刑事补充立法特别引人注目。

第二次世界大战结束后,基于历史的沉痛教训,欧洲各国广泛开展了

---

① 参见何勤华主编:《法国法律发达史》,354 页,北京,法律出版社,2001。
② 同上,354~359 页。

刑法改革运动,德国于1949年率先宣告从法律上永久废除死刑。作为战胜国的法国也于大战结束的当年成立了刑法改革委员会,刑事立法领域内出现了第二次重大的"刑罚宽缓化"倾向和"非罪化"、"刑罚待遇化"等重大的变化[①],但废止死刑的问题尚未被列入议事日程。二战后的法国刑事立法,如1951年确定的关于未成年犯罪人的制裁原则、1954年制定的关于吸毒酗酒人戒毒戒酒的规定、1954年颁布的关于取消流放海外附加刑的决定、1955年实施的关于放宽禁止居留刑的决定以及设立监禁替代刑为代表的监狱法改革,对整个法国的刑事司法和刑事政策的贯彻实施都产生了极其重要的影响,并对法国1993年新刑法的孕育与诞生起着重要的推动作用。1958年宪法把违警罪从刑事法律中划归行政条例调整,此后,法国刑法典虽然仍然保持重罪、轻罪、违警罪的犯罪体系,但已经包含两个不同层次的法律渊源了,即法律和条例。

20世纪60年代中期,以"五月风暴"为标志的学生运动对法国社会造成了严重的冲击,社会动荡不安,犯罪率急剧上升,累犯率大幅度提高。对此,法国刑事立法所采取的主要对策是加强惩罚力度、增设新的罪种、适当扩大死刑的适用范围。理论上将这一时期的法国刑事立法动态称作"重罚回潮"。但是,由于重刑政策固有的社会逆反效应,再加上流放海外刑的废除,恶性累犯和凶恶犯罪人大都留在法国本土,治安形势并未因为一系列重刑措施的实施而得到明显改善。进入20世纪70年代后,法国社会中的暴力犯罪日益严重,本来局限在社会下层的各种暴力犯罪不断向社会各个阶层扩展,而盗窃、诈骗等财产犯罪则以前所未有的速度迅速增加。为此,当时的刑事立法在全面提高刑罚强度的同时,还充分强调贯彻刑罚执行中的分类制和累进制,以期获得理想的惩罚效果。1975年,法国政府先后颁布了一系列重要的刑事法令,对行刑法规进行了比较系统的整理和修订,增设了一系列监禁替代刑,并针对长期自由刑的执行设立了两种不同的监狱,一是对自由限制较少的、用于关押一般犯罪人的所谓"拘押中心"(centre de détention);另一是对自由加以严格限制的、用于关押累犯或其他不易矫治的犯罪人的"中央监狱"(maison centrale),强调刑罚个别化的行刑制度得到了充分的重视。

20世纪80年代的法国,在刑事立法中发生了一系列重大而深刻的变革。其中,最重要的一项变革是,1981年8月4日,法国政府宣布将从法律上彻底废除死刑。同年10月9日,法国正式颁布了全民废除死刑的法律。

[①] 参见卢建平:《西方国家刑法发展的新趋向》,载《法律学习与研究》,1990(01),92~96页。

虽然,同其他西方发达资本主义国家如德国、英国、瑞士等国家相比,法国废除死刑的时间甚晚,但废止的决心却比较坚定,所采纳的是包括侵犯生命权犯罪在内的所有犯罪都不适用死刑的全面废除制度。设立于里昂监狱内的最后一架断头台,也就是曾经处死过路易十六和罗伯斯庇尔的断头台,终于完成了法国大革命以来180多年的历史使命,于1981年11月9日被永远地搬进了历史博物馆。20世纪80年代的第二项重要刑法变革是,1981年8月4日通过了涉及面极其广泛的大赦法,放宽了特赦的适用限制,明显抑制了重刑主义的势头,扭转了长期贯彻重罚政策所造成的种种被动局面,监狱人满为患的现象得到了一定的缓和。

1986年,法国政治上发生了重大的变化,社会党的总统和反对党的议会共同执政。这一变化"也导致在刑事政策方面的某种'共治'",重刑主义和宽缓主义毫无目的地混合在一起,但最终重刑主义占了上风。为了遏制社会治安中出现的暴力犯罪泛滥的倾向,对付严重威胁社会的恐怖活动,打击各种新型犯罪和外国人在法国的犯罪,法国政府再次提出了加强刑罚严厉性的政策要求,形成了迄今为止法国现代刑法史上最后一次重刑主义的回潮。20世纪80年代中后期,法国先后颁布和实施了一系列同刑法直接相关的法律、法令和法规,如身份查验法、一般犯罪加速审判法、外国人入境和居留法、反恐怖活动和反犯罪法等,进一步强调了回归严厉的刑事政策。

"法典如同一幢多厅室的旧居建筑,有些部分不再使用了;有些部分'废弃'了,甚至不得不拆除;另一部分则相反,经过添加附属设备而加大了规模。"但是,"年复一年的拆除和增添,使人不知从何处找到入门之途"。① 为了彻底解决刑法结构过于庞杂、令人无所适从的问题,突出反映当代社会公认的刑法价值观念,1992年7月22日,法国颁布了自拿破仑《刑法典》创立以来的第二部完整的刑法典,经历了长达183年适用历史的1810年刑法终于"寿终正寝"。根据1992年12月16日颁布的"刑法实施法"的规定,这部新刑法典应于1993年9月1日起生效,故而习惯上称其为1993年刑法。但是,到了1993年7月,即新刑法即将生效的前夕,法国国民议会又认为施行新刑法的条件尚未完全具备,因此又通过了一项法律,将这部名为1993年刑法的法典推迟至1994年3月1日实施。所以,

---

① [法]皮埃尔·特律什,《为刑法典在中国出版而作的序》,载《法国刑法典》,罗结珍译,1页,北京,中国人民公安大学出版社,1995。

也有人将这部法国新刑法称为1994年刑法典①。

在形式上,1992年《刑法典》的结构更加清晰,全文包括法律和条例两大部分。其中法律部分共包括7卷,卷下依次设立编、章、节、分节。第一卷是总则规定,包含刑法的一般规则,其他卷则属于刑法分则,包含对犯罪的具体定义。第二卷是侵犯人身之重罪与轻罪,第三卷是侵犯财产之重罪与轻罪,第四卷是危害民族、国家及公共安宁罪,第五卷是其他重罪与轻罪,第六卷是违警罪,第七卷是适用于海外领土与马约特领地的规定。

《新刑法典》的编号比较简单,每个条款的编号包括四五个数字,第一个数字对应卷(1~7卷),第二个对应卷下的编,第三个对应编下的章。同一章下面条款在破折号后按数字顺序依次序排列。如果有新的条款加入,只需在前一条款编号后面再加上破折号和新数字作为新的编号。这样便于在修订时,补充新的条款或删除旧的条款,而不至于大范围影响其他条款的序号排列。

同以前的法典相比,《新刑法典》总则和分则中规定的定义更加明确,用词更加清晰,体现出立法者对该部法典更具可读性、易懂性的重视。

在内容上,1992年《刑法典》是一部比较完整、详尽,具有一定超前意义,但又同旧法相互衔接,仍然保留一定保守主义色彩的新刑法典。首先,法国新刑法典坚持并发展了罪刑法定主义,沿袭了"罪分三等"的传统立法原则。其次,历史上,相对于其他大陆法国家,法国刑法较早确立了法人犯罪的概念和处罚原则,这一立法特征在1992年《刑法典》中得到了进一步体现,有关法人犯罪的规定更为详尽,所用的概念更为准确,而处罚法人犯罪的手段也显得更为丰富和灵活。而且,1992年《刑法典》提出了这样一个重要的理论观点:如果被告人能够证明自己的危害行为是在不了解法的实质精神的情况下实施,即存在着无法避免的对于法律的误解,那么被告人可以不对自己的危害行为承担刑事责任。将法律认识错误作为刑事责任的免除事由,是对著名的拉丁格言"无人不知国法"的直接否定,也是法国刑法向传统刑法理论所提出的一个严峻挑战。另外,在新古典学派和新社会防卫理论的作用下,1992年《刑法典》增加了刑罚多样化和个别化的规定,提出了"重罪惩罚统一、轻罪处罚多样"的制裁原则。法官的自由裁量权在一定程度上被扩大,《新刑法典》设立了新的替代刑,发展了日罚金和公益劳动制度;尤其是对刑罚只规定了最高刑,取消了最低刑和刑

---

① 故文中所称1992年《刑法典》,1993年新刑法,1994年《刑法典》或《新刑法典》,皆指同一部法典;1810年《刑法典》亦被称为《旧刑法典》。

罚减轻情节①,因此法官在量刑上享有广泛的自由裁量权。一些现代形式的犯罪受到更加严厉的处罚,如贩卖毒品罪、恐怖主义行为罪,而以有组织形态实施这些犯罪,则构成刑罚的加重情节。最后,一些原有的罪名消失了,如乞讨、流浪、未成年人之间自愿的性行为、妇女堕胎行为,已不再是犯罪;而一些旨在保障个人和人权的新罪名出现了,如反人类罪、性骚扰罪、滥用处于弱势之人无知的欺诈罪,等等。

(二) 21世纪法国刑法的发展

进入21世纪以来,法国刑法的发展呈现两种趋势。一方面,相较于20世纪以僵化的社会道德为特征的公共秩序,进入21世纪的法国公共秩序已经发生变化,自由主义、社会经济的发展加剧了对个人主义的崇尚,以至于将刑法作为对其保护的首选手段②。例如,对于中断妊娠行为,刑法不再是维护善意的出生政策的辅助工具,而只是负责监督妇女的堕胎意愿是否对其身体构成危险。同样,对于强奸罪,法国最高法院认为该罪是对他人性自由的侵犯,并接受婚姻内强奸罪的认定,因此,婚姻不再使强奸罪消失。同性恋,也不再受刑法处罚,不但不受到审判,反而成为应当尊重的对象。因此,刑法处罚那些因被害人的性取向而对其实施侮辱诽谤的行为,2004年12月30日第2004-1486号法律将出于该动机而公开进行诽谤、侮辱和挑唆的行为规定为犯罪。显然,公共秩序越来越重视对人的尊严的保障,并试图为个人留出一定的自主性。有的学者认为刑法是在将"日常生活中的琐碎之事刑罚化"③,并发展出"安逸型刑法"④的观点。然而,这种发展趋势并不普遍,出于公共健康的原因,刑法仍然将安乐死和吸食毒品的行为作为犯罪予以处罚。

另一方面,随着全球经济一体化的发展,社会内部风险增大,法国也受到恐怖主义、有组织犯罪上升趋势的困扰。而无论对于被追诉的犯罪人还是对于被害人,都出现了人权保障危机问题,因此也就提出了安全政策。但是任何安全政策都存在防卫社会和个人自由保障之间的平衡问题。近十多年来,法国借鉴了美国的"法律与秩序"的理念,对犯罪实施"零容忍"

---

① 《新刑法典》分则中只规定了法定刑的最高刑,但总则中对宣告刑作出限制,例如,第132-18条规定,当重罪应被判处无期徒刑或终身拘押时,法院不得宣告低于2年的监禁刑。

② 参见 E. Dreyer, *Droit pénal général*, Paris: LexisNexis, 2014, 3ème éd., p.44.

③ A. Lepage et P. Maistre du Chambon, "Les paradoxes de la protection pénale de la vie humaine", in *Mélanges Bouloc*, Paris: Dalloz, 2006, p.615.

④ N. Della Faille et Ch. Mincke, "Les mutations du rapport à la loi en droit pénal", in *Déviance et Société*, Vol. 26(2002), No.2, 140.

的政策。该政策很难与某一刑法哲学流派诸如后实证主义或后古典主义流派相联系,但该政策中又多少都混合了以上各流派的思想,体现着实用主义精神。对所有犯罪作出"刑事反应",体现出功利主义。刑罚的惩戒作用也是如此。但是,刑罚的个别化原则并未受到质疑。出于实践原因,人们保留了该原则,因为在规定了最低刑的制度中,很难将所有宣告的剥夺自由刑都予以执行。为了解决监狱人满为患的问题,监禁刑的替代措施成为人道主义外表下的服刑人口的管理措施。安全政策的落实凸显刑法的管理功能和效率功能,但往往忽视对个人自由的保障。

安全政策体现在多个方面。首先,在立法上,近期刑事立法的名称就能体现出保证安全的战斗性。如 2001 年 11 月 5 日的日常安全法、2003 年 3 月 18 日的内部安全法、2003 年 6 月 12 日的打击公路暴力行为法、2004 年 3 月 9 日的司法与犯罪发展相适应的法律、2005 年 12 月 12 日的治理犯罪累犯法、2006 年 1 月 23 日的打击恐怖主义法、2007 年 3 月 5 日的预防犯罪法、2007 年 8 月 10 日的打击成年人和未成年人累犯法、2007 年 11 月 13 日的反腐败法、2007 年 10 月 29 日的打击假冒法、2008 年 5 月 27 日的反歧视法、2008 年 7 月 3 日的打击贩卖兴奋剂产品法、2010 年 3 月 2 日的专门打击集团暴力法、2010 年 3 月 10 日的减少刑事累犯风险的法律、2010 年 7 月 9 日关于对妇女施暴、伴侣之间施暴及伴侣对孩子施加影响的法律、2011 年 12 月 26 日关于设立未成年犯罪人的公民服务机构的法律、2011 年 8 月 10 日的公民参与刑事司法及未成年人审判的法律、2011 年 3 月 14 日关于内部安全的实施导向和规划的法律、2012 年 12 月 21 日关于安全与打击恐怖主义的法律、2013 年 12 月 6 日关于打击税务欺诈和经济、金融重大犯罪的法律、2014 年关于刑罚个别化和加强刑罚有效性的法律,等等。

其次,安全政策还对刑法和刑事诉讼法产生影响。

在刑法方面,主要表现在,第一,加重情节的范围扩大了。1981 年 2 月 2 日的法律对盗窃罪规定的"以有组织犯罪形式实施"的加重情节,被 2004 年 3 月 9 日的法律扩展到其他犯罪。第二,刑事处罚的范围扩大了。例如,2001 年 5 月 15 日的法律扩大了坏人结社罪的犯罪圈。坏人结社罪中构成要件所涉及的重罪或轻罪,不再是 10 年以上有期徒刑,而是 5 年以上监禁。立法者在降低犯罪门槛的同时,扩大了犯罪圈,希望以此来处罚那些处于犯罪准备阶段的犯罪计划,而这些预备行为因没有着手实施从而会逃避刑罚处罚。这种对简单的危险状态定罪的做法是比较罕见的。同样,《新刑法典》第 321-6 条规定的窝藏赃物罪,根据 2006 年 1 月 23 日的法律，适用于与准备实施重罪或当处 5 年以上监禁的轻罪的人员保持习惯性联系并从其处直接或间接获得收益的行为人，或者与这些犯罪的被害人保持习惯性联系，而不能证明与其生活水平相当的收入来源或所持有财产的来源的行为人。这种不能证明收入来源的罪名涉及举证责任倒置。第三，加强对累犯的打击。2005 年 12 月 12 日的治理犯罪累犯法，突出了刑罚的报应性功能。此后 2007 年、2008 年和 2010 年关于累犯的立法也在试图限制发生累犯的风险，消除犯罪人的人身危险性。

在刑事诉讼法方面，追诉程序的替代程序或简易程序，虽然是针对免予起诉设计的程序，但在实际上也体现了刑法功利主义的革新。所有应被追诉的犯罪都应当引起社会的反应行动。但是，法院并不能对所有这些犯罪都作出裁决，因此就设立了替代性刑事反应程序，如法律教育、调解、刑事和解程序等，而无需提起公诉。同时，为了提高效率，对于追诉的案件，还设立了事先认罪的出庭、辩诉交易、刑事裁决等程序。同时，一些特别诉讼程序得到发展，其特征是加强了调查权和对个人自由的限制。恐怖主义威胁证实了这种做法的紧迫性。对于有组织犯罪也适用特别的诉讼程序。因此，目前，刑事诉讼程序呈现三种模式：一般的刑事诉讼程序，特别的刑事诉讼程序和被称为"第三条道路"的追诉的替代性程序。由此可见，刑法的管理功能和效率功能，胜过了西方社会倡导的民主刑法对于个人自由保障的唯一价值取向。

另外，随着科学技术的发展，为了落实安全政策，科技被越来越多地应用于刑事领域。科技手段不仅被用于刑事诉讼中收集证据，而且也被用于惩治犯罪。随着监狱的人满为患，监禁刑的某些替代措施可以通过服刑人佩戴电子环进行远程电子监督予以实现。同样，在决定对犯罪人进行治疗或采取安全收容措施时，也要通过医学或心理学鉴定，判断其人身危险性，等等。虽然这再次体现了刑法监督的效率性，但也引发了人们的担忧。这些担忧主要集中在人权保障问题上。在有些领域，如人体胚胎复制，刑法禁止进行非法的研究实践活动。有学者认为，随着科技手段被广泛应用于刑事领域，刑法对科学领域的监督，正如它监督所有可能过度的活动一样，其合法性和必要性也是不容置疑的[1]。

---

[1] O. Sautel, "Le Livre V du Code pénal et les infractions en matière d'éthique biomédicale", in *Réflexions sur le nouveau Code pénal*, Paris: Pedone, 1995, p.135.

第二章　法国犯罪理论体系

根据我国学者的定义,犯罪论体系,是依据犯罪成立的条件及其形态按照一定的顺序所组织的关于犯罪一般理论的有机整体[①]。有的学者认为,犯罪论体系,是大陆法系刑法国家通行的一种称谓,是关于犯罪论的知识体系;犯罪论体系,也就是我国所称的犯罪构成理论,犯罪构成理论的称谓来自苏联;犯罪论体系相当于我国刑法理论中的犯罪总论的内容,但重点在于对犯罪成立条件的理论阐述,由此形成一定的知识体系[②]。也有的学者认为,犯罪构成理论在犯罪论体系以及整个刑法学的理论体系中都占有核心地位,它是由资产阶级刑法学建立起来,首先产生于大陆法系的德国刑法学,后又为日本等其他国家刑法学所接受并加以发展[③]。

由此可见,犯罪论体系,可谓是一切刑法知识的根基。在犯罪论中,主要讨论犯罪成立条件。在大陆法系刑法理论中,犯罪成立条件,通常是指构成要件该当性、违法性和有责性。[④] 这是德日刑法犯罪构成要件理论。与之相比,法国刑法的相关理论则存在明显差异。

法国的犯罪论体系是以"行为—行为人"为基点的二元犯罪论体系,其中"行为"涉及"犯罪构成要件"(éléments constitutifs de l'infraction),通说的犯罪构成由三要件组成,即法律要件、事实要件和心理要件,这三个要件是对刑法分则和其他定罪法律规定的犯罪一般特征的概括和描述,是二元犯罪论体系中的"行为"所对应的理论,因此,不应与德日刑法所讨论的犯罪构成理论相混淆。要使这个"行为"成为刑法总则中的犯罪,还要讨论"行为人",从行为人责任的角度讨论"行为"是否成立应负刑事责任且当受刑罚处罚的犯罪。从这个角度讲,法国的犯罪论体系,也即德日刑法的犯罪构成理论(或称之犯罪成立条件理论,更为准确),是研究法国犯罪成立条件的知识体系。研究法国犯罪论体系,可以从根本上把握法国刑法

[①] 马克昌:《犯罪通论》,45页,武汉,武汉大学出版社,1999。
[②] 参见陈兴良主编:《犯罪论体系研究》,1~2页及前言,北京,清华大学出版社,2005。
[③] 马克昌:《犯罪通论》,59页,武汉,武汉大学出版社,1999。
[④] 参见陈兴良主编:《犯罪论体系研究》,2页,北京,清华大学出版社,2005。

学最核心、最基础的理论问题。

第一节　犯罪理论体系的历史沿革

关于法国犯罪理论体系的历史沿革,巴黎第十大学的雅克-亨利·罗伯尔(Jacques-Henri Robert)教授曾在 1977 年法国《刑事科学与比较刑法学杂志》上发表了《犯罪构成要件的历史》的论文,该篇论文比较系统地介绍了法国犯罪构成要件的产生及其争论,并在相关领域的研究中被广泛地引用。

一、犯罪构成要件的产生

法国大革命之前的旧制度时期,刑法理论中没有犯罪构成要件的概念。但是,在大革命前夕写成的刑法学著作中,已开始出现对犯罪人心理的细致分析和对现代刑法某些基本原则的阐述。当时的学者穆雅尔·德·乌格朗(Muyart de Vouglans)认为不应该惩处没有发生后果的恶意,并认为"应将犯罪分解为行为和故意,没有故意的行为不受司法惩处……犯罪由外部行为和故意结合而成"[①]。这段话或许给予犯罪构成要件的发明者一定的启发。

1791 年的刑事法律开始将犯罪分为三等,即重罪、轻罪和违警罪,并着重肯定重罪的故意特征及其在刑事诉讼中引起的重要后果,即刑事法庭的庭长有义务向陪审员提出"有关犯罪故意的问题"(1791 年 9 月 16 日和 29 日法律第七编第 21 条)。为了解释该法律,在 1791 年 9 月 21 日和 10 月 21 日的刑事诉讼解释政令中,议会再次明确了这个规则:"由于重罪因故意引起,法律要求陪审员,不论对犯罪事实多么确定或多么了解行为人,都应当仔细查看犯罪的动机、情节和道德观念(moralité)。"

拿破仑主持颁布的 1808 年《刑事诉讼法典》中,删除了犯罪故意的内容。对此,当时一些政府官员和专家却认为不应排除犯罪故意问题,并强调重罪甚至轻罪都是故意犯罪。根据记载,1806 年至 1824 年曾担任最高法院刑庭庭长的巴里斯(Barris)先生在 1808 年《刑事诉讼法典》和 1810 年《刑法典》颁布之前未出版的笔录中就写道:"任何轻罪都由两个要件构成:一个是构成客观事实的犯罪行为,另一个是导致犯罪行为和确定道德

[①]　Muyart de Vouglans, *Les lois criminelles de France dans leur ordre naturel*, No. VII, Paris: Merigot, Chapart et Morin Libraires, 1780, p.2.

的犯罪故意。"①

这就是犯罪的客观要件和心理要件。但在最初使用犯罪要件这个词语时,它只是用来强调犯罪故意的重要性的一种便捷、醒目的方法,还未成为构建犯罪一般理论的工具,因而尚不具备当今刑法理论赋予它的含义。所以,当时所使用的要件一词并未在理论或实践上引起后果。梅尔兰(Merlin)主编的《司法判例思考总汇》未对犯罪的客观性展开任何论述,根据巴里斯庭长的观点,犯罪的客观性是相对于犯罪故意的另一个要件,仅此而已。因此,距离建立当今以构成要件为基本零件的犯罪构成抽象体系的路途还很遥远。②

在19世纪上半期,要件一词又出现在刑法分论中。阿道夫·肖沃(Adolphe Chauveau)和福斯坦·埃利(Faustin Hélie)在解释《刑法典》时,习惯地使用了要件一词,例如,在注解第379条有关"盗窃罪"的规定时,写道:"从盗窃罪的定义中得出该罪存在三个必要条件……我们将陆续阐述盗窃罪的这三个要件。"③但是,这里提出的要件并未引起对刑法总论中犯罪构成要件的发现。实际上,肖沃所研究的刑法分论中各个犯罪的构成要件彼此之间是不同的。根据这位学者的研究,盗窃罪和欺诈罪都有三个要件,杀人罪和伤害风化罪都有两个要件。例如,盗窃罪,由窃取行为、行为的欺骗性特征和占用被窃取财物的行为构成;欺诈罪,由使用欺骗手段、财物的交付和财物的侵占组成。而这些构成要件的分解并不能得出犯罪构成一般要件的存在。

为了发明出我们今天所熟知的犯罪构成一般要件,还需要刑法理论做出两方面的努力:首先,对刑法总论中所有理论问题进行清点,然后在整体中区分当今犯罪要件内容的不同方面,并为此找出确保每个犯罪要件同一性和严密性的概念。为了归纳出一般性的犯罪要件,刑法理论界还应摒弃注释法,而采用概括法。这是因为,注释法是通过对法条进行文理解释来适用法条的方法,它的存在通常妨碍概括法的应用,并在刑法的特殊情况下掩盖了某些问题,如认识错误理论和紧急避险理论,这些理论在当时刑法的一般规定中没有涉及。因此,学者们应采取教学、抽象的方法探索犯罪构成的一般要件,而这种方法存在于法学教育著作中,而不是面向法

---

① P.-A.Merlin, *Répertoire universel et raisonné de jurisprudence*, t. 15, Paris: Garnery et J.-P. Roret Libraires, 1826, 5ème éd., p.388.

② J.-H. Robert, "L'histoire des éléments de l'infraction", *RSC*, 1977, 272.

③ A. Chauveau et F. Hélie, *Théorie du Code pénal*, 8 vol., t. 6, Paris: Legrand et Descauriet, 1837—1842, p.546.

律实务工作者的、全面评注所有法典条款的注释汇编所采用的方法。①

刑法总论理论问题的梳理工作,由巴里阿-圣-皮里(Berriat-Saint-Prix)和罗西(Rossi)启动。这些学者都开始摒弃注释法,并试图将刑法纳入到建立在若干个概括性概念之上的总体系中。

刑法总论的体系化由维克多·莫利涅(V. Molinier)于1851年实现。为了阐述,这名学者再次使用了巴里斯(Barris)庭长曾运用的词语:"法律规定和惩处的犯罪有两个要件:由外部行为构成的事实要件和涉及行为人的、构成有罪性的心理要件。"②但莫利涅所表述的观点同巴里斯庭长的观点还是有所不同。莫利涅所说的事实要件是一个坚实可靠的要件,在他的著作中以"仅与犯罪构成行为有关的犯罪"为标题进行论述,并涉及犯罪的三分类、犯罪未遂理论和刑法的严格解释理论等内容。而心理要件却未被提及,在莫利涅看来,心理要件不是犯罪构成要件,它"涉及行为人",因此他在著作中将与事实要件相对称的内容题为"应处罚、可宽恕或负有民事责任的人"加以论述。在这个部分中主要涉及共犯、免除刑事责任的主观事由(精神病、强制、认识错误)。总之,莫利涅的观点是将犯罪和犯罪人加以区分。

莫利涅的著作出版三年后,特比第安(E. Trébutien)在其1854年《刑法基础课程讲义》一书中,使用了"构成要件"(élément constitutif)一词,并将第三篇冠以"客观行为是犯罪首个构成要件"的题目,第四篇题为"罪恶意念是犯罪第二构成要件"③。但是在第四篇中,作者还论述了精神病、强制、正当防卫和犯罪人民事责任的内容,显然心理要件作为犯罪构成要件的特征比较模糊不清。

特比第安的著作首次出版后,奥特兰(Ortolan)于1855年出版了《刑法要件专论》。这名作者在其著作中拒绝使用"构成要件"的概念,因为这一概念同其恢复使用的犯罪行为和犯罪人的二分法难以协调。在其专论中,没有出现心理要件的概念,而是"犯罪人或犯罪主体",与之对应的是"犯罪"。受这部书的影响,"构成要件"一词经历了一段衰落时期。

到了1869年,比利时学者让-雅克·奥斯(Jean-Jacques Haus)在其编写的刑法教科书中又重新使用"构成要件"一词,而且他还再次使用巴里

---

① J.-H. Robert, "L'histoire des éléments de l'infraction", *RSC*, 1977, 273.

② V. Molinier, *Programme du cours de droit criminel*, Toulouse: Imprimerie de Bonnal et Gibrac, 1851, 2ème partie, p.87.

③ E.Trébutien, *Cours élémentaires de droit criminel*, 2 vol., Paris: A. Durant, 1854.

斯（Barris）曾使用过的旧词"犯罪的客观性"和"犯罪的道德性"作为书中相应章节的标题。但是这名作者同特比第安以及1877年出版《刑法基础课程讲义》的学者约瑟夫·勒弗尔（Joseph Lefort）一样，都将"犯罪条件"（conditions de l'infraction）和"犯罪要件"（éléments de l'infraction）作为等同词语使用。由此可见，犯罪要件在当时法国刑法理论中的地位并不重要。

在1877年，艾德蒙·维莱（Edmond Villey）也发表了其《刑法课程摘要》的论著，并首次得出犯罪要件构成犯罪的逻辑性结论。他删除了责任人的概念，而使用故意要件一词，后者既包含故意也包括行为人的自由和智力。他将刑罚处罚的主客观条件的全部内容都放在犯罪的两要件当中，并在专门题为"犯罪"的部分中对犯罪两要件的内容进行了论述。"犯罪"部分包含刑法理论，第一章题为"犯罪定义"，第二章题为"犯罪要件"，包括事实要件和故意要件。由此隐约地得出刑法也是犯罪构成不可分割的组成部分，这也许导致以后发明了法律要件。

到了1879年，阿尔芒·莱内（Armand Lainé）在其《刑法基础专论》的著作中明确提出了犯罪三要件，即法律要件、事实要件和心理要件。因此，犯罪构成的三要件不是一下子诞生的，而是在五十多年中经历了两次刑法理论运动：事实要件和心理要件同时产生，如同一对孪生兄弟，而法律要件则是后来产生的，是前两者的小兄弟。

对于犯罪三要件的形成，一些作者也提出不同的观点。罗伯尔·伍安（Robert Vouin）认为："可以排除法律要件，因为刑法就是作为惩处犯罪的一个因素而存在。将其作为犯罪的构成要件，只是一种并非最佳的提醒罪刑法定原则的方式。"①德高克（A. Decocq）也认为："将法律作为犯罪的构成要件是难以接受的建议，因为一个规范不能被一个行为而且是非法行为所包含。实际上，法律条文是构成犯罪的主要条件……"②

阿尔芒·莱内，如同特比第安和奥斯一样，也没有注意区分"要件"（élément）和"条件"（condition）。而且他也没有注意"犯罪"一词中的模糊含义。刑法学家对此作出两种建议性表述："法律设立的犯罪"和"犯罪人实施的犯罪"。在这两种情形下，犯罪的含义是不同的。立法机关设立的犯罪是抽象的描述和概念，犯罪人实施的犯罪是真实且具体的行为。意大利刑法的第三学派对此作出了明确的区分，并具有想象力地发明了一个由法律工作者使用的新词汇，专指立法机关设立的犯罪，即行为的详细叙述。

---

① R. Vouin, *Manuel de droit criminel*, Paris: L.G.D.J., 1949, p.231.
② A. Decocq, *Droit pénal général*, Paris: A. Colin, coll. U., 1971, p.61.

从犯罪人实施犯罪的角度，法律当然不是一个构成要件，最多是一个与之相关的处罚条件。但是，人们也更有理由认为，法律是立法者颁布的、对犯罪进行抽象描述的要件，而且是一个基本的要素。由于法律要件只属于立法机关规定的犯罪构成，并且由于人们将其与事实要件和心理要件相结合，因此这些要件都应被当作是描述犯罪的组成部分而不是犯罪行为的组成部分。法律要件同事实要件及心理要件之间的关系是包含与被包含、形式与内容之间的关系。① 阿尔芒·莱内在创设了法律要件的同时，并没有强调上述差异，而是主张这三要件之间是平等关系。其观点引起很大反响和争论。

二、犯罪构成要件的争论

（一）犯罪构成三要件的争论

对于犯罪构成三要件的观点，并不是所有学者都能接受。首先是加罗（R. Garraud），他曾受德国学者宾丁（Karl Binding, 1841—1920）提出的"违法性"理论影响，主张增加"无合法根据"要件。但其观点也引起了刑法学界的争论和批评，这一点将在下一个问题中详述。

有的学者认为，归根到底，"无合法根据"要件应当归结于"法有规定"要件并与之合并为一个要件②。德高克（A. Decocq）则主张排斥法律要件，理由是法律的存在是犯罪行为的前提条件，将法律规范作为犯罪行为的一部分是不成立的③。法国《刑法典》第 111-3 条第 1 款规定，"构成要件未经法律明确规定之重罪或轻罪，不得以其处罚任何人；或者，构成要件未经条例明确规定之违警罪，不得以其处罚任何人。"因此，刑法条文不是犯罪构成要件，因为该条文是事先对犯罪行为的构成要件进行的定义。其他学者如麦尔勒和维图（R. Merle 和 A. Vitu）则主张排除心理要件，认为它涉及人的意识和意愿，因此应与负有责任的行为人的个人品格相联系。他们强调犯罪行为是对刑法的事实违背，因此应将犯罪行为与有罪性分开进行研究，而心理要件是犯罪行为人有罪性的心理条件④。然而通说认为，尽管犯罪行为心理要件是与刑事责任相联系的主观要件，但并不影响从主观方面判断犯罪行为是故意或非故意，也不影响将心理要件作为犯罪行为的构

---

① J.-H. Robert, "L'histoire des éléments de l'infraction", *RSC*, 1977, 277.

② ［法］卡斯东·斯特法尼等著，《法国刑法总论精义》，罗结珍译，213 页，北京，中国政法大学出版社，1998。

③ A. Decocq, *Droit pénal général*, Paris: A. Colin, coll. U., 1971, p.61.

④ R. Merle et A. Vitu, *Traité de droit criminel*, Paris: Cujas, 1997, 7ème éd., No.572 et s..

成部分。

(二) 加罗"无合法根据"要件的争论

加罗(R. Garraud)的著作包括《刑法学摘要》和《法国刑法理论与实践专论》,分别于1881年和1888年第一次出版,直至加罗于1930年去世,这两部著作分别经历了14次和3次修订,并在该期间对法国刑法理论产生重大影响。加罗(R. Garraud)采纳了莱内(Lainé)的观点,但又受到德国学者宾丁提出的"违法性"理论的影响,主张增加"无合法根据"要件(élément injuste),这是指犯罪行为缺乏任何合法证明的依据。违法性理论产生于对刑罚规范作出限制性定义。宾丁认为,刑法规范只限于涉及刑罚的规范。刑罚规范的职能是认可另一个超刑罚的规范,该规范对每个公民设立了遵守法益的义务性或禁止性规定。例如,刑罚规范对谋杀处以死刑,而该规范也确定了超刑罚规范,即禁止杀人。如果超刑罚规范在特定情况下因无法保护相关的法益或因该法益不复存在而不再适用时,那么刑罚规范也不再对侵犯法益的人适用。因此,由于死刑犯的生命不再针对狱政机关的行为受到保护,那么刽子手可以将其处死。通常,这些正当化事由使受害人处于不被保护的境地,因此可以受到不被制裁的侵害。

因此,犯罪的"无合法根据"要件,是对超刑罚规范所保护的法益的侵害。"无合法根据"理论的支持者并没有局限于正当化事由的适用上,他们运用该理论解释一些因缺乏被保护的法益而不构成犯罪的特殊案件,如公务员在履行职责中实施了败坏名声的行为,人们对其作出的诽谤将不受到处罚;同样,从非法持有者那里盗取本属于自己物品的人,不构成盗窃罪,因为在物品所有人面前,法律不保护该非法持有人的利益。

这些犯罪的免责事由,被加罗称作特殊正当化事由,为的是与一般正当化事由,即阻碍犯罪成立的正当防卫和紧急避险相区分。但是,出自德国刑法理论的"无合法根据"要件,并没有成功地在法国刑法学理论中安家落户。其原因是,一方面加罗在著作中关于特殊正当化事由的论述比较简短,以至于人们无从意识到"无合法根据"要件的用途和内容。另一方面,在德国刑法理论中,法益的侵犯是刑罚的肯定条件,而加罗所讲的"无合法根据"要件则是刑罚的否定条件,当作缺乏正当化事由:加罗将一般正当化事由当作行为人的权利或义务。这个定义影响了法益概念的出现,并使其在正当化事由的解释中变得多余,因此使得"无合法根据"要件失去了理论依据和实用通途。

加罗的失败不仅仅在于"无合法根据"要件,自1900年至1925年间,刑法学者对加罗的犯罪理论的依据展开批评。当时出版的刑法学著作对犯罪构成理论存在两种学派,一派是奥特兰主张的"犯罪行为"和"犯罪人"研究,另一派是与之对立的加罗和阿尔芒·莱内,主张刑法总论内容都可以包含在犯罪构成要素理论中。

维达尔(Vidal)、德格瓦(Degois)、胡(Roux)和比利时的缇里(Thiry)都参与到批评加罗观点的论战中,他们认为犯罪心理研究被完全纳入犯罪人的理论中,犯罪心理要件显然不复存在。对于其他要件,这些学者中有的只保留了事实要件,有的甚至放弃了要件这一概念。

(三)居什犯罪构成理论的认可

1925年,犯罪要件重新获得刑法学家的认可,这要归功于居什(Cuche)作出的创新。他在犯罪构成三要件(法律、事实和心理)的分析和"犯罪行为——犯罪人"理论之间进行了和解。但问题是确定心理要件的稳定性,因为对于研究"犯罪行为——犯罪人"理论的学者,他们没有认可该心理要件。居什的解决办法是,将原来的"心理要件"予以拆分:其中一部分内容放入犯罪人的理论中,包括精神病人、未成年人的研究;其余部分,即故意、认识错误、强制、紧急避险的阐释,作为心理要件的内容。至于正当化事由(证明事由,faits justifiés),它们属于法律要件的审查范围。

由于对"心理要件"的内容和"正当化事由"的位置作出改善,居什的这一理论获得很大成功。许多学者都接受了居什的观点并将其纳入他们的课程讲义、教材和专论中。居什及其支持者所采纳的犯罪构成方案比较清晰地描述了精神病人的情况:即使未被处罚,精神病人仍是犯罪的行为人,其共犯将被判刑。这一理论构建非常便利地解释了行为人和共犯因正当化事由而被免责的情形,正如居什所讲授的观点,这些事由阻止了法律要件的成立。

然而,对于居什的理论,一些学者存在不同意见。其中一个焦点问题是如何区分心理要件和刑事责任理论的界限。多那蒂厄·德·瓦布尔(Donnedieu de Vabres)就认为"认识错误"具有混合性特征,因而不知将其放在哪里更合适[①]。对于精神病人也提出同样的问题:居什认为应将其完全置于故意中,即属于犯罪的心理要件范畴;但并不是所有精神病人都是如此,有些精神病人对其所作所为失去了简单的识别能力,从而不具备心理要件。正是因为如此,德高克认为在赋予心理要件一个明确的概念之

---

① H. Donnedieu de Vabres, *Traité de droit criminel et de législation pénale comparée*, Paris: Librairie de la Société du Recueil Sirey, 1937, 1ère éd., No.328.

前,还需要进行更深入的分析①。

斯特法尼(Stéfani)和勒瓦瑟(Levasseur)将居什的犯罪构成要件理论的主要内容纳入其合著的《法国刑法总论精义》中,该书第一版本于1957年发行,如今历经多个修订版本,是法国比较权威的刑法教科书。

第二节 犯罪理论体系的基本框架

法国的犯罪理论体系是相对晚近形成的、以犯罪行为和犯罪人为基点的二元论体系。说其晚近是因为,起源于拿破仑《刑法典》的传统刑法注重犯罪行为和刑罚,没有将行为人纳入到理论体系中。随着19世纪人类科学的发展,犯罪行为人才逐渐地引起关注。实证主义学派尤其强调"犯罪人"在实施犯罪行为中的作用。1992年《刑法典》确认了犯罪行为人在犯罪理论体系中的重要地位,将拿破仑《刑法典》的犯罪行为一元论体系发展成为犯罪行为和犯罪人的二元论体系。

法国犯罪构成二元论体系的通说代表作有卡斯东·斯特法尼(Gaston Stéfani)等的《法国刑法总论精义》。根据该著作,法国的犯罪成立理论建立在犯罪行为和负刑事责任的犯罪人的二元论体系上。犯罪行为,系指犯罪行为的构成要件,即由法律要件、事实要件和心理要件组成。负刑事责任的犯罪人,系指犯罪行为人必须有"罪过"(有罪性,即 la culpabilité)并且可以将这种罪过归罪于犯罪人(可归罪性,即 l'imputabilité),这里主要涉及责任人的认定和责任减免的客观原因(法律命令、正当防卫等)和主观原因(精神紊乱、强制和错误等)。卡斯东·斯特法尼的犯罪构成理论可以用下列图解表示:

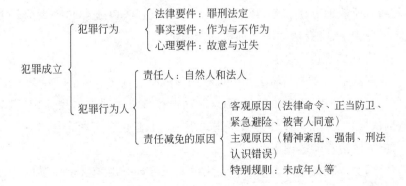

---

① A. Decocq, *Droit pénal général*, Paris: A, Colin, coll. U, 1971, p.205.

一、犯罪行为

犯罪行为是确定行为人刑事责任的基石之一。根据犯罪行为广义或狭义的定义,犯罪行为也是刑事责任的起因或起因之一。因此,这个概念的范围存在两种观点截然对立的学派。第一种学派的观点在 20 世纪的德国盛行,它倾向从纯客观的角度定义犯罪行为,认为犯罪行为是对刑法的客观违背。比如,冯·李斯特(Von Liszt)认为犯罪行为是"法律惩罚的事实状态"。另一种学派的观点范围更广,认为犯罪行为是认定行为人刑事责任前提的所有客观条件和主观条件。法国传统的理论分析,不但从犯罪行为的构成要件中发掘出法律要件和事实要件,还发掘出心理要件[①]。20 世纪初的法国学者胡(J.-A. Roux)将犯罪行为定义为"体现出积极违反法律的意图的错误行动,并且该行动由法律以刑罚的方式制裁"。

在法国,犯罪构成三要件学说出现的时间相对较晚[②]。大约在 19 世纪中期由莫利涅(Molinier)提出事实要件和心理要件的概念。1925 年居仕(Cuche)又在此基础上增加了法律要件。这位学者归纳分析了犯罪行为由法律要件、事实要件和心理要件构成,并建立了与犯罪行为理论相区分的轻罪犯理论。虽然有些学者认为很难区分心理要件和刑事责任之间的界限,但犯罪构成三要件的理论还是成功地被广大学者所接受。

(一) 法律要件

罪刑法定原则(Nullum crimen, sine lege,无法律规定则无犯罪)由《新刑法典》第 113-3 条规定如下:"构成要件未经法律明确规定之重罪或轻罪,不得以其处罚任何人;或者构成要件未经条例明确规定之违警罪,不得以其处罚任何人。"法国刑法中,罪刑法定原则是最基本的要求之一。法官不能随心所欲地设立罪名,任意科以刑罚。只有法律才有此决断的任务,或者说原则上,唯有法律才是刑法的渊源。

1. 存在的理由

罪刑法定原则在罗马法和中世纪法中就有所规定,法国 1789 年《人权宣言》、1791 年和 1793 年的《宪法》都宣告和肯定了罪刑法定原则。1810年《刑法典》第 4 条对该原则做了正式规定。其理由分为两个层次。

(1) 政治范畴的理由

罪刑法定原则是个人安全与自由的基本保证。由于这个原则的存在,

[①] R. Merle et A. Vitu, *Traité de droit criminel*, Paris: Cujas, 1997, 7ème éd., p.14.

[②] J.-H. Robert, "L'histoire des éléments de l'infraction", *RSC*, 1977, 269 et s..

公民事先了解了哪些行为是社会禁止的行为,同时也了解了如果实施这些行为将受到何种处罚①。因此,如果立法机关命令惩罚已实施的合法行为,或者如果法官将法律没有规定的行为当作犯罪予以打击,那么就无从谈起针对权力专断的个人安全与保障。因此,刑事法制原则是针对权力专断的防御墙。

这个政治解释尤其与孟德斯鸠的三权分立学说相联系。根据该学说,由立法机关确定罪名和制定刑罚,由法官予以实施。罪刑法定原则具有绥靖价值。由于该原则的存在,使得刑法受到绝大多数公民的赞同。他们信任保护他们的法律,从而排除了暴力作为刑事司法的手段。

(2) 心理范畴的理由

这些理由是人类学家和犯罪学家得出的结论。罪刑法定原则首先具有教育功能,它描述应受指责的态度和行为,在它们之间建立真正的等级,并将它们与严重程度不同的刑罚相联系。因此刑法具有社会价值法典的意义。为此,刑法的教育功能符合人们所讲的一般预防功能。罪刑法定原则的教育价值还与犯罪学家普遍强调的第二个心理范畴理由相联系。这是指刑法的威慑功能。通过刑法禁令的预先存在,对人的意愿形成强烈约束,以抵消可能产生的犯罪倾向。

基于这些理由,法国学界也在长期探讨,罪刑法定原则是否应具有宪法价值。1946 年和 1958 年的《宪法》序言都宣布维护 1789 年《人权宣言》中的原则,其中包括罪刑法定原则。宪法委员会也在多个决定中肯定了该原则是"具有宪法价值的规则"。但这些认可并没有从法律上全面肯定该原则的宪法价值。由于法官无权审查法律的合宪性,而且根据罪刑法定原则,法官只能按照立法者对犯罪行为的规定认定犯罪并对其进行惩罚。这样,法院有可能被迫使用与罪刑法定原则,甚至与宪法相违背的法律。而宪法委员会的合宪性审查在法律颁布之前进行(事前审查),这实际上取决于在宪法委员会前享有诉权的议员们对法律合宪性审查的警惕性。另外,宪法委员会还可以在审查法律的修订条款时对法律的合宪性提出质疑。

2. 罪刑法定原则的内容

罪刑法定原则的内容同时涉及立法者和法官。对于立法者,只有立法机关可以制定刑法和刑事诉讼法的法律规范,而行政机关和司法机关则不

---

① [法]卡斯东·斯特法尼等著,《法国刑法总论精义》,罗结珍译,115 页,北京,中国政法大学出版社,1998。

具有此种权限,并且法律内容要精确、清楚和易理解。同样,还禁止法律溯及既往。对于法官,禁止类推解释。《新刑法典》第111-4条规定"刑法当以严格解释"。在刑罚方面,法官不能自行创设法律没有规定的刑罚,而只能按照法律的规定和赋予的裁量权适用刑罚。

但是,法国近期的立法实践和司法实践都明显地反映出刑事法制原则的衰退。首先,这表现在相对于行政权扩大的衰退。自第三共和国开始,行政机关在实践中通过颁布具有法律效力的政府命令(décret-loi)代替行使立法权的现象开始增多。并且自1958年成立第五共和国起,违警罪不再由法律规定,而由条例规定,这又被称为"违警罪的非立法化"。其次,还表现为相对于法官权力的衰退,因为新刑法扩大了法官量刑的权力,监禁的替代刑、刑罚的延免、公益劳动、日罚金的出现,以及可减轻情节的取消,最高刑的规定等,都使法官享有更大的裁量权。最后,是相对于维护超国家法律渊源利益的衰退,因为在法国,国际条约的效力高于国内法,随着法国签订的国际条约的增加,国际法律规范或直接或经转换后对其国内适用,因此国内立法机关的权力被削弱了。

(二)事实要件

与探索人类意识和惩罚有罪意愿的道德不同,刑法只有当犯罪意愿以外在的事实或行为表现出来才予以惩罚。这些揭露出犯罪意图的事实和行为,构成犯罪的事实要件。1810年《刑法典》中未专门涉及事实要件,但是《新刑法典》第121-1条规定,"任何人仅对其本人的行为负刑事责任"。刑法分则在对罪名进行定义时,也采用这样的表述,"……的行为,是……罪"。这正是犯罪事实要件的体现。该要件的理由显而易见,但其内容在近一段时期被明显扩大。

1. 存在理由

理由包括两方面。首先是政治理由。了解内在的思想比较困难,任何社会混乱都是由表现为客观行为的思想引起。而犯罪意图又是可以随时撤销的,因此需要犯罪以外在的客观事实或行为表现出来。其次是心理理由。通过不受惩罚的承诺,立法者希望将社会的下一个动乱窒息于萌芽阶段。另外,将非外在表现的犯罪意图作为确定刑事处罚的基础,是非常不明确的做法。

但是,随着刑事政策的发展,犯罪行为的事实要件受到强烈的批判。根据实证主义学派和意大利刑法学家格拉玛第卡(Gramatica,1901—1979)社会防卫理论思想,研究犯罪的客观性是要研究犯罪的萌芽状态,研究生理缺陷或社会心理缺陷,使得任何犯罪迹象、即使是微小的迹象显露时,社会可以及时予以干预。

相反,当代犯罪学主要注重行为的过程,在定罪时,明确地坚持要求犯罪的事实要件。

2. 内容

1810 年《刑法典》忠实地采取了客观概念,要求犯罪行为表现为实施积极的行为,而且能够明显体现出行为人反社会的特征,但刑法并不要求行为达到目的。对于非常严重或比较严重的犯罪才惩罚其未遂状态。实证主义学派与其后的现代主观法学理论认为,刑罚也应适用于那些没有表现出犯罪意图但其行为令人担心将要实施犯罪的个人。当代刑法扩大了事实要件的概念,并开始考虑主观概念,即考虑行为人的意图。这样,犯罪行为以两种形式表现,一种是具体化行为,另一种是虚拟化行为。

(1) 具体化行为

具体化行为由《新刑法典》第 121-4 条规定,"下列之人为罪犯:1.实施犯罪行为者;2.意图实施重罪,或者在法律有规定之场合,实施轻罪的人。"第 121-5 条规定,"已着手实行犯罪,仅仅由于犯罪意志之外的情事而中断或未能得逞,构成犯罪未遂。"这些条款惩治已实施的犯罪行为和企图实现犯罪的未完成事实。

当实施犯罪行为的客观性成立时,就不存在主要的证据问题,而犯罪未遂却存在这方面问题。即从犯罪过程中的哪个时刻起刑法可以介入。这涉及中断性未遂问题。有时即使行为人实施了所有计划的行为,却没有达到追求的结果,这种行为是否构成犯罪?这涉及无结果未遂问题。在解释该条法律过程中,法国司法判例从 19 世纪的客观观念过渡到了今天的主观观念。

① 中断性未遂

《新刑法典》第 121-5 条规定中断性未遂需具备两个基本条件:着手实施和非自动放弃。"着手实施"要求行为人具有明确的犯罪故意,不存在任何模棱两可。犯罪行为过程中,刑法只在其最后阶段介入。心理准备和犯罪决定阶段不受刑法制裁,因为要鼓励自动放弃,并且对这一阶段也难以进行调查、获得证据。第二个阶段,行为人收集各种犯罪工具的预备行为同样不受刑事追究,理由是该行为有时性质模糊并可能引起行为人自动放弃犯罪计划。只有进入开始实施阶段才构成犯罪,因为根据司法判例,行为人距离犯罪行为非常之近,如果不被制止将肯定完成犯罪行为。"非自动放弃"意味着,除了"着手实施犯罪"以外,还要求"由于行为人意志以外的原因而使犯罪实行中断或未实现其效果",只有这两个条件同时具备才能成立中断性犯罪未遂。那么,自动中止的未遂不构成犯罪。但法官对此的判断比较严格。

② 无结果未遂

无结果未遂是指行为人追求的结果没有达到。行为人实施了所有旨在实现犯罪的客观行为,但是犯罪没有得逞。无结果的实行行为表现为"失败性未遂"和"不能犯未遂"之轻罪。失败性未遂是由于行为人本身行为不熟练所至。其有罪性的成立不存在任何疑点。不能犯之未遂是由于行为人对实行行为事实的不可能性的无知(如朝死人开枪,将手伸向他人的空腰包行窃)。法国司法判例采纳了主观观念进行判断:不能犯未遂之轻罪比犯罪未遂更能体现出行为人的犯罪故意。

(2) 虚拟化行为

惩罚虚拟化行为是刑法学进步的结果,它揭示了犯罪故意同样可以从单纯的不作为行为或一个简单的行为中演绎出来。今天,人类团结一致的价值观要求惩罚特别严重的不作为行为(不救护、不作证、不揭发等)。犯罪学家们也发展出潜在犯罪的概念。危险状态的罪名在不断增多:如公路犯罪行为,置他人于险境罪。这里考虑的是犯罪的潜在性。

鉴于不作为犯罪行为或危险状态罪名的发展,人们会对事实要件的存在提出疑问:这个概念是否已经没有意义了?事实上,当立法者打算设立特殊措施时,他不得不对将触及的状况作出定义。换言之,立法者应该以危险行为为出发点确定犯罪前奏的危险状态,也就是说他应该描述反社会的态度或行为。那么,行为或态度再次处于首要地位。正如胡(Roux)所述,不应将行为一词同积极的活动联系起来。这个词语应在其所接受的最广泛的范围内表示意思,不论是积极的作为还是消极的不作为。但是,人们不得不承认传统的事实要件概念在当今已经发生了变质。对于心理要件也存在同样问题。

(三) 心理要件

要使犯罪行为在法律上存在,只实施了刑法规定和处罚的事实行为还不够,还需要这个事实行为是行为人的意愿的结果。犯罪行为和行为人之间的这个关系在英国法中被称为"犯罪意图"(mens rea),它与"犯罪行为"(actus reus)相对应,这个关系构成心理要件。心理要件应同事实要件结合才构成犯罪。目前的法国刑法对于犯罪构成,要求具备心理要件,而在旧的刑法体系中,只要求有犯罪行为的客观性就构成犯罪。当今的立法要求行为人的犯罪意图,在无主观意图情况下,如不可抗力,则不存在犯罪。根据法国刑法典,所有重罪和大部分轻罪都是故意犯罪,但是也有一些法定的过失犯罪,包括轻罪过失犯罪和大部分违警罪。

1. 旧刑法典

1810年《刑法典》总则中并未要求犯罪成立应具备心理要件。这一空缺导致所采取的解决办法缺乏调和性。当定罪的法律对特殊情况作出明确指示时,这个问题就很容易解决。比如,当法律规定犯罪行为必须在自愿、明知、故意的情况下实施,毫无疑问,对于法院,故意的错误是不可缺少的条件。但是,当法律用过失一词,那么制裁将取决于对过失错误的认定。当法律对犯罪行为的心理要件未作规定时,理论上接受的解决办法是,法官要求控方出示故意错误的证明。

2. 新刑法典

1992年《刑法典》第121-3条规定,"没有重罪故意实施的行为不构成重罪"。1996年和2000年的法律对此进行了改革并具体规定了过失犯罪的定义。第121-3条第2款规定,"但是,蓄意置他人于危险的,构成轻罪"。该条第3款规定,"在法律有规定时,在轻率不慎、疏忽大意或未尽法律或条例规定的谨慎或安全义务情况下,如果行为人未做出基于其任务、职责、权限的性质以及拥有的权力或手段应付出的正常努力的事实确立,则构成轻罪"。该条第4款规定,"未直接造成损害的自然人,但为实现损害创造了条件或者没有采取措施避免损害发生,如果他们蓄意违反法律或条例规定的谨慎或安全之特殊义务的事实成立,或者他们犯有过错并置他人于应知的特别严重的危险之中的事实成立,将负刑事责任。"

通过这些规定,立法者区分了不同类型的行为。对于重罪,绝对要求犯罪故意。对于轻罪,原则上要求犯罪故意,但是有两个例外,一个是蓄意置他人于险境,另一个是轻率不慎、疏忽大意或未尽法律或条例规定的谨慎或安全义务。这是参照法条中没有提到的过失概念,它存在上述两种形式。对于违警罪,过失是暗含的条件。

犯罪三分类与心理要件所示图:

重罪:故意(全部是故意犯罪)

轻罪:{ 故意(大部分是故意犯罪)
　　　 过失(过失犯罪){ 疏忽大意或轻率不慎之过失
　　　　　　　　　　　 蓄意置他人于险境之过失

违警罪:违警过失(大部分为过失犯罪)

(1) 犯罪故意

犯罪故意存在两种观念,即客观观念和主观观念。

① 在客观观念中,这也是大多数刑法学家的观点,犯罪故意存在于犯罪行为人的认知和意识中。这种分析将故意分为两个要素,即认知和意愿。认知要素涉及法律状况,即违反刑法的意识。根据箴言"无人不知国法"(Nul n'est censé ignorer la loi),这一点永远被推定成立。只要行为人希望行为及其结果发生,则应受处罚。因此犯罪故意如同一般的、客观的概念出现,对所有人都一样。

意愿要素应以客观意思理解,犯罪动机是其外在表现。这个观点在1956年12月13日拉布泊(Laboube)诉讼案的判例中得到体现,法国最高法院刑庭认为,所有被指责的行为的成立需要行为人具有理解和意愿的能力①。1959年5月27日的判例重复了同样的观点,要求犯罪构成以自由意志为条件。

② 相反,主观观念认为,犯罪意图应通过行为人的个人品格予以衡量。该意图不是抽象的意图,而是具有理由和动机的意愿。只有行为人被确定出于不道德或反社会的动机,才能受到刑罚。这个从前由实证主义学派表述的观点,也是当代犯罪学家的观点。对于实证主义学派而言,激情罪犯是一种"英雄"体现,只应受到民事处罚,今天,许多犯罪学家认为刑罚应参照行为人的犯罪动机。

(2) 过失

《新刑法典》第121-3条经修订后,过失存在三种不同的形式。在犯罪故意之外,首先是置他人于险境且无损害结果的过失。其次,是传统的过失,它要求有损害结果和对受保护的社会价值表现出某种漠视。最后,级别最低的,是从犯罪行为的简单事实中演绎出的违警过失或客观过失(或过错),由此认定较为轻微的犯罪行为。

因此,心理要件表现在多个方面。有些学者,主要是犯罪学家,认为传统的犯罪故意理论在当今没有科学根据,因为它考虑的问题涉及对行为人的品格作出广泛深入的研究。在这种分析下,心理要件的主要内容会被挖空,因为在研究刑事责任时,很大程度上涉及对心理要件的成分进行研究。

二、负刑事责任的行为人

法国1810年《刑法典》首先关注的是犯罪行为和刑罚。对于行为人的

---

① 在该案中,一名8岁儿童过失地将同学的一只眼睛打瞎。参见 J. Pradel et A. Varinard, *Les grands arrêts du droit pénal général*, Paris: Dalloz, 2012, 8ème éd., No.43, pp.598~599.

年龄、性别只做了简单规定。而司法判例较早地发展出行为人责任的原则。

刑事责任概念由三个要件构成,第一个是"认识"或"识别",即能够知道其行为意义的能力;第二个是"自由",即能够对于一种意义或另一种意义作出决定的权力;第三个是"有罪性",即错误的选择。前两个要件还可以合并成为"可归罪性"的概念,即将一个犯罪行为记在某人账上的可能。负有责任,是由于行为人的错误行为而能够将犯罪与行为人相联系。

19世纪末的意大利实证主义学派促进了犯罪行为人研究的发展。菲利(Ferri)认为,犯罪人是"刑事司法的主角"。从严格的法律角度讲,犯罪人是犯罪行为的行为人,即实施或参加实施犯罪行为的人。在这个学派之后,犯罪学家强调犯罪行为的过程和行为人的刑事人格。

法国1992年《刑法典》将负有责任的行为人与犯罪行为两个概念紧密联系在一起,并在"刑事责任"篇章(第二编)中予以规定。其中第121-1条规定,"任何人仅对其本人的行为负刑事责任"。犯罪行为的行为人负责任,是因为该行为可以归罪于他,由他负担。一旦行为按传统构成要件成立犯罪,法官只有在认定行为人能够领会其行为意义并有能力行动的情况下才可处以刑罚。

(一) 刑事责任的条件

确定行为人刑事责任成立,需要三个条件:行为人的精神自由,人格的判断,实施犯罪的证明。

1. 行为人的精神自由

首先,刑事责任与犯罪人实施犯罪行为时的精神自由相联系。它建立在自由意志形而上学的假定基础上。只有在自由意志和清晰意识支配下行动的人,才能被追究刑事责任和处以刑罚。如果犯罪行为由犯罪人负担并可归罪于他,犯罪人将被追究刑事责任。其次,根据该时期的神秘主义和意愿自治的教义,可以得出这种刑事责任的设想具有非常个人化的特点。每个个人被推定为自由地作出决定,对自己的选择负责。最后,罪犯的刑事责任以实施犯罪行为的确切时刻来衡量:它具有瞬间的特点,它是法律捕捉到的生活的一个切面,而不考虑行为人实施犯罪前后的精神状态。

由于"精神自由的假定"构成刑事责任的基础,根据1810年《刑法典》,在缺乏精神自由的情况下,责任不能归罪于行为人。这是指不能归罪的原因。新刑法典和司法判例对精神自由采取略有区别的态度,认为缺乏精神自由不一定引起行为人完全不负刑事责任。这就是精神错乱和强制的情形。《新刑法典》第122-1条规定,"在行为发生之时患精神紊乱或神经精神紊乱,完全不能辨别或控制自己行为的人,不负刑事责任。"但该条第2款规定,"在行为发生之时,患精神紊乱或神经精神紊乱,损害或有碍于辨别或控制自己行为的人,仍得惩罚之。"而司法判例显示法国法院越来越不接受将精神错乱概念作为免除或减轻刑事责任的因素。

强制由《新刑法典》第122-2条规定,"在不可抗拒之力量或者不可抗拒之强制力下实施行为的人,不负刑事责任。"司法判例对于强制要求两个条件:一个是不可抵抗,另一个与之相关,是不可预见。行为人事先有过错,则要承担责任。

2. 行为人责任的判断

当代刑法区分客观判断和主观判断。

(1) 客观判断

根据法国刑法典,法官需要判断行为人是在事实上还是在心理上负有责任。在对未成年人采取教育和帮助措施时也要考虑这些因素。最后,法官在作出免除刑罚、缓刑、剥夺或限制权利等决定前,需要对行为人的人格作出判断。

(2) 主观判断

对于未成年人犯罪,法官需要开展社会调查。预审法官要对未成年人的人格以及经济、家庭或社会状况进行调查。对于重罪犯罪人,这项调查是必须的,对于轻罪犯罪人,调查是任选的。

行为人人格的判断可以简单地从犯罪的潜在性中推断出来。不作为犯罪以及对危险状态定罪的判断就属这种情形。

3. 行为人责任的证明

行为人的有罪性存在两种形式,即确定有罪性和承认有罪性。

(1) 确定有罪性

对于违警罪,有罪性从事实客观性的简单证实中推断出来(例如,在公共道路上违法停车)。对于轻罪和重罪,由检察官或民事当事人证明犯罪行为人的有罪意图。

因此,这就加重了证明行为人有罪的举证责任。立法者认为,在有些情况下,当行为事实的客观性显著,犯罪嫌疑人未提出异议时,则可以减轻举证责任,以发展追究刑事责任的替代性方法。

(2) 承认有罪性

受启发于1993年1月4日的法律所规定的调解赔偿制度,1999年6

月 23 日的法律赋予检察院在追诉时采取替代性方法,即刑事和解程序,而 2004 年 3 月 9 日的法律又借鉴英美国家的辩诉交易程序设立了事先承认有罪制度。在法国,对于这些追诉的替代措施也存在争议,支持者认为它们体现了司法的效率原则和宽严相济的刑事政策在司法中的灵活运用,而反对者则认为这些替代措施违背了无罪推定原则。

(二)刑事责任人

19 世纪以来,刑事责任人的范围不断扩大。1810 年《刑法典》只规定成年自然人的刑事责任。1992 年《刑法典》确定了法人的刑事责任。2002 年 9 月 9 日的法律确认了未成年人的刑事责任。

1. 自然人

(1)成年人的刑事责任

1992 年《刑法典》第 121-1 条对个人刑事责任作了规定,"任何人仅对其本人的行为负刑事责任"。这意味着,首先,不存在集体刑事责任,即不会由于集体内部一个成员犯罪而处罚每个成员。其次,从个人刑事责任原则中推导出刑罚的个人化原则。这样,家庭中的其他成员无需承担针对某个成员实施的个人刑罚(而 1789 年以前的规定则相反)。最后,《新刑法典》对犯罪行为人作了定义(这是旧刑法典所不具备的),第 121-4 条规定,"罪犯是实施犯罪的行为者",或当未遂也被入罪的情况下,为"试图实施犯罪的行为者"。

行为人的概念由于犯罪行为的多样性也呈现出不同情况。作为犯罪的行为人与不作为犯罪的行为人之间没有什么联系。同样,相对于实施犯罪行为的实行犯,还存在智力上的行为人,如种族灭绝罪的行为人就属这种情形。在此观点下,根据 2004 年 3 月 9 日的法律,《新刑法典》增加第 221-5-1 条,惩罚"向他人提议、许诺或给其赠与、礼物或好处,以使其实施谋杀或投毒的人"。

(2)未成年人的刑事责任

2002 年 9 月 9 日的法律确认了未成年人的刑事责任,它修改了《新刑法典》第 122-8 条的规定。1945 年 2 月 2 日的政令被视为"关于青少年犯罪的宪章",它提出所有未成年人不负刑事责任的制度。未成年人犯罪原则上被看作是未成年人处于危险状态,他们应受到教育措施的处置而不是刑事处罚。

1956 年法国最高法院的司法判例认为,"任何犯罪,即使是非故意犯罪,也要求行为人具有行为的辨别能力和意愿。"这就是要承认,应在与成年人同样的条件下宣布未成年人负有责任,并按照一般法律对未成年人的行为作出判断。1992年《刑法典》将这个判例的原则纳入到第122-8条中,"经认定犯刑事罪的未成年人,依特别法律规定之条件,对其采取保护、救助、监督与教育措施。"该条文被列在"不负刑事责任或减轻刑事责任之原因"一章中,它没有提出有罪性,但似乎承认了未成年人的特殊责任。2002年9月9日的法律重新撰写了第122-8条的规定,"具有识别能力的未成年人对重罪、轻罪和违警罪负有刑事责任,依特别法律规定之条件,对其认定有罪。"因此,未成年人不再不负刑事责任,包括13岁的未成年人[①]。刑事责任成为打击犯罪行为的司法对策的依据。法官将根据行为人的识别能力确定刑事责任,这需要参考自由意志的概念,参考每个人认识和判断其行为意义的能力。

与识别相联系的是心理意识。1956年12月13日的判例对确立未成年人的刑事责任起了重要作用,虽然未成年人与成年人都可被追究刑事责任,但是未成年人依法享有其特殊性。只有确定了未成年人的识别能力才能考虑其刑事责任。成年人被推定为具有这种识别能力,而未成年人则被推定不具有这种识别能力。《新刑法典》第122-8条在规定未成年人刑事责任的同时也指出,未成年人的刑事责任是被减轻的刑事责任。但是法国2002年的立法没有借此时机满足《国际儿童权利公约》第40-3条规定的成员国"设立儿童具有触犯刑法的刑事能力的最低年龄"要求。

2. 负有责任的法人

1992年《刑法典》最具创新意义的改革就是增加了法人的刑事责任。第121-2条规定,"法人……对其机关或代表为其利益实施的犯罪行为负刑事责任。"

法国1789年以前的旧制度接受团体的刑事责任,大革命时期的法律和1810年《刑法典》排除了法人的刑事责任。法国最高法院认为,"罚金是一种刑罚,而任何刑罚都是个人的,除非法律对此有特殊规定。不能对法人处以罚金,后者只能承担民事责任。"自19世纪以来,法人团体不受刑事处罚的理论发展很快。当团体实施犯罪时,只能在认定的范围内处罚其领导者。

为了弥补这项法律空白,法国立法机关在1992年确立了除国家外

---

① 根据法国1945年2月2日第45-174号《关于未成年人犯罪的法令》,对18岁以下负有刑事责任的未成年人可以采取教育措施,对10~18岁负有刑事责任的未成年人可以实施教育处罚,对13~18岁负有刑事责任的未成年人可处以刑罚。

的法人负刑事责任的原则。但是《新刑法典》第121-2条明确规定,负刑事责任必须"在法律或条例有规定的情况下"。这个详细规定意味着,追究法人的刑事责任需要法律专门对法人的犯罪行为和处罚作出定义和规定。如果没有法律规定法人犯罪的条款,则不得追究法人的刑事责任。刑法典规定的法人犯罪,涉及侵犯人身、财产、国家之重罪和轻罪,例如谋杀、毒品走私、盗窃、恐怖主义等,以后的法律不断增加法人犯罪的罪名。

2004年3月9日的法律放弃了法人刑事责任的特殊性原则,规定了法人的普遍刑事责任。该法律修改了《新刑法典》第121-2条的规定,删去了"在法律或条例有规定的情况下"。这样,不论犯罪的性质和罪名,都可追究法人的刑事责任。事实上,法人的刑事责任同时体现了间接性和个人性。间接性是由于法人的责任只能通过自然人的行为而受到质疑和追究。个人性是由于犯罪只能由法人机关或代表为了法人的利益实施。

第三节 犯罪理论体系的重要问题

对于法国犯罪构成二元论体系的通说,一些学者认为存在值得商榷的地方,主要焦点在于划清心理要件和刑事责任之间界限,因为刑事责任的概念难以界定。

一、二元论体系的调整

有的学者认为应对居什的三要件理论体系进行调整。如雅克·博胥康(Jacques Borricand)在其《刑法和刑事诉讼法》的教材中就主张将犯罪构成体系划分为刑事法定原则、犯罪行为和刑事责任,其中刑事责任部分包括有罪性和可归罪性。这一观点在雅克·博胥康《法国二元论体系的形成和演变》一书的中文译著中再次得到确认。①

根据雅克·博胥康上述的两部著作,犯罪构成的理论可以通过以下图解表示:

---

① 参见[法]雅克·博里康:《法国二元论体系的形成和演变》,朱琳译,30页,北京,中国民主法制出版社,2011。

```
               ┌ 罪刑法定原则：渊源、实现
               │       ┌ 事实要件：形式、内容
        ┌ 犯罪行为┤
        │      └ 犯罪的消失：法律命令、正当防卫、紧急避险、被害人同意
犯罪成立┤
        │       ┌ 有罪性：故意和过失
        └ 刑事责任┤ 可归罪性：自然人（包括未成年人）、法人
                └ 可归罪性的减免：精神紊乱、强制、法律认识错误
```

在博胥康教授主张的犯罪构成理论中，将通说的犯罪构成三要件之一的心理要件所包含的故意和过失移到刑事责任的有罪性中，从而避免对该要件进行重复判断，同时，将刑事责任减免的客观事由，如法律命令、正当防卫等，移至犯罪行为中加以评价，从而将刑事责任紧紧围绕"犯罪人"的主观意识进行有罪性和可归罪性的判断。

二、刑事责任的新概念

传统的刑事责任概念与犯罪人实施犯罪时的精神自由相联系，它建立在自由意志形而上学的公设基础上。只有具有自由意愿和清晰意识的个人才能负刑事责任并受到刑罚。因此，传统的刑事责任具有个人性特征，并且通过行为人实施犯罪时的自由意愿和清晰意识加以判断，确定刑罚。而相当数量的法学家以及较多的犯罪学家和人类学家，长期批判刑事责任的传统概念。这些众多批评也开启了通往刑事责任概念新前景之路。

1. 刑事责任传统概念的批判

（1）最普遍的批判涉及传统理论中的哲学先验，即对自由意志的笃信。这种批评观点认为，许多犯罪人知道他们做的是什么和体验到个人责任，他们只是有时精神不正常。即使是精神错乱者，精神病医生越来越强调刑事责任的剩余感觉，甚至某种受罚的能力。

（2）第二种批评主要针对传统责任概念的僵硬性。这种僵硬的理念往往导致实践中采取不够科学且缺乏保护社会法益的解决措施，尤其在犯罪人处于精神紊乱或具有某些人格异常的情况下更是如此。对于精神病人，如果法官认为行为人是《新刑法典》第122-1条规定的精神紊乱者，犯罪人将被宣布完全不负刑事责任，并逃避刑事司法的追究，刑事司法处于束手无策的境地。这大概解释了最近判例中的一些现象：法院越来越不接受将精神错乱的概念作为免除或减轻刑事责任的因素。

（3）第三种批评涉及刑事责任一词表达的含糊不清。有些学者认为，刑事责任应同可归罪性概念结合在一起。犯罪行为人负有责任，是因为行为可以归罪于他。其他学者则认为，刑事责任是一个更广泛的概念，它包

括有罪感(严格意义上的心理要件)和可归罪性:只有在这两个要件具全的情况下才得以成立。

根据斯特法尼(Stéfani)教授的观点,心理要件对惩治犯罪行为是必要的,因此它是不可或缺的要件。另外,1992年《刑法典》将不受处罚的事由规定在"刑事责任"的篇章中,而不是列在"犯罪行为"的篇章中规定,但在分则部分,法典将每个犯罪行为都定义成"实施了……行为"或者"实施……的行为",这就表明对于刑法典的制定者而言,犯罪行为是一个行动,是与行为人心理方面不同的事物。①

2. 刑事责任概念的新观点

(1) 新社会防卫学说的观点

安塞尔(Marc Ancel,1902—1990)坚持具体刑事责任的概念。但是,他认为司法官的作用不是对具体刑事责任作出评估并根据评估结果宣告刑罚。新社会防卫论不赞成只要确认了个人刑事责任就自动判处刑罚的观点,而是认为,惩罚应尽可能个别化,并由意识到自身社会作用的法官选择和宣布。犯罪人对其责任的确切意识是重归社会过程的开始和动力,这涉及刑事责任真正的教育功能。不应当根据抽象责任来要求犯罪人对其过去买单。罪犯对其责任的意识,应当是在激励制的处遇中为自我改造而进行个人努力的开端②。

(2) 后古典学说的观点

麦尔乐和维图对传统学说进行了更新,形成了新的传统学说的观点。他们对于将刑事责任与主观责任和将主观责任与自由意志紧密联系的观点持谨慎态度。他们不否定决定论对人类自由所起到的作用。在他们看来,刑事责任是一个动态和复杂的概念,受到犯罪人的过去和将来的影响。犯罪人的过去责任,传统上根据有罪性的概念(客观有罪性和心理有罪性)以实施犯罪日为准进行判断,并给国家的干预提供了法律依据。而犯罪人将来承受刑罚或从刑罚中获益的能力,才是刑罚的实际标准,而非自由意志。他们认为,"重要的不是了解罪犯在实施犯罪行为那天有无自由意志,也不是在判决那天确定罪犯是否能够明白惩罚的必要性,能够承受惩罚和从中获益……"③,"现代的刑事责任,就是领会刑罚和从中获益的

---

① J.-M. Aussel, "Concept de responsabilité pénale", in *Annales de la faculté de droit de Toulouse*, Toulouse: Unversité de Toulouse, 1982, p.99.

② M. Ancel, "Responsabilité et défense sociale", in *La responsabilité pénale,- travaux du colloque de philosophie pénale*, Paris: Dalloz, 1961, p.366.

③ R. Merle et A. Vitu, *Traité de droit criminel*, Paris: Cujas, 1997, 7ème éd., p.470.

能力。实施犯罪的行为人要在治疗康复所需的时间内,处于为改造接受必要治疗的境地"①。

(3) 犯罪学家皮纳泰尔(Pinatel)的观点

许多犯罪学家认为,追究犯罪时的责任或在犯罪人到庭时追究其责任的传统刑事责任观点,无益于有效地对犯罪人实施真正的治疗。其中,皮纳泰尔认为,法官应考虑到犯罪人的个人品格问题。关于精神异常的犯罪人,他认为,不是因为某人相对清醒或具有责任的个人意识,才宣告其应负刑事责任。应当用病态人格的标准代替责任的标准;用适应性的概念代替可归罪性的概念;用刑事能力的概念代替有罪感的概念②。根据皮纳泰尔的观点,应用犯罪学,倾向于确定主体的"危险状态"而不是主体的"责任",并将"危险状态"作为引起司法回应的依据。这些批评当中的一些观点被立法者所采纳,对行为人品格测试的参照也被载入了新刑法典。

(4) 乌得勒支(Utrecht)学派的观点

荷兰犯罪学家试图通过法律必要性和现代科学成果,更新刑事责任的概念。他们不赞成实证主义理论的决定论,也不赞成由危险状态理论中得出的社会责任概念,他们想要展示"有关自由的理论"可以非常好地与生物学、心理学和精神病学的近期发现相兼容。因此,该学派不主张废除旧概念,而是将其现代化。关于刑事责任,该学派的代表人物彭蒲(Pompe)建议"相对的"和"动态的"责任,认为对非正常的犯罪人的治疗是为了发展其真实的责任感,此外这种多少有限的真实责任感不只是针对不正常的犯罪人的治疗,而且要求所有人都应当具备③。他坚持保留个人责任概念的必要性,并认为责任的概念应从其过于僵化的桎梏中解脱出来,以便适应十分复杂的现实需要。

第四节 犯罪理论体系的评价

一、关于犯罪理论体系的指导功能

法国的犯罪理论体系,通常在各种刑法总论教科书的结构和论述中有

---

① R. Merle et A. Vitu, *Traité de droit criminel*, Paris: Cujas, 1997, 7ème éd., p.488.
② J. Pinatel, "Biologie et responsabilité", *RSC*, 1968, 677.
③ W. Pompe, "La nouvelle théroie de la responsabilité pénale", in collection dirigée par R. Vouin et J. Léauté, *Une nouvelle école de science criminelle: l'école d'Utrecht*, Paris: Cujas, 1959, p.61 et s..

所体现,或者一些学术论文会对理论体系中的某个问题进行论述,但总体印象是,同我国或德日等大陆法系国家相比,缺乏关于犯罪理论体系的专门论著。

然而,虽然法国学界关于犯罪理论体系缺乏较为深入、系统的论述,但是犯罪理论体系对实践的指导作用还是比较充分的。

在教学方面。法国的每一部刑法总论教科书的结构都是按照一定的犯罪理论体系框架和逻辑编写。例如卡斯东·斯特法尼等著的《法国刑法总论精义》中,除了导言之外,包括"犯罪与犯罪人"和"处罚:刑罚与保安处分"两大部分,其中第一部分"犯罪与犯罪人"又由"刑法的重大原则"(罪刑法定原则)、"犯罪的特有构成要件"(事实要件、心理要件)、"犯罪人与刑事责任"(应负刑事责任的人、不负刑事责任或责任从轻的原因)三编内容组成。当然,卡斯东·斯特法尼教授的观点能被法国大多数学者接受,具有相当的权威性。但是,持不同观点或认为应对通说进行适当调整的刑法学者,可以根据他们对犯罪构成理论的理解和观点编写刑法总论教材,对教材的结构做出不同的调整。因此,刑法学者将各自的犯罪理论体系框架反映在其刑法总论教科书的结构中,反之,刑法总论教科书的结构也体现了不同刑法学者关于犯罪理论体系框架的构建。

在立法方面。法国犯罪成立理论与其刑法典的规定是一致的。法国现行1992年《刑法典》的结构也受到犯罪理论体系的影响,其总论部分分为"刑法""刑事责任"和"刑罚"三编。其中第二编"刑事责任"下,共有两章:第一章是"一般规定",依次规定了个人责任原则、应负责任的人(自然人与法人)、故意或过失、犯罪未遂与共犯;第二章是"不负刑事责任或减轻刑事责任之原因",依次对精神紊乱、强制、法律认识错误、依法行为、正当防卫、紧急避险和未成年人犯罪的应对措施作了规定。由此可见,刑法理论将犯罪成立条件分为构成要件与应负刑事责任这两个要件,是与法国刑法典的规定相对应的。[①]

二、关于"二元论"的犯罪理论体系

从历史沿革角度来看,法国的犯罪理论体系经历了由"一元论"体系发展为"二元论"体系的过程,即由犯罪构成三要件的形成、犯罪构成要件与"犯罪行为——犯罪行为人"二分论的对立,到最终形成两者相协调后的"二元论"体系。这一进程体现了犯罪论体系从犯罪行为概念到刑事责

---

① 李立众:《犯罪成立理论研究》,38页,北京,法律出版社,2006。

任概念的理论飞跃。

正如前文法国学者的研究所述,犯罪理论体系基于刑法总论对犯罪构成进行探究,法国的犯罪构成三要件说,即法律要件、事实要件和心理要件,以概括、抽象的方式确定了刑法总论对犯罪构成一般要件的描述。其中法律要件涉及罪刑法定原则,这里主要涉及刑法分则中所规定和宣告的各种罪名。因此,犯罪构成三要件说,是对刑法分论中各种犯罪构成要件的高度概括和总结,并且适用于刑法分则中各个犯罪的一般要件的描述,是以犯罪行为为基点而建立的"一元论"学说。

但是,随着犯罪学和人类科学的发展,人们认识到,从刑法总论的角度对犯罪构成进行三要件的描述还不够,因此,实施了符合这三个构成要件行为的行为人并不一定都要受到相应的刑罚,这涉及犯罪行为人刑事责任概念,也就是说在犯罪行为和刑罚之间需要由行为人的刑事责任进行衔接。因此,这涉及刑事责任能力、刑事责任的减免事由等问题。法国学者达纳(Dana)教授在1982年发表的《对于刑事犯罪概念的评论》中强调,他所主张的研究是尽量具体且完全是法律性质的研究,完全不同于德国学说的哲学式探讨。他还提出:构建具体的犯罪概念只能从责任概念出发。[①]从刑事责任的角度认识犯罪,不仅使刑法总论对犯罪的描述更加全面和完备,而且也符合社会有效打击和防治犯罪的需要。由此,在认识和研究犯罪的过程中引入了"刑事责任"的概念并在"一元论"的基础上增加"犯罪行为人"为第二个基点,构建了"二元论"犯罪体系。

作为世界第一部近代刑法典的诞生地,法国的犯罪成立理论有着不同于德日犯罪成立理论的风格:第一,法国犯罪成立理论中不存在德日刑法学中独立的"违法性"要件,"违法性"要件被认为属于"法有规定"要件之中。当然,也有部分法国学者主张"无合法根据"是成立犯罪的条件,但这种观点受到了批评。第二,法国犯罪成立理论中的不负刑事责任,类似于英美刑法中的辩护事由,包含了德日犯罪成立理论中的违法阻却事由与责任阻却事由,可见,法国犯罪成立理论不存在德日刑法学那样明显的构成要件阶层性特征。第三,法国的犯罪论中常常论及犯罪学,这一特色是德日刑法学所没有的。[②]

综上所述,法国的犯罪二元论体系以犯罪行为和行为人为基点。这个

[①] [法]雅克·博里康著:《法国二元论体系的形成和演变》,朱琳译,引言,北京,中国民主法制出版社,2011。

[②] 李立众:《犯罪成立理论研究》,38~39页,北京,法律出版社,2006。

二元论体系是从一元论发展而来,以行为和行为人两个基点形成体系的内部构架也在不断运动发展。其中犯罪行为由法律要件、事实要件和心理要件构成的三要件学说,一方面受到其他学者提出的异议,例如,法律要件不应作为犯罪构成要件,心理要件的内容同行为人刑事责任的认定相混同或重复等,另一方面三要件学说的内容也在发生变化,例如,罪刑法定原则相对于行政权、法官或超国家规范的衰弱,不作为犯罪赋予事实要件新的内容,过失也可成为犯罪构成的心理要件等。负刑事责任的行为人包括责任人的范围和刑事责任的认定,责任人的范围由旧法典规定的自然人扩展到法人,新近的立法又加入了未成年人。法国犯罪理论体系在动态发展过程中体现了对行为人的重视,研究犯罪人被提升到与研究犯罪行为同等重要的地位。另外,这个动态的变化趋势受历史、哲学、政治、法理、立法和司法实践等诸方面因素的影响和推动,目的是适应社会发展进步和犯罪现象复杂化的需要。

鉴于法国犯罪理论体系在刑法教学、刑事立法等方面的指导作用以及该体系的动态发展特征,研究法国犯罪理论体系对研究法国刑法总论中各种制度的设置、发展和理论支持也起到宏观统领和把握的作用。在刑法理论中,如果说犯罪和刑事责任的后果是刑罚,刑罚的依据是犯罪和刑事责任,那么法国"二元论"犯罪理论体系的"行为—行为人"基点,同样也是刑罚制度设立、配制、执行、灭失的基本参照,尤其刑罚的宣告和执行所倡导的"个别化原则",也是"二元论"犯罪理论体系对刑罚理论产生的直接后果。由此可见,犯罪理论在刑法理论中的重要性,这就是为什么在导论中探讨法国"二元论"犯罪理论体系的原因。在以后的篇章中,将基本以犯罪理论体系通说为框架,按照**刑法规范—犯罪—刑事责任—刑罚**的思路和结构,具体研究法国刑法总论中的各种原则和制度。

第二篇 刑法规范

法国是大陆法国家，崇尚原则和理论，因此，罪刑法定这一刑法基本原则在刑法体系中不仅占有核心地位，而且内容十分广泛，可以归纳为三层含义。首先，罪刑法定是具有宪法价值的原则，其地位和价值高于一般的法律规范和原则，后者不得与具有宪法价值的原则相抵触；其次，它是刑事立法应遵守的原则，即立法机关在设立刑事规范时应遵循的原则；最后，它是刑事司法应遵守的原则，其核心内容是法官在适用刑事规范时应遵循该原则。当然在刑事法体系中，罪刑法定原则还要求刑事司法活动及诉讼程序符合法律规定，即符合法制原则，但这主要涉及刑事诉讼法的规定。因此，在本篇"刑法规范"中，主要围绕罪刑法定原则的上述前两层含义展开论述，即该原则在刑法体系中的地位及其对刑法规范的产生、内容和适用范围上的要求；而在第三篇"犯罪"中，罪刑法定体现为犯罪构成的"法律要件"，即"法有规定"或"有法可依"，主要围绕罪刑法定原则的上述第三层含义展开论述，也即从刑法适用的角度，在刑事规范明确规定罪名的基础上，研究犯罪罪名的认定。

第三章 罪刑法定原则

罪刑法定原则是处于核心地位的重大刑法原则。它要求刑法应当具有法定性，换言之，就是犯罪和刑罚应当由法律规定，而且这个法律通常是国家最高立法机关通过的法律。罪刑法定原则，即刑事法制原则（法文表述为"principe de légalité"），不仅适用于包括重罪、轻罪和违警罪在内的所有犯罪的定罪和处罚，而且也适用于追究和处置犯罪的刑事诉讼活动，即刑事审判机构的管辖和组织、警察机关和检察机关的权力、暂时羁押、平等诉讼、辩护权利、上诉途径等，都应当由法律予以规定。

罪刑法定原则在法国大革命时期得以确认，并自此一直在刑法中处于统治地位。

第一节 原则的确定

一、历史渊源

在1789年法国大革命前的旧制度时期，刑法由成文法律和习惯组成。法官和国王享有司法专断权，他们可以对存在的规则作出过度解释或是在无成文规定、习惯的情况下肆意裁判，这样的刑法既不确定亦不公正。

启蒙主义思想家和前古典学派的刑法学者较早地提出罪刑法定思想，他们反对中世纪的罪刑擅断的刑法，主张罪刑法定，即犯罪和刑罚应由法律规定，法官的作用仅限于适用法律。法国启蒙思想家、三权分立学说的奠基人孟德斯鸠提倡在立法上明确规定犯罪与刑罚，排斥法官的擅断，法官的"裁判只能是法律条文的准确解释"①，而不能是法官的恣意妄为。根据孟氏的三权分立学说，贝卡里亚主张只有立法者才能制定法律，"只有法律才能确定一个人在什么情况下应受刑罚。"②费尔巴哈（Feuerbach）以心理强制说为基础，主张犯罪与刑罚应由法律明文规定，预先向国民公告，以

---

① ［法］孟德斯鸠著：《论法的精神》（上），张雁深译，157页，北京，商务印书馆，1982。
② ［意］贝卡里亚：《论犯罪与刑罚》，黄风译，17、65页，北京，中国大百科全书出版社，1993。

使国民知道何为犯罪和犯罪当受的刑罚,以抑制犯罪的意念,从而预防犯罪。他在1801年刑法教材中用拉丁文精辟地将罪刑法定主义表述为"无法律规定,既无犯罪,也无刑罚"。

罪刑法定原则由大革命时期的立法者在1789年8月26日《人权宣言》第5条、第7条和第8条中第一次提出。尤其是第8条规定,"法律只能严格制定明显必要的刑罚,除非依据在犯罪之前已经制定并予公布且系合法执行的法律之外,任何人均不得受到惩罚"。

1810年《刑法典》第4条规定,"在刑罚被法律公布之前所犯有的违警罪、轻罪、重罪不受该刑罚的惩罚"。

1992年《刑法典》第111-3条规定,"构成要件未经法律明文规定之重罪或轻罪,不得以其处罚任何人,或者构成要件未经条例明文规定之违警罪,不得以其处罚任何人"。该条还规定,"如犯罪系重罪或轻罪,法律无规定之刑,不得以其处罚任何人。如犯罪系违警罪,条例无规定之刑,不得以其处罚任何人"。

二、存在的理由

传统上,法国刑法学认为,罪刑法定原则的存在有三个理由。[①]

首先,罪刑法定原则是个人安全与自由的基本保障。它源自对人天生享有权利之断言的肯定。人是自由的,如果人要将一部分自由让与给社会,应当事先明确地对这部分自由作出规定。由法律明确规定被禁止的行为和违背禁止应受的处罚,这种做法是对个人自由的保障,是反对滥用权力的保障,它彰显了法律的安全因素,因为未被法律明文禁止的行为都是允许的。由于存在这个原则,公民事先了解了哪些行为受到社会禁止,同时也了解了如果实施这些行为将受到何种处罚[②]。如果立法机关命令惩罚已实施的合法行为,或者如果法官将法律没有规定的行为当作犯罪打击,那么就无从谈起针对权力专断的个人安全和保障。因此,罪刑法定原则是针对权力专断的防御墙。它是刑事法制的总原则,它是法治国家的基础,它要求国家公权机关的权力由法律确定。

其次,罪刑法定原则由三权分立原则派生而来。根据三权分立原则,由立法机关制定犯罪和刑罚的法律,而不是由行政机关或司法机关行使这

---

① 参见孙平、博胥康:《法国犯罪二元论体系概述:行为和行为人》,载《刑法论丛》第11卷,305~307页,北京,法律出版社,2007。

② [法]卡斯东·斯特法尼等著:《法国刑法总论精义》,罗结珍译,115页,北京,中国政法大学出版社,1998。

一权力。只有能够代表人民并具有公众合法性的立法机关才能规定犯罪和限制个人自由的刑罚。罪刑法定原则具有绥靖价值。它的存在使得刑法得到绝大多数公民的赞同。他们信任保护他们的法律,从而排除了暴力作为刑事司法的手段。

最后,罪刑法定原则是刑罚政策的手段。这个论据是人类科学家和犯罪学家得出的结论。罪刑法定原则首先具有教育功能,它揭示了应受指责的态度和行为,在它们之间建立真正的等级,并将它们与严重程度不同的刑罚相联系。因此,刑法具有社会价值法典的意义。刑法的教育功能符合甚至超越了刑罚的一般预防功能。罪刑法定原则的教育功能还与犯罪学家普遍强调的刑法的威慑功能相联系。通过事先确定应受刑事处罚的行为,刑事法律实现了其威吓作用。个人被刑事法律预告了哪些是被禁止的行为和应受刑罚处罚的行为,因此也被告知了哪些是允许的行为。这样就对人的意愿形成强烈约束,以抵消可能的犯罪倾向。威吓来源于刑罚的确定性。

三、原则的价值

罪刑法定原则在不同等级价值的法律规范中得到确认,换言之,该原则在法国宪法、法国加入的国际条约和国内法律即刑法典中都有所体现。

1. 宪法价值原则

正如上文所述,1789年《人权宣言》中明确提出了罪刑法定原则,而且法国第五共和国1958年10月4日《宪法》确认了1789年《人权宣言》中包含的各项原则,其中包括罪刑法定原则,因此该原则也就成为"具有宪法价值(效力)的规范"。

法国宪法委员会(即宪法法院)也在一些法律的合宪性审查决定(例如,1981年1月10—11日《关于加强安全与保护个人自由的法律》,1984年10月10—11日《关于限制报社企业集中、保证报社企业财政透明和报社多元化的法律》的审查决定)中,确认了罪刑法定原则是具有宪法价值的原则。

2. 普遍价值原则

一些重要的国际条约含有罪刑法定原则的规定,使得这一原则成为具有普遍价值的原则。

1948年《世界人权宣言》第11条规定,"(二)任何人的任何行为或不行为,在其发生时依国家法或国际法均不构成刑事罪者,不得被判为犯有刑事罪。刑罚不得重于犯罪时适用的法律规定"。1966年联合国《公民权利与政治权利国际公约》第 15 条规定,"一、任何人的任何行为或不行为,在其发生时依照国家法或国际法均不构成刑事罪者,不得据以认为犯有刑事罪。所加的刑罚也不得重于犯罪时适用的规定。如果在犯罪之后依法规定了应处以较轻的刑罚,犯罪者应予减刑。二、任何人的行为或不行为,在其发生时依照各国公认的一般法律原则为犯罪者,本条规定并不妨碍因该行为或不行为而对任何人进行的审判和对他施加的刑罚"。1950 年《欧洲人权公约》第 7 条也作出类似的规定。

第二节　原则的内容

一、存在法律

在法国刑法中,罪刑法定原则(或曰"刑事法制原则")对确定犯罪和刑罚而言,不仅意味着存在法律,即有法可依,而且还意味着法律应当具有清楚和确切的质量。

(一) 无法律,则无犯罪亦无刑罚

罪刑法定原则通常以拉丁语表达(Nullum crimen nulla poena sine lege),即"无法律规定,既无犯罪,也无刑罚"。根据该原则,罪名及其适用的刑罚只能由事先存在的普遍而又抽象的法律规定。换言之,追诉犯罪只能以法律为依据,而且是通过"官方公报"正式向公众公布的法律。

规定犯罪和刑罚的法律应当是生效的法律,它不仅是实施犯罪之日适用的法律,也是追诉和审判犯罪时所适用的法律。失效的法律,即使在实施犯罪日之后失效,也不能有效地作为追诉和审判犯罪的依据。如果对法律内容的存在和范围有疑问,则按照有利于被追诉人的原则处理。既然法律存在不确定性,那么该法律的规定将被排除适用。

由于立法机关是人民的代表,其产生的法律能够为人民提供最优保障。罪刑法定原则的本意是要禁止行政权创设有关犯罪的规定。但是之后,在行政立法方面,法国 1958 年第五共和国《宪法》授权行政机关行使违警罪的立法权,罪刑法定原则出现了松动。因此,议会和政府在各自权限的范围内享有刑事立法权,法律和行政条例都可以规定犯罪,成为刑事立法的法律渊源。

(二) 法律准确性的要求

罪刑法定原则还要求犯罪的定义应当清楚和确切。

过于宽泛的犯罪定义,没有提供任何保障,并且有可能导致司法肆意,因此这种做法不符合存在法律的要求,从而与罪刑法定相左。法国历史上就存在这样的法律规定。例如,第二次世界大战期间法国维希政权于 1941 年 9 月 7 日颁布的法律,授权国家法庭审判所有扰乱国内秩序、和平、公共安宁或"以一般方式危害法国人民"的行为,就属于犯罪定义过于宽泛。

如今,法国立法机关在立法时如果使用模糊的未经定义的词语,将会受到来自法国宪法委员会针对法律缺乏确切性的指责。后者在法律颁布之前要对法律进行合宪性审查。法国宪法委员会关于罪刑法定原则审查决定的判例也比较丰富。

例如,宪法委员会在 1985 年 1 月 18 日对《企业司法整顿和清算的法律》的审查决定中认为,第 207 条"惩罚在履行职责中犯有贪污的董事、债权人代表、执行计划的清算人或专员"的规定,违反了罪刑法定这一具有宪法价值的原则,理由是立法机关没有对"贪污"一词作出定义,因此该条规定非常不确切。

在 1998 年 5 月 5 日《关于外国人在法国入境和停留的法律》的审查决定中,宪法委员会认为,"由内务部确定非营利性的人道主义协会的名单,并以此免除后者帮助外国人非法入境和居留法国的法人刑事责任"的规定,违反了罪刑法定原则并违反宪法,理由是任何一部法律都未对"人道主义性质"的概念作出定义,而由内务部来判断协会的"人道主义性质",即法律将其适用范围取决于行政决定的做法,违背了罪刑法定原则。

法国最高法院也提出同样要求,认为"为了避免权力专断,对任何犯罪应作出清楚和明确的定义,以便让被告人确切地知道其受到指控的性质和原因"[①]。因此,如果一个行政条例对违法行为的定义被认为不够清楚明确,也将被排除适用。

但是,犯罪的定义也不能过于严密,否则不仅会使法条变得累赘烦琐,也会阻碍刑事制裁制度。刑事制裁制度应能够追究、打击实践中各种各样、不断变化的犯罪行为。而且,立法机关也不可能考虑到实施犯罪时的所有情形。因此,刑事立法机关可以采用一些"概括性词语",比如,在定义犯罪实施手段时就经常采用这种方式。具体而言,使用"以任何方式"或者"无论采用何种方式"的词语,本身并不违反罪刑法定原则。同样,有些词语具有概括性,最好不要对其作出精确的定义,以便法官可以根据观

---

① 1990 年 2 月 1 日最高法院刑庭的判决,刑事公告第 56 号。

念和思想的发展作出相应调整。在法国,这尤其涉及性犯罪、政治犯罪和经济犯罪等领域。

二、刑事法官职责的限制

对刑事法官而言,罪刑法定原则引起两方面后果。一方面,禁止法官设立罪名与刑罚;另一方面,在解释刑事法律时,法官应当严格地解释法律规定。

(一)禁止法官创设罪刑规定

刑事法官无权评判某项法律是否符合宪法,司法法院不得"创立"犯罪,也不得规定刑罚。法官只能按照立法者的规定认定和惩处犯罪(定罪的法定原则),而且他不仅不能判处法律没有规定的刑罚,也不能判处在性质和刑期上与法律规定不一致的刑罚(刑罚的法定原则)。

定罪的法定原则,要求刑事法官无权创设犯罪。如果某个行为在刑法上不被认为是犯罪,也就是说它既不是重罪,也不是轻罪或违警罪,那么就不得对其宣告任何刑罚。换言之,刑事法官只能根据刑事法律的规定对构成犯罪的行为宣告有罪判决。

刑罚的法定原则,要求刑事法官不得科处法律没有规定的刑罚。首先,法官不得创设刑法总则的刑罚目录中没有规定的新刑罚。其次,刑事法官应按照刑法分则中具体犯罪的刑罚规定作出判决,而不得在刑罚总目录中选择适用的刑罚。他应当严格遵照相关法条的规定适用刑罚。因此,如果刑法没有对犯罪规定监禁刑,而只规定了罚金刑,法官就不得在宣告罚金刑的同时又宣告监禁刑。同样,如果刑法对相关犯罪没有规定附加刑,法官就不得宣告附加刑。最后,刑事法官不得超出刑事法律规定的限度量刑。因此,法官不得在法律规定的最高期限以上宣告刑罚。当宣告附考验期缓刑的有罪判决时,法官亦不得宣告履行《新刑法典》第132-45条中没有规定的缓刑考验义务。

(二)严格解释刑事法律

法国《新刑法典》第111-4条规定"刑法当以严格解释"。法律应当被严格解释。这条规则也适用于对条例的解释。

法律的解释,是指探究法律规定的意思,以便正确和准确地适用法律。如果法官的法律解释权过大,则无法保障刑罚的确定性,因为这可能使未实施犯罪的人受到刑罚处罚。因此,罪刑法定原则禁止法官通过解释的途径,扩大法律规定的适用范围。

但是,法律用语经常是宽泛的,有时立法机关使用模糊、不够确切或能引起多种解释的词语;有时法律条文存在内容空缺、不足甚至矛盾的地方。法官要将法律应用于具体案件,就需要对法条作出确切的解释。对此,欧洲人权法院认为,"包括刑法在内的任何法律体系中,为了使法律规定的措词更加明确,司法解释是不可或缺的。总需要澄清存在疑问的地方和适应情况的变化……司法判例作为法律的渊源,也为刑法的发展做出必要的贡献……"①

1. 解释的方法

(1) 文理解释

文理解释,是指法官只能按照立法者使用的词语寻求条文意思的解释。例如,使用的词语是单数,而不是复数形式;非法行为的反面就是合法行为,等等。这种解释方法是逐字解释。例如,根据法国《劳动法典》第L8224-3条,法官惩处雇用黑工的决定中不得同时作出"布告和发布"的判决,而只能根据法律的规定,作出"或布告或发布"的判决。古典学派的代表人物贝卡里亚十分推崇文理解释,他认为,"当一部法典业已厘定,就应逐字遵守……公民们通过这种方式获得自己人身与财产的安全。这种方式是正当的,因为它是人们结成社会的目的;这种方式是有用的,因为它能使人们准确地衡量每一罪刑所带来的不便。通过这种方式,人们也将获得一种独立的精神。"②

(2) 类推解释

类推解释,是将法律条文的适用范围扩展到其未规定的行为的解释。这种解释方法受到实证主义学派的推崇,希望以此使法官摆脱刑事法制原则的专制束缚。

法国《新刑法典》第111-4条规定"刑法当以严格解释",从而禁止了刑法的类推解释。换言之,在刑法中,禁止将刑法的规定适用于法律没有规定的邻近行为。尤其当法律作出了限定性列举,法官应当严格按照列举的规定,不得扩大解释。例如,《新刑法典》第313-5条规定的旅馆欺诈行为,被定义为明知不能支付或已决定不支付旅馆住宿费,而获得和占用旅馆客房的行为,但是不得将其扩展到拒不支付电话费等住宿附属劳务费的行为,从而对后者予以定罪处罚。

---

① 欧洲人权法院 1995 年 11 月 22 日 C.R.诉英国的判决,A 系列,第 335C 号。
② 参见[意]贝卡里亚:《论犯罪与刑罚》,黄风译,13~14 页,北京,中国百科全书出版社,1993。

在此情况下，只有立法机关能够修改定罪的条文或设立新的罪名。法国最高法院的判例中也时常提醒法官，禁止他们使用"扩展、类推或归纳"的方法解释法律。

（3）目的解释

目的解释，是指寻求立法者所要达到的目的的解释。法官在解释条文含义时，要参照法律的意图，法律的精神，法律的历史和社会经济背景，要考虑到规则制定机关的目的、动机或意愿。立法准备工作的文件，可以为目的解释提供非常有用的素材。例如，根据罪刑法定原则，《新刑法典》第221-6条规定的非故意杀人罪，就不能扩展适用于未出世的胎儿。

2. 采用的解释方法

法国司法实践中采用的解释方法，可分为法律的规定对被追诉人有利和不利两种情形。

（1）不利的法律规定

如果法律的规定对被追诉人不利，法国司法判例以目的解释为基础，对法律进行严格解释。严格解释，并不意味着作出限制性解释。

这里又可以区分法律的规定清楚和模糊两种情形。

① 如果法律的规定清楚，法律的解释则采取遵循原则和折中的做法。

遵循原则，就是遵守严格解释法律的原则，只将法律应用于其规定的情形。法国最高法院对此态度坚定，禁止进行类推解释。例如，根据罪刑法定原则，《新刑法典》第221-6条规定的过失杀人罪，就不能扩展适用于未出世的胎儿[①]。法国最高法院在2001年的年度报告中指出[②]，欧盟大多数国家都采取类似做法，不将过失杀人罪适用于未出生的胎儿，而有些国家还对此设立了专门的罪名。因此，法国最高法院想请立法机关按照罪刑法定原则的要求履行立法职责，目的是解决"胚胎"是否属于刑法上的"人"这一核心问题。

折中作法，是根据技术进步和刑事应对新型犯罪的需要，对刑事法律作出必要的适应性调整。因此，法官有时也会将法律规定的犯罪扩展适用于最初没有规定但是符合社会发展和进步的情形中。例如，根据1810年《刑法典》第379条，盗窃罪是指欺诈窃取他人物品的行为，而在一个著名

[①] 2001年6月29日最高法院刑庭全体会议作出的刑事判决，刑事布告第8号。

[②] 参见 https://www.courdecassation.fr/publications_26/rapport_annuel_36/rapport_2001_117/troisieme_ partie_jurisprudence_cour_124/droit_penal_procedure_penale_132/droit_penal_special_6034.html，2015年11月3日截取。

的判例中,窃电行为被认定为盗窃罪①,就是拿破仑《刑法典》所未预见到的情形。

② 如果法律的规定模糊,在出现撰写错误的情况下,法官应当恢复语句的真实含义;在词语捉摸不透的情况下,法官应当探寻立法者的立法意图。

对于法律撰写模糊的情形,例如,一位乘客因在火车停止前跳下车的行为受到追诉,他援引了1917年关于铁路的违警政令中"禁止当火车完全停止时在车站以外的其他地方上下火车"的规定为自己辩护,法官当然没有将该规定解释为"乘客可以在火车行进时上车或下车",而是纠正了法律条文中存在的客观瑕疵,法国最高法院也驳回了当事人对此提出的上诉②。

对于法律规定捉摸不透的情形,即在对法律规定的内涵和外延存在疑虑时,法官则享有很大的解释自由。最基本的做法是反映立法机关的意图。如果立法机关的目的在于惩罚犯罪,那么允许刑事法官在一定限度内按照惩罚的宗旨解释法律。例如,如果社会保障机构的登记,是必须履行的手续,那么在该机构注销登记后继续从事就业活动,将被当作非法雇用黑工罪予以打击。1810年《刑法典》第460条规定的窝藏赃物罪,是指明知物品来自重罪或轻罪所得而接收、持有的行为,那么该条规定是否适用于在明知情况下,采取任何手段从重罪或轻罪所得中获取利益的行为?法国最高法院采取了肯定态度③。1992年《刑法典》认可了这种解释,并在第321-1条第2款中专门将这种情形规定为窝藏赃物罪。《道路交通法典》第R412-6条规定,任何驾驶员应随时保证处于方便、及时执行有关驾驶的一切操作的状态和位置,据此,法官判决禁止驾驶员在开车时手持电话④;后来设立了第R412-6-1条,专门将开车时手持电话的行为规定为违警罪。

(2) 有利的法律规定

如果法律的整体规定对被追诉人有利,法官可以作出灵活的、对被告人有利的解释。因此,法官的角色不是代替立法者,而是起到补充完善的作用。对于有利于被追诉人的法律规定,类推解释占据了优势。例如,1810年《刑法典》第380条规定的盗窃家庭成员财产的盗窃罪的刑事豁

---

① 1912年8月3日最高法院刑庭的判决。
② 1930年3月8日最高法院刑庭的判决。
③ 1970年7月9日最高法院刑庭的判决。
④ 2001年10月2日最高法院刑庭的判决,刑事公告第196号。

免，被扩大适用于针对家庭成员实施的欺诈罪、滥用信任罪和强迫签字罪的行为人。1992年《刑法典》专门规定和认可了这些刑事豁免的范围。同样，在旧刑法典中正当防卫只能针对人身侵害实行防卫，法院的判例将防卫范围扩展到针对财产的侵害[①]。

但是，如果法律存在不完善之处，例如，法律条文只规定了义务而没有规定违背义务所应招致的处罚，刑事法官就无法作出刑事判决。

第三节 原则的衰退

在20世纪，法国的罪刑法定原则出现了衰退，主要由四个方面的原因导致：立法技术导致的衰退、行政权力导致的衰退、法官权力导致的衰退、超国家立法权导致的衰退。法国近期的立法和司法实践都明显反映出刑事法制原则的衰退。

一、立法技术导致的衰退

立法技术导致的衰退体现在定罪和刑罚两个层面。

（一）定罪的衰退

定罪的衰退主要表现为立法过程中使用的一些立法技术，削弱了罪刑法定原则。

1. 扫帚条款

"扫帚条款"，是指在立法过程中，对惩治犯罪的全部或部分条款作出泛泛、笼统表述的定罪规定。例如，1963年5月25日第63-528号《关于铁路公路运输中若干犯罪的政令》第2条第(e)项规定，"1952年4月14日法律第25条规定以外的犯罪和本政令规定的犯罪"，处以第四级违警罪的刑罚。《海关法典》第410条惩处"任何违背海关负责实施的法律、条例且依据本法典给予更严厉处罚的违法行为"。这些都属于过于宽泛的定罪规定。

依据罪刑法定原则，刑事法官在审判中可以拒绝使用行政机关制定的过于笼统的刑事条例。尽管法国晚近的法典化或再法典化运动的主要目的在于消除此类规定，但是"扫帚条款"仍然伴随着立法膨胀存在，从而削弱了罪刑法定原则。

---

① 1902年3月25日最高法院刑庭的判决。

2. 援引式罪状

在立法过程中,法律经常只对犯罪作出原则性规定,而将犯罪的构成要件交由行政机关通过条例加以确定。例如,法国《消费法典》将违反产品和服务质量符合性的轻罪定义为欺诈或假冒轻罪,却交由最高行政法院提出资政意见后颁布的政令(décret en Conseil d'Etat)制定实施措施并将违反该政令的犯罪按照第三级违警罪予以处罚。通过这种层层援引,法律援引政令,政令援引一个或多个部门决议(规章)。因此,为了确切地界定犯罪,需要阅读不同机关发布的所有涉及该犯罪的规定。

这种援引式罪状技术,也用于惩治国际法规定的犯罪。同样,该立法技术还用于惩治违反劳资协议义务规定的犯罪。对此,法国宪法委员会不认为此种做法违背罪刑法定原则,"任何具有宪法价值的原则或规则,并不禁止立法机关将违反法律之外义务规定的行为规定为犯罪"[①]。

(二)刑罚的衰退

刑罚的衰退主要表现在立法过程中使用的一些立法技术,削弱了罪刑法定原则。这尤其是指参照刑罚或援引刑罚的立法技术,立法机关在对犯罪行为定罪的同时,转引另一犯罪的刑罚规定处罚该犯罪。有时转引的是同一法律中另一条款规定的犯罪和刑罚,有时援引的是另一法律中规定的犯罪和刑罚。

这种立法技术可能产生的问题是,当被援引的刑罚条款被废除时,原条款的规定却未作出相应的修改。法国最高法院认为,这只是对条文中刑罚规定的援引,立法者的意思是将设立的犯罪比照被援引的犯罪刑罚予以处理。因此,在这种情况下,当被废除的规定由其他新法收录时,新法规定的刑罚仍适用于援引被废除条款的原条款规定的犯罪。然而,近些年的立法过程中,法国立法机关不断修订刑事规定,尤其是刑法典之外单行刑法规定,以尽量避免使用参照或援引刑罚的立法技术。

二、行政权导致的衰退

起初,罪刑法定原则受到严格解释。只有表达人民意愿的人民代表通过的法律,才有资格规定犯罪和确定刑罚。因此,立法机关在刑事立法上占据垄断地位,从而排除了司法机关和行政机关在这方面的权限。但是,如今行政机关在确立某些犯罪上享有广泛的立法权,行政条例可以制定刑

---

① 1982年11月10日宪法委员会审查《关于劳资谈判和集体劳动纠纷解决的法律》的决定。

事规则,换言之,行政刑事立法权得到认可。

自法国第三共和国①开始,立法机关就不断授权行政机关发布"法律性政令"(décret-loi,政府发布,却具有法律的效力,可以修改已生效的法律)。这种"授权立法"的做法由第五共和国正式化,因为1958年《宪法》第38条规定立法机关可以允许政府以法令(ordonnance)的形式,在法律的范围内采取措施。即使这种法律性政令需要得到立法机关的批准,在刑事立法上要经过一定的程序,但立法机关通过这种途径,放弃了一定的立法特权。

1958年《宪法》第34条和第37条对制定法律和行政条例的权限作了分工,第34条确定了立法机关的立法权限,即"法律确定重罪、轻罪及其适用的刑罚",同时还赋予立法机关制定刑事诉讼和大赦的权限。第37条规定了行政立法权限,即"法律范围以外具有条例性质的其他事项",也就是说,该条将确定违警罪及其刑罚的权限交由行政机关行使,因此,行政机关对那些较为轻微的、多为技术性的犯罪行使行政立法权。

而在1810年《刑法典》中,违警罪可被判以最高两个月的监禁刑,而剥夺自由刑只能由立法机关规定。对此,法国宪法委员会在1973年11月28日的决定中阐明,"从宪法序言、第34条第3款和第5款、第66条的规定得出,当违警罪的刑罚不包括剥夺人身自由措施时,违警罪及其刑罚由行政立法权确定。"

1993年7月19日第93-913号法律废除了旧刑法典中违警罪监禁刑的规定,而且这些规定也未再出现在新刑法典中。因此,新刑法典中不存在剥夺人身自由的违警刑。

新刑法典更加明确地规定了立法机关和行政机关之间立法权限的划分,根据《新刑法典》第111-2条,"法律规定重罪和轻罪,并且确定这些犯罪行为人适用的刑罚。条例规定违警罪,并按照法律制定的限度和区分,确定违警罪行为人适用的刑罚。"

法国最高行政法院和宪法委员会在各自的判例中也确认了行政机关对违警罪的立法权。

---

① 1789年法国爆发大革命,废除君主制,1792年9月22日建立第一共和国。1799年11月9日(雾月18日),拿破仑·波拿巴夺取政权,1804年称帝,建立第一帝国。1848年2月爆发革命,建立第二共和国。1851年路易·波拿巴发动政变,翌年12月建立第二帝国。1870年在普法战争中战败后,于1871年9月成立第三共和国直到1940年6月法国贝当政府投降德国,至此第三共和国覆灭。1944年6月宣布成立临时政府,戴高乐担任首脑,1946年通过宪法,成立第四共和国。1958年9月28日通过新宪法,第五共和国成立。

因此,违警罪不再由法律规定,而是由行政条例规定,这又被称为"违警罪的非立法化",它导致了罪刑法定原则相对于行政权的衰弱。

罪刑法定原则不再意味着要求存在狭义、正式和技术性的法律,而是要求根据不同情况由立法机关或行政机关制定客观上的法律规定。行政机关在新兴技术领域制定越来越多的规则并对违反规则的行为规定了越来越多的刑罚。这也导致广义上的立法膨胀(inflation législative)。刑法条文越来越多、越来越分散、越来越技术性。而且这些规定因经常修改而变得不够稳定。

三、法官权力导致的衰退

罪刑法定原则相对于法官权力的衰退,是由于新刑法典扩大了法官的权力。多年以来,刑法趋向实现刑罚个别化原则和犯罪人再社会化原则。刑罚的裁量和执行都体现出很大的灵活性,充分兼顾了犯罪人的人格及其重新回归社会的态度。这方面的发展十分明显。刑罚法定原则产生的结果是,在刑法中引入"固定刑"。法国1791年刑法中设立的"固定刑"(peine fixe)制度,没有给刑事法官留有任何自由裁量的余地,法官不享有量刑的权力。而目前的新刑法典只规定了最高刑,取消了可减轻情节,比如,诈骗罪的罚金为375 000欧元,在情节严重的情况下为750 000欧元,以有组织团伙形式犯罪的为1 000 000欧元,法人犯此罪分别对应的罚金为1 875 000、3 750 000、5 000 000欧元(五倍于自然人)。法官在最高刑之下享有认定刑罚减轻情节的权力。

为了实现刑罚个别化原则,法官可以运用替代刑和附加刑的技术,他们有权决定刑罚缓期执行,适用日罚金、公益劳动等替代刑,甚至免除刑罚。在刑罚执行阶段,刑罚执行法官可以决定适用假释、减刑、半释放等刑罚执行措施。

由此可见,法官确定和执行刑罚的自由裁量权被扩大,从而削弱了罪刑法定原则。

四、超国家立法权导致的衰退

这是相对于超国家的法律渊源的衰退,因为在法国,国际条约的效力高于国内法,因此为了维护这些超国家的法律渊源的利益,国内立法机关的权力受到削弱(参见本篇第二章第二节"国际条约与协定")。

第四章　刑法的渊源

作为大陆法国家，法国的刑法是成文法，习惯在刑法中只起边缘作用，并在任何情况下不得设立、取消犯罪或刑罚的规定。但是，在有些情况下，法官在审判时会考虑习惯的作用，尤其当案件涉及商业领域，例如，在某个产品缺乏成分或名称规定的情况下，法官可以参照"商业始终不变的诚信惯例"。①

有时，法律也会援引习惯的做法。例如，《新刑法典》第521-1条惩治严重虐待或残忍对待动物的行为，但是该条的规定不适用于长期有斗牛或斗鸡传统的地区的斗牛或斗鸡活动。在此情况下，负责实质审理的法官有权认定地方习俗的存在，并且无需行政机关作出决定。习惯因此起到阻却刑事责任的正当化事由的作用，这仅因为法律对此有所规定。

在法国，司法判例也不是刑法的直接渊源，根据罪刑法定原则，司法判例不能创设法律规定，只能解释法律。但是其解释法律的作用不可忽视。司法解释是确定定罪法律适用范围的方式，通过这种方式，司法判例可以"暗中造法"。同时，也不能贬低司法判例在引领改革中的积极作用。例如，法国最高法院刑庭曾在相关判决中强烈肯定欧洲人权法院判决的权威性，从而促使法国司法部长提前实施了关于拘留制度改革的规定②。

---

① 1967年10月5日最高法院刑庭的判决，Le Guern案。Le Guern是CARHAIX的面包甜点商，于1966年2月22日出售命名为"四个四分之一"的糕点，还冠以"布列塔尼特色"，该糕点制作时使用了黄油以外的油脂，而黄油在该蛋糕中所占的比例仅为5%；而且Le Guern对此事实也不否认；鉴于被指控的判决认为，在没有法律规定生产"四个四分之一"糕点使用黄油的情况下，应当参照商业诚信和一贯的习俗，而根据习俗，"四个四分之一"糕点的传统制作应该是面粉、鸡蛋、糖和黄油按四个等份量制成，当消费者在面包甜点商购买名为"四个四分之一"糕点并冠以"布列塔尼特色"时，会认为所买糕点的成分符合上述习俗；鉴于以上阐述的情况，上诉法院的决定具有法律依据；因此，根据1905年8月1日的法律第1条第1款和第2款，欺诈罪成立；鉴于判断习俗存在与否属于法官享有的专有权利，不受最高法院的监督；因此所提出的方法不被接受；判决在形式上合法，因此驳回上诉。J. Pradel et A. Varinard, *Les grands arrêts du droit pénal général*, Paris：Dalloz, 2012, 8ème éd., No.2, pp.34~35.

② J. Leroy, *Droit pénal général*, Paris：L.G.D.J., 2012, 4ème éd., p.111.

因此,习惯、司法判例等,是刑法的非正式渊源,或非成文渊源。

刑法的成文渊源或正式渊源,按照价值等级主要分为宪法、国际条约、国内法律和行政条例。

第一节 宪　　法

法国宪法正文、宪法正文之前或所参照的序言和宣言、宪法习惯、宪法委员会(即宪法法院)判例,构成了所谓的"宪法板块"(bloc de constitutionalité,直译为"合宪性整体")。"宪法板块"中包含了多个具有宪法价值的刑事法原则,例如,"任何人不得被判处死刑原则""刑法面前人人平等原则""罪刑法定原则""更严厉的刑法不溯既往原则""个人住所不受侵犯原则""刑罚的必要性和比例制原则""保障辩护权和在独立、公正的法院诉讼的原则""抗辩式诉讼和'武器平等'原则""个人自由原则"等等。

"宪法板块"所包含的具有宪法价值的刑事法原则的内容和精神,是法国宪法委员会对刑事法律进行合宪性审查的参照标准。这些具有宪法价值的基本原则之间没有任何等级之分,它们的价值是平等的,但在一定情况下也存在协调问题。例如,在审查"关于打击恐怖主义和司法警察的法律"时,面对搜查犯罪人所体现的"维护公共安全"的宪法价值和个人住所不受侵犯所体现的"保障公共自由"(包括个人自由)的宪法价值之间的冲突,法国宪法委员会在 1996 年 7 月 16 日的决定中指出,立法者应当在这两个宪法价值之间进行协调[①]。

第二节　国际条约与协定

法国《宪法》第 55 条规定,"依法批准或认可的条约或协定,自其公布起即具有高于各种法律的权威"。因此在法国,国际条约的效力高于法律。当国际条约与国内法律的规定存在冲突时,应当优先适用国际条约的规定,即使国内法后于国际条约制定。而且,国际条约的解释权不属于司法机关,而是属于外交部。

国际刑法的规定并未纳入刑法典中,但它们在实践中发挥重要作用。它们的重要作用不在于确定刑罚,因为这是国内立法机关和政府的职责,

---

① J. Leroy, *Droit pénal général*, Paris: L.G.D.J., 2012, 4ème éd., p.113.

而在于对犯罪罪名和禁止行为作出定义。具体而言,国际条约作出了义务性或禁止性的规定,但是对这些规定的违背,只有国内立法也存在相关刑事规定时,才受刑事制裁。

在有些情况下,国际刑法规则被全部转换到国内刑法中,以至于国内法就足以惩治犯罪,而且这种转换有时是强制的。但是也有时候,国内法只规定了刑罚,而援引国际刑法中的义务规定。例如,欧共体条例,对成员国直接适用,在制裁违反国际规则的行为时,成员国的法律只要求参照这些国际规则的义务规定。法国国内法律援引的主要国际文件是欧共体条约和条例,这些一般性法律文件经欧共体官方公告发布后就可直接适用。

法国是西欧国家,以《罗马条约》和《欧洲人权公约》为核心建立的两大法律体系在其国际刑事法规范的渊源中占有重要地位[①]。

一、以《罗马条约》为基础的欧盟法律体系

2007年12月13日签署,2009年12月1日生效的《里斯本条约》确定了欧洲联盟(简称"欧盟")的法律地位。该条约是1957年《罗马条约》及其之后《马斯特里赫特条约》(1992年)、《阿姆斯特丹条约》(1997年)和《尼斯条约》(2000年)启动和发展的欧洲建设中具有里程意义的法律文件。《里斯本条约》取代了大多数欧洲民众所否决的设立欧洲宪法的条约,保留了现有条约并对其作出深度修改。它包括两个条约:一个涉及欧盟(保留了《马斯特里赫特条约》的名称),另一个涉及欧盟的运作(新名称为《设立欧共体的罗马条约》)。就国内刑法与欧盟刑法之间的关系而言,《里斯本条约》扩大了欧盟的管辖,以至于可以称之为"刑法的欧共体化"或更确切地称为"刑法的欧洲化"。这就触及刑事立法的国家主权原则。

(一)《里斯本条约》之前

在《里斯本条约》之前,不存在统一的欧盟刑法。受某些刑法学家的推动[②],只存在各国协调打击侵害欧共体金融利益的犯罪的指导原则[③]。《马斯特里赫特条约》本身曾包括"三个支柱":最初是"欧共体支柱",然

---

① 参见[法]米海依尔·戴尔玛斯—马蒂、卢建平:《法的世界化——机遇与风险》,载《法学家》,2000(04),114~121页。

② M. Delmas-Marty, "Union européenne et droit pénal", in *Cahier de droit européen*, No.5-6 (1997), 613.

③ 参见 M. Delmas-Marty, 《*Corpus juris*》 portant dispositions pénales pour la protection des intérêts financiers de l'Union européenne, Paris: Economica, 1997.

后是"外交和安全政策合作支柱",最后是"司法和内务领域合作支柱"。因此,刑法在传统上属于第三支柱,由成员国掌握着主动权。

第一支柱的欧共体,由最初的法律,即 1957 年《罗马条约》,设立了欧共体法,人们称之为"派生的法律",这是指欧共体的决定、指令和条例。《罗马条约》包含处罚规定,它导致成员国将一部分立法权转交给欧共体的机关行使。这些机关是欧共体理事会和欧共体执行委员会。根据该条约第 189 条的规定,这些机关可以制定对国内法产生影响后果的条例、指示和决定。

1. 欧共体条例(Règlement communautaire)

具有普遍性、强制性和直接适用的特征。普遍性是指条例适应于一切情况,适用于所有成员国和所有相同性质的事件;强制性指条例一经颁布,成员国不得以任何理由拒绝执行;直接适用即条例生效后,不需要成员国立法机关将其转换为国内法,条例就在国内法律体系中得到执行。

欧共体条例有时要求成员国对违反条例的行为规定制裁措施。欧共体条约也要求成员国履行"诚实合作义务"。根据欧共体法院的司法判例,成员国享有自由裁量权,规定犯罪行为适用刑罚的性质和严厉程度,这些处罚可以是刑事、行政、行业或其他性质的处罚。

条约对成员国的自由裁量权也设有一定限制,即对违背欧共体法律行为的处罚,应当符合实体法和程序法的要求:一方面,与性质、程度类似的违反国内法的行为所适用的实体法和程序法相类似;另一方面,赋予处罚有效性、比例性和威慑性的特征。

2. 指令(directive)

仅规定成员国应取得的结果。成员国有权自行决定取得该结果的方式和方法。指令在欧共体各国的国内刑法中并不直接适用,而只能经过各国国内立法与实施条例转换后才能产生效力。因此,指令只是国内刑法的间接渊源。

3. 决定(décision)

专门针对成员国、企业或个人作出,需要成员国进行转换,通常规定了转换期限和适应本国国情的余地,用来协调各国法律,尤其是实现统一市场的法律。

第一支柱包含了欧共体的基本目标,其中又包括环境和竞争方面的问题,相关的立法权属于欧共体委员会。自 1970 年 10 月 22 日著名的"亨利哈麦尔子弟公司"案①的判决开始,当欧共体规范和国内法规范发生冲突时,刑事法官应当优先适用欧共体法。

欧共体法优先性的法律依据在于,首先,根据法国宪法第55条,设立欧共体的条约已被批准,因此具有高于国内法的法律效力。其次,欧共体法律秩序具有特殊性:《罗马条约》不同于其他条约,它设立了实实在在的共同机构(议会、委员会、理事会,后两者成立伊始就拥有制定直接适用于成员国内部法律秩序的规范的权力)。因此,欧共体法优先性的真正依据是这个新设立的法律秩序。

欧共体法优先性的适用范围,可区分为定罪和刑罚两个方面。就定罪而言,如果欧共体法和国内法之间没有矛盾,就不存在任何问题,将适用国内法。如果存在冲突,那么在任何情况下,优先适用欧共体法。法院不得对未违反欧共体法的行为宣告有罪判决。就处罚而言,只有国内法规定了相应的处罚,方可处罚违反欧共体法的行为。因此,对欧共体法作出"转换"或"纳入"的国内法,应当规定刑罚,或转引国内立法机关制定的相应处罚。刑罚的选择会受到一定限制,它应符合欧共体法院推导出的原则,尤其是具有充分威慑性和遵循比例制的原则。

在刑法欧共体化的进程中,欧共体法院(当时的称谓,之后被称为"欧盟法院"(Cour de justice de l'Union européenne)的两个判决起到阶段性的决定作用。第一个是2005年9月13日的决定,欧共体法院认为,在环境保护领域,刑罚(属于第三支柱,所以原则上由成员国管辖)可以例外地与第一支柱关联,并允许欧盟委员会要求成员国执行既定的刑罚政策。通过该决定,欧共体间接地取得了第一支柱基本目标的刑事保护管辖权。第二个决定是2007年10月23日的决定,它确认了上一个决定的做法,并在环保领域中将其作为系统的解决措施。

(二)《里斯本条约》之后

在《里斯本条约》(以下简称《条约》)之后,其之前的规则和解决措施继续适用,但是国内法的效力相对减弱。具体而言,在刑事司法合作领域,允许欧洲议会(Parlement européen)和欧盟理事会(Conseil de l'Union européenne)制定保障刑事诉讼个人权利和犯罪被害人权利的最低规定(《条约》第82条第2款)。这意味着刑事诉讼法将由欧盟法确定。欧洲检察院的设立将对该部署起到补充作用。设立这一机制的目

---

① L'arrêt "Société Les fils d'Henri Ramel",参见 J. Pradel et A. Varinard, *Les grands arrêts du droit pénal général*, Paris: Dalloz, 2012, 8ème éd., No.4, p.53.

的是成员国能够协调"国内刑事司法制度的基本方面"(《条约》第 82 条第 3 款)。刑事实体法也发生同样的改变。《条约》第 83 条第 1 款设立了普通立法程序,以便确定特别严重犯罪领域中罪与刑的最低规定:这些犯罪具有跨国境特征,需要共同协作打击,包括恐怖主义犯罪、贩卖人口和针对妇女、儿童的性剥削、非法贩卖毒品、非法贩卖武器、洗钱、腐败、假冒支付方式、计算机犯罪和有组织犯罪等。在管辖范围中还需加上其他领域的犯罪,如环境犯罪等。该条还规定,随着犯罪的发展,欧盟理事会可以通过决定,确定符合本条规定标准的其他领域犯罪。最后,《条约》第 83 条第 2 款规定,如果为了确保欧盟政策在被调整的领域得到有效实施,需要将成员国刑事方面的法律规定和行政规定保持相近,那么欧盟理事会可以通过指令制定犯罪和刑罚的最低规定。

法国 2010 年 3 月 10 日《关于减少累犯风险的法律》,在刑法典刑罚制度的篇章中设立了"欧盟成员国刑事法院作出有罪判决的效果"的分节,包括第 132-23-1 条和第 132-23-2 条两个条款。前一条规定,欧盟成员国刑事法院作出的有罪判决,与法国刑事法院作出的有罪判决按照相同条件予以考虑,并产生相同的法律效力。这样,法国《新刑法典》原第 132-16-6 条有关欧盟成员国的司法判决在适用累犯规则时予以考虑的规定得以推广,并因此被上述规定所取代。

多年以来,欧洲委员会一直在使用处于建设中的"欧盟刑法"一词。[①]

二、以《欧洲人权公约》为核心的欧洲委员会法律体系

如果以《罗马条约》为基础的欧盟法律体系的宗旨是实现经济一体化的欧洲,那么以《欧洲人权公约》为基础的欧洲委员会(Conseil de l'Europe)法律体系,则试图建立一个加强人权保障的欧洲。《欧洲人权公约》于 1950 年 11 月 4 日在罗马签署,法国于 1974 年 5 月 3 日批准了公约。该公约在法国具有直接适用的效力。公约所设立的法律体系不包括定罪处罚的功能,但却涉及刑法,它允许在穷尽国内法规定的所有上诉途径后,自然人可以自国内法院最终判决生效起 6 个月向"欧洲人权法院"(Cour européenne des droits de l'homme)秘书处提出申诉。

受保护的权利可分为绝对权利和相对权利,绝对权利是指即使在特殊情况下也应受到保障的权利,它是欧洲人权保障的最低标准,包括生命权、人身权、尊严权、安全权、禁止奴役权。相对权利是指可以受到公共机关限

[①] J. Leroy, *Droit pénal général*, Paris: L.G.D.J., 2012, 4ème éd., pp.95~96.

制、甚至特殊情况下可以被完全剥夺的权利，包括人身自由、公平诉讼权、私人生活和家庭生活受尊重权、思想意识和宗教自由、言论和结社自由、婚姻自由和夫妻平等权，本国出入境自由等。

第三节　法　　律

一、本义上的法律

本义上的法律(loi)，是指根据法国宪法第 34 条的规定，由议会（国民议会与参议院）表决通过，或是（当国民议会与参议院发生冲突时）由国民议会通过，并经总统发布在官方公告上公布的法律。成文法律构成刑法的主要渊源。它分为两类，一类是直接依据宪法制定，旨在实施宪法的组织法(loi organique)，须经过特殊的立法程序产生；另一类是普通法(loi ordinaire)，主要指各个领域的法律。

刑法中主要的法律就是 1992 年 7 月 22 日和 1992 年 12 月 16 日通过的、1994 年 3 月 1 日生效的《刑法典》。但是在其他法典的立法部分及法典之外的其他法律中也存在许多重罪和轻罪的规定。《刑法典》包括两大部分：法律部分，即总则和各种重罪与轻罪的规定；条例部分，即经最高行政法院提出资政意见后颁布的政令。

二、类似于法律的法令

类似于法律的法令，是行政机关根据立法机关的授权制定的具有法律效力的"法律性政令"(décret-loi)和"法令"(ordonnance)。

法律性政令，是法兰西第三共和国和第四共和国广泛应用的立法实践。1958 年第五共和国《宪法》第 38 条将这种立法模式正式化，并规定"政府为了实施其政纲，可以要求议会授权其在一定期限内通过法令(ordonnance)，对通常属于法律范围的事项采取措施"。议会对政府的授权有一定期限和具体范围。在确定的期限结束前，议会应当批准法令，只有经议会批准的法令才能彻底变为法律。因此，在议会批准之前，法令只是行政条例，其有效性可以成为行政法院和司法法院审查的对象。

由于行政机关在属于立法机关权限的领域内制定法令，因此，法令可以确定重罪、轻罪及其适用的刑罚，或者修改设立这些犯罪的法律。

第四节 行政条例

法国《宪法》第 34 条明确列出属于议会立法权限的事项①，其余事项则属于政府的立法权限。条例是行政机关颁布的一般性文件。由于法律和条例的权限不同，在当前的第五共和国，主要存在两种条例：一种是实施条例(règlement d'application)或从属条例(règlement subordonné)，它是为了实施某个法律而颁布，并且从属于该法律，包括总统或总理颁布的政令(décret)、部长或地区专员或市长作出的决议(arrêté)，其目的是实施法律，性质上属于可受司法审查的对象；另一种是独立条例(règlement autonome)，它是行政机关根据专属于行政立法权的事项制定的条例，它与法律一样，都直接从属于宪法。

行政条例也存在级别。最高等级的由中央政府颁布，包括最高行政法院提出资政意见后颁布的政令(décret en Conseil d'Etat)和普通政令(décret simple)(未征询最高行政法院资政意见而颁布)。其次是部委单独或联合颁布的决议(arrêté)、省长和市长颁布的决议(arrêté)。

一、重罪轻罪领域中条例被授予的权限

法律的实施条例经常涉及重罪和轻罪，但不涉及确定罪名和刑罚，因为这是立法机关的专属权力，而是在重罪和轻罪法律的授权下，在法律规定的范围内，具体规定法定犯罪的构成要件。

在立法中，经常是法律确定重罪、轻罪的处罚和作出原则性规定，并授权行政条例制定具体实施细则。因此，为了对某个犯罪行为作出确切定义，经常需要求助于多个不同性质的法律文件，包括法律、政令和实施决议等。例如，法律规定了无行政许可经营之轻罪，但是还需要政令来确定负责颁发行政许可的行政机关，需要决议规定申请行政许可所应提交的材料。只有相关的法律、政令和决议都被通过，才能对该犯罪作出确切的定义。因此，如果没有事先规定颁发许可的行政机关和申请许可的程序，就不能指控某人实施了非法经营活动。

但是，根据《宪法》第 34 条和第 37 条确立的立法权限，并结合罪刑法

---

① 由法国议会制定法律的事项包括：公民自由、家庭法(包括国籍和夫妻财产)、继承、重罪和轻罪(crimes et délits)、税法和货币法、选举法、公共社团的设立、公务员和军人身份、征用和私有化法、国防、地方政府的地位和权力、教育、物权法、债权法、公司法、工会法和社会保障法。

定原则,立法机关应当详细地规定重罪和轻罪,而不是过于广泛地运用援引技术,将犯罪构成要件的规定授权给行政立法权完成。

在实践中,法国最高法院认为,当某个法律因法典编纂而被废除时,其实施条例或决议具有常设性,只要它们未被废除或未与新法发生冲突,则在法律消失后继续存续①。

二、违警罪领域中条例的自主权限

由于存在独立条例,行政立法权可以自主地制定违警罪及其刑罚。但是这个权限也受到一定限制。一方面,违警罪的类型由法律作出框架规定,另一方面,违警罪只能由最高行政法院提出资政意见后颁布的政令确定。

(一)法律对违警罪的类型的框架规定

在刑罚方面,法律对行政立法权限作出框架规定。根据法国《新刑法典》第111-2条的规定,行政立法权应"按照法律制定的限度和区分"行使。这意味着由法律确定犯罪的类型,包括违警罪的类型,而且法律还有权调整违警罪的类型。法律规定了5个级别的违警罪及其相应的刑罚。立法机关可以对违警罪的级别进行再调整,设立新的级别或删除某个级别,并且可以设立新的刑罚种类或废除某类刑罚。例如,在1993年,法国立法机关就废除了违警罪的监禁刑。

因此,行政立法权限体现在法定范围内,对违警罪的罪名作出定义并确定相应的刑罚。《新刑法典》法律部分总则中第131-12条列举了违警罪的刑罚规定,并且就罚金而言,第131-13条确定了不同级别违警罪的最高罚金数额。

(二)违警罪的确定

《新刑法典》条例部分第R.610-1条规定,"违警罪及其所属的级别,由经最高行政法院提出资政意见后颁布的政令确定"。因此,违警罪不得由决议或普通政令设立。征询最高行政法院的资政意见是必经的程序。资政意见由最高行政法院的某个行政庭或经全体大会作出。如果未征询最高行政法院的意见,则构成瑕疵,从而影响已通过文件的有效性。但是,如果说政府征询最高行政法院的资政意见是必经程序,那么政府并不一定要遵循最高行政法院提出的资政意见,该资政意见只具有参考价值。

---

① 1996年10月16日最高法院刑庭的判决,刑事公告第367号。

最高行政法院提出资政意见后颁布的政令,可以设立任何一个违警罪和选择任何一个刑法典中规定的刑罚。因此,它构成了刑法的主要行政立法渊源。

其他的行政条例,即普通政令和决议,只能规定具体罪名或对上级规范确定的罪名作出详细规定,但是不能规定相应的刑罚。违反普通政令或决议的刑事处罚,可通过以下两种方式确定。

一种是最高行政法院提出资政意见后颁布的政令或者是法律,通过转引的方式,指向这些低级的法律文件。例如,《道路交通法典》第 R.411-18 条对违反交通禁令或限制令的行为处以第 4 级违警罪的罚金,而根据该条规定,这些禁令或限制令是由省级决议或多个部委联合决议制定。

另一种是违反普通政令和决议的行为,可受到《新刑法典》第 R.610-5 条规定的处罚,即"治安政令和决议规定的违禁行为或不履行义务行为,被处第 1 级违警罪的罚金"。但是,需要注意的是,该条的适用还存在两个条件。一是第 R.610-5 条只处罚治安政令和决议规定的违禁行为或不履行义务行为,即其目的是维护公共安全、安宁或卫生,而无需区分颁布这些法律文件的部门。那么,违反税收或金融决议的行为,则不在惩治之列。二是在其他特别法律对治安政令和决议规定的违禁行为或不履行义务行为未作处罚的情况下,才适用第 R.610-5 条的规定。

第五章　刑法效力的审查

　　法律规范存在价值等级。在法国,法律价值等级从高到低依次顺序是宪法、国际条约、法律、政令和决议。宪法和国际条约又被称为超法律的规范。等级低的法律规范应当服从等级高的法律规范,否则,等级低的法律规范的正当性、有效性和符合性将受到质疑。在法国法律制度中,根据不同情况,主要存在两种审查法律有效性的制度,一种是法律生效前的审查,另一种是法律生效后的审查。另外,对于行政行为,也存在合法性审查。

第一节　刑事法律的合宪性审查

　　法国第五共和国《宪法》第61条规定,宪法委员会对包括刑法在内的法律进行合宪性审查。

一、合宪性审查的范围

　　在法国,立法机关可以制定新的犯罪及相应的刑罚,而宪法委员会负责协调公共秩序要求与宪法权利保障之间的关系。

　　法律必须遵循宪法原则,这些原则包含在1958年宪法及其序言提到的文件中,即1789年《人权宣言》和1946年《宪法》序言。

　　有些宪法原则直接涉及刑法。如上所述,《宪法》第34条和第37条确立了法律、条例立法权限的分配原则。在宪法序言被纳入"宪法板块"或"合宪性整体"后,宪法委员会通过判例赋予了刑法一些基本原则以宪法价值。例如,"个人刑事责任原则和刑罚人格化原则""刑法面前人人平等原则""罪刑法定原则""更严厉的刑法不溯既往原则""刑罚的必要性和比例制原则""保障辩护权和在独立、公正的法院诉讼的原则""抗辩式诉讼和'武器平等'原则""未成年人刑法保障原则(减轻刑事责任,采取符合年龄、人格需要的品德教育措施,在专门法院、按照专门程序审理)"等等。

　　这些原则即为合宪性审查的参照标准。根据这些原则,宪法委员会可以对某些不符合宪法精神的法律条文作出判断,或者对某些法律条文提出解释上的保留意见①。但是,宪法委员会的审查不包括法律条文的适当性（opportunité）。适当性与合法性（或法制,légalité）相对应,是指促使立法机关采取立法措施的所有关乎利益、作用和公平的考量。这一点由立法机关作出判断。

二、合宪性审查的限制

法律的合宪性审查受到两方面限制。

一方面,在具体审查程序上,组织法律（loi organique）与普通法律（loi ordinaire）之间存在区别。由于组织法律涉及宪法的实施,它们必须在颁布之前接受宪法委员会的审查；对于普通法律,只有政治人物有权向宪法委员会提出审查请求,即只有共和国总统、参议院议长、国民议会议长、总理,以及60名参议员或国民议会议员联名提出申请,宪法委员会才予以审查。普通公民不具有单独或通过请愿提请审查的权利。

另一方面,合宪性审查是事先审查,即只在法律颁布前进行审查。法国宪法委员会的管辖权有限,它无权审查司法判决和行政措施的合宪性,而只有权审查议会制定的、正式颁布前的法律。如果一个法律未经宪法委员会审查就颁布生效,实施该法律的行政法官或司法法官则不得对其进行合宪性审查,或者以违宪为由排除某个法条的适用。同样,诉讼当事人亦无权提起合宪性审查之诉,也不得在普通法院前对法官适用的法律提出法律违宪的抗辩。根据法国奉行的权力分立原则和鉴于宪法委员会的存在,行政法院和司法法院都无权审查法律的合宪性。总之,如果一个法律违宪,法官不得以此为由排除适用。

第二节　刑事规范的合约性审查

法国宪法确定了国际法高于国内法的原则。国际条约相对于国内法的优先性、国内刑事规范相对于国际条约的符合性,由国内法院和国际法院作出司法审查,而且此种审查在法律规范生效后进行。

一、法国法官的审查

如果一个法律条文同与法国加入的国际条约相抵触,刑事法官有权排

---

① 参见 G. Royer, "La réserve d'interprétation constitutionnelle en droit criminel", *RSC*, 2008, 835.

除该法条的适用。在实践中,主要的参照是欧共体法和有关人权的国际规范。

(一) 法官的权限

1958年《宪法》第55条规定了法国批准的国际条约自公布之日起具有高于法律的权威。法国刑事法官在审理案件时,有义务排除适用与法国批准的国际条约相矛盾的国内法律规定。

国际条约相对于国内法具有优先性,不论国内法早于或晚于国际条约生效。在法国,这个原则的确立经历一番周折。根据《宪法》第54条,宪法委员会负责条约的合宪性审查。但是,法国宪法委员会在1975年1月15日关于自愿终止妊娠的法律的审查决定中,拒绝对法律的合约性进行审查,也就是拒绝审查该法律是否符合《欧洲人权公约》第2条规定的生命权,而将此审查任务交由普通司法法院和行政法院完成。但是,后者在获得审查职权时也遇到一些问题。因为,国际条约不仅针对先于条约的国内法律具有优先性,也对其后通过的法律具有优先性。对此,法国最高法院的态度比较明确,它在1975年5月24日雅克·瓦布(Jacques Vabre)咖啡公司案的判决中认为,1957年《欧共体条约》第95条具有高于其后通过的一项国内税收法律的效力。但是,法国最高行政法院则持保留态度并认为,如果国际条约对先于批准的法律具有优先性,那么国际条约对后于批准的法律不具有优先性,否则就是无视国内立法机关的意愿。但是,法国最高行政法院的观点在1989年10月20日尼克罗(Nicolo)案的判决中发生转变。自此以后,最高行政法院承认国际公约优先于其后通过的法律,并承认欧共体条例和指令也享有优先权。

普通法官对法律规范的合约性审查,是通过审理个案中的抗辩意见予以实现。如果法官采纳抗辩意见,确认法律的规定与条约不符,则排除适用该法律。但法官的解决措施只对该案有效,换言之,与国际公约不符的法律或某个条文并未因此而废除,它仍然有效,只是对该个案不适用。

需要指出的是,在法国,也可以对条约进行司法审查。根据《宪法》第54条,在批准条约之前,宪法委员会可以对条约进行合宪性审查。如果存在违背法国宪法的条款,则要么不得批准该条约,要么修改宪法。而普通法官在这方面的审查权十分有限,主要是核实国际条约的批准和检查公布该条约的政令的合法性。

另外,国际条约是高级别的行政文件,只能由参与谈判和签署该条约的国家机关负责解释。与行政法官相反,除了欧共体法和欧洲人权公约,刑事法官对普通的国际条约没有解释权。在出现问题时，条约的解释权在法国外交部。这就意味着，刑事法官应将遇到的问题向政府相关部门提出，并将后者作出的解释作为断案的依据。这种做法在法国曾引起争议，因为解释直接影响到刑事诉讼的结果。由于解释出自行政机关，这会影响到法院判案的独立性，从而违背三权分立原则。

（二）主要的国际条约

在刑事法官面前，不是所有国际条约都能成为诉讼当事人引用的对象。个人引用国际条约需要满足一定条件，即该条约授予个人提出申诉的权利，并且授权规定十分明确。在实践中，法国国内刑法主要面临两类国际条约的挑战：欧共体法和欧洲人权公约。

1. 欧共体法

欧共体法由不同的法律文件组成。一部分是创始条约或初始法律，包括1957年《欧洲经济共同体条约》和《欧洲电子能共同体条约》（并称为《罗马条约》）及其修订条约（1986年《欧洲一体化行动公约》，1992年《马斯特里赫特条约》，1997年《阿姆斯特丹条约》，2001年《尼斯条约》）以及成员国的加入条约。另一部分是所有派生出来的欧共体法，即由欧共体机构通过的文件，主要是条例、指令和决定。

根据欧共体法院（如今称为"欧盟法院"）的司法判例，欧共体法直接在国内法中适用并优于国内法。欧共体法院在1978年3月9日西蒙塔勒（Simmenthal）案①的判决中表示，国内法官在职权范围内适用欧共体法的规定，并有义务依职权排除适用所有违背欧共体法的国内法律，包括之后产生的法律，而无需请求或等待通过立法或宪法程序先行废除该法律。

换言之，在国内法官前，当包括刑法在内的国内法与欧共体法存在冲突时，可以直接要求适用欧共体法。因此，如果某个国内刑罚规定因与欧共体法不符而被排除适用，那么，犯罪也一并被排除。换言之，如果国内规定被认为与欧共体法相违背，那么违反该规定的处罚，无论是刑事还是行政处罚，也同样违背欧共体法。因此，当国内法与欧共体法发生冲突时，可以引用欧共体法当作辩护手段。法国最高法院也采取同样的态度，"当国内刑事法律同欧共体条约发生冲突时，由刑事法官排除该法律的适用"②。

欧共体法对国内刑法规范的影响范围越来越广，主要涉及竞争，人员、商品、劳务和资本的自由流动，银行法，保险法，税法，社会保障法，环境保

---

① CJCE, aff. 106/77, Rec. p.609.
② 1996年3月4日最高法院刑庭的判决，刑事公告第115号。

护法,消费法等。欧共体法不仅影响这些领域刑事法律中的罪名规定,也影响刑罚规定。

刑事法院审理案件时,如果遇到欧共体规范的解释或有效性问题,国内法官可以或应当(在终审时)根据欧共体条约第 234 条,向欧共体法院提出欧共体规范的解释或有效性的先决问题。国内法院不得自行证明欧共体机关文件的有效性,只有欧共体法院有此权限。

最后,先决问题并非自动提出。如果欧共体文件清楚明了,国内法官可以自行解释,并宣布其有效。如果存在合理质疑,应当提出先决问题。但是,法国最高法院刑庭很少运用该机制。

2. 欧洲人权公约

保障人权的国际公约是第二类优于国内法的国际规范。其中,最为重要的两个公约,一个是 1966 年《联合国关于公民权利与政治权利国际公约》,法国于 1980 年批准,另一个是 1950 年 11 月 4 日的《欧洲人权公约》及其议定书,法国于 1974 年批准。

《欧洲人权公约》及其议定书列举了民事性质和政治性质的基本权利和自由:生命权,禁止酷刑和非人道待遇,禁止奴役和强迫劳动,自由和安全权,武器平等诉讼权和辩护权,尊重隐私和家庭生活权,思想自由、意识自由和宗教自由,言论自由,结社自由,财产权,等等。公约的首要目的不是刑法,而是人权保障,但是这些权利却首先与刑法有关。

有些权利直接涉及刑法,如罪刑法定原则,刑法不溯及既往原则,无罪推定原则,平等诉讼权,辩护权等,而且大部分涉及刑事诉讼。

有些权利间接涉及刑法,某个刑罚或拘禁规定可能构成该公约中规定的酷刑或非人道待遇行为,某个罪名可能无根据地侵犯了被保护的权利,如隐私权或言论自由等。因此,《欧洲人权公约》不仅禁止成员国国内刑事立法侵犯其所保护的权利,还要求成员国采取有效措施保护这些权利。

诉讼当事人可以在法国刑事法官前主张某个法律或条例违反了《欧洲人权公约》的规定。刑事法官如果认为其理由成立,则排除适用相关条文。

二、国际法官的审查

(一)欧共体法官

根据欧共体条约的相关规定,欧共体法院可以受理成员国或欧盟委员会(Commission européenne)提起的诉讼,审查成员国是否存在违背欧共体义务的行为。

例如,欧共体法院在 1997 年 3 月 13 日欧盟委员会诉法国案的判决中认定,法国没有按时将欧共体指令转换到本国法中,因此,法国的禁止工厂女工上夜班的法律规定,与欧共体有关男女劳动待遇平等的要求不符。

再例如,欧共体法院在1995年12月7日欧盟委员会诉法国案的判决中认定,法国违背了《罗马条约》规定的商品自由流动和诚实合作的原则,没有对本国农民暴力袭击其他成员国农作物出口运输商和分销商的行为采取所有必要的适当措施(尤其没用启动刑事诉讼程序),从而违背了欧共体的义务。

因此,欧共体法不仅向与其不符的国内法提出挑战,还可以要求成员国制裁违背共同市场理念的行为。

未能履行欧共体义务的国家应当执行欧共体法院判决要求采取的措施。在大多数情况下,这是指将国内法与所触犯的欧共体法保持一致。但是,1992年欧盟条约授予欧共体法院新的特权,该条约第228条第2款规定,对于欧盟委员会向欧共体法院提起的诉讼,欧共体法院可以对不遵守法院判决的国家判处一次性支付金额或逾期不执行罚款。

(二) 人权公约法官

《欧洲人权公约》授予成员国的任何人在穷尽国内上诉途径后,向人权法院提出个人诉讼申请。

诉讼申请人可以是成员国国家、自然人或法人。虽然国家提起诉讼客观上可行,但是国家无需主动诉讼,那么个人的诉讼申请只能由具有受害人身份的人提出。

欧洲人权法院实施补充性监督,只有在穷尽国内救济途径后才能向其提出司法救济。换言之,首先应由国内法官对国内法的合约性进行审查。只有当个人对国内法官的判决不服时,才可以提请欧洲人权法院审理。

如果证实存在违反公约的行为,欧洲人权法院将作出"公平赔偿"决定,即支付一定数额的赔偿金。欧洲人权法院判决具有相对效力,只对在场的各方当事人和该个案有效。但有时候,法院判决的影响会更加广泛,因为在案件之外,往往国内法中某个规定将要失效。具有相同处境的诉讼当事人,可以在国内法官前援引该判决,国内法官应当排除适用这个存在争议的法律规定,如果国内法官予以拒绝,诉讼当事人可以向人权法院提出相同诉求,以至于只有废除或修订问题条款,才能结束人权法院判决引发的诉讼潮。

法国被诉至欧洲人权法院的案例占有相当数量。在刑事方面,主要的诉讼争议涉及刑事诉讼法,涉及刑法总则内容的争议比较罕见。

第三节　行政行为的合法性审查

法国刑法中"罪分三等",即重罪、轻罪和违警罪。违警罪由行政条例规定,与这些行政条例内容、实施相关的行政行为也要接受合法性审查。行政行为处于规范等级的最低端,所以应当服从所有高于它的规范：宪法、条约、法律,甚至某些条例。行政行为之间也存在等级,政令(décret)高于实施决议(arrêté d'application)。

在法国,由于存在行政法院和司法法院两个系统,行政行为的合法性审查属于行政法院的权限,并受到最高行政法院的监督。但是,刑事司法法院在审理案件过程中,如收到处理行政行为合法性问题的请求,也有管辖权。法国新刑法典也认可这种做法。因此,具体行政行为或抽象行政行为的有效性审查,可以通过在行政法院提起诉讼或在刑事法院提出抗辩的途径实现。

一、诉讼与抗辩的区别

在行政法院提起诉讼,诉讼的标的是行政行为的合法性。行政行为的争议案件只能由行政法官受理和审理。当事人自抽象行政行为公布之日或具体行政行为通知之日起2个月内,可以直接向行政法院提起诉讼。如果行政行为确实存在不合法之处,则被废除。废除决定具有绝对效力,行政行为被视为从未存在。如果行政行为规定了违警罪,任何据此作出的追诉均为无效。

在刑事法院提出抗辩,是指当事人在刑事法院的诉讼过程中,提出行政行为存在合法性或合宪性问题的抗辩。《新刑法典》第111-5条规定,"如果受理的刑事诉讼案件的处理有赖于此种审查结果,那么刑事法院有权解释抽象行政行为或具体行政行为,并判断其合法性"。因此,这里的诉讼标的不是撤销行政行为,而是追诉犯罪。例如,在审理违警罪案件中,被告人提出定义该违警罪的条例存在违法性的异议。这种抗辩可以在任何时候提出,没有期限限制。如果行政行为存在不合法之处,则在辩论中被排除适用,而不是被撤销。由此作出的决定具有相对效力,只对该个案有效。在此情况下,行政行为仍继续有效,可适用于其他案件。

抽象行政行为(行政条例,即政令和决议)和具体行政行为,可经上述途径受到质疑；同样,对于宪法第38条规定的法令(ordonnance)亦是如此,尤其是在法令颁布前,就要接受议会审查其与授权法律的符合性。

二、向行政法院提起越权之诉

越权之诉,是指在行政法官前提起旨在撤销某个行政行为的诉讼。根据不同情况,诉讼可以在最高行政法院提起(针对政令和部委决议)或者在行政法院提起(针对具体行政行为和省、市级决议)。诉讼针对受指责的行政行为提出。申请人应提出诉讼理由,即撤销该行政行为的个人利益所在。

可撤销的行政行为主要有四种:一是无管辖权,即行政行为不属于颁布机关的职权范围;二是形式瑕疵,例如,没有按规定咨询某个机关的意见,没有说明理由或者没有公布;三是滥用权力,即行政机关作出行政行为所追求的目的,与行政行为应达到的目的不符;四是违反法律,这是指广义上的法律,即违反了条例应当遵守的一般法律原则、法律或国际法规定,但是行政法官同样有权审查自治条例(règlement autonome)同宪法的符合性。

除非行政行为可被分割,否则撤销决定对整个行政行为产生影响。被撤销的行政行为不再发生效力,因为它不复存在,甚至被认为从未存在。撤销(annulation)行政行为与废除(abrogation)行政行为不同。废除行政行为不具有溯及力,而撤销行政行为具有溯及力,行政行为产生的所有后果都被消除。刑事法官也因行政法官作出的撤销决定而被关联。如果被撤销的规定为刑罚规定,那么撤销前实施的犯罪原则上不受处罚。

但是,撤销决定对违反具体行政行为的犯罪,不发生溯及既往的作用。行政法院撤销刑事处罚的具体行政行为的决定,对违反该行政行为的犯罪不产生影响。由于刑事法官优先考虑犯罪时行政行为的执行力,因此认为在撤销具体行政行为之前实施的犯罪,仍应受到刑罚处罚。例如,省级决议决定,暂扣驾驶执照后继续开车的行为,仍应受到刑事处罚,即使决议后来被撤销,也不对处罚产生溯及力。

越权之诉的主要缺点在于起诉时效相对短。但是撤销行政行为的诉讼申请被行政法官驳回后,不影响当事人在刑事法院前提出行政行为违法的抗辩。

三、向刑事法院提出违法之抗辩

在新刑法典颁布之前,刑事法院在抗辩过程中审查行政行为合法性的管辖范围不够明确。法国争议法院(tribunal des conflits)[①]曾认为,如果刑事案件的处理依赖于此种解释或判断,且不论将其作为追诉依据或辩护手段,那么刑事法官可以依据全权管辖原则,解释和判断行政条例的合法性。但是,争议法院还认为,刑事法官无权判断具体行政行为的合法性,因为排除一个具体行政行为等于撤销该行为,而撤销之诉属于行政法院的管辖范围。

法国最高法院刑庭没有采纳这种观点,而是认为,刑事法官不仅有权解释和判断抽象行政行为的合法性,也有权解释和判断具体行政行为的合法性,只要这些行为涉及刑事处罚。

新刑法典的颁布结束了这种不确定性,它授予刑事法院通过抗辩途径解释和审查行政行为合法性的广泛权限。《新刑法典》第111-5条规定,"如果受理的刑事诉讼案件的处理有赖于此种审查结果,那么刑事法院有权解释抽象行政行为或具体行政行为,并判断其合法性"。因此,只要解释或判断行政行为的有效性会对处理案件产生影响,换言之,会对犯罪存在与否产生质疑,那么刑事法官就有权解释和判断行政行为的有效性。但是,只有行政行为可以成为违法之抗辩的对象,这就排除了属于私法范畴的行为。

被诉的行政行为,经常是刑事处罚的依据。例如,规定某个违警罪的政令,或市府治安决议,违者将处《新刑法典》第R.610-5条的刑罚。但是,它也可以是具体行政行为,例如,刑事法院审理违反驱逐出境(reconduite à la frontière)决定的违法案件时,应对决定的合法性作出判断[②]。如果案件的处理有赖于这个判断结果,那么刑事法官可以在适用之前,依职权解释该行政行为或者判断其合法性。但是,如果案件的处理不依赖此种审查结果,换言之,无论行政行为合法与否,诉讼的结果都一样,刑事法院则无需对行政行为的合法性作出判断。因此,当获得行政许可的人因未遵守行政许可的规定从事活动而受到追诉,如果该项活动在无许可的情况下皆为非法,那么他就不得对行政许可的有效性提出质疑。

为了避免混淆,需要对违法之抗辩涉及的违法方式作出澄清。

一方面,违法之抗辩涉及的违法方式与提起越权之诉的理由一样,包

[①] 争议法院(tribunal des conflits),负责处理普通法院与行政法院之间关于管辖权的争议。争议法院由9名法官组成,包括最高法院和最高行政法院各自选出的3名法官、上届争议法院选出的2名法官以及司法部长。争议法院,除裁决普通法院和行政法院两个法院系统之间的管辖权争议外,还裁决处理普通法院系统内法院之间的管辖权争议。

[②] 1998年6月3日最高法院刑庭的判决,刑事公告第182号。

括无管辖权,形式瑕疵,滥用权力,违反法律。刑事法官无权判断行政行为的适当性,但却可以排除一个存在明显判断错误的行政行为。

另一方面,关于违反法律,诉讼当事人可以援引任何与被审查行政行为相矛盾的高级规范。正如1993年5月14日《新刑法典》的实施通报所述,合法性审查从符合法律的审查扩展到相对于所有高级法律规范符合性的审查,但不涉及法律的合宪性判断。如同撤销之诉,抽象行政行为要接受相对于法律、高级别条例、宪法、法国加入的国际条约,乃至一般法律原则的符合性审查。

在审理案件过程中对于提出违法之抗辩,如果刑事法官认为行政行为确实违法,他只排除该行政行为的适用,但是不得撤销行政行为。行政行为没有被撤销,它可以被用于其他案件。当然,其他诉讼当事人也可以提出同样的违法之抗辩。如果该行政行为被用作处罚依据,由此产生的诉讼将被搁置,直至相关行政机关将行政行为调整达到符合性要求。

第六章　刑法的适用范围

　　刑法的适用范围是有限的,并非对任何时间、任何地点发生的犯罪都适用。因此需要确定刑法在时间和空间上的适用范围。新颁布的刑事法律主要适用于未来发生的犯罪,但在满足一定条件下,也可能适用于其生效前实施的犯罪。同样,刑事法律主要惩治在法国实施的犯罪,但是,在有些情况下,也适用于法国境外实施的犯罪。

第一节　刑法的时间效力

　　法国的法律、法令和政令都公布在法兰西共和国官方公报上。法律、法令和政令的生效方式有以下几种:(1)法律文件中明确规定了生效时间,那么法律文件自该日期起生效;(2)如果未规定生效时间,那么法律、法令和政令自公布之日的第二天生效;(3)有些法律条文的执行需要实施细则,那么这些条文的生效将推迟至实施细则生效之日。这是由于,仅一个法律文件无法对犯罪作出全面定义,往往需要政令、一个或多个实施决议对所有犯罪构成要件作出规定。因此,在这种情况下,当法律未规定生效时间时,则应等待实施细则的颁布。根据罪刑法定原则,该法律的生效被暂停。因此,在无实施细则的情况下,法官不得依据该法律条文宣告有罪判决;(4)在紧急情况下,法律自颁布政令规定的公布之日起生效,政府也可以通过特别条款命令行政条例自发布之日起生效。

　　刑事法律生效后,将适用于生效期内实施的犯罪。这样就会出现实施犯罪时所适用的刑事法律,与审判犯罪或执行有罪判决时所适用的法律不同的问题,即法律适用的时间冲突问题。因此,需要确定适用新法还是旧法。对此,法国刑法的实体法和程序法采取了不同的解决办法。

一、实体刑法

　　实体刑法,是指确定犯罪罪名和刑罚以及犯罪人刑事责任条件的规定(包括法律、条例和国际条约)。

法国《新刑法典》第112-1条明确规定了实体刑法的时间效力原则，即"只有在实施之日构成犯罪的行为，才当受处罚。只能宣告在该日法律规定应当适用的刑罚。但是，如果新规定轻于旧规定，新规定生效之前实施的未受到产生既判力有罪判决的犯罪，适用新规定。"因此，实体刑法的时间效力，应当符合两个原则，即新的严厉刑法不溯既往原则和新的轻缓刑法溯及既往原则（类似我国的从旧兼从轻原则）。这些原则也被规定在主要的国际人权保障公约中，例如1948年《世界人权宣言》第11条，1950年《欧洲人权公约》第7条，1966年《公民权利与政治权利国际公约》第15条。

因此，有必要明确这两个原则的内容和后果，确定严厉刑法和轻缓刑法的适用条件。

(一) 严厉刑法不溯既往原则和轻缓刑法溯及既往原则

1. 依据

刑法不溯既往原则（la non-rétroactivité）是从罪刑法定原则派生而来，其目的是保障个人自由。但是该原则不是绝对原则，不能据此界定所有新刑事规范的适用范围。由于主要目的是保护公民自由，因此该原则只适用于更严厉的新刑法规定，即适用于设立新犯罪或加重刑罚处罚的法律规定。但是，如果新刑法规定轻于前法，对犯罪人有利，则具有溯及力，可以适用于其颁布前实施的犯罪。轻缓刑法溯及既往原则（la rétroactivité），是指被告人接受审判时，若存在对其更有利的新刑法规定，则应当适用这个轻缓的刑法规定。

2. 宪法价值

法国1958年宪法序言中提到的1789年《人权宣言》第8条涉及严厉刑法不溯既往原则，该原则又被法国宪法委员会纳入宪法原则的行列中，从而压倒任何与之相反的法律规定。法国宪法委员会还同样对轻缓刑法溯及既往原则赋予了宪法价值。因此，宪法委员会从《人权宣言》第8条宣告的"法律只能制定确实明显必要的刑罚"的原则中，推导出"如果对旧法期间实施的犯罪，不适用更轻缓的新刑法规定，则会导致法官宣告旧法所规定的刑罚，这在立法者看来，已是不必要的刑罚"[①]。因此，当新刑法规定减轻犯罪处罚时，这意味着旧刑罚规定已变得不再必要，因而应当适用新的刑法规定。

---

① 宪法委员会1981年19日至20日的决定，Rec., pp.15, D. 1982, p.441.

3. 后果

严厉刑法不溯及既往原则意味着,如果审判犯罪时的新刑法规定比实施犯罪时的旧刑法规定严厉,则不适用新法的规定,而是适用旧法的规定。新法的严厉规定仅适用于其生效后实施的犯罪。

轻缓刑法溯及既往原则意味着,新的轻缓刑法可以适用于其生效前实施的尚未作出生效的有罪判决的犯罪。因此,未作出发生既判力的有罪判决是一个主要条件。根据该条件,新的有利于被告人的轻缓法律可以适用于未经审判的犯罪,或已经过一审、正在上诉的刑事案件,或已经过上诉程序正在最高法院审理的刑事案件。

但是,如果在新的轻缓法律生效前已经做出最终有罪判决,即所有的上诉途径都已穷尽或者上诉期限已过时,则不适用新的轻缓法律。然而,这个规则也有例外,即第112-4条的规定,"但是,如果被宣判的犯罪根据判决生效后的法律,已不再是犯罪,则刑罚停止执行"。因此,在取消犯罪或非刑罚化的情况下,正在执行的刑罚将停止执行。但是,该规则只适用于行为不再具有犯罪特征的情形。如果犯罪罪名被其他罪名代替,则不适用这条规定,而是应当继续执行刑罚。例如,以前滥用私人签章罪所打击的行为,如今由欺诈罪或滥用信任罪规制,就属于这种情形。但是,新刑法典已废除了流浪罪和乞讨罪,也未再对此类行为设立其他罪名,因此,即使在新法典生效时已对这些犯罪做出最终判决(即生效判决),也应当停止执行宣告的刑罚。

4. 原则的例外规定

实践中,刑法的时间效力原则,也存在以下例外情形。

(1) 轻缓刑法可溯既往原则的例外

长期以来,法国司法判例拒绝在经济和税务领域中,适用轻缓刑法溯及既往原则。即使对价值阶位高于国内法的欧共体条例,亦是如此。如果欧共体条例涉及经济领域,则不适用轻法溯及既往原则。后来,法国宪法委员会在1981年1月19日和20日的判决中肯定了轻缓刑法立即适用原则具有宪法价值。法国司法判例遂即出现了松动,表示如果不存在相反规定,在经济、税务、海关或外汇交易领域中,可以适用轻缓刑法溯及既往原则,但是,法国宪法委员会又在2010年12月3日的判决中认为,这些经济或税务领域中的轻缓行政条例,如果基于应时目的而制定,则不得适用溯及既往原则。

法国最高法院刑庭经常表示,只要法律未作出相反规定,修改定罪或刑罚的轻缓新法律,对其生效前未作出最终判决的犯罪适用。换言之,只要立法机关认为用旧法处罚其生效期间实施的犯罪十分必要,可以对轻缓刑法可溯既往原则专门作出例外规定。

(2) 严厉刑法不溯既往原则的例外

① 解释性法律,与被解释法律的实施范围相同。因此,当解释性法律适用于被解释法律生效之日和解释性法律生效之日之间实施的犯罪时,具有溯及力。但是解释性法律对被解释法律生效之前实施的犯罪不具有溯及力。

何为解释性法律? 如果立法机关称之为解释性法律就一定是解释性法律? 法国有的学者持肯定态度,有的学者则认为应从法律性质上判断是否为解释性法律而不是看其"标签"。在判断解释性法律的性质上,采用民法学家通说理论,认为应具备两个条件。一个是解释性法律肯定了法官自己能从法律中引出的规则;另一个是存在可以对法律做出另一种解释的审判争议。如果司法判例的意见一致,而新的法律带来不同的解决措施,则不是解释性法律,而是修正性法律,如果修正性法律更严厉,则不应具有溯及既往的效力。在实践中,删除起草瑕疵造成模棱两可规定的法律,被认为是具有溯及既往效力的解释性法律。因此,法官在适用法律时,应采取谨慎态度。立法机关可以以解释性法律为掩护,溯及既往地修改其不满意的法律。

另外,也有学者认为应摈弃解释性法律溯及既往的例外原则,因为该原则不仅违反严厉刑法不溯及既往的原则,还违背了罪刑法定原则所要求的立法质量,即法律的撰写应清楚、确切。[1]

② 宣告性法律,是证实某个法律规则存在的法律,因此也具有溯及既往的效力。这主要是反人类罪的法律,因为这类犯罪践踏了文明国家的一般法律原则,因此实施这类犯罪时是否正式存在惩治这类犯罪的法律规定并不重要。

③ 设立或修改从刑的法律,是立即生效的法律,涉及各种禁止和丧权的规定,对某些被判刑人自动生效,而无需刑事法官宣判。因此,从刑措施自法律设立之日起,就对之前的被判刑人适用。

(二) 新刑事法律更加轻缓或更加严厉的判断

新刑事法律更加轻缓或更加严厉的程度的判断,可以从定罪、法定刑和承担刑事责任的条件三个方面比较判断。

---

[1] J. Pradel et A. Varinard, *Les grands arrêts du droit pénal général*, Paris: Dalloz, 2012, 8ème éd., No.10, pp.150~153.

1. 更轻缓的新法律

在定罪方面,取消罪名的法律当然是轻缓的法律。在此情况下,新法律应当具有溯及既往的效力。例如,1985年1月25日的法律废除了破产罪的某些情形。对于被取消的罪名,新刑法典还可以使以前宣告的刑罚停止执行。

如果法律对现有的犯罪构成条件作出更加限制性的定义,从而缩小了犯罪圈,也属于可溯及既往的轻缓法律。例如,《新刑法典》第227-24条规定的生产或散布色情信息罪,被认为是相对于旧法更为轻缓的规定,因为该罪的成立要求制作或散布的信息能够让未成年人看到或发现,而在旧刑法典第283条伤害风化罪中却无此要求。将犯罪构成由单一行为改变为习惯行为,也是轻缓的法律。例如,1960年6月11日惩治非法代理销售房地产的行为,只要实施一次非法代理销售,就构成犯罪,而1970年1月2日的法律惩治习惯性非法代理销售房地产的行为,从而将该罪的构成条件由单一行为改变为习惯行为,一次性代理行为不再受到追诉。因此,将定罪复杂化并使追诉更加困难的法律,是更轻缓的法律。另外,取消加重情节的法律或改变加重情节构成要件的法律也同样是更轻缓的法律。

轻缓刑法可溯既往原则,也同样适用于规定犯罪构成要件的国际条约,尤其是欧共体条约。

在法定刑方面,废除刑罚的法律,无论是主刑还是附加刑,都是更加轻缓的法律。例如,1993年7月19日的法律废除了违警罪的监禁刑,因此,自该法生效后就不得再对违警罪宣告监禁刑,即使对生效前实施的当处该刑罚的犯罪,亦是如此。因此,新法律是更加轻缓的法律。

同样,减轻犯罪法定刑的法律,即用较轻的刑事处罚代替原法定刑的法律,是更加轻缓的法律。对犯罪等级的重新界定,有时也足以体现新法律的轻缓性。例如,刑罚的法定轻罪化,即用轻罪刑罚代替重罪刑罚,和刑罚的法定违警罪化,即用违警罪刑罚代替轻罪刑罚,都体现了法律规定更加轻缓的特征。

在保持犯罪等级不变的前提下,减轻法定刑的性质或降低法定刑的期限或数额的法律,是更加轻缓的法律。

因此,终身监禁比已被废除的死刑更加轻缓。同样,用有期徒刑代替无期徒刑,法定有期徒刑的缩短,法定监禁刑的缩短,法定罚金刑数额的降低,附加刑期限的缩短,都是更加轻缓的法律规定。

另外,用保安处分代替刑罚的法律是更加轻缓的法律。例如,1945年2月2日关于未成年人犯罪的法令中的措施不是刑罚,而是更有利于未成年人的措施,是更轻缓的法律处置。即使以 2 年的收容措施代替 6 个月监禁刑也不是加重处罚,因为这不是刑罚,而是以保护社会和改造未成年人为唯一目的的保安措施,应当立即适用。

在刑事责任的条件方面,设立不负刑事责任事由或废除负刑事责任事由的法律,是更加轻缓的法律。同样,对承担刑事责任的条件引入附加条件,从而更加严格定义错误严重性的法律,是更轻缓的法律。例如,2000 年 7 月 10 日的法律修改了《新刑法典》第 121-3 条有关疏忽大意和草率不慎过错的定义,从而对过失轻罪的定义作出更加具体的规定。根据修改后的规定,当行为和损害之间是间接因果关系时,自然人负刑事责任的条件更加严格,即只有当他犯有蓄意违背法律或条例规定的谨慎或安全义务的错误时,或犯有将他人置于已知的特别严重危险的明显错误时,才承担刑事责任,也就是对重大过失负刑事责任,而对一般过失造成间接损害的情形,自然人不承担刑事责任。因此,该法律对被追诉人更加有利,是更加轻缓的法律。

2. 更严厉的新法律

在定罪方面,刑事法律设立了新犯罪,将以前不认为是犯罪的行为当作犯罪处罚,则是更加严厉的法律。同样,通过新的定义扩大罪名适用范围的法律,即扩大犯罪圈的法律,是更加严厉的法律。但是,对新刑事法律带来的变化应保持一定的警惕性,因为这种变化有时只体现在用词上。在此情况下,则不存在更加严厉的法律,因为旧法中已对该犯罪予以惩治。因此,词语变化适用的机制,类似于解释性法律适用的机制。例如,《新刑法典》第 222-23 条规定的"通过暴力、威胁、强制、惊吓方式与他人发生性关系"的强奸罪中,使用"威胁"一词,实际上是"强制"的一种形式,后者已在旧刑法典中有所规定。

设立新的加重情节的法律,同样是更加严厉的法律。这并不意味着新法生效前实施的行为不受处罚,它们只是按照旧法予以定罪处罚,不考虑实施犯罪时尚不存在的加重情节的规定。但是,新的刑事规定中设立加重情节,也不一定都是加重刑事处罚的法律。例如,新刑法典降低了某个犯罪适用的基本刑,但同时又设立了新的加重情节,以便更好地区别处置。在这种情况下,新法不是更严厉的法律,反而可能是更轻缓的法律,因为需要证明加重情节,而且新法、旧法中都规定了相同的最高刑。

在法定刑方面,新法律对犯罪规定了新刑罚,如增加了附加刑等,是更加严厉的法律。新法律加重法定刑,如提高罚金刑的数额、延长自由刑的期限或者加重犯罪的等级,都是更加严厉的法律。

刑法规定更加轻缓或更加严厉的特征,不仅通过犯罪对应的特定刑罚来判断,还应通过某些刑罚内容的一般规定来判断。因此,《新刑法典》第131-26条关于禁止公民权、民事权和家庭权的规定,要比旧刑法中相应的民事降级规定更为严厉,因为它还包括禁止司法活动中代理或协助当事人的权利。

在刑事责任的条件方面,废除不负刑事责任事由或设立负刑事责任新事由的法律,是更加严厉的法律。新刑法典设立了法人的刑事责任,属于不溯既往的更严厉的新规定。因此,该规定不得适用于新刑法典生效前的法人犯罪,法人不会因新刑法典生效前实施的犯罪而受到刑罚处罚。

3. 新法旧法之间的比较判断

新法往往作出多方面的修订,相较于旧法,有些修改内容可能更加严厉,有些可能更加轻缓,因此在判断新法严厉、轻缓问题上,需要区分其规定的可分性和不可分性。

(1) 可分割的规定

如果新的刑事规定是可分割的,其中更轻缓的规定将立即适用。例如,1891年3月26日被称为"贝朗热法"(loi Béranger)的法律同时设立了简单缓刑和轻罪累犯制度。很显然,分割这两类制度的措施不存在任何问题。同样,1981年2月2日的《安全与自由法》也涉及刑法的多个方面,因此很容易对每个方面的规定单独进行比较判断,减轻犯罪刑罚的规定将被立即适用,而加重刑罚处罚的规定则不能适用于其生效前实施的犯罪。新刑法典包括数目繁多的条款规定,显然是可分割的法律。

当法律涉及同一犯罪的多个方面修订,情况有所不同。法国最高法院采取分别适用不同条款的办法。例如,1958年12月23日的法令将司法助理人员实施的破产重罪降为轻罪,但同时又将当时不受处罚的简单破产的同谋犯予以定罪。法国最高法院在1965年5月13日的判决中,将这两个规定进行分割,立即适用前者规定,但拒绝立即适用后者规定。

这涉及确定不同法律规定的分割条件。如果一部法律有不同的内容,实施领域也不同,那么理论上认为是可分割的法律规定。

(2) 不可分割的规定

当新法旧法的比较对犯罪人而言出现截然相反的适用分歧点,就涉及不可分割的法律。如果法律中一条规定看似更加严厉,另一条更加轻缓,如何判断法律的轻重性?

对此,法国司法判例主要采取两种措施。

一是参照法律主要规定。例如,1941年9月2日的法律将杀婴重罪降为轻罪,但同时也排除任何减轻情节的可能。根据新法的规定,法国某上诉法院在审理相关案件时拒绝审理被告人提出的减轻情节问题,对此被告人上诉到最高法院,后者支持了上诉法院的做法,认为不能对新法的规定作出任意拆分,判断新法的轻缓与否,应参照法律的主要规定,即本案中将重罪刑降为轻罪刑的规定。因此,新法的规定更加轻缓,应当立即适用。

涉及刑罚的法律,修订主刑的条文是主要规定。涉及其他种类刑罚时,如果修订内容同时涉及"最高"和"最低"限度,则以"最高"作为确定法律一般性质的参照。

如果新法对定罪和刑罚作出不同修订,只以定罪规定作为主要规定。例如,新法对淫媒罪作出限制性定义,附加了新的条件,即使其又提高了该罪的罚金刑,也是更加轻缓的法律。

二是对法律全文进行判断。例如,1970年7月17日的法律对简单缓刑作出修改。根据新法,给予缓刑的条件更加容易(只有超过2个月的监禁刑可以阻止给予缓刑),同时也更加难以撤销缓刑(只在新罪判决为2个月以上监禁刑时方可撤销缓刑),这显然是更轻缓的法律。但是,该法又规定可以给予部分缓刑,这是更加严厉的规定。有人因该法生效前实施的犯罪被判处10个月监禁,其中6个月监禁附带缓刑,遂向最高法院提出上诉,认为受到溯及既往的更严厉的处罚。法国最高法院驳回其上诉,认为新法对缓刑的规定是一个整体,其内容不得被随意拆分,而且新法的缓刑制度从整体上比旧法更有利于被告人。

(三)刑法适用的时间冲突问题

1. 单个犯罪

大多数犯罪的实施时间是确切的,因此不存在法律适用的时间冲突问题。但是,有些犯罪具有持续性或由多个不同时间实施的行为组成,则存在难以确定犯罪时间的问题。对简单的瞬间犯罪,不难确定适用的法律,只需比较相关法律的日期即可解决问题。

但是,对连续犯、复杂犯或习惯犯,则存在刑法适用问题。比如犯罪开始实施时适用某个法律,实施完毕或延续时适用新的法律。如果新的法律更加严厉,是否可以适用?法国司法判例采取断然接受的态度,刑法理论也一致接受对更严厉的新法公布前已开始实施并延续至其生效后的连续犯,适用更严厉的新法。

然而,欧洲人权法院对此的态度较为保守,拒绝对持续性犯罪减轻适用不溯及既往原则,理由是被指责的行为的主要部分已在新法之前实施,如果新法更为严厉,则不得溯及既往。

2. 多个犯罪

习惯犯或复杂犯客观上包括多个行为,法律适用存在较多争论。对习惯犯而言,如果新法更为严厉,只要犯罪行为中的一个行为在新法生效后实施,就适用新法。唯一需要考虑的是实施的犯罪行为,已具备所有犯罪特征的要件。因此只适用实施犯罪时有效的法律,而不涉及溯及既往问题,因为犯罪从未受到旧法的追究。由于行为人知道实施犯罪行为所招致的后果,因此适用新法的做法遵循了法制基本原则。

对数罪或累犯而言,亦是如此。如果新法律修改了刑罚不并罚或累犯的规则,那么只要一个犯罪行为发生在新法颁布之后,就立即适用新法。因此,在数罪的情况下,如新法修改了刑罚并罚的规则,只要第二个犯罪发生在新法颁布之后,就立即适用新法。在累犯的情况下,也采取相同做法。即使处罚更为严厉,也没有违背罪刑法定原则。法国最高法院也在多个判决中确认了这种做法,只要在新法颁布之后又实施累犯的后罪,就成立累犯。

但是,欧洲人权法院却做出相反表态。在 2004 年 11 月 10 日的判决中,欧洲人权法院判决法国违反了《欧洲人权公约》第 7 条,认为后者"对犯罪人判处了重于实施犯罪时所适用的刑罚"。而根据法国最高法院的一贯判例,法国坚持认为该案中累犯的第二个犯罪发生在新法(即 1994 年刑法典)生效之后,即使新法规定更加严厉,也应当适用新法。实际上,刑罚加重了对第二个犯罪的处罚,而不是第一个犯罪。

欧洲人权法院采取不同的观念,认为"法律安全原则"由"严格解释刑法原则"予以衡量,该原则禁止在旧法规定的法定累犯期间到期后再将前罪作为认定累犯的参照。因此,当时效到期,累犯期间的流逝使被判刑人有权在实施新罪时不被当作累犯处置。

而法国认为,随着新法的生效,犯罪人已被明确告知实施第二个犯罪的后果,罪刑法定原则以及法律安全原则并没有因累犯立即适用新法而受到抵触。法国随即向欧洲人权法院大法庭(Grande chambre)提出审理此案的申请,后者采纳了法国的意见,不再认定法国违反《欧洲人权公约》第 7 条,理由是累犯的第二个犯罪发生在新法生效后,对累犯前罪的考虑不应当作刑法适用上溯及既往。另外,被判刑人的有罪判决一直保留在犯罪记录中,累犯所适用的暂行规定来自法国司法判例对此一贯明确的态度。因此,这符合刑法的预见性。那么,根据暂行规定应当恢复认定累犯的后罪。实践中,如果最后的犯罪行为发生在作出相应规定的新法颁布之后,很可能招致最高刑的严厉处罚。①

二、程序刑法

程序刑法,涉及司法组织、法院管辖、刑事程序、上诉途径、刑罚执行、公诉时效和刑罚时效等方面。

程序刑法时间效力的总原则是生效后立即适用,即使其规定可能更严于生效前的法律,即使涉及其生效前实施的犯罪,也都立即适用。

(一) 立即适用的意义

溯及既往的新法律,改变了旧法规定的情形,消除了已实施行为的后果。如果对程序法采取溯及既往的做法,可能会引起难以克服的困难,因为这意味着程序要重新开始。所以,新的程序刑法采取立即适用的做法。在旧法生效期间实施的行为,仍适用旧法,新法只适用于当前情形。法国《新刑法典》第112-4条第1款规定,"新法的立即适用,不影响根据旧法实施的行为的有效性。"因此,诉讼中的行为可能受到两个法律的管辖。在新法通过之前,旧法适用于先前已实施的行为。新法的颁布不影响先前行为的有效性,但是以后的行为将遵守新的法律规定。

(二) 各种程序刑法的适用范围

源自法国司法判例的程序刑法时间效力的主要规则,都已纳入新刑法典中。总原则是新的程序刑法立即适用,《新刑法典》第112-2条②对此有所规定。但是,该原则的适用对于执行刑罚的程序法律存在例外,以至于刑罚执行程序法适用的制度更接近于实体刑法所适用的制度。

1. 管辖和司法组织的法律

根据《新刑法典》第112-2条第1项,只要一审未对这类法律生效之前实施的犯罪作出实质性判决,则有关管辖和司法组织的新法律立即适用。只要尚未做出一审的实质性判决,设置或取消法院的法律也对所有犯罪立即适用,包括该法律生效前实施的犯罪。同样,如果法律将重罪降级为轻

---

① J. Pradel et A. Varinard, *Les grands arrêts du droit pénal général*, Paris: Dalloz, 2012, 8ème éd., No.9, pp.133～135.

② 第112-2条规定,"下列法律立即适用于惩治其生效前实施的犯罪:
1. 有关管辖和司法组织的法律,只要一审法院尚未作出实体判决;
2. 规定追诉方式和程序形式的法律;
3. 有关刑罚执行和适用制度的法律;但是,如果这些法律将会加重刑事判决宣告的刑罚,则只适用于对其生效后实施犯罪的判刑;
4. 时效未到期时,有关公诉时效和刑罚时效的法律。"

罪,或者相反,将轻罪升级为重罪,以至于以后应由另一个法院管辖审理犯罪,即使预审刚开始或审判法院已受理了案件,那么也是立即适用新法律。

但是,如果在新法生效前已作出了实质性判决,那么诉讼应当按照实施犯罪时有效的管辖和司法组织规定进行。

2. 确定追诉方式和程序形式的法律

根据法国《新刑法典》第112-2条第2项的规定,涉及追诉方式和程序形式的法律,例如修改了预审程序或暂时羁押条件的新法律,应当立即适用。换言之,程序行为应当遵守其实施时生效的法律。

比如,在轻罪方面,《新刑法典》第132-19条要求法官对无缓刑的监禁刑判决专门说明理由。这是一条程序规定,其规定的义务应当立即适用。那么,即便被追诉的行为发生在新刑法典生效之前,法官也应当立即适用这条规定。但是,新刑法典生效前作出的未经说明理由的无缓刑的监禁刑判决,继续有效,并且不得被撤销,因为说明理由的义务既不涉及认定犯罪也不涉及确定刑罚,新规则不得溯及既往。

3. 执行和实施刑罚制度的法律

在司法实践中,传统上认为,执行和实施刑罚制度(罚金的征收、自由刑的执行条件、缓刑、刑罚延期宣告、外出许可、假释等)的法律,是立即适用的法律。这种看法也招致一些批评,因为被追诉人在犯罪时并不知道新的规定,这会对被追诉人造成极大不利。

因此,在1986年9月3日的合宪性审查决定中,法国宪法委员会针对延长"囚禁期"(période de sûreté,禁止犯人享受刑罚执行优待措施的期间)的规定,认为即使"囚禁期"涉及刑罚的执行,但是关系到审判法院的判决,法院在宣告犯罪人有罪的同时可以决定"囚禁期"的长短,因此,宪法委员会作出了限制性解释,认为该法律只能适用于其生效后实施的犯罪。

新刑法典在很大程度上修改了刑罚执行法适用范围的规则,以至于这些规则更接近于实体刑法的适用规则。

首先,《新刑法典》第112-2条第3项规定了执行和实施刑罚制度的法律立即适用的原则。法国最高法院认为该条规定意味着,除非存在相反规定,废除设置刑罚的法律,将阻碍刑罚的执行。

其次,《新刑法典》第112-2条第3项规定,"但是,当此种法律的结果使得宣告的刑罚更重时,则只适用于其生效后实施的犯罪的有罪判决"。该规定可以适用于宣告数罪刑罚的规则,或审判法院判决的刑罚执行方式,如缓刑或撤销缓刑的条件等。

4. 有关公诉时效和刑罚时效的法律

修改时效期限或其起始点的新法律,对该法律生效时已结束的时效没有影响。如果时效尚未结束,即时效尚未到期,有关公诉时效和刑罚时效的新法律,应当立即适用。

以前,新的时效法律立即适用的原则,只适用于更加轻缓的法律,因为《新刑法典》第112-2条第4项将可能恶化当事人处境的法律(即更加严厉的法律),排除立即适用。2004年3月9日《有关司法适应犯罪发展的法律》取消了这种区分,以至于所有关于公诉时效和刑罚时效的法律,即便设立了更加严厉的制度,例如延长时效期限或推迟其起始点等,从此以后都立即适用。

5. 涉及上诉途径的法律

根据《新刑法典》第112-3条的规定,涉及上诉途径性质和启动条件的法律,以及涉及上诉期限和上诉人资格的法律,适用于其生效后宣告的判决的上诉。因此,上诉途径,按照被上诉的判决作出之日适用的法律加以判断,即便新的法律在之后改变了这些上诉途径的可能性,也是如此。由于上诉应当按照提起上诉时有效的程序规则进行,因此唯一的例外不涉及上诉权,而仅涉及上诉程序。

第二节 刑法的空间效力

法国刑法的空间效力,遵循四个原则:

第一是属地管辖原则(compétence territoriale),即刑法的领土管辖。参照标准是领土。根据该原则,一国的刑法只对发生在该国领土上的犯罪适用,不管犯罪人或被害人是不是该国国籍。因此,完全或部分在一国实施的既遂或未遂犯罪,都适用该国的刑法。但是,如果犯罪在国外实施,即使犯罪人或被害人是该国国民或者犯罪侵害到该国利益,皆不适用该国法律。

第二是属人管辖原则(compétence personnelle),即刑法的国籍管辖。参照标准是犯罪人或被害人的国籍。因此,适用的刑法是犯罪人或被害人国籍国的刑法。属人管辖又区分为主动属人管辖(即考虑犯罪人国籍国的刑法)和被动属人管辖(即考虑被害人国籍国的刑法)。如果适用国籍标准,这就意味着当国外实施的犯罪涉及本国国民时,本国的刑法可以在国外适用。如果单独适用这一标准还会意味着,在本国实施的犯罪涉及外国人时,则无法适用本国的刑法。

第三是实质管辖原则(compétence réelle),即刑法的实质管辖,或者称为"保护管辖原则"。参照标准是犯罪本身。刑法在适用时考虑到被保护的法益,而不论犯罪实施地和犯罪所涉人员的国籍。这个标准的意义在于保护国家公共秩序,其目的是保卫国家的基本利益,例如打击制造假币犯罪等。因此,实际管辖原则如同是以国家作为被害人的被动属人管辖原则的特殊情形。

第四是普遍管辖原则(compétence universelle)。不论犯罪的实施地,不论犯罪人的国籍,不论犯罪的性质,各国均有管辖权,只要确定了犯罪人所在地点,就应当予以逮捕。抓捕国可以依照本国的刑法审判犯罪人,或者将其引渡,即或引渡或审判。因此对犯罪的制裁具有普遍性。其目的是不给犯罪人提供任何庇护。实践中,该原则只涉及侵犯国际社会根本利益的最为严重的犯罪。

法国《新刑法典》第113-1条至第113-13条对刑法的空间效力作出规定。刑事法院的管辖权和域外犯罪适用的程序,由刑事诉讼法典规定。法国《刑事诉讼法典》第689条规定,"如果根据法国刑法典第一卷或其他法律的规定应当适用法国法律,或者如果国际公约赋予法国司法机关审判犯罪的管辖权,那么法国域外犯罪的正犯或共犯,可以由法国司法机关追诉和审判"。

由此可见,司法管辖权和立法管辖权相互关联。只有适用法国刑法时,法国刑事司法机关才具有管辖权。而且,法国刑事司法机关具有管辖权时,只能适用法国刑法,从而排除外国刑法的适用,这点与可以适用外国民法或商法的民事法官不同。

因此,法国刑法典包括刑法效力的规定,刑事诉讼法典包括法国司法机关管辖权和程序的规定。普遍管辖原则的情形也由刑事诉讼法典规定,因为立法机关认为该原则涉及程序问题。

如同所有国家一样,法国刑法主要运用属地管辖原则。但是,在涉及属人管辖、实际管辖和普遍管辖的情形下,法国刑法可以适用于域外实施的犯罪。因此,这四个原则相互结合适用。

一、在法国实施的犯罪

法国《新刑法典》第113-2条规定了属地管辖原则,即"在法国领域内实施的犯罪,适用法国刑法。犯罪事实之一发生在法国领域内的,视为发生在法国领域内实施的犯罪。"

法国2016年6月3日关于加强打击有组织犯罪、恐怖主义及恐怖主义融资犯罪和提高刑事诉讼有效性、保障性的法律,增加了《新刑法典》第113-2-1条,规定"任何通过电子通讯网络实施的重罪或轻罪,当其试图或已经针对居住于法国领域的自然人或总部位于法国领域的法人实施,则视为在法国领域实施。"

法国领域,需要从广义上理解;同样,对于犯罪的法国实施地及其与法国领域的联系,亦是如此。

(一) 法国领域的确定

法国领域,包括领土以及与领土具有同等地位的领空和领海。《新刑法典》第113-1条规定,"共和国领域包括与之相连的领海和领空"。法国领域包括三方面要素:领土、领海和领空。另外,通过法律拟制,刑法典将航空器和船舶也作为法国领土的延伸。

1. 领土、领海和领空

(1) 领土

法国领土包括法国本土、四个海外省、四个海外领地、特殊地位的地方行政区域。而后两类领土,根据法国宪法,采取特别立法原则。因此,这需要对特定刑法的适用作出特别规定,基于当地的特殊情况,对刑法作出适当调整或者确定以后的生效时间。例如,法国新刑法典对海外领地的生效时间是1996年3月1日。

(2) 领海

法国刑法可以适用于海上发生的犯罪,包括海域内的外国船上或自外国船实施的犯罪(外国军舰除外)。但是,按照适用法国刑法的一般和特殊方式,可以区分两类海域。

法国刑法一般适用于其完全行使全部主权的领海。这涉及内部水域和12海里的领海。

在领海之外,法国刑法只能按照特别规定适用。《新刑法典》第113-12条确认了这个传统原则,规定"在法国领海之外实施的犯罪,在国际条约与国内法律有规定时,适用法国刑法"。这些空间一方面是专属经济区和生态保护区(200海里以内),法国只行使有限的、灵活的主权(主要为开发自然资源和保护海洋环境);另一方面是公海,法国刑法原则上不适用,除非有特别法律规定保护法国国家经济能力和国际社会成员国集体利益时才适用。例如,环境法典规定的焚化垃圾污染海洋的行为。

(3) 领空

领空是法国行使主权的领土之上的空间。这是指法国领土、内部水域和领海之上的大气空间。法国刑法适用于在领空内实施的犯罪,包括在外国航空器上实施的犯罪或针对进入法国领空的飞机实施的犯罪。

2. 法国船舶和航空器

法国船舶和航空器被当作法国领土的延伸。法国刑法适用于悬挂法国国旗的船舶上或针对该船舶或船舶上人员实施的犯罪,即使船舶位于外国的领海或公海也适用法国刑法。同样,在法国注册的航空器上实施的犯罪或针对该航空器或航空器上人员实施的犯罪,不论其在哪里,都适用法国刑法。

法国《新刑法典》第113-3条和第113-4条还规定了当犯罪涉及法国国家海军船舶或军用航空器时,只适用法国刑法。这条法律规则范围非常广泛,出于对国家主权的尊重,船舶和航空器的国旗国法或注册国法,是唯一适用的法律。

(二)犯罪实施地的确定:犯罪与法国领域的联系

法国刑法适用于任何在法国领域实施的犯罪。大多数情况下,这一标准容易达到。但在有些情况下,如经济犯罪,则存在困难。犯罪可以在一国准备,在另一国实施,犯罪人有国外的犯罪同伙,等等。

法国刑法的适用,无需犯罪全部在法国实施。只要犯罪部分行为在法国实施,就可以适用法国刑法。法国刑法典中要求犯罪与法国领域之间存在联系,即便是间接联系也认可。另外,法国刑法典规定了一种特殊情形,即国外实施犯罪的共犯位于法国。新近的刑事立法还对一些新型犯罪与法国领域的联系设立新参照,即被害人位于法国。

1. 犯罪的部分行为在法国实施

只要犯罪的构成行为之一发生在法国领域,则视该犯罪在法国实施。对于多个行为构成的犯罪,只要一个行为在法国实施,将引起法国法律的适用。例如,诈骗罪的成立条件是实施欺骗伎俩和金钱的交付,只要欺骗伎俩或金钱交付行为之一发生在法国,就适用法国刑法。而且,犯罪构成行为,应从广义上理解为"构成条件",不论其本身是否为犯罪。例如,窝藏赃物罪(第321-1条)的成立条件以来自重罪或轻罪的物品为前提,如果该重罪或轻罪发生在法国,而隐匿犯罪赃物的行为发生在国外,法国法官也对窝藏赃物罪有管辖权;滥用他人信任罪(第314-1条)中,交付物品的行为本身不是犯罪,而是犯罪构成条件之一,因此,如果交付物品的协议在法国订立,侵吞物品的行为发生在国外,也适用法国刑法;坏人结社罪(第450-1条)中,如果区分结社约定(母罪)和实施重罪或轻罪的计划(子罪),

那么法国刑法不但适用于发生在法国的犯罪计划,也适用于在国外确定的结社约定。由此可见,法国司法机关在空间上适用法国刑法时,尽可能地采取扩张管辖的做法。

如果犯罪后果发生在法国,也同样适用法国法律。例如,法国作品在国外被仿制,著作权的侵害后果发生在法国;杀人行为发生在国外,但被害人在法国死亡等,都属于此种情况。

对于习惯犯,例如非法执业罪,要求至少两次重复实施相同的行为,只要其中一个行为发生在法国,就适用法国刑法。对于持续犯,只要部分持续行为发生在法国,就适用法国法律。

对于不作为犯罪,例如不救助处于危险的人的不作为,适用本应当履行作为义务的履行地的法律。

如果主要犯罪发生在法国,其共犯行为发生在国外,那么法国法律也适用于发生在国外的共犯行为,因为共犯被当作正犯对待。反之,如果主要犯罪发生在国外,其共犯行为发生在法国,那么当没有其他管辖制度允许适用法国法时,基于同样的原则和逻辑,共犯适用的法律应当是外国法,即正犯所适用的法律。然而,法国刑法典却将这点归为法国刑法管辖。

2. 国外犯罪的共犯位于法国

《新刑法典》第113-5条规定了法国刑法的适用原则,即"任何人,在法国领域内作为国外实施的重罪或轻罪之共犯而犯罪,如果该重罪或轻罪同时被法国法律和外国法律所惩处,并且该犯罪已受到外国司法机关的最终判决,则应当适用法国刑法。"其涉及的情形是,国外犯罪的某个共犯位于法国。该条规定只有当正犯不能在法国受审时才适用,并成为共犯适用正犯所适用法律的原则的例外规定。

共犯适用法国法时,应当满足两个条件。一个是犯罪应同时受到法国法律和外国法律的处罚,这就是"双重归罪原则"或"立法对等原则"(但依据法国法律,犯罪应为重罪或轻罪,而不是违警罪);另一个是国外司法机关已对主要犯罪作出最终判决。

3. 犯罪被害人位于法国

随着互联网的发展,对于通过网络实施的犯罪,只要被害人位于法国,法国刑法就有权管辖,而且被害人包括自然人和法人。

2016年的法律在《新刑法典》中新增加第113-2-1条,规定"任何通过电子通讯网络实施的重罪或轻罪,当其试图或已经针对居住于法国领域的自然人或总部位于法国领域的法人实施,则视为在法国领域实施。"

如果行为人在法国领域内通过网络实施犯罪,法国刑法的适用似乎不存在任何问题。法国刑法的改革将"被害人位于法国"作为确定犯罪实施地的参照,从而适用法国刑法,这无疑将法国刑法的管辖权通过虚拟空间延伸至全球。实践中,尤其在追诉领域外犯罪的行为人时,需要通过遵循"双重归罪原则"和国际合作予以实现。

二、在法国域外实施的犯罪

依照属地管辖原则,法国刑法不适用于域外实施的犯罪。法国社会秩序没有被发生的犯罪所扰乱。但是,根据属人管辖原则、实际管辖原则和普遍管辖原则,在一定条件下,法国刑法可以对域外犯罪适用。

(一)属人管辖

如果犯罪人或被害人有法国国籍,法国刑法可以适用于完全在域外实施的犯罪。

1. 主动属人管辖

《新刑法典》第113-6条规定了法国刑法的主动属人管辖原则,即"法国刑法对法国人在法国领域外实施的重罪适用。法国人在法国领域外实施的轻罪,如果该犯罪也受到其实施地国家法律的惩处,则适用法国刑法"。

主动属人管辖原则有两方面意义。一方面,可以打击法籍犯罪人的危险性;另一方面,除非存在例外情形(如欧洲逮捕令),法国不引渡本国国民到外国受审,这样在域外实施犯罪且之后回到法国的法国人,实际上可以不到国外接受审判。

适用主动属人管辖,须具备两个条件:

第一个是犯罪人的国籍。如果是法国人,则适用法国刑法。《新刑法典》第113-6条还规定,如果被告人在实施犯罪后取得法国国籍,也适用法国刑法。犯罪人的国籍不按照实施犯罪时的国籍判断,而是按照受理或追诉犯罪时的国籍判断。那么,外国人在国外实施犯罪后又取得法国国籍,将适用法国刑法。

第二个是犯罪的性质。犯罪人实施了法国刑法所规定的重罪或轻罪(而不是违警罪),并且对轻罪而言,根据"双重归罪原则"或"立法对等原则",还要求轻罪实施地国家的刑法也惩处该类犯罪。

但是,有些犯罪则明确不适用"双重归罪原则",例如,对未成年人实施的性侵犯和性伤害行为。如果此类犯罪由法国人或在法国习惯居住的人在域外实施,即使不存在立法对等,仍然适用法国刑法。而且,追诉此类犯罪,也无须被害人事先提出控诉,采取不同于第 113-8 条的做法①。这些规定的目的是便于打击所谓的"性旅游"活动。对配制、生产、储存和买卖化学武器、产品或对人有害的矿物质之轻罪,以克隆人为目的提取人体细胞或配子之轻罪,等等,都采取相同的处理办法。

2012 年 12 月 21 日《关于安全与打击恐怖主义的法律》,在《新刑法典》中增加第 113-13 条,规定"法国刑法适用于法国人或在法国领域内有习惯住所的人,在国外实施第四卷第二编惩处的恐怖主义行为之重罪和轻罪。"新规定的适用范围更加广泛,它不受双重定罪原则的限制,也不以被害人控诉或犯罪实施地外国官方的正式检举为前提,还将法国领域内有习惯住所的人当作法国人予以对待,从而扩大了法国刑法对恐怖主义犯罪的管辖权。

2. 被动属人管辖

《新刑法典》第 113-7 条规定了被动属人管辖原则,即如果犯罪时被害人具有法国国籍,那么法国刑法对法国人或外国人在域外实施的任何重罪和当处监禁刑的轻罪适用。

这里犯罪人的国籍并不重要,只考虑犯罪时被害人的国籍。如果被害人是法国国籍,则适用法国刑法。但是,所犯罪行应当是重罪或当处监禁刑的轻罪。在被动属人管辖的情况下,不要求立法对等原则。即使法国刑法中规定的犯罪在犯罪实施地国家不认为是犯罪,也将适用法国刑法,这与主动属人管辖的要求不同。因此,域外针对法国人实施法国刑法典处以监禁刑的轻罪的犯罪人,即便犯罪实施地国家的法律不认为是犯罪,也会受到法国刑法惩治。

就属人管辖而言,法国在打击《新刑法典》第 113-6 条和第 113-7 条规定的法籍犯罪人或被害人的域外犯罪时,还需遵守第 113-8 条和第 113-9 条规定的特别条件。一方面,轻罪的追诉,只能在被害人或其权利继受人提出控诉之后,或者在犯罪实施地国家机关正式检举之后,由检察院申请行使。因此,对于犯罪的追诉,仅凭民事当事人的申请还不能启动,还需要法国检察院提出申请。另一方面,根据一事不再理原则,能够证明就相同犯罪已在国外受到最终判决的人,以及受到有罪判决后,能够证明已执行刑罚或已过刑罚时效的人,不再就相同犯罪事实受到任何追诉。在后一种

---

① 根据《新刑法典》第 113-8 条的规定,追诉犯罪必须事先有被害人或其权利继受人的控诉或者犯罪实施地的国家机关的正式检举,并经法国检察院提出申请,方可进行。

情况下，如果国外受到有罪判决的人在全部刑罚执行完毕之前且刑罚未过时效的情况下，比如在越狱后，来到法国寻求避难，该人在法国可受到重新审判。法国新刑法典没有规定国外获得赦免的情形。因此，检察院可以对国外被赦免的人进行追诉。

在法国未注册的航空器上或针对该航空器实施的重罪和轻罪，适用属人管辖的规定。如果犯罪人或被害人是法国人，则适用法国刑法。另外，根据《新刑法典》第113-11条，如果发生重罪或轻罪后航空器在法国降落或如果飞机由经营总部或常驻地设在法国的人以无乘务员的方式承租，同样适用法国刑法。

（二）实质管辖

《新刑法典》第113-10条规定了刑法实质管辖的几种情形。因此，外国人在法国域外实施的某些犯罪，由于犯罪的性质使得法国的利益受到影响，也会引起法国刑法的适用。这些犯罪包括：

《新刑法典》第四卷第一编规定的侵害国家根本利益的重罪和轻罪。根据第410-1条，国家利益包括"国家独立、领土完整、安全、各种制度的共和体制、国防和外交手段、法国人口的国内外保护、自然界与生态环境平衡、科学与经济潜能的基本要素和文化遗产"。这里主要涉及间谍罪、谋反罪和策划谋反罪、暴动罪、侵犯国防秘密罪。

《新刑法典》第442-1条、第442-2条、第442-5条、第442-15条、第443-1条和第444-1条规定的伪造和假冒国家印章、货币、银行券或国家发行的有价证券罪。

针对法国使领馆的人员或场所实施的重罪和轻罪。

（三）普遍管辖

法国刑法的普遍管辖原则由《刑事诉讼法典》第689-1条规定，即"为了实施以下条款中规定的国际条约，如果域外实施了这些条款中列举的犯罪的任何人位于法国，那么法国司法机关可以对其进行追诉和审判。"

《刑事诉讼法典》第689-2条至第689-14条列举了适用普遍管辖的情形。法国司法机关对在法国境外实施的这些犯罪具有普遍管辖权，并对包括未遂犯在内的此类犯罪适用法国刑法。即便存在外国法律的赦免，法国司法机关对普遍管辖权的行使仍将导致适用法国法律。普遍管辖的情形涉及关乎国际社会利益的领域，因此均由国际条约规定。法国《刑事诉讼法典》对这些国际条约作出转引①。

（四）审判拒绝引渡的外国人的管辖权

法国 2004 年 3 月 9 日的法律设立了《新刑法典》第 113-8-1 条，2020 年 12 月 24 日的法律又设立第 113-8-2 条，规定了法国司法机关行使管辖权的最后一种情形，即在第 113-6 条和第 113-7 条规定的情形之外，对法国拒绝引渡或移交的外国人行使审判管辖权。为了实施"或引渡或审判"的原则，该条规定法国刑法同样适用于法国基于以下原因拒绝向申请国引渡或移交在法国域外实施的任何重罪或 5 年以上监禁刑轻罪的外国人，拒绝引渡或移交的理由可以是引渡申请涉及的犯罪被判处与法国公共秩序相违背的刑罚或保安措施，或者是被申请引渡的人可能会在申请国不能提供程序和辩护权基本保障的法院审理，或者是犯罪行为具有政治犯罪特征，或者由于被申请引渡的人的年龄或身体原因，引渡或移交可能引起其状况恶化。

第 113-8-1 条还规定了追诉的方式，即只有经法国检察院提出申请，方可追诉相关犯罪。

该条规定的目的是避免重罪或严重轻罪的犯罪人，在因可能受到死刑判决或不公正审判而不被移交原籍国的情况下，逃避对其所实施严重犯罪的惩罚。

---

① 这些国际条约包括：1984 年 12 月 10 日《纽约公约》规定的酷刑行为；1977 年 1 月 27 日《斯特拉斯堡公约》、1998 年 1 月 12 日《纽约公约》、2000 年 1 月 10 日《纽约公约》规定的恐怖行为和恐怖主义融资；1980 年 3 月 3 日《维也纳和纽约公约》规定的反对核设施或核物质设施的行为；1998 年 3 月 10 日《罗马公约》规定的侵害海洋船舶和大陆架上固定平台安全的行为；1970 年 12 月 16 日《海牙公约》和 1971 年 9 月 23 日《蒙特利尔公约》规定的非法劫持航空器和威胁民用飞机安全的非法行为；1988 年 2 月 24 日《蒙特利尔公约》规定的民用国际机场非法暴利行为；2017 年 7 月 5 日欧洲议会与欧盟理事会第 2017/1371 号指令规定的侵害欧盟财政利益的欺诈犯罪；1997 年 5 月 26 日《布鲁塞尔公约》规定的欧共体官员、欧盟成员国官员的腐败犯罪；1998 年 1 月 12 日《纽约公约》规定的恐怖主义行为；2000 年 1 月 10 日《纽约公约》规定的恐怖主义融资行为；1998 年 7 月 18 日《罗马规约》设立的国际刑事法院所管辖的犯罪；欧洲议会和理事会 2006 年 3 月 15 日第 561/2006 号《关于协调道路交通领域立法的条例》规定的违反驾驶时间和休息的行为；2006 年 12 月 20 日《纽约条约》规定的强迫失踪的行为；1954 年 3 月 14 日《海牙公约》规定的武装冲突下毁坏文化财产的行为。

第三篇　犯　罪

第七章 犯罪的主要分类

第一节 依犯罪严重性的分类

法国 1791 年刑法提出"罪分三等",1810 年《刑法典》和 1992 年《刑法典》也采纳了这种分类。1992 年《刑法典》第 111-1 条规定:"刑事犯罪,依其严重程度,分为重罪(crime)、轻罪(délit)与违警罪(contravention)"。这就是法国"罪分三等"的基本分类,这种分类能够引起多方面后果①。"罪分三等"是根据犯罪的严重性进行分类,重罪是最严重的犯罪,轻罪处于中间,违警罪则是严重程度最轻的犯罪②。犯罪的严重性根据刑罚来判断。

一、分类的标准:刑罚

法律规定处以违警刑罚的犯罪是违警罪,处以轻罪刑罚的是轻罪,处以重罪刑罚的是重罪。因此,为了确定犯罪的严重性,需要参照犯罪的刑罚。为了了解犯罪类型,则需要知道犯罪所涉及的刑罚和刑罚幅度。这是指法定刑,即法律或条例规定的最高刑,而不是法官依据自由裁量权宣告的刑罚。

因此,犯罪的严重性,按照法律或条例事先规定的刑罚进行客观判断。重罪、轻罪和违警罪的区分,是以自然人的法定主刑为准,而不考虑法定的替代刑或附加刑。

《新刑法典》第 131-1 条规定,重罪的法定主刑,对于普通重罪是刑事徒刑(réclusion criminelle),对于政治重罪是刑事拘押(détention criminelle),最长期限可以是无期、30 年、20 年或 15 年。

根据《新刑法典》第 131-3 条和第 131-4 条、《刑诉诉讼法典》第 381 条,轻罪法定刑为最高 10 年监禁(emprisonnement)或者最低 3 750 欧元罚金。

---

① 参见卢建平:《犯罪分层及其意义》,载《法学研究》,2008(03),147~149 页。
② 参见 F. Chabas, "La notion de contravention", *RSC*, 1969, pp.1~45.

《新刑法典》第 131-13 条规定,违警罪①的主刑为罚金刑(amende),最严重的违警罪即第五级违警罪,最高罚金数额不超过 1 500 欧元,在累犯的情况下不超过 3 000 欧元。

但是,依犯罪严重性作出的分类是比较原则、抽象的划分。实践中,法官在审理案件时,根据犯罪情节和行为人的人格,在量刑上享有很大的自由裁量权。法律只规定了最高的刑罚,以至于对于相同犯罪,由于案情不同,宣告的刑罚结果也不同。

二、分类的后果

"罪分三等"对实体刑法和程序刑法的适用产生诸多影响。

比如,设立、修改或废除犯罪的机关不同,重罪和轻罪只能由法律规定,违警罪由条例规定。因此只有法律可以修改重罪和轻罪的规定。另外,在一定条件下,法国法院对国外实施的重罪或轻罪行使管辖权,但从未对国外实施的违警罪行使管辖权。

其他的后果主要涉及定罪、刑罚和程序规则。

(一)对定罪的影响

"罪分三等"原则,对构成重罪、轻罪和违警罪的心理要件产生影响。重罪都是故意犯罪,大部分轻罪是故意犯罪,而大部分违警罪是过失犯罪。

依据《新刑法典》第 121-4 条第 2 项的规定,重罪未遂(tentative)皆当受刑罚处罚,而轻罪未遂只在法律规定时才受刑罚处罚,即确定轻罪的法律对未遂作出专门规定,否则,该轻罪未遂不受处罚。而违警罪的未遂从不受刑罚处罚。

法国新刑法典,还规定了重罪和轻罪之共犯受刑罚处罚的原则。而违警罪的共犯只在某些情况下才受刑罚处罚。

在刑法分则中,这种犯罪分类也可以成为某些罪名的构成条件。例如,未阻止实施犯罪的行为,只在实施的犯罪为侵犯人身完整性的重罪或轻罪时,才受刑罚处罚。未向司法或行政机关揭发犯罪的行为,只在涉及重罪时才受刑罚处罚。

(二)对刑罚的影响

由于刑罚决定了犯罪分类,"罪分三等"原则导致的刑罚后果当然

---

① 参见卢建平:《法国违警罪制度对我国劳教制度改革的借鉴意义》,载《清华法学》,2013,7(03)。

不同。

刑罚的数罪并罚，是指在数罪的情况下，即犯罪行为人在受到最终判决前又实施了另一犯罪，对于相同性质的刑罚只能在最高法定刑的范围内宣告判处一个刑罚。这个规则对重罪、轻罪有效，但不适用于违警罪的罚金刑，后者之间进行累加，并且与数罪中重罪或轻罪的罚金宣告刑进行累加。

累犯的规则也与犯罪严重性有关。累犯的规定对重罪和轻罪适用，并且在条例规定的情况下，对第5级违警罪适用。

附加刑的宣告也受犯罪分类的影响。对于轻罪，法官可以将一个或多个附加刑作为主刑宣告；而对于重罪，附加刑只能作为主刑的补充予以宣告，而不能代替主刑。

刑罚的缓期执行及其后果，也因犯罪分类而有所不同。

除了对违警罪适用附考验期的延期外，刑罚的免除或延期只适用于轻罪。

犯罪记录的登记也受到犯罪分类的影响，因为除了重罪和轻罪外，只有第5级违警罪，会被系统地登记在犯罪记录上。

最后，刑罚时效也不同。刑罚时效是指超过一段时间就不再执行判处刑罚的期限，原则上，重罪是20年，轻罪是5年，违警罪是3年。

（三）对诉讼的影响

1. 在管辖方面

犯罪的类别不同，管辖的法院也不同。重罪法庭原则上由9名陪审员和3名职业法官组成（上诉阶段由12名陪审员和3名法官组成），负责审理重罪。轻罪法庭原则上由3名法官组成，负责审理轻罪。违警罪的审理由违警罪法院和社区法院管辖。违警罪法院只负责审理第5级违警罪，社区法院由2002年9月9日《关于司法导向和规划的法律》设立，负责审理第1至第4级违警罪，但是，行政条例另有规定或与违警罪法院协同追究违警罪及关联犯罪的情形除外。

2. 在上诉方面

不同类别的犯罪，适用不同的上诉途径规则。根据2000年6月15日《加强保护无罪推定的法律》，自2001年1月1日起，对重罪案件可以提起上诉。重罪案件的上诉，将由最高法院刑庭指定另一个重罪法庭审理。法国上诉法院，负责审理不服轻罪法庭和违警罪法院判决的上诉案件。但是，对第1至第4级违警罪，需根据宣告的刑罚启动上诉。

3. 在程序方面

收集犯罪证据的预审阶段，对重罪是必经程序，对轻罪则是选择性程序，而对违警罪除非共和国检察官提出要求，否则无需该程序。

暂时羁押，只能对涉嫌重罪或 3 年以上监禁的轻罪嫌疑人实施。

立即到庭（comparution immédiate）程序，只适用于涉嫌 2 年以上监禁的轻罪或涉嫌 6 个月以上监禁的现行轻罪。

被害人或检察院对被告人的直接传唤（citation directe），只适用于轻罪和违警罪。

违警罪的审理可以通过无辩论的简易程序作出刑事裁决。有些第 1 至第 4 级违警罪，尤其是在道路交通领域，可以适用一次性罚金处罚程序。

4. 在国际合作方面

引渡程序只对重罪适用，在有些情况下可以适用于轻罪，但从不对违警罪适用。

5. 在公诉时效方面

公诉时效，即超过一段时间就不再追诉犯罪行为人的期限，除非存在例外，对于重罪是 10 年，轻罪是 3 年，违警罪是 1 年。

三、次分类的存在

"罪分三等"是相对分类，每类犯罪下面还存在次分类。

违警罪分为 5 个等级。从某种角度上讲，第 5 级违警罪的处理机制与轻罪很接近。因为，对这两类犯罪都可以宣告替代刑，都可以适用累犯规则，都可以宣告缓刑。与第 1 至第 4 级违警罪不同的是，对第 5 级违警罪还可以宣告附加刑，对第 5 级违警罪的判决可以提出上诉，并且对第 5 级违警罪不得适用一次性罚金程序。

有些轻罪，如盗窃罪、故意暴力犯罪、使用毒品罪、道路交通领域的轻罪、狩猎和捕鱼轻罪等案件，可以由轻罪法庭的独任法官审理。一些轻罪只受罚金刑处罚，而另外一些轻罪还会受到监禁刑处罚，后者当中有些可被判处最高法定刑，即 10 年监禁。对于这种严重型的轻罪次分类而言，还可以适用特别规定，例如有关累犯和自动囚禁期（即禁止享受刑罚执行优待措施的期间）的规定。

第二节 依犯罪性质的分类

普通犯罪,是指适用刑法一般规则以及实体法、管辖法、程序法一般规定的犯罪。而有些犯罪在某些方面需要适用不同于普通法律的特殊法律制度,这些特殊法律制度有的对被告人有利,有的则对其更为严厉。由于特殊性质犯罪的数目越来越多,法国对此类犯罪采取最为符合刑事政策目标的刑事手段。

比如,对于税务、海关等领域的经济犯罪,行政管理部门拥有强大的查证权力;就报刊业轻罪而言,在处理行为人时要考虑不得违背舆论和言论自由的原则,而且这类犯罪的公诉时效非常短暂,只有3个月;此外还有针对未成年人的性侵犯罪。这方面的例子很多,由于特殊性质犯罪在实体法、管辖法、程序法等方面适用不同于普通法律的特殊规则,因此本节主要研究法国刑法中具有特殊性质的政治犯罪、军事犯罪、有组织犯罪和恐怖主义犯罪、经济犯罪的分类。

一、政治犯罪

政治犯罪是特殊性质的重罪或轻罪。

(一) 政治犯罪的定义

1. 政治犯罪一般定义的缺失

对于政治犯罪,存在着有别于普通法律的特殊法律制度。这些特殊法律有时规定了自身的适用范围和政治犯罪的罪名。例如,《刑事诉讼法典》第701条规定了特别法院对某些犯罪的管辖权,明确该特殊规定针对在战时侵犯国家根本利益的重罪和轻罪适用。当刑法条文本身就规定其实施范围时,应严格遵守这些规定。

而有时候,刑法条文只给予政治犯罪行为人以特殊身份,而没有规定其适用范围,即没有规定政治犯罪的概念或适用该条文的犯罪清单。例如,当法律规定只适用于"普通犯罪"时,就排除了对政治犯罪的适用。

由于没有政治犯罪的一般定义,所以需要参照一定的认定标准将这些犯罪与普通犯罪相区分。

2. 政治犯罪的法定标准:刑罚

区分政治犯罪的首个标准是刑罚,这亦是法定标准,而且只对政治犯罪的重罪适用。自1810年《刑法典》以来就存在政治重罪的特殊刑罚,如今只保留了作为剥夺自由刑的有期或无期的刑事拘押（détention criminelle），它与普通犯罪的刑事徒刑（réclusion criminelle）不同。一旦被判处刑事拘押，则涉及政治犯罪，这是专门适用于此类犯罪的制度。

但是，刑事拘押只适用于十多个重罪罪名，这些犯罪基本上是侵犯国家根本利益的重罪（《新刑法典》第四卷第一编）。另外，对政治轻罪不存在特殊刑罚，可处以监禁刑和罚金刑。但是，司法判例曾认为，被科处普通刑罚的犯罪，也可以是与政治犯罪有关联的犯罪。

3. 司法判例采用的标准：犯罪的政治客体

司法判例采用客观标准，涉及犯罪客体。

如果犯罪客体具有政治属性，即使被处以普通刑罚也是政治犯罪。这是指犯罪侵犯了政治秩序和宪法秩序，也即侵犯了政治制度的组织和运行，以及公民的政治权利。

侵害国家根本利益的犯罪（《新刑法典》第四卷第一编），《新刑法典》第431-3条至第431-8条规定的违法参加聚众滋事罪，《选举法典》规定的破坏选举轻罪，违反报刊自由法的犯罪，从犯罪客体上都构成政治犯罪。

4. 例外接受的标准：犯罪行为人的政治动机

这种方法采用主观标准，涉及犯罪行为人的主观意愿和动机。

有些普通犯罪的实施可能出于政治原因。这是指复杂犯罪。最有代表性的例子，就是出于诸如体制更迭的政治动机而谋杀国家领导人。

法国司法判例拒绝考虑犯罪行为人的动机，而只考虑犯罪客体。因此，复杂犯罪具有为达到政治目的而侵犯个人利益的特征，仍然是普通犯罪（例如，1932年8月20日关于谋杀保尔·杜梅总统案的判决等）。

引渡条约中也认可这种方法，将因政治动机刺杀国家元首的行为当作普通犯罪处理，以便犯罪行为人被引渡（例如，1957年12月13日《欧洲引渡公约》第3条第3项规定，谋杀国家元首或其家庭成员的，不被认为是政治犯罪），而政治犯罪的行为人通常不适用引渡。

但是，有些情况下，在实施政治犯罪时也发生普通犯罪。这是指关联犯罪。例如，在暴乱（政治犯罪）时抢劫商店（普通犯罪）。如果抢劫犯的动机不是出于政治动机，比如只想利用混乱为了自身利益抢劫服装店，其犯罪行为属于普通犯罪。相反，如果抢劫犯出于政治动机，如为了装备暴乱分子和支持他们的行动而抢劫兵工厂，基于动机的主观标准，这类犯罪属于政治犯罪。因此，在个别情况下，司法判例也将犯罪动机作为认定政治犯罪的标准。

法国司法判例将关联犯罪认定为普通犯罪，并拒绝对其适用政治犯罪的特殊标准,但是有时也将其认定为政治犯罪,以适用特殊规则(例如,1959年11月18日有关阿尔及利亚战争期间实施的谋杀未遂和涉及暴乱的坏人结社罪的判决,认为这些犯罪从整体上具有政治性①)。

(二)区分的后果

法国历届政府曾对国王、人民、民族、国家的"敌人"作出格外严厉的处理,其利害在于控制这类特殊犯罪并对潜在的效仿者形成威慑。法国历史上的旧制度时期、大革命时期、第二次世界大战时期和非殖民化时期,都保留了对政治犯罪分子的严厉制裁措施。在那时,这类犯罪由特别法院审理。

如今,总体而言,政治犯的处遇,无论在程序、刑罚或刑罚执行上,都会受到相较于普通犯的优待。

1. 管辖法院方面的后果

法国历史上曾经存在审理政治犯罪的特殊法院,如1963年至1981年存在的国家安全法院。如今,普通法院审理政治犯罪,但是也有例外。除了依照宪法第67条和第68条审理共和国总统叛国罪的"高等司法法院"(Haute Cour de justice)、依照宪法第68-1条审理政府成员行使职责时所犯重罪和轻罪的"共和国司法法院"(Cour de justice de la République)外,对政治犯罪还要区分发生在战争期间与和平期间两种情形。

政治犯罪发生在战争期间,违背国家根本利益的重罪、轻罪及与之关联的犯罪由军事法院管辖。

政治犯罪发生在和平期间,原则上由普通法院管辖。但是,《新刑法典》第411-1条至第411-11条和第413-1条至第413-12条规定的诸如叛国罪、间谍罪以及和平期间犯下的与之关联的犯罪,如果是重罪,则由7名职业法官组成的无陪审员的重罪法庭审理(上诉阶段由9名法官组成),如果是轻罪,则由专门审理军事案件的轻罪法院审理。

2. 程序方面的后果

除了例外情形,程序规则从总体上与普通犯适用的规则一样。这些例外情形,包括某些弱化被告人权利保障的程序,如轻罪法院的立即到庭程序,则不适用于政治犯罪。另外,轻罪法院不得对政治轻罪的行为人签发拘留证或逮捕令。最后,政治犯罪行为人不适用引渡程序。

3. 刑罚方面的后果

对于政治重罪,存在着不同于普通犯罪的特殊刑罚,即无期刑事拘押

---

① 1959年11月18日最高法院刑庭的判决,JCP 1960, II, 11475, note Legal.

或有期刑事拘押。这是一种不及刑事徒刑严厉的收监制度。对于政治轻罪,不存在特殊刑罚,犯罪人受到普通轻罪的刑罚,如罚金和监禁。但是,就监禁刑而言,政治犯的监狱制度比普通犯的灵活,政治犯受到特殊的拘押制度,将被尽可能地与其他在押犯隔离。

政治犯的判决并不影响以后实施新的犯罪时给予普通缓刑,也不撤销以前因普通犯罪而宣告的缓刑。另外,对政治犯不得宣判附考验的缓刑。

二、军事犯罪

由于军事犯罪的特殊性,因此也适用特殊规则。军队中,简单的违纪行为,适用纪律惩戒制度。但是,构成军事犯罪的严重失职行为,适用特殊制度,该制度主要由《军事司法法典》和《刑事诉讼法典》规定。

目前的趋势是军事司法,尤其在和平时期,正在向普通的刑事诉讼看齐。

(一) 军事犯罪的定义

军事犯罪分为两类。

一类是《军事司法法典》第三卷第二编定义的军事犯罪。这些犯罪主要涉及军人未履行义务的行为,如逃兵或不服从等行为。在军事生活之外,此类行为不构成犯罪。在绝大多数情况下,军事犯罪的主体为军人,但是有些犯罪是由平民在军事环境下实施的,例如,在军事行动区抢劫伤员、病人或尸体或煽动逃跑的行为。

另一类是军人在履行职务时实施的普通犯罪也是军事犯罪,例如,对上级实施盗窃或粗暴的行为,《军事司法法典》第 L.121-3 条和第 L.121-5 条对这类军事犯罪作出了定义。

(二) 区分的后果

1. 管辖法院方面的后果

追究和审判军事犯罪,适用特殊规则。

战争时期,军事法院有权对军事犯罪行使管辖权,即在法国发生的犯罪,由军队区域法院管辖,在国外发生的犯罪,由军队的军事法院管辖。

和平时期,在法国实施的犯罪,原则上由普通法院管辖,但是法庭按照特殊规则组成。轻罪,由专门的军事轻罪法庭审理。军事重罪和军人履行职务时实施的普通重罪,由重罪法庭审理,一审由 7 名职业法官、二审由 9 名职业法官组成,且无陪审员。

和平时期,对于法国境外实施的犯罪,如国外驻军或执行任务的军队成员实施了犯罪,由巴黎军事法院①负责审理;二审,由巴黎上诉法院审理。

2. 程序方面的后果

普通法院和军事法院,适用不同的程序规则。

首先,审理和平时期在法国实施的犯罪,1999年11月10日的法律规定参照普通程序的规则。但是也存在某些特殊情况。其次,战争时期实施的犯罪与和平时期在法国境外实施的犯罪,适用《军事司法法典》规定的特殊程序。

另外,军事重罪或轻罪,不适用引渡。

3. 刑罚方面的后果

军事犯罪,适用普通刑罚,并在此基础上,增加适用军事犯罪的特殊刑罚,即撤职和丧失军衔。

军事犯罪,不影响以后实施普通犯罪时给予缓刑,也不撤销以前因普通犯罪所给予的缓刑。

三、有组织犯罪和恐怖主义犯罪

1986年9月9日颁布的法律,确定了法国公权机关打击恐怖主义犯罪的特别刑事政策。与普通犯罪相比,在调查、预审和审理方面,该法对恐怖主义犯罪都采用超常应对机制(如设立专门的无陪审员的重罪法庭,延长拘留时间、追诉时效等),并且该机制的部分内容已扩展应用于其他犯罪,如贩卖毒品或者淫媒犯罪,以至于除了恐怖主义犯罪外,该机制还应用于有组织犯罪。为此,2004年3月9日《关于司法与犯罪发展相适应的法律》,在《刑事诉讼法典》第四卷加入第十五编,题为"有组织犯罪适用的程序"。

新的篇章包括有别于普通犯罪的调查、追诉、预审和审理方面的特殊规则,对一系列有组织犯罪的重罪和轻罪适用。恐怖主义犯罪不论在定义、制裁还是应对机制等方面都具有其特殊性。

(一)有组织犯罪

1. 有组织犯罪的定义

法国《刑事诉讼法典》没有对有组织犯罪作出一般定义,但是对这类犯罪进行了列举。通常,这类犯罪具有特别的严重性,而且大多数情况下

---

① 巴黎军事法院(le tribunal aux armées de Paris),曾是审理法国军队成员境外实施犯罪的普通法院。该法院被2011年12月13日的法律废除,其相关职能转由巴黎地方大法院设立专门的审判庭承担。

以有组织集团形式实施，由于有组织犯罪的轻罪犯或重罪犯的特殊危险性、犯罪事实的复杂性和辨别真相、识别主犯的困难性，因此对这类犯罪适用特殊规则。

《刑事诉讼法典》第 706-73 条和第 706-74 条设立了有组织犯罪的两个清单。其中，第 706-73 条规定了最严重的有组织犯罪之重罪和轻罪，包括：（1）有组织集团实施的谋杀重罪（刑法典第 221-4 条第 8 项）；（2）有组织集团实施的酷刑和野蛮行径之重罪（刑法典第 222-4 条）；（3）贩卖毒品之重罪和轻罪（刑法典第 222-34 条至第 222-40 条）；（4）有组织集团实施的绑架和非法拘禁之重罪和轻罪（刑法典第 224-5-2 条）；（5）贩卖人口之重罪和严重轻罪（刑法典第 225-4-2 条至第 225-4-7 条）；（6）淫媒之重罪和严重轻罪（刑法典第 225-7 条至第 225-12 条）；（7）有组织集团实施的盗窃重罪（刑法典第 311-9 条）；（8）严重敲诈勒索之重罪（刑法典第 312-6 条至第 312-7 条）；（9）有组织集团实施的破坏、损害和侵害财产的重罪（刑法典第 322-8 条）；（10）假币方面的重罪（刑法典第 442-1 条和第 442-2 条）；（11）恐怖主义行径之重罪和轻罪（刑法典第 421-1 条至第 421-5 条）；（12）有组织集团实施的武器和爆炸物方面的轻罪（国防法典第 L.2353-5 条至第 L.2353-8 条和第 L.2341-4 条）；（13）有组织集团实施的帮助外国人非法进入法国、非法流动和非法居留的轻罪（外国人入境和居留法典第 L.622-1 条）；（14）洗钱轻罪（刑法典第 324-1 条至第 342-2 条）和窝藏犯罪所得、收入或物品之轻罪（刑法典第 321-1 条和第 321-2 条）；（15）坏人结社轻罪（刑法典第 450-1 条），当其目的是准备实施这些犯罪之一；（16）与第（1）至（15）、（17）项规定的犯罪之一有联系且不能证明与生活水平相符的收入来源之轻罪（刑法典第 321-6-1 条）；（17）有组织集团实施的劫持航空器、船舶或其他运输工具之重罪（刑法典第 224-6-1 条）；（18）促进大规模毁坏性武器及其载体扩散之重罪和当处 10 年监禁之轻罪（刑事诉讼法典第 706-167 条）；（19）与上述第（1）至（17）项规定的犯罪之一有联系且有组织集团实施的破坏环境的矿产开采或无开采资格或许可而处置可转让物质之轻罪（矿业法典第 L.512-2 条）。对于这些犯罪，法律规定了许多不同于一般法律的调查规则。

2015 年 8 月 17 日的法律又设立了第 706-73-1 条，增加了适用特殊调查规则的罪名，包括：（1）有组织集团实施欺诈之轻罪（刑法典第 313-2 条）；（2）有组织集团实施的隐瞒经营活动或雇员之轻罪、求助于隐瞒工作的人提供服务之轻罪、非法借用劳工或雇用无劳动许可的外国人之轻罪（劳动法典第 L.8221-1 条、第 L.8221-3 条、第 L.8221-5 条、第 L.8224-1 条、第 L.8224-2 条、第 L.8231-1 条、第 L.8234-1 条、第 L.8234-2 条、第 L.8241-1 条第 L.8243-1 条、第 L.8243-2 条、第 L.8251-1 条和第 L.8256-2 条);(3)对来源于上述(1)和(2)项规定的犯罪的所得、收入或物品予以洗钱(刑法典第 324-1 条和第 324-2 条)、窝藏(刑法典第 321-1 条和第 321-2 条)之轻罪;(4)为准备实施上述(1)和(3)项规定的犯罪而实施的坏人结社之轻罪(刑法典第 450-1 条);(5)与上述(1)和(4)项规定的犯罪之一有联系且不能证明与生活水平相符的收入来源之轻罪(刑法典第 321-6-1 条);(6)文化财产进出口、转让、运输、持有、销售、取得或交易之轻罪(刑法典第 322-3-2 条);(7)有组织集团实施的侵害自然遗产之轻罪(环境法典第 415-6 条);(8)有组织集团实施的贩卖植物病药物产品之轻罪(农村与海洋渔业法典第 L.253-17-1 条第 3 项、第 L.253-15 条和第 L.253-16 条第 2 项、第 L.254-12 条第 3 项);(9)有组织集团实施《环境法典》第 541-46 条规定的有关垃圾的轻罪(环境法典第 541-46 条第 7 项);(10)有组织集团实施的参与设立赌钱等赌场之轻罪(国内安全法典第 L.324-1 条)和有组织集团实施的进口、生产、持有、提供、安装、经营赌钱等赌博机器或戏法之轻罪(国内安全法典第 L.324-4 条);(11)侵害国家根本利益之轻罪(刑法典第 411-5 条、第 411-7 条和第 411-8 条、第 412-2 条前两款、第 413-1 条和第 413-13 条第 3 款)。对于这些犯罪,除拘留措施外,适用有组织犯罪的特殊调查规则。

第 706-74 条规定了第 706-73 条和第 706-73-1 条列举犯罪之外的有组织集团实施的重罪、轻罪和坏人结社轻罪。对于这些犯罪,只适用特殊的调查手段。

2. 定义的后果

(1) 管辖法院方面的后果

法国设立了专门审理有组织犯罪的跨区法院,以便追诉、预审和审判第 706-73 条、第 706-73-1 条和第 706-74 条规定的重罪和轻罪。这不是设立新一级审判组织,而是对某些法院进行专业化调整,使其具有跨大区的管辖权限以及与普通法院竞合的权限。普通法院的预审法官可以放弃审理非常复杂的有组织犯罪,而由专门审理有组织犯罪的跨区法院审理。后者设有检察院机关和专门的预审和审判组织,负责审理这类重罪、轻罪以及与之关联的犯罪,并且其管辖地域扩展到一个或多个上诉法院的辖区。

(2) 调查权方面的后果

负责调查的部门,在司法机关的监督下,可以按照特殊的调查程序,查明有组织犯罪和提高打击此类犯罪的效率。

特殊的调查程序包括以下内容：

涉嫌第 706-73 条、第 706-73-1 条或第 706-74 条规定的重罪或轻罪的行为人，或发送、运输这些犯罪产生的或用来实施这些犯罪的物品、财产或所得的行为人，将在整个法国领土内受到监视。

在调查或预审第 706-73 条和第 706-73-1 条规定的重罪或轻罪时，如有必要，共和国检察官或者在其出具意见后受理案件的预审法官，可以命令在他们各自的监督下实施"渗透侦查"（即卧底侦查）行动。渗透侦查是指，被特别授权的司法警察或警务官员，由一名司法警察负责协调行动，被派到涉嫌实施重罪或轻罪的人身边，冒充成他们的共同正犯、共犯或窝藏犯，调查监督他们的犯罪活动。必要时，这些警察可以借用他人身份（假身份）并实施某些犯罪行为，且不为此承担刑事责任。

在调查阶段，搜查也更为便利。与一般法律规定不同的是，搜查、查访住所和查封涉案文件，可以经法官批准后并在某些条件下，在法律规定的时间以外进行，也就是在夜间或是相关人员不在场的情况下进行。

如果调查需要，应共和国检察官的请求，负责自由与羁押的法官（juge des libertés et de la détention）可以命令截取、录音和复制通过远程通信交流的内容，该项行动最长期限为一个月（第 706-95 条），而在调查普通犯罪时，电话监听只得在预审阶段实施。

在预审阶段，《刑事诉讼法典》为了打击第 706-73 条和第 706-73-1 条规定的犯罪，允许对某些场地或车辆的场景进行监听和拍照，同时也规定了保障措施。因此，法官允许调查部门设置技术装置，在未经相关人同意的情况下，截获、拍照、复制和录制单人或多人在私人、公共场所或车辆中的私下或秘密谈话，或者私人场所的单人或多人图像，换言之，就是允许使用窃听和秘密拍照装置。

关于拘留，在调查或预审阶段，如有必要，对第 706-73 条规定的犯罪嫌疑人的拘留可以例外地延长两次，每次延长 24 小时或者一次性延长 48 小时，因此，拘留的最长期限可达 4 天。被延长拘留的人可以要求在拘留的 48 小时和 72 小时后会见律师（普通犯则可以在拘留 1 小时和 24 小时后会见律师）。当调查涉及贩卖毒品或恐怖主义犯罪时，与律师的会见只得在拘留 72 小时后进行。

3. 刑罚方面的后果

刑罚方面有两种后果。一种是，由于存在有组织集团的犯罪情节，法定刑被加重。另一种是，上述第 706-73 条和第 706-73-1 条列举的某些犯罪中，与司法机关合作的"悔罪者"，将被减轻或免除刑罚处罚。如果企图实施法律规定的某些重罪或轻罪的行为人,向行政机关或司法机关投案,从而避免了该犯罪的发生并帮助查获了其他犯罪分子,行为人将被免除刑罚。如果犯罪的正犯或共犯,向行政机关或司法机关投案,从而制止犯罪行径或者避免犯罪引起人员死亡或永久伤残,并帮助查获其他犯罪分子,则可以获得减刑。刑罚将被减半,无期刑事徒刑减为20年有期徒刑。据此被减免刑罚的"悔罪者",可以受到特殊制度的保护,包括使用假身份。

(二)恐怖主义犯罪

恐怖主义是法国公共机关特别关注的社会现象。恐怖主义行径时常涉及国际层面,得到重要的后勤支持,盲目地在社会中实施破坏。鉴于这类犯罪的特殊方式与危害,因此适用特殊规则。

法国《新刑法典》第421-1条至第421-5条规定的恐怖主义行为,被列在《刑事诉讼法典》第706-73条规定的有组织犯罪中。这样,恐怖主义犯罪也适用与普通犯罪不同的调查规定。而且,这类犯罪还适用额外的特别规定。

1. 恐怖主义犯罪的定义

法国立法机关没有对恐怖主义犯罪作出统一定义,而是列举了在一定条件下可以成为恐怖主义犯罪的普通犯罪,即当普通犯罪,故意地与通过恐吓和恐怖手段严重扰乱公共秩序的个人或集体行径相联系,就构成恐怖主义犯罪。"个人或集体行径"的概念,是指具有一定结构的组织和单独的个人。这里重要的是行为人的动机,即通过恐吓和恐怖手段严重扰乱公共秩序[①],而无需犯罪分子提出明确要求。

一般而言,恐怖主义行为的概念趋于扩大。实际上,恐怖主义犯罪越来越多地通过有组织的犯罪分支机构实施,并通过贩卖武器和毒品获得资助。如今,恐怖主义还依靠复杂的经济金融流通手段和新兴的信息技术从事活动。概括而言,恐怖分子不仅是指实施恐怖主义犯罪的人,还包括为实施该恐怖主义犯罪而提供物质、经济手段的人。

法国《新刑法典》第421-1条确定了通过恐吓和恐怖手段严重扰乱公共秩序的犯罪清单,包括故意侵害人之生命或人身完整性之罪,绑架罪,非法拘禁罪,劫持飞机或其他交通工具罪,盗窃罪,敲诈勒索罪,毁坏、破坏、损害财产罪,计算机犯罪,有关战斗团伙和被解散运动罪,窝藏罪,某些伪造、变造公共机关标识罪,制造或持有致命或爆炸性器械罪,非法制造、销

---

① 参见 R. Ottenhof, "Le droit pénal français à l'épreuve du terrorisme", *RSC*, 1987, pp.607~619.

售、进出口、获得、持有、运输爆炸物质罪,持有、携带、运输第一至四级武器和弹药罪,制造、持有、储存、获得、转让生物武器或毒性武器罪,调制、制造、储存和使用化学武器罪,窝藏来自这些犯罪的产品罪,洗钱罪和内部知情人勾结串通罪。

这个清单上,还要增加独立的恐怖主义犯罪,即恐怖主义犯罪的特殊罪名。以下犯罪构成恐怖主义犯罪:

(1) 根据《新刑法典》第 421-2 条的规定,当犯罪行为故意地与通过恐吓和恐怖手段严重扰乱公共秩序的个人或集体行径相联系,向大气、土壤、地下、食品或食品成分、水流投放对人身、动物或自然环境有害的物质,构成生态或生物恐怖主义犯罪;

(2) 坏人结社的恐怖主义罪,是指参加已形成的集团或已达成的协定,以一项或多项实际行动准备实施恐怖主义行为(第 421-2-1 条),或者通过募集或管理基金、有价证券或任何财产或提供此类建议,以资助恐怖主义行径(第 421-2-2 条);

(3) 恐怖主义关联罪,是指与正在实施第 421-1 条至第 421-2-2 条的恐怖主义犯罪的一个或多个人保持习惯性联系而不能证明与其生活水平相符的收入来源的行为(第 421-2-3 条);

(4) 引诱或强迫加入恐怖主义组织罪,是指通过向他人作出给予、承诺,或建议给予馈赠、礼物或任何好处,或强迫或施加压力,以使该人加入第 421-2-1 条规定的团伙或协议,或实施第 421-1 条和第 421-2 条规定的恐怖主义犯罪的行为(第 421-2-4 条);

(5) 教唆或宣扬恐怖主义罪,是指直接教唆恐怖主义行为或公开赞扬恐怖主义行为的行为,使用公共传媒服务手段实施该罪,构成处罚的加重情节(第 421-2-5 条);以及为了阻碍 2004 年 6 月 21 日《数字经济信任法》第 6-1 条和《刑事诉讼法典》第 706-23 条规定的程序的有效性,故意截取、复制、转送,数据公开赞扬恐怖主义行为或直接教唆恐怖主义行为的行为(第 421-2-5-1 条);

(6) 准备实施恐怖主义行径罪,是指准备实施第 421-1 条和第 421-2 条规定的恐怖主义犯罪,并且准备行为通过相关行为方式和内容故意地与旨在通过制造威吓或恐慌严重扰乱公共秩序的个人行径相联系(第 421-2-6 条);

(7) 指挥或组织第 421-2-1 条定义的集团或协定的恐怖主义罪,即通过一项或多项实际行动准备实施恐怖主义行为而形成的集团或协定(第 421-5 条)。该规定是为了根据每个人的刑事责任调整法定刑的份额,即指挥或组织集团的行为(30 年刑事徒刑和 500 000 欧元罚金)比简单的参与行为(10 年监禁刑和 225 000 欧元罚金)将受到更严厉的制裁。

恐怖主义犯罪适用的程序规则,同样适用于与之关联的犯罪。

2. 定罪的后果

恐怖主义犯罪,适用某些特殊规则。这些特殊规则涉及法定刑的加重和有别于普通犯罪的刑事诉讼程序。

(1) 法院方面的后果

近几年来,恐怖主义行为的发展使得法国立法机关对恐怖主义犯罪制定了特殊的审理程序。

为了避免陪审员受到恐吓,恐怖主义重罪一审由 7 名职业法官、二审由 9 名职业法官组成的无陪审员的特别重罪法庭审理。

诉讼程序可以集中在巴黎进行。巴黎法院的管辖无论是预审还是审判都与相关省份法院的管辖权竞合。由于安全原因和在个别情况下,开庭审理可以在巴黎上诉法院辖区以外的地点进行。

(2) 程序方面的后果

根据《刑事诉讼法典》第 706-73 条的规定,属于有组织犯罪的恐怖主义犯罪,除了适用特殊的调查规定外,还适用与普通犯罪不同的刑事诉讼规则。

暂时羁押的总期限与普通犯罪不同。当行为人受到恐怖主义轻罪的追诉并可被判处最高刑 10 年监禁时,羁押期可为 2 年;坏人结社轻罪的预审阶段,羁押期可为 3 年;涉嫌恐怖主义重罪,羁押期可为 4 年。

法国司法机关有权追究和审理法国域外实施的恐怖主义犯罪的正犯和共犯。

恐怖主义重罪的公诉时效是 30 年,而普通犯罪是 10 年,轻罪的公诉时效是 20 年,而普通犯罪是 3 年。

最后,对恐怖主义行为的受害人还设有赔偿保证基金,面向在法国受到恐怖主义行为袭击的被害人,或在法国境外遭受恐怖主义行为袭击的法国籍被害人。基金用于赔偿被害人,并且通过代位的方式,起诉恐怖主义犯罪的刑事责任人,向其追偿。

(3) 刑罚方面的后果

新刑法典还规定了加重恐怖主义犯罪的法定刑。以恐怖为目的实施的普通犯罪,其主刑将在刑罚幅度中加重一级适用。因此,法定刑为 30 年的有期徒刑将变成无期徒刑。所有 3 年及以下的监禁刑将加倍适用。另外,被判处 10 年监禁刑的重罪和轻罪还将适用囚禁期。

恐怖主义犯罪的罪犯将被科处诸多附加刑（禁止公民权、民事权和家庭权，禁止从事犯罪时所履行或从事的公职、职业或社会活动，禁止居留），这些附加刑的最长禁止期限也长于普通犯罪的附加刑。对有罪的自然人或法人，还可以宣告没收全部或部分财产。

最后，关于刑罚时效，恐怖主义重罪是 30 年，普通犯罪为 20 年；恐怖主义轻罪是 20 年，而普通犯罪为 5 年。

四、经济犯罪

在经济犯罪中，税务、海关、金融等犯罪具有区别于其他一般犯罪的共同特征。

从犯罪学角度，这类犯罪俗称"白领犯罪"，犯罪人往往生活体面，具有较高的社会地位，在从事职业过程中实施犯罪，犯罪具有逐利性特征。舆论对此反应有时漠不关心，有时非常强烈。

从法律角度，这类犯罪具有危险性和技术性双重特征。前者解释了其惩罚制度的严厉性，例如，传统上，大赦法不适用于税务、海关等经济犯罪的犯罪人；后者导致了 1975 年 8 月 6 日的法律确定了经济金融犯罪的特殊性，并在《刑事诉讼法典》第 704 条及其后文规定了上诉法院辖区内一个或多个大审法院受理经济犯罪[①]的管辖权。这类犯罪数量大、范围广，在此只研究其中具有代表性的两类犯罪——税务犯罪和海关犯罪。

（一）税务犯罪

税务犯罪主要涉及征收直接税、间接税和营业税中的税务欺诈罪，由《税务总法典》规定，具有显而易见的特殊性。税务欺诈罪的惩治较之一般刑法原则更为严厉。

1. 实体法

税务欺诈可受到多种处罚，包括刑事处罚、税务处罚和行政处罚。

刑事处罚包括监禁、罚金、职业禁止。对于违警罪，有最低刑的限制。

税务处罚包括罚金、滞纳金、各种赔偿金，具有刑罚和弥补国库遭受损害的双重性质。这类处罚不适用缓刑。

行政处罚如同保安措施，比如，不准获得国家订购等。

问题在于刑事处罚和税务处罚之间是否可以并科。尽管"一事不再理原则"禁止对同一犯罪事实作出两次刑事处罚，法国最高法院仍在 1996 年

[①] 《刑事诉讼法典》第 704 条关于法院特殊管辖的规定，适用于税务、海关、金融、消费、知识产权、期货等领域的经济犯罪。

6月20日的判决中认为刑事处罚和税务处罚可以并科,理由是"税务欺诈罪的追诉是为了惩治窃取税务的犯罪行为,它与税务监管部门查处违法行为的性质和目标有所不同,后者趋向征收逃避的税务。"法国为此对《〈欧洲人权公约〉第7议定书》第4条关于"一事不再理"的规定作出保留。

2. 程序法

税务犯罪案件中,证实犯罪的笔录起到证明作用,除非存在相反证据。而在一般犯罪案件中,笔录只作为简单信息。

税务案件的刑事追诉,先经税务总局的省级主任在征求并取得专门委员会一致意见后提出控告,由共和国检察官实施。因此,启动刑事公诉取决于行政机关的介入。

税务机关可以在间接税方面与犯罪人和解。

(二)海关犯罪

海关犯罪包括进口物品不报关或虚假报关、商品走私等行为。《海关法典》规定了海关犯罪。海关犯罪的刑事制裁,适用与无罪推定制度相左的推定制度,并在刑罚和程序上都具有特殊性。

1. 无罪推定的例外适用

海关法采取两个超出普通法律的规则。

一个是"直接参与犯罪的推定",主要适用于商品持有人、运输人等人员。起初,该推定是不可反驳的推定,并依据《海关法典》第369条,用来防备刑事法官释放缺乏犯罪故意的被告人。1987年7月8日的法律废除了该条规定,推定变成简单推定,由刑事法官最终判断犯罪人提出的善意。

另一个是海关法将共犯概念扩大到"诈骗的利益关系"范畴。根据《海关法典》第399条和第400条,在走私或进出口未申报的情况下,所有以各种方式为个人团伙制定的诈骗计划提供协作的人都是共犯。诈骗的利益关系人共犯当处与诈骗正犯相同的法定刑。这意味着,为了躲避刑事制裁,被告人必须始终能够证明其善意或者援引紧急避险或不可避免的错误。

2. 处罚的特殊性

海关犯罪的法定刑包括剥夺自由刑和财产刑。原则上,剥夺自由刑只适用于轻罪。但是,《海关法典》第413(乙)条对第5级违警罪规定了1个月监禁,而《新刑法典》中没有对违警罪规定剥夺自由刑。《海关法典》对罚金数额设置了最低刑,而《新刑法典》中已取消了罚金的最低限度。

另外,罚金刑如同税务罪一样应当成比例,并参照犯罪标的的价值进行估算。

最后,在数罪情况下,违警罪适用刑罚并科(累加)原则。当然,这是个一般规则,不过,由于违警罪犯罪人倾向重复同样的犯罪行为和高数额罚金的原因,该规则在税务或海关犯罪领域中的作用非同凡响。

3. 程序的特殊性

如同税法一样,海关法也采纳交易程序。该程序可以在启动公诉之前自由进行。但是如果已启动公诉,只有经共和国检察官允许(犯罪当处税务处罚和刑事处罚)或法院院允许(犯罪只涉及税务处罚),方可进行交易程序。

单个海关官员作出的笔录起到证明作用,除非存在相反证据;两名海关官员作出的笔录证明客观事实,除非存在该文件系属伪造的申明。

海关官员抓捕犯罪嫌疑人时,可以扣押 24 小时,经共和国检察院许可,可延长扣押 24 小时。在扣押期间,可以进行讯问。《海关法典》称之为"扣押",普通法律中称之为"拘留"。这两种措施在法律上存在区别,但自 2011 年 4 月 14 日的法律以来,海关扣押制度越来越向拘留制度看齐。

第八章 法律要件：犯罪罪名的认定

法国刑法学通说认为，犯罪由法律要件、事实要件和心理要件构成。法律要件是犯罪构成要件之一，它的基本要求是"法有规定"，其实质是"罪刑法定原则"的具体体现。而"罪刑法定原则"已在第二篇"刑法规范"第一章中专门论述，因此本章将从认定犯罪罪名的实践角度，阐述体现"罪刑法定原则"的法律要件。

罪刑法定原则，禁止惩治不构成刑法规定为犯罪的行为。该原则要求刑事机关在面对行为时，必须确定行为符合刑法事先规定的犯罪，换言之，该行为被认定为刑事犯罪。刑事机关会自问这些行为是否构成犯罪，如果答案肯定，那么构成哪个犯罪，并应当确切地适用哪个条文和制度。这个活动，称之为认定犯罪（或罪名认定）。

罪名认定是"司法推理的动力"[①]，是法官将抽象的法律规定应用于具体情况的智力活动。在宣告犯罪的处罚前，法官要确保犯罪事实与刑法规定相吻合。该智力活动主要遵循刑事诉讼的程序要求。但是，它也提出实体法方面的问题，并需要作出补充论述。

第一节 罪名认定的方法

一、按照行为时间作出判断

认定犯罪的存在及罪名，是站在犯罪实施时间点上进行判断。据此，之后发生改变犯罪构成状况的客观事件或法律事件，对认定犯罪的存在及罪名不产生影响。

犯罪人积极悔罪，即消除犯罪损害后果的行为（例如，归还盗窃物品或照看受伤的被害人等），不能使犯罪消失，法律状况的改变也不能使犯罪消失。因此，盗窃罪还是盗窃罪，即使盗窃犯罪人后来继承了盗窃的物品。

犯罪发生后，除非被害人可以启动追诉程序，检察院负责在追诉犯罪

---

① F. Rigaux, *La loi des juges*, Paris: O. Jacob, 1997, p.51.

的同时认定罪名。被认定的犯罪事实将根据情况提交给预审法官,然后提交给实质审法官。但这些法官并不受检察院建议的犯罪罪名的限制,如果认为不合适,他们可以改变认定的犯罪罪名。

二、法官对罪名的再认定

(一) 自由认定原则

1. 认定罪名的主角

犯罪行为的罪名认定是法官的主要工作。受理案件的法院,即预审法院或审判法院,可以重新认定已受理刑事案件的罪名。这些法院是"认定犯罪罪名的主角",因为它们对被追诉的犯罪行为作出真正的罪名认定。例如,在道路交通领域,法国法律区分两种情形,即没有驾驶资格的无证驾驶和没有携带驾驶证的无证驾驶,前者构成轻罪,后者构成一级违警罪。法官在受理无证驾驶案件时,如果发现驾驶员有驾驶资格,只是没有携带驾驶证,可以重新认定案件所涉嫌的罪名。

原则上,审判法院享有完全的判断自由。不论检察院建议的罪名如何,也不论预审法官或一审法官作出何种罪名认定,审判法院都可以自主地认定犯罪构成的罪名。当作出判决时,审判法院完全掌握犯罪行为的法律认定权(但被告人提出上诉时,不得加重其处境)。

法国最高法院司法判例的观点是,法官应对犯罪行为适用其能宣告最重刑罚的罪名。对此,法官享有最大的自由。这意味着,在法律上,法官不受同一案件中前手法官意见的限制。因此,审判法官不受预审法官裁决中认定罪名的限制;上诉法院不受一审法院认定罪名的限制。每个法院都有权核实犯罪罪名的认定,并且有权更改。法国最高法院认为,"法官有权并有义务还原事实行为以真正的罪名,条件是不作任何添加"[①]。

(1) 低层法院

认定活动是适用法律规定的必要前提。但在刑法上,认定活动还需符合特别严格的要求。"罪刑法定原则要求在行为和罪名之间实现准确的符合。认定的刑事罪名应当如同'手套'一样覆盖犯罪行为,它不能太大,也不能太小。"[②]尽管追诉犯罪时,罪名认定会随着事实的确立而发生变化,但法官始终应遵循这一要求。

[①] 2006 年 5 月 11 日最高法院刑庭的判决,刑事公告 2006 年第 131 号。

[②] E. Gallardo-Gonggryp, *La qualification pénale des faits*, Aix-en-Provence: PUAM, 2013, p.109.

自追诉开始就必须作出非常临时的罪名认定,即便后者的范围有限。在共和国检察官监督下,在决定拘留收容前,需要初步认定罪名。当该检察官核实被揭露的行为是否符合公诉条件时,需要再次认定罪名。预审法院、审判法院受理案件时,还要重新提出罪名认定问题。

(2) 最高法院

在最高法院审理上诉的阶段,认定活动达到最大范围。认定活动不只是法律对案件事实施加无关紧要的影响。在此阶段,不再讨论事实的真实性或欠缺性问题。这有助于最高法院专心思考案件的具体情况,根据低层法院提供的材料,核实被采纳或被拒绝的罪名认定。它对追诉所依据的法律作出事先解释,并确保该条文得到正确适用。最高法院可以认为实质审法官提供的事实材料充分,足以支持罪名认定,或者相反,认为该事实材料不充分。如果被上诉的二审判决的理由混乱不清,最高法院可以从提供的事实材料中,辨别出能够专门支持案件罪名认定的事实材料,不管其他材料是否多余。最高法院的决定起到确定司法判例的作用,因为决定的公布将给予其他法院解决相同问题以必要的启示。

最高法院实施的监督,不只限于核实某个行为是否合法或是否构成特定犯罪。最高法院可以认为,所采纳的罪名不准确。如果最高法院无法基于被证实的事实重新认定罪名,它可以决定移送其他上诉法院审理,并建议移送审理的上诉法院核实是否可采纳其他罪名。

总之,罪名认定属于法律问题(不是事实问题),法国最高法院对罪名认定行使监督权。

2. 自由认定的结果

(1) 辩护权

法官在行使认定权时,需注意一些事项。《欧洲人权公约》第 6 条第 3 项规定,任何被告人有权:"1. 以他所了解的语言立即详细地通知他被指控罪名的性质以及被指控的原因;2. 应当有适当的时间和便利条件为辩护作准备;"。罪名认定理所当然地属于自诉讼伊始就应告知的信息。但是法官享有重新认定罪名的权利,如果之后没有相应的保证,那么将挑战最初告知的信息。欧洲人权法院从该《公约》第 6 条第 1 项"公平诉讼"原则的必要性中,得出结论,即"被追诉人应被告知重新认定罪名的计划,并可对其进行讨论"。被追诉人不仅应被告知而且应被及时告知,以便重新安排辩护。因此,重新认定不得在法庭辩论阶段作出。对重罪而言,则须延期审理案件。另外,被告人提出的理由,必须由受理法院正式审查。

这些要求也被根植到法国法中。法国最高法院认为,"刑事法官对审理的犯罪事实还原其真正的罪名,条件是被告人能对新的罪名认定行使辩护权。"①当重新认定需要考虑新的犯罪事实时,则会存在一些问题。实际上,审理犯罪事实的法官,在未征得被追诉人同意的情况下,无法进行重新认定。"如果刑事法官有权对审理的犯罪事实还原其真正的罪名,那么条件是不作任何添加,除非被告人明确同意审理追诉中不包括的犯罪事实。"②否则,新的犯罪事实的内容将引发讨论,并会在被告人不自愿出庭的情况下,引发法官过度行使权力。

（2）管辖

改变罪名认定会引起其他后果。实际上,刑事法院的具体管辖与被追诉行为的严重性之间存在密切关系。改变罪名认定可能改变追诉的规则。如果最初认定的重罪、轻罪或违警罪在重新认定时改变了犯罪分类,则会引起改变程序的重要后果。法院受理了超出其审判权限的案件（例如,轻罪法院发现受理了重罪案件）,它应当作出无管辖权的裁定并将案件发送到有管辖权的司法机关。比如,暴力侵害的被害人的身体状况在诉讼过程中加重恶化,曾按第5级违警罪追诉的行为可以立即构成轻罪,这将导致违警法院不再有管辖权,而由共和国检察官提请轻罪法院重新启动追诉。又如,性侵犯者对被害人不只实施了猥亵行为,还有试图强奸行为,那么轻罪法院也将宣告无管辖权,而由共和国检察官提请预审法官受理案件,后者将决定移送案件至重罪法庭审理。

但是,法院可以对已经受理的严重性较轻的犯罪作出判决。重罪法庭的完全裁判权可以使其审理被重新认定为轻罪或违警罪的案件,轻罪法院有权审理其重新认定为违警罪的案件。

（二）自由认定原则的限制

1. 未被起诉的行为

审理犯罪事实的法官,在重新认定罪名时,不得涉及未被起诉的犯罪事实,即法官不得修改公诉书,除非被告人明确同意对公诉书中不包含的犯罪进行审判,并且可以行使辩护权。例如,在审理盗窃罪案件时,法官认为行为人还实施了暴力犯罪,法官不得在重新认定罪名时依职权对暴力犯罪进行审理。法官只能依据检察院的公诉书审理犯罪案件,或者在被告人自愿出庭接受审理该犯罪事实的情况下,方可审理公诉书之外的罪名（同样,审判犯罪人的法官,不得审判未被传唤的人）。

---

① 2007年5月16日最高法院刑庭的判决,刑事公告第129号。
② 2008年2月13日最高法院刑庭的判决,刑事公告第38号。

2. 已审理的行为

如果犯罪已受到最终判决，根据一事不再理原则，不得对同一人就相同事实以相同罪名或以其他罪名作出新的追诉。《欧洲人权公约》第 7 议定书第 4 条规定了一事不再理原则。

法国《刑事诉讼法典》第 368 条规定，在审理重罪时，如重罪法庭宣布释放，不得再就相同事实对任何被依法释放的人重新审判或控诉，即便以不同的罪名，亦是如此。

在其他情形下，法国司法判例通常认为，同一事实引起两个不同罪名的诉讼违背了一事不再理原则。实际上，最先审理案件的法官被视为已从所有涉嫌罪名的角度认定犯罪，并采纳了最合适的罪名。例如，对于窃取他人财物的行为，犯罪人自然会占有窃取的财物，占有财物通常是窃取财物的目的，在此情况下，只认定盗窃罪而排除追究窝藏赃物罪，这属于不可并存的罪名[1]。占有窃取财物的窝赃行为是盗窃行为的自然后果，对该行为的惩处已包含在对盗窃罪的惩处之中。如果除了追究盗窃罪，还启动追究窝赃罪的诉讼，就涉及对同一行为处罚两次，从而与一事不再理原则相矛盾。

但是，在实践中，一事不再理原则并没有得到严格执行，法院有时以发现新的要素为由（例如，在作出过失杀人罪的判决之后，发现被害人的死亡原因是由蓄意行为引起而非疏忽大意的过失[2]），对已就同一事实受到判刑的人按新的罪名启动新的追诉。

按照相同的道理，如果一个犯罪被赦免，就不得再追究该犯罪行为，即便依据未被赦免的罪名也不得再进行追诉。法国法官也认可大赦法所涵盖的犯罪行为的罪名在其生效之日就已确定，目的是避免对这些行为认定其他罪名，从而剥夺行为人享受法律的宽恕。

因此，罪名认定会受到一事不再理以及从更广泛意义上讲，受到有利于被告人原则的限制。

三、罪名认定的调整

罪名认定的调整，是指法官有意识地以背离罪刑法定原则的方式对罪名认定作出处理，这涉及司法的轻罪化（correctionnalisation judiciaire）和违警罪化（contraventionnalisation judiciaire）。司法轻罪化，是指将依法本应

---

[1] 参见后文第二节中"不相容的罪名"。
[2] 1983 年 5 月 19 日最高法院刑庭的判决，刑事公告第 149 号。

构成重罪的行为认定为轻罪,发送至轻罪法院审理。这是一种有违法治精神的实践,但在法院中并不罕见。司法违警罪化,如上所述,是将依法本应属于轻罪的行为认定为违警罪,发送至违警罪法院审理。

在法国,轻罪化对于司法的正常运作似乎必不可少。如果正如一些人的期望而取消轻罪化,那么许多重罪法庭将无法运转。自 2004 年 3 月 9 日的法律以来,这种司法实践不再完全游离在法律之外。该法在《刑事诉讼法典》第 186-3 条和第 469 条作出相应规定。根据第 186-3 条,如果被刑事审查的人和民事当事方认为移送轻罪法院的犯罪构成重罪,并应对其作出移送重罪法庭提起公诉的裁决,那么他们可以对移送轻罪法院审理的裁决提出上诉。如果当事方对罪名认定没有异议,受理案件的法院不得对此重审。第 469 条第 4 款规定,如果在作出移送案件命令时被害人已成为民事当事方并得到律师的协助(这意味着当事方接受预审法院①作出的选择),在预审法官或预审法院将案件移送至轻罪法院后,轻罪法院不得依职权重新质疑已认定的罪名。然而,司法轻罪化的实践只是部分受到法律规制。检察院作出不确切的罪名认定仍然游离在法律规定之外。

(一)存在的理由

定罪的法律在特定的社会政治背景下,是抽象、概括和被表决通过的规定,它在某个时间会与公共舆论不一致,或者不适应法官受理案件的特殊案情。

1. 寻求法律与公共舆论的协调

举例而言,在法国刑法中,仆人盗窃主人或者工人盗窃老板的行为,与向第三者实施的盗窃不同,曾被认定为重罪。由于思想观念和社会关系的发展,这些加重情节早已过时,但仍有可能被苛刻和守法的检察官提出。因此,检察院曾率先做出反应,不再提请重罪法庭审理这些行为。1981 年的法律废除了这些加重情节。

但是,检察院的姿态并非总是为了满足公共舆论,它有时会认为法定的重罪罪名和法定刑是正确的,却担心重罪法庭的陪审员过于宽宏大量。因此,检察院宁愿作出轻罪认定,这样能够引起不太严重但非常确定的刑罚,因为该刑罚由职业法官宣告,而不是作出重罪认定,给予从严惩处的希望,但刑罚的适用难以保证。

司法轻罪化,引起立法机关关注法定罪名和法官选择罪名之间的不协

---

① 法国预审法院负责收集轻罪和重罪案件的证据,并对案件进行分流处理。

调问题,它可以开启迈向立法轻罪化的步伐。因此,堕胎,最初被当作重罪处罚,被 1923 年 3 月 24 日的法律轻罪化,又被 1939 年 7 月 29 日的法令修改。同样,贿赂罪,以前被认定为重罪,被 1943 年 3 月 16 日的法律轻罪化。

2. 考虑认定与案情相适应

司法机关会认为,鉴于案件的特殊情节,法律规定的处罚过重。以盗窃罪为例,普通盗窃罪是当处 3 年监禁的轻罪(《新刑法典》第 311-3 条),携带武器盗窃是当处 20 年徒刑的重罪(第 311-8 条)。而对于携带武器为玩具的非暴力盗窃,检察院只是为了避免将案件发送至重罪法庭审理才不考虑携带武器的情节,并将案件发送至轻罪法院审理。作出如此处理时,检察院事先就认为陪审员不会采纳加重情节,这种做法有损审判活动的运转。2000 年 6 月 15 日颁布新的法律后,检察院可以对重罪法庭的判决提出抗诉,从而对上述实践加以限制。司法轻罪化还有一个存在的简单理由,即解决重罪法庭案件堆积问题。

(二) 方法步骤

轻罪化的方法分为两个步骤。

首先,在所有可能的罪名中进行选择。因此,采纳的罪名不可能与被追诉的行为毫无关联。对于强奸重罪(《新刑法典》第 222-23 条),可以根据案情,以故意暴力伤害引起 8 天无法工作的轻罪罪名追诉,或者以无暴力性侵犯(第 222-27 条及后文)或公然露阴罪(第 222-32 条)的罪名追诉。

然后,坚持作出的选择。因此,司法轻罪化不仅需要检察院率先行动,也需要期望人民陪审员审理案件的私人当事方(被告人、民事当事方)的附和,而后者往往认为重罪法庭审理对其有利。从被告人的角度,给发出威胁之人以致命打击的行为人(被告人),可以拒绝过失杀人罪的罪名认定,并希望被发送至重罪法庭审理,以期获得轻罪(职业)审理法官不能给予的宽容。对民事当事方而言,不难理解在有些案件中,他们寻求的是案件获得隆重审理,这只能在重罪法庭得以实现。总之,司法轻罪化需要得到各方的"共识"。《刑事诉讼法典》第 186-3 条和第 469 条的本义如此,即不服的当事方可以提出上诉。

总而言之,法国作为大陆法国家,崇尚先哲提出的原则和理论,赋予"罪刑法定原则"极高的地位和广泛的含义,并通过自上而下的演绎性思维,将原则和理论用于指导实践。虽然,法国的刑事立法和司法活动无时不在倡导罪刑法定原则,但是该原则的变通和灵活应用也无处不在。本文

第二篇第一章第三节从立法角度论述了"罪刑法定原则"相对于立法技术、行政立法权、法官自由裁量权和超国家的立法权的衰退。本章节的"法律要件"主要讨论犯罪罪名认定，涉及"罪刑法定原则"在刑事司法适用中的体现。而司法轻罪化和司法违警罪化的现象，可谓是"罪刑法定原则"在司法适用中的衰退，这种衰退受到法律和公共舆论之间矛盾、刑事司法制度设计以及司法效率等因素的影响，也是相对于这些影响因素的衰退。在有些情况下，衰退可以成为推动立法发展的诱因，而在另一些情况下，可以通过制度设计加以控制和避免。

第二节　法律冲突时的罪名选择

法律冲突时的罪名选择，涉及数罪问题。数罪论具体涉及两方面问题：一方面是一人所实施的犯罪是构成一罪还是构成数罪，另一方面是构成数罪时应当如何处理。严格地说，前者属于犯罪论的问题，后者属于刑罚论的问题。[①] 如果说数罪论在刑法体系中所属的范畴存在犯罪论、刑罚论、结合体论和规范适用论的学说[②]，那么法国刑法中的数罪论当属结合体论，即根据数罪论的内容性质分属于犯罪论与刑罚论，因为法国刑法将大陆刑法学中的实质一罪和处断一罪放在犯罪论中研究，而将处断数罪（实质竞合）放在刑罚论中研究。

因此，在本节中，主要研讨判断犯罪是一罪还是数罪问题，而将如何处理构成数罪的问题放在刑罚适用的章节中讨论。

一、罪名的表面冲突

一般而言，只要法律明确规定每个犯罪的构成要件，罪名的选择不存在很大问题。在法国刑法中，罪名的表面冲突分为择一性罪名和不相容的罪名，在这些情况下，只有一条法律被触犯，只有一个罪名被采纳。

（一）择一性罪名

择一性罪名是指罪名之间相互排斥，存在取舍关系，换言之，就是"或此罪或彼罪"。犯罪情节决定罪名认定的选择。这在大陆刑法中属于法条竞合中的择一关系情形。

例如，如果一个人在被刀捅了一下后死亡，就需要在故意杀人罪、故意

[①] 张明楷：《外国刑法纲要》，336页，北京，清华大学出版社，1999。
[②] 李春雷、张鸿巍主编：《外国刑法学概论》，180~181页，北京，北京大学出版社，2011。

伤害致死罪和过失杀人之间进行选择。法国新刑法典对这些不同犯罪规定了不同的心理要件。

在其他情形中，则是新刑法典对不同犯罪规定了不同的事实要件。因此，严重伤害的轻罪和蓄意置他人于危险的轻罪这二者都有相同的过错，即明显地蓄意违反法律或条例要求的安全或谨慎之特别义务，但是在事实要件上二者存在区别。前者要求有伤害的结果，后者无此要求，因此对于相同的行为人，两个罪名不可能同时存在。

法国刑法中，也存在法条竞合的"特别关系"情形，即如果两个法律规定之间存在特别法和一般法的关系，基于"特别法优于一般法"的原则，则按特别法规定的一罪处理。例如，《新刑法典》第221-5条规定的毒杀罪，也是第221-1条规定的故意杀人罪的一种特殊形式。这一做法得到刑法理论界和司法判例的认可。

法国刑法中，还存在法条竞合的"吸收关系"情形，即如果两个定罪法条在构成要件上存在一方被他方所包括或吸收的关系，则被吸收的犯罪就失去了独立存在的依据和理由，而只能按照吸收的犯罪一罪处理。法国司法判例也确认了这一观点，认为暴力的抵抗行为足以构成"暴动罪"，它吸收了暴力行为，后者在某种程度上失去了自主性，因此不按两个犯罪处理。但是，马尤教授（Mayaud）对该判例提出批评，认为犯罪侵害了刑法保护的两个法益，即人身完整性和公共管理秩序，因而应当按照两个犯罪处理。① 对此，有学者认为，在该案中，暴力抵抗行为未造成公务人员无法工作的伤害，应当按照法条竞合的方式处理。否则，应当按照刑法分则中规定的加重情节处理。②

法国刑法中也存在结合犯，即行为人所实施的数个行为在刑法规范上均为独立犯罪，但是刑法基于特定目的将其结合成一罪的情形。结合犯的特点是将不同犯罪结合成一个新的犯罪，被结合的那些犯罪或者都成为新的犯罪的构成要件，或者一个成为构成要件，一个成为加重情节。例如，强奸罪和酷刑或野蛮行径罪分别由《新刑法典》第222-23条和第222-1条以不同罪名惩治，而伴随酷刑或野蛮行径的强奸构成《新刑法典》第222-26条惩治的另一个犯罪。面对这些犯罪情节，法官有义务作出最恰当的罪名认定，也就是符合严重情节犯罪的特殊罪名认定。这涉及"一事不再理原

---

① 2006年2月21日最高法院刑庭的判决，刑事公告第47号。*RSC*, 2006. 604, obs. Y. Mayaud.

② 2006年2月21日最高法院刑庭的判决，刑事公告第47号。*Rev. pénit*, 2006. 867, obs. P. Conte.

则"的适用。如果同一事实不得导致重复定罪,那么也不得认定该事实同时为一个犯罪的构成要件和另一个犯罪的加重情节。

(二) 不相容的罪名

不相容的罪名,是指当一个犯罪构成前一个已实施犯罪的自然后果,就显示出罪名不可并存的特征。其性质属于大陆刑法中的结果牵连犯。犯罪人的意图,可以揭示其只实施了一个犯罪或者是两个犯罪。

例如,盗窃罪是秘密窃取他人财物的行为。盗窃的目的通常是保留被盗窃的财物。因此,如果再去追究窝藏罪就显得过分了。盗窃罪的行为人当然也实施了窝藏被盗物品的行为。司法判例却排除认定盗窃行为人的窝藏罪。同样,对于故意伤害罪的犯罪人再追究其对被害人的不予救助罪也是过分的。

但是,如果第二个犯罪不是第一个犯罪的自然后果,如果前后两个犯罪的客观要件和主观要件不同,则不存在不相容的罪名。因此,过失犯罪和不予救助罪可以兼容并存,盗窃罪的共犯和窝藏罪也可以兼容并存,构成数罪。

二、罪名的想象竞合

(一) 实质竞合和想象竞合的区别

实质竞合(concours réel d'infractions)是指实施犯罪的人在最终判决前又实施另一个犯罪,换言之,该人实施了多个分别构成犯罪的行为,且这些犯罪尚未受到最终审判。例如,某人几个月前实施了盗窃罪,在最终审判之前又实施了故意伤害罪。有些情况下,犯罪之间的间隔非常短暂。因为涉及两个犯罪,所以双重判决不违背一事不再理原则。由于连续行为构成了数个独立的罪名且未形成法条竞合,因此唯一的问题涉及刑罚的确定,这将在刑罚的篇章予以讨论。

想象竞合(concours idéal de qualifications)是指当一个行为同时触犯多个刑法规定并可能受到多个罪名认定的情形。换言之,通过一个行为,行为人在客观上和主观上实施了多个犯罪。

(二) 想象竞合的制度[1]

想象竞合的特征是一个行为触犯了两个以上罪名。主要的问题在于,是对只实施一个客观行为的犯罪人分别判处各个罪名,还是由于犯罪人只

---

[1] 参见 Y. Chalaron, "Le concours idéal d'infraction", *JCP*, 1967, 2088.

实施一个行为,因此只认定一个犯罪罪名。法国司法判例认为一般规则是,只认定一个罪名,而且认定标准是侵害的法益,但是也存在适用犯罪实质竞合认定多个罪名的例外情形。

1. 只认定一罪的原则

出现罪名想象竞合时,司法判例认为只能认定一罪。一事不再理原则禁止对同一人就相同事实作出两个判刑。

对此,法国司法判例明确指出,"同一事实,构成其他罪名的,不得导致重复定罪"。犯罪将按最严重的罪名认定并被处以最高的刑罚。一些法律规定中采用了这一规则。当数罪的处罚相同时,应认定最符合行为人行为的罪名。无论如何,由于只能认定一罪,因此只能作出一个有罪判决,只能实施与认定罪名有关的刑罚,并且不得包括被排除罪名的刑罚。

2. 认定的标准

法国司法判例[①]发展出认定一罪或数罪的标准:刑法所保护的法益。当一个犯罪行为触犯多个犯罪罪名时,罪名冲突的解决取决于刑法保护的法益数目。如果是单个法益,则按一罪处理,如果是多个法益,则按数罪处理。

在相关判例中,法院也认定行为人在主观要件上具有杀人和毁坏财产的双重故意,但是不能由此得出主观要件的单数或复数是判断想象竞合和实质竞合的唯一标准,理由是在过失犯罪中也同样存在罪名冲突,而辨别刑事过失的不同类型几乎是不可能的。因此,需要参照其他标准。行为人向咖啡店投掷手榴弹的一个行为,即使其主观目的是杀人,但他同时侵害了他人财产。通过一个犯罪行为,行为人侵害了两个不同的社会价值,即刑法保护的不同法益。刑法保护的每个法益都与相应的社会谴责相联系,构成刑事追诉的依据。因此,多个法益受到侵害,按照数罪处理。

3. 认定一罪的例外

第一个例外情形是指,一个过失行为给不同被害人的身体造成不同程度的损害,以至于根据法律规定,可以认定为多个罪名,如过失杀人罪,三个月以上或以下丧失工作能力的过失伤害罪,未引起丧失工作能力的过失伤害罪。[②] 在这种情况下,虽然只有一个法益(人身完整性)受到侵害,但是为了保证每个被害人有权获得损害赔偿,可以接受所有罪名的认定。

[①] 1960年3月3日最高法院刑庭的判决,刑事公告第138号。J. Pradel et A. Varinard, *Les grands arrêts du droit pénal général*, Paris: Dalloz, 2012, 8ème éd., No.19, p.266.

[②] 1957年4月4日最高法院刑庭的判决,刑事公告第323号。1960年10月26日最高法院刑庭的判决,刑事公告第481号。

第二个例外情形带来更多的问题。法国司法判例认为,当同一犯罪事实的行为人具有多个不同的犯罪意图,并且侵犯了不同的社会价值,而且竞合的罪名所涉及的法益属于不同性质,则不存在想象竞合,而是实质竞合。

比如,某人向咖啡店投掷手榴弹,造成多人伤亡并引起财产损害,此行为可以被认定为企图爆炸摧毁建筑物罪和企图谋杀罪。法国最高法院刑庭认为,这两个罪名所保护的法益不同,即财产权和生命权,因此存在两个受保护的法益,而且这两个犯罪由其主观意图予以区分。该刑庭认为,这不是一个犯罪,对一罪按照两个不同罪名进行追诉是违背法律精神的,这是以相同手段同时实施的两个犯罪,它们基于不同的主观犯罪意图。[1] 在该案中,法官的逻辑是,每个犯罪的心理要件都不相同,犯罪行为人想要同时侵害他人生命和财产,具有杀人和毁坏财产的特别故意。罪名竞合可以通过犯罪实质竞合予以解决。在此情况下,可以判处每个罪名的法定刑,但对相同性质的刑罚,只得宣告最严厉的刑罚。

---

[1] J. Pradel et A. Varinard, *Les grands arrêts du droit pénal général*, Paris: Dalloz, 2012, 8ème éd., No.19, p.266.

第九章　事实要件

简单的犯罪想法、犯罪故意不受刑事处罚。即便法律要惩罚实施犯罪的意图，它也要求犯罪故意具有某种物质化的表现，或通过事实行为外在地表现出来。

例如，《新刑法典》第222-17条在惩处"对人以实施重罪或轻罪相威胁"的威胁罪时，即使行为人没有实施该重罪或轻罪的意图，法律也要求行为人"反复进行此种威胁或者以文字、图像或其他任何物品具体表示此种威胁"。对于策划谋反罪，《新刑法典》第412-2条将其定义为"多人之间作出谋乱之决定，在此项决定以一项或多项实际行为具体落实时"，则构成该罪。同样，第450-1条对坏人结社罪的定义是，"以一项或多项实际行动准备实行一项或多项重罪或者准备实行一项或多项至少当处5年监禁之轻罪，由此组成的任何小团体或达成的默契"[1]。

原则上，即使个人的危险特征或社会状况显现出犯罪潜在性，也不受刑事处罚。为了阻止犯罪发生而惩罚一般危险状态的情形比较罕见。在新刑法典之前，流浪和乞讨曾被当作犯罪。如今，可以列举出"携带禁止性武器罪"（《国防法典》第L.2339-9条），酗酒状态驾车或醉酒状态驾车罪（《道路法典》第L.234-1条），给他人造成危险罪（《新刑法典》第223-1条）等，这些被称为"障碍性轻罪"（délit-obstacle），其目的是防止发生更严重、损害更大的犯罪。

只有当行为人实施了法律所禁止的行为，才构成犯罪。犯罪首先是个事实、行动、行为。犯罪故意应当以外在的形式表现出来。杀人罪中的"点把火""给一刀"，盗窃罪中的"窃取他人财物"，谋杀中的"故意致他人死亡的行为"，都强调的是事实、行为。

犯罪通过客观事实表现出来，这个犯罪事实或客观行为可以是既遂，也可以是未遂。

---

[1] 罗结珍译：《法国刑法典》，184页，北京，中国法制出版社，2003。

第一节 犯罪既遂

当行为人实施了法律所禁止的行为并完成了实施该行为的整个过程,成立犯罪既遂。经常,只有发生确定的危害结果,即客观行为的损害结果,犯罪才实施完毕。

一、犯罪的实行方式

犯罪的实行方式可以有多种划分:从行为形式上,可以是作为和不作为;从实行期间上,可以分为瞬间行为和持续行为;从法律规定的客观要件上,可以分为单个行为和多个行为。

(一)客观事实的性质

客观事实可以是行动,即犯罪人积极实施法律禁止的行为,这就是作为犯罪。犯罪行为还可以表现为不作为,即犯罪人不实施法律规定的行为的消极行为,这就是不作为犯罪。

1. 作为犯罪

作为犯罪,是积极实施了法律所禁止的行为。这类犯罪数目最多。这种行为可以是一个动作,如扣动手枪的扳机打死或打伤某人的行为,为占有他人财物而实施盗窃的行为。这个行为还可以是通过言语或文字构成,比如诽谤罪中的辱骂或威胁。

2. 不作为的作为犯罪(不纯正不作为)

不作为犯罪,是行为人故意以不作为形式实施的通常为作为形式的犯罪,故意的不作为导致了与作为形式的犯罪相同的损害结果。比如,一个人意外掉入水中,另外一个在场的人故意放弃对落水人实施救助,这种放弃是否可以认同为作为?是否可以认为该人的不作为行为与将人推入水中的作为行为一样,是犯罪行为?

(1)不纯正不作为不具可罚性的原则

根据行为实行方式,可将犯罪分为作为和不作为。"无刑事意愿的外部表现则无当受处罚的犯罪"之原则,并不影响外部表现是积极的行为还是消极的行为。人类团结一致的价值取向使得不履行积极作为义务的罪名越来越多,由此是否可以认为,作为犯罪可以由简单的不作为构成?法国16世纪习惯法法学家卢瓦赛尔(A. Loysel)在著作中提出"能为而不为者,有罪"的名言,对此,有法国学者认为,这句名言的神学色彩多于法律色彩,但是可以从中反映出旧法时期的刑法学者似乎接受了作为和不作为之间的等同地位。① 但是,根据现代刑法学中的罪刑法定原则,刑法应当严格解释,这种将不作为等同于作为的观点将不被接受。

因此,法国的刑法理论,坚持不纯正不作为不具有可罚性的原则,拒绝将不作为等同于作为,理由是由于存在罪刑法定原则,其自然的后果之一就是对刑法应作严格解释。因此,当定罪条文明确规定了实行行为,如果法官承认不作为等同于作为,就违反了罪刑法定原则。在法国学者看来,从因果关系角度提出问题是没多大意义的;19 世纪德国相关刑法理论对此作出了细致区分,但却没有得出任何实用的、有意义的结论。无论从客观解释或主观解释角度,都无法接受不作为具有导致犯罪成立的因果作用②。而且,惩处不纯正不作为应当以存在不作为人的作为义务为前提的观点,也无法在刑法中予以考虑。③

在司法判例方面,由于法国旧刑法典中没有规定,传统上,法国法院判例拒绝将"放弃"视为作为,认为作为犯罪不能从简单的"不作为"中得出,即使这种"不作为"是自愿的。在"普瓦蒂埃拘禁案"(1901 年 11 月 20 日)中,普瓦蒂埃法院曾判决,"行为人将一个有残疾、上了年纪并患有精神疾病的亲属放在一间不通风、无照明的房间里且足以危及该人生命的行为,不得视为故意殴打和故意伤害的犯罪行为"(1810 年《刑法典》第 309 条与第 311 条)。在法院看来,"放弃不为"无论如何不等于"实行行为",尽管行为人存在民事或道义方面的义务,但是,"放弃不为"并不符合法律对犯罪的定义。由于缺乏特别的刑事规定,即使造成损害,也不能将不予照顾的行为视为殴打和故意伤害的行为,对此不能采取类推方法进行推论。根据罪刑法定原则,对刑事法律应严格解释。④

(2) 不纯正不作为不具可罚性原则的例外处理

立法上,根据罪刑法定原则,在没有特别法律规定的情况下,"放弃"不等于"作为"。原则上,只有法律明文规定,"放弃"才具有"实行"的价值,才对"放弃"予以惩罚,使当事人受到"实行犯罪行为"当受的刑罚。为

---

① R. GARRAUD, *Traité théorique et pratique de droit pénal et de criminologie*, Paris: Sirey, 1913-1935, 3ème éd., p.207; A. Laingui, *La responsabilité pénale dans l'ancien droit, XVIe-XVIIIe siècle*, Paris: L.G.D.J., 1970, p.113 s.

② R. Merle et A. Vitu, *Traité de droit criminal*, tome I, *Problèmes généraux de la science criminelle*, Paris: Cujas, 1997, No. 483.

③ J. Pradel et A. Varinard, *Les grands arrêts du droit pénal général*, Paris: Dalloz, 2012, 8ème éd., No.28, p.383.

④ 同上,p.380.

此,法国立法机关专门规定了某些情况下不作为可以与作为具有相同的价值。①

《新刑法典》第223-3条规定了抛弃不能自我保护之人的犯罪,就属于此种情况。"抛弃因年龄或身体状况或精神状况而不能自我保护之人于任何场所的,处5年监禁并科75 000欧元罚金。"第223-4条规定了加重情节,抛弃引起受害人身体毁伤或永久性残疾的,处15年徒刑。致人死亡的,处20年徒刑。

第227-15条规定,"对15岁以下的未成年人行使亲权或享有权利的其他任何人"因"对该未成年人不予抚养或照护,使其健康受到损害的",构成置未成年人于危险罪。第227-16条规定了加重情节,即造成未成年人死亡的,处30年徒刑。因此,当对故意不作为要求结果时,则构成不作为的作为犯罪。这也是不纯正不作为与下文的纯正不作为的区别之一。

新刑法典违警罪部分中,第R.654-1条规定虐待动物为第四级违警罪,即"在并无必要的情况下,公开或非公开地故意虐待家养、驯养或捕获的动物的,处第四级违警罪当处之罚金。"②法国司法判例对不作为行为,如不予以照顾或不提供足够食物也认定是故意虐待行为。因此,对于该违警罪,积极的作为和不作为都构成犯罪。

司法上,法国近期有关欺诈犯罪和共犯的司法判例,对此问题的处理出现了松动。欺诈罪的成立要求具备欺骗性手段和财物的交付,属于作为性质的犯罪。而法国最高法院在1997年3月20日的判决中,对于一位从已去世父亲的账户上继续领取退休金的继承人,认定实施了诈骗罪。在银行领取退休金的确是作为行为。而实际上,退休金的支付不是由账户的操作决定的,而是由于该继承人没有将退休金领取人去世的消息通知给相关机构。同样,共犯原则上也属于作为犯罪,但是,法国最高法院在1989年12月19日涉及谋杀尊亲罪的判决中,认为该家庭中的母亲故意放弃阻止杀人行为的发生,至少应当将她的不作为当作拒绝阻止,将她的在场当作参与犯罪。因此,其不作为的意愿等同于作为,构成杀人罪的共犯。③

对于法国司法判例中将简单不作为视为作为犯罪的例外处理,法国刑法学者认为,根据罪刑法定原则,如果定罪条款没有显示出立法机关想要

---

① [法]卡斯东·斯特法尼等著,《法国刑法总论精义》,罗结珍译,217页,北京,中国政法大学出版社,1998。
② 根据该条第3款规定,在当地一直有斗牛传统和斗鸡传统的情况下,不适用本条规定。
③ J. Leroy, *Droit pénal général*, Paris: L.G.D.J., 2012, 4ème éd., pp.205~206, 303.

惩处积极作为的意愿,可以将导致相同犯罪结果的不作为纳入到作为范畴。换言之,如果立法机关没有明确规定犯罪应当由作为构成,体现出达到某种结果的故意不作为,应当等同于作为行为。①

3. 不作为犯罪（纯正不作为）

在不作为犯罪中,事实要件由"放弃"或不作为构成。法律规定了作为的义务,不履行该义务,即不作为,构成犯罪。也就是说,根据刑法规定,只能由不作为构成犯罪。大多数不作为犯罪的成立不要求犯罪结果。如今,此类犯罪的数目有不断增多的趋势。

例如,《新刑法典》第223-6条第2款规定的不予救助罪,即"任何人对处于危险中的他人能够采取个人行动或者请求他人提供救助,且此举对其本人或第三人并无危险时,而故意放弃给予救助的"行为。

该犯罪与故意杀人或故意暴力伤害罪相区分。正如大多数不作为犯罪一样,不要求发生特别的后果。不作为受到刑事处罚与其结果无关,也就是说不管处在危难中的人被救起或是死亡,也不管后者的死亡是不是不作为人愿意看到的结果。

不作为犯的法定刑与作为犯的法定刑不同,例如,故意杀人罪是判处30年监禁的重罪（第221-1条）,而不予救助罪是判处5年监禁并科75 000欧元罚金的轻罪,即便该不作为引起了被害人死亡的结果,亦是如此。从刑罚角度看,杀死一个人和不作为导致某人死亡的结果一样,都是"死亡",但是让某人去死亡并不等于杀人,因此,不作为犯和作为犯的刑事处罚也是不同的。但是,谋杀罪只有在被害人死亡的情况下才既遂,而对处于险境之人不予救助的不作为犯罪不论其不作为的结果如何都要受到刑事处罚。

法国《新刑法典》中的不作为犯罪主要包括：第223-7条不抗击危险灾害保护人员安全之罪；第223-6条第1款不阻止侵犯他人人身之重罪或轻罪发生之罪；第223-6条第2款对处于险境之人不予救助罪；第434-1条第1款不向司法机关或行政机关报告所知悉的、可阻止或限制发生结果的重罪之罪；第434-2条不向司法机关或行政机关报告所知悉的、可阻止或限制发生结果的危害国家根本利益罪或恐怖活动罪之罪；第434-3条不向司法机关或行政机关报告所知悉的、针对未满15岁未成年人或属于弱势群体的人的虐待或剥夺之罪；第413-10条放纵他人毁坏、隐匿、窃取、复制

---

① J. Pradel et A.Varinard, *Les grands arrêts du droit pénal général*, Paris: Dalloz, 2012, 8ème éd., No.28, p.388.

或泄露国防机密之罪;第434-11条明知被暂时羁押或因重罪或轻罪受到审判的人无罪而不向司法机关作证之罪;第227-3条不执行要求支付抚养费履行家庭义务的司法决定之罪;第R.642-1条对司法机关或行政机关的请求不予答复之罪;第R.645-4条不申报孩子出生之罪,等等。

在有些领域诸如劳动法、公共卫生法、道路安全法等领域中,规定了大量安全性条款,违背这些义务性条款可能构成不作为犯罪;在有些领域尤其是经济和税务领域中,法律要求履行一定的行政手续,如注册、公布、获得批准等。不履行这些手续有时也要受到刑事制裁,例如,不在商业和公司注册簿上登记的行为,或不公布收入的行为,等等。

在不作为犯罪中,对有些犯罪,法律在规定故意的不作为(放弃)时,还要求发生确定的结果,那么这些犯罪可被认定为是真正的"以不作为实施的作为犯罪"。例如,第227-15条规定,对未满15岁未成年人不予抚养或照顾,致使损害其身体的行为,第227-16条规定,如果该犯罪导致被害人死亡,将处30年徒刑。

因此,综上所述,法国刑法理论上存在着作为犯罪、以不作为实施的作为犯罪(不纯正不作为)和不作为犯罪(纯正不作为)之分。应当由作为构成的犯罪不能由不作为构成,并且根据罪刑法定原则,只有在法律规定的情况下,不纯正不作为和纯正不作为才构成犯罪。法国刑法和附属刑法中规定了一系列的不作为犯罪,这些犯罪的成立往往涉及违反了一定的义务;在有些情况下,不作为犯罪的成立还要求发生确切的结果,这就是典型的以不作为实施的作为犯罪。法国的司法机关传统上也遵循罪刑法定原则进行罪与非罪的判断,认为放弃不为不等于实行行为,法律应当严格解释,不能采取类推方法推论;但是近些年来的司法判例显示,在某些情况下,当刑法的严格解释不排除对不作为予以定罪时,刑法中的有些罪名既可以由积极主动的作为实施,也可以由消极的不作为实施。

(二) 犯罪的实行期间

根据犯罪的实行期间,可以作出如下区分。

1. 事实要件的瞬间性(瞬间犯与持久犯)

如果犯罪在非常短的期间内瞬间完成,那么就是瞬间犯,例如,谋杀、盗窃、伤害等,属于这类犯罪。由于犯罪在瞬间实现,因此实施期间是无关紧要的,例如,故意杀人只有在被害人死亡的情况下才实现,即便被害人是被折磨而死。

同样,犯罪结果在时间上的延续性也是无关紧要的。一类瞬间犯罪是由持久犯构成,后者产生持久性的客观结果。例如,重婚罪、无许可证建造罪等。这类犯罪一经实施,其犯罪结果将持续产生。持久犯与瞬间犯适用相同的规则,因而无须停留在犯罪客观结果时间持续的事实上。

2. 事实要件的连续性(延续犯、连续犯和继续犯)。

当作为或不作为犯罪在时间上以不变的形式持续,就是延续犯。例如窝藏罪、非法拘禁罪、从事未声明或未许可的活动之罪,等等。

如果犯罪行为在时间上重复出现,就是连续犯。每次实施犯罪,都在新的犯罪意图支配下,但是只要未对犯罪作出判决,所犯之罪为一罪。例如,非法佩戴勋饰罪、遗弃家庭罪。遗弃家庭罪是指不按照司法决定履行全额支付抚养费的义务达两个月以上,并且每次行为人都通过其行为表现出拒不支付的意图。

还有一种特殊情形,即构成瞬间犯罪的同一行为,在相同时间下重复发生。例如,盗窃罪是瞬间实施的犯罪,但是它也可以通过一系列连续的行为实现,如在电网、输水、输气的管道上接入分支进行偷电、偷水、偷气;雇员每天从雇主那里偷点儿钱等。鉴于犯罪人追求的是同一目标,侵犯的是同一权利,所有这些行为都被当作一个犯罪,即由多个重复行为构成的一罪。这又被称为"同一目的的犯罪集合"或"继续犯"。对于继续犯,适用延续犯或连续犯的规则。

3. 区分的意义

这种区分具有以下多方面的意义。

(1) 公诉时效启始点不同。对于瞬间犯罪,检察院的公诉时效自犯罪实施之日开始。例如,虚假作证罪是瞬间犯,以作出虚假证言为实施犯罪,公诉时效自作出虚假证言之日开始。这个规则也存在例外情形,因为对于许多犯罪诸如滥用信任罪、滥用社会资产罪,司法判例认为其公讼时效自发现该犯罪或自可以追诉该犯罪之日开始。延续犯和连续犯的公讼时效自犯罪活动结束之日开始。

(2) 法院管辖权不同。对于瞬间犯,犯罪实施地的法院是唯一具有管辖权的法院。对于延续犯,由于犯罪行为在时间上的持续状态,多个法院可以有管辖权,追诉犯罪。

(3) 适用法律不同。瞬间犯,适用实施犯罪时有效的法律,除非在实施犯罪和审判期间出现更轻缓的法律;延续犯,适用犯罪行为结束时有效的法律,即使该法律代替了犯罪持续过程中一个轻缓的法律。对于延续犯,如果犯罪的一部分发生在法国,则适用法国法律。

(4) 既判事实的权威。根据既判事实的权威规则,一个人不会为同一犯罪行为受到两次审判。对于受到最终判决的瞬间犯,不会再追究该犯罪;对于持久犯,即使犯罪结果在判决后仍存在,也不再追究;但对于延续犯或连续犯,在作出第一个判决后,如果犯罪活动仍然持续,则可能招致新的追诉和审判。

(5) 大赦。对于延续犯,大赦法律只对其出台之前实施的行为给予赦免。

(三) 单个行为或数个行为

1. 简单犯罪、复合犯罪和习惯犯罪

简单犯罪与复合犯罪相对应,是仅由一个行为实现的犯罪。与之相反,复合犯罪是由多个行为实现的犯罪:如果多个行为是不同的行为,就属于狭义的复合犯罪,如果是相同的行为,则为习惯犯罪。

简单犯罪(infraction simple)由一个客观行为构成,可以是瞬间犯或延续犯,作为犯或不作为犯。例如,盗窃罪就是由窃取他人财物的单个行为构成。

复合犯罪(infraction complexe)由多个不同性质的客观行为构成。例如,欺诈罪要求同时存在实施欺诈手段和取得交付的物品。

习惯犯罪(infraction d'habitude),是指多次实施类似或相同行为的犯罪。其中每一行为单独看来不构成犯罪,但反复实施这种行为则构成犯罪。例如,《公共卫生法典》中的非法行医罪,是"任何人,无医学毕业证书,经常参与对疾病的诊断……"的行为(第 L.4161-1 条和第 L.4161-5 条)。成立习惯犯,至少需要两次反复实施(包括对同一人实施)类似或相同的行为。

2. 区分的意义

这种区分有三方面的意义。

(1) 公诉时效启始点不同

复合犯罪或习惯犯罪,公诉时效自实施最后一个构成行为之日开始,因为在该日整个犯罪实施完毕,而不是第一行为的实施日,也不论不同行为之间间隔长短。

(2) 法院管辖权不同

只要犯罪行为的实施地不同,多个法院可以对复合犯罪或习惯犯罪行使管辖权。

(3) 适用法律不同

复合犯罪或习惯犯罪,适用最后一个构成行为实施日时有效的刑事法律,即便该法律在实施第一个行为之后生效而且更加严厉,亦是如此。

二、犯罪结果

犯罪结果是犯罪行为造成的损害后果,它通常通过犯罪被害人受到的损害体现出来。损害有时是物质损害,如暴力侵害之后的残疾或者盗窃、诈骗之后的财产减少;有时是精神损害,如诽谤罪的侵害荣誉等。法律中,往往将犯罪结果规定为犯罪成立要件,在此情况下,就形成了"实质犯",与之相反的是犯罪成立不要求犯罪结果的"形式犯"。

也有学者认为,存在两种结果。一种是社会损害结果,这种损害结果经常被认同为个人损害结果。法国刑法学者德高克(Decocq)称其为"实际结果",与之相对应的是"法定结果",即由罪名条款规定的结果[1]。法国《新刑法典》第221-1条规定的故意杀人罪,其实际结果就是人的死亡。第221-5条毒杀罪的成立,只要求"使用或提供足以导致死亡之物质",即达到法定结果,而无需发生被害人死亡的实际结果。据此,将犯罪分为实质犯和形式犯。

犯罪结果在刑法中的位置取决于认定犯罪的观念。根据客观观念,只有发生犯罪结果才存在犯罪,而不考虑行为人的心理活动。犯罪仅限于对刑法的客观违背。这种起源于德国的客观观念受到大多数法国学者和司法机关的排斥,后者更倾向于从主观分析角度认识犯罪,即将犯罪看作是人的行为活动而不是简单的客观事实。[2] 因此,刑法对行为是否已结束并不关心。只要犯罪意愿以外在的形式表现出来,社会就应对此作出反应。法律的发展趋势是加强预防功能,即在犯罪实现其目的之前,刑法就予以介入,制裁犯罪人。因此,在承担刑事责任方面,犯罪结果并不重要。但是,犯罪结果是某些犯罪的成立要件,而且对某些犯罪而言,损害的严重性也是确定法定刑的标准,例如,故意暴力犯罪,过失侵害人身罪。刑法典中除了反人类罪之外,侵犯人身罪的9个规定涉及最严重的刑罚,其中7个规定了被害人死亡的严重结果,而且其中1个并未提及杀人的故意,而只是规定,通过爆炸性物质、火灾或其他给人造成危险的任何方式,使他人财产受到毁坏、破坏或损坏,而且如果犯罪行为造成他人死亡,处无期徒刑(第322-6条和第322-10条)。那么被害人死亡可以是一个偶发情节,比如犯罪人不知道被害人业主正好在现场,只要发生了人员死亡的严重后

---

[1] A. Decocq, *Droit pénal général*, Paris: A, Colin, coll. U, 1971, p.171.
[2] R. Merle et A. Vitu, *Traité de droit criminel*, tome.I, Paris: Cujas, 1997, No. 383, p.505.

果,就适用最严厉的法定刑。

(一) 实质犯

1. 犯罪结果的特征与确定

"实质犯罪"(infraction matérielle)的法文表述有两方面意思。第一个是研究犯罪心理要件中所指的犯罪成立不需要证明存在过错的"事实犯罪"。第二个是这里所指的建立在犯罪结果即客观行为后果上的"实质犯罪"。

如果犯罪成立要求存在损害结果,犯罪就是实质犯罪。如果法律要求发生犯罪结果,犯罪结果就是犯罪的成立要件。实质犯仅在犯罪"实现损害"时,方构成既遂。例如,杀人罪、过失杀人罪、伤害罪与盗窃罪等。杀人罪要将人杀死。《环境法典》第 L.216-6 条规定的水体污染罪,是向水中丢弃、排泄、倾倒物质,引起甚至临时引起对人身健康有害的结果,对动植物的损害,对正常水供给制度的改变或造成对水浴区使用的限制。

在有些情况下,法律规定的损害大小决定着犯罪人适用的刑罚。例如,就故意暴力伤害罪和过失伤害罪而言,损害的大小决定着犯罪适用的法定刑。

2. 行为和结果之间的因果关系

(1) 因果关系的定义

当犯罪成立要求发生犯罪结果时,就需要在客观行为和结果之间建立因果关系。实行行为和作为构成要件的结果之间存在一定的原因和结果的关系,就是因果关系。损害结果应当是实行行为的后果,并且行为和结果之间的因果关系应当是确定的。如果发生结果完全是由于被害人的过错或是由于自然界的不可抗力,则无刑事责任。但如果一个结果的产生,是由多个因素所导致,则带来许多问题。比如,一车辆驾驶员,由于不谨慎将某过路行人撞倒,后来被撞行人在医院中死去,经证实,护理的医生犯有疏忽过失。应追究谁的过失杀人罪?司机或医生还是二人皆受追究?如果被害人也犯有过错,如未在行人保护区内行走,是否还要对他们进行处罚?对此主要存在以下学说。

第一种是具有扩展性的条件均等因果关系说(équivalence des conditions),即认为每个事件对结果的发生具有均等作用,因为,只要缺少其中之一,就不会产生该损害结果。因此,如果多个人的行为导致了结果的发生,那么原则上,每个人都应当承担责任。在上个例子中,司机和医生都负有责任。

第二种是临近(或直接)因果关系说(causalité immédiate),即仅将在时间上最为临近的事件作为原因。根据该理论,在上个例子中,被撞伤的人在送往医院治疗后死去,如果医生在治疗中犯有疏忽过失,则只追究医生的责任。

第三种是具有限制性的相当因果关系说(causalité adéquate),即当一个结果由多个原因导致时,只考虑引起损害的正常原因,而不考虑与情况相竞合的原因。在判断时,对结果的预见性将作为决定性标准。这里又存在对这个标准如何判断的问题。是按照"谨慎的知情人或好家长"的标准还是以行为人的能力作为标准?是采取抽象方式还是采取具体方式进行判断?根据该学说,在上述例子中,应当分析哪一个原因是最可能引起被害人死亡的原因。如果医生的医疗过失是导致被害人死亡的正常原因,则只追究医生的责任,从而排除司机的责任。如果司机撞倒被害人是导致其死亡的正常原因,则只追究司机的责任,从而排除医生的责任。

(2)因果关系的强度

① 故意犯罪

就犯罪既遂而言,如果犯罪造成了定罪法条规定的后果,法院原则上采用相当因果关系说。如果行为和损害之间因果关系确定,行为人将承担刑事责任。但是,在1991年1月8日法国最高法院对下面案例的判决中,却采纳了直接因果关系说。在两辆汽车相撞后,两辆车的车主发生对峙,一人试图将另一人从车中揪出,遭到后者反捅一刀,足以造成60天无法工作的伤害。被害人被送往医院后,因急救器故障而死亡。犯罪人最先受到故意杀人未遂的追诉,后来被排除认定这一罪名,而以故意暴力实施造成8天以上无法工作的伤害罪发送至轻罪法院审理,轻罪法院作出认定该罪名的决定,该决定被上诉到最高法院,理由是,基于蓄意捅刀和死亡之间的因果关系,法院应认定故意伤害致死之重罪。法国最高法院驳回上诉,认为"故意伤害致死重罪,要求死亡必须由向被害人实施的故意暴力所致,并且与这些暴力行为之外的原因无关"。在该案中,法国最高法院似乎仅认定急救器故障是造成被害人死亡的直接原因,从而采纳了直接因果关系说。①

就未遂犯罪而言,犯罪结果没有实现,而"着手实施"表现为行为直接甚至"立即"趋向结果。这就是临近(直接)因果关系。由于犯罪结果没有发生,所以法官借用因果关系来避免扩展刑法对预备行为的处置。因此,因果关系在定义犯罪未遂时发挥作用。对形式犯罪也可以采取同样思路,

---

① 参见 J. Leroy, *Droit pénal général*, Paris: L.G.D.J., 2012, 4ème éd., p.213.

因为形式犯罪由实质犯罪的"着手实施"行为构成。

② 过失犯罪

在处理疏忽大意的过失杀人或过失伤害案件时,法国司法判例一般采纳条件均等说,也就是具有扩展性和严厉性的观点。因此,所有参与导致损害结果发生的错误都应受到惩罚。

根据法国司法判例的观点,不要求刑事被告人的错误是造成损害的直接、即时、唯一的原因。只要其个人所犯错误是损害的起因,即使它不是损害的唯一原因,也要承担刑事责任,而他人同时存在的过错不能免除行为人的刑事责任,即使被害人犯有过错,也是如此。例如,在医疗领域,如果认定治疗组的每名成员对过失杀人存在过错,那么医疗组的每名成员都应当承担刑事责任①。

另外,司法判例显示,在难以或不可能断定损害的确定性原因时,往往会宣布多个犯有同一过错的人负刑事责任。例如,两个猎人过失地朝向第三人射击,后者被其中一颗子弹击中受伤,在不能确定哪个猎人的过错和损害之间的因果关系时,两位猎人都被判刑②。同样,在涉及多名车辆驾驶员的交通事故中,在不能确定哪辆车是造成死亡的确定性原因时,相关的多名驾驶员都应承担刑事责任③。

2000年7月10日的法律对过失轻罪作出定义,并对条件均相等原则的部分内容提出了质疑。根据该法律,《新刑法典》第121-3条新增加一款④,加强了非故意犯罪中因果关系的强度。

对于非故意犯罪,即过失犯罪,由于因果关系可分为直接和间接,那么引起刑事责任的行为也是不同的。当行为是损害的间接原因,且因果关系不是即时产生,而是存在距离时,只有错误达到一定严重性,行为人才承担刑事责任。换言之,这里区分了两种情形。一种是行为人直接引起损害,也就是在直接因果关系情况下,任何错误都引起行为人的责任;另一种是行为人间接引起损害(他制造或帮助制造了实现损害的状态),也就是在间接因果关系的情况下,只有当错误达到一定严重性时,即将他人置于已知的特别严重危险程度时,行为人才承担刑事责任。因此,条件均等说的

---

① 1997年2月19日最高法院刑庭的判决,刑事公告第67号。
② 1994年3月24日最高法院刑庭的判决,刑事公告第112号。
③ 1998年11月4日最高法院刑庭的判决,*RSC*,1999,323。
④ 第121-3条第4款规定,"自然人,虽未直接造成损害,但成就了致使损害得以实现之状态或有助于成就此种状态,或者没有采取可以避免损害发生之措施,如经认定其明显故意违反了法律或条例所规定的谨慎或安全义务,或者其有过错,从而使他人面临其不可能不知道的特别严重的危险,应负刑事责任"。

适用范围被缩小,只适用于严重错误的情形。

该条规定只涉及自然人的过失责任,只对自然人适用。对于法人而言,条件均等原则仍保持不变。

（二）形式犯

所谓"形式犯罪"（infraction formelle）,是将犯罪的"着手实施"予以定罪,犯罪的结果如何,在所不问,甚至不考虑任何结果。与实质犯罪相反,形式犯罪独立于任何损害结果而成立,也就是说,即使未取得犯罪人所期望的结果,犯罪亦成立。例如,毒杀罪（第 221-5 条）,即使没有发生被投毒人死亡的结果,只要使用或提供足以造成他人死亡之物质即成立；制造假币罪（第 442-1 条）,假币尚未发行或未投入流通也照样成立。不救助他人罪,即使处于险境之人通过其他方式获救也同样成立。虚假广告罪的成立,也不需要将"消费者被误导"的结果作为成立要件。向公务员行贿罪（第 433-1 条）的成立条件是,为了获得便利（服务）而向公务员"建议"赠与或好处。在大多数情况下,这些实际上都是"尚未得逞的行为",而法律上当作"已完成的犯罪"处理,予以惩罚。

区分实质犯与形式犯最大的好处涉及犯罪未遂问题。实质犯中,比较容易区分犯罪既遂与犯罪未遂；而形式犯中区分既遂与未遂并不容易,因为形式犯只要一完成法律所禁止的行为,犯罪即告成立,犯罪结果不在考虑之列。

（三）障碍性犯罪

"障碍性犯罪"（infraction-obstacle）与形式犯相近,它是立法机关为了阻止实施其他犯罪或产生损害结果,而将一些危险行为、实质犯中的预备行为或显露犯罪意图决定的简单行为予以入罪。这些犯罪的成立都不需要犯罪结果的发生。

例如,《新刑法典》规定的策划谋反罪,威胁罪,坏人结社罪,给他人造成危险罪,公共场所遗弃武器罪,《道路交通法典》规定的醉酒驾车罪,等等,都属于"障碍性犯罪"。

"障碍性犯罪"与形式犯相近,只要制造了某种危险,就构成犯罪。但是二者也有区别,主要表现在与相应实质犯的法定结果的距离上。就"障碍性犯罪"而言,相应结果的实现只是一种简单的可能性；就形式犯而言,其与对应结果之间的因果关系是临近的或直接的。[1]

---

[1] J. Leroy, *Droit pénal général*, Paris: L.G.D.J., 2012, 4ème éd., p.228.

"障碍性犯罪"的数量要多于形式犯。对于这类犯罪还需作两方面说明。

在实体法方面,有时,"障碍性犯罪"可以与其他以结果为构成要件的犯罪并存,例如,醉酒驾车和过失杀人。非故意杀人罪并没有吸收"障碍性犯罪";醉酒驾车是过失杀人的加重情节。而相反在其他情况下,"障碍性犯罪"因被新的犯罪吸收而消失,例如,策划谋反罪被谋反罪吸收。

在程序法方面,审理重罪案件的重罪法庭同样也有权审理"障碍性轻罪"。

第二节 犯 罪 未 遂

犯罪的成立,始终要求有"事实上的行为",但是"犯罪当罚"与否,并不一定要求"行为已经终了"和"产生危害结果"。这涉及刑法介入惩治犯罪的时间和条件问题。

根据传统的切分方法,实现犯罪的整个发展过程可以划分为五个阶段:犯罪计划、犯罪决定及犯罪思想的外部表现、预备行为、着手实施和实施犯罪。这又被称为犯罪发展的"行程"。如果犯罪实施完毕,如杀人罪中被害人死亡,那么犯罪得逞。如果出于某种原因,犯罪行为在得逞之前被中断,犯罪只是未遂。因此,需要确定在哪些条件下对未遂犯罪予以刑事处罚。

一、犯罪未遂的成立要件

仅具备犯罪心理,仅"作出实行犯罪的决定",即使这种心理、决定已经用语言或文字表现出来,刑法仍不加以惩处。只有在特殊情况下,对那些足以扰乱公共安宁的犯罪决定的外部表现,法律才专门规定为独立的犯罪。例如,《新刑法典》第 222-17 条的威胁罪,即"以对人实行重罪或轻罪相威胁,如该罪之未遂当受惩处,在反复进行此种威胁,或者以文字、图像或其他任何物品具体表示此种威胁时,构成威胁罪"。以死亡威胁的,加重处罚。

然而,在不受惩处的单纯的犯罪思想活动与始终应受惩处的犯罪既遂之间,还有一个过程,即"犯罪预备""着手实施犯罪"与"实行终了"但无结果(未得逞或不能犯)。① 刑法应当在哪个阶段介入,是值得思考的问题。

---

① 参见[法]卡斯东·斯特法尼等著:《法国刑法总论精义》,罗结珍译,229 页,北京,中国政法大学出版社,1998。

犯罪未遂是否当罚,存在两种观点,即客观主义观念与主观主义观念。根据客观主义观念,单纯的未遂犯罪不受处罚,因为犯罪未遂并没有给社会秩序造成扰乱。而主观主义观念认为,从犯罪心理角度来看,犯罪未遂暴露出行为人的犯罪意图,犯罪行为人具有与既遂犯同样严重的人身危险性,因此,应当受到处罚。在这两种观念里,客观主义观念的缺点在于,对所有未产生结果的犯罪一概听任不罚,甚至在仅仅由于外部情事致使犯罪未发生结果的情况下,也听任犯罪不受惩罚;主观主义观念的缺陷在于,对所有未遂犯一概惩罚而不加以区别,并且只要未遂犯表现出行为人的犯罪意图,均科处与既遂罪相同的刑罚。①

对于这两种观念,法国立法机关并没有完全采纳其中任何一种观念。

法国《新刑法典》第121-4条规定,"下列之人为犯罪行为人:1. 实施犯罪行为者;2. 意图实施重罪,或者在法律有规定之场合,意图实施轻罪者。"

第121-5条规定,"已着手实行犯罪,仅仅由于犯罪行为人意志之外的情事而中断或未能得逞,构成犯罪未遂。"

法国刑法对犯罪未遂的规定实际上是客观主义与主观主义两种观念的综合。重罪之未遂始终当罚;轻罪之未遂仅在法律有规定的情形下始当罚之;在任何情形下,违警罪均不成立犯罪未遂。

成立犯罪未遂需要满足两个条件,即"着手实施犯罪"与"非自愿放弃犯罪"。

(一)着手实施犯罪

1. "着手实施"的认定

根据上述犯罪发展的"行程",自第四阶段"着手实施"就进入《新刑法典》第121-5条的管辖范畴。但是立法机关并没有对"着手实施"作出定义。法国刑法理论对"着手实施"存在客观观念和主观观念两种认识。

客观观念强调犯罪人的行为②,认为"着手实施"本身揭示出犯罪行为,它或者是犯罪未遂的构成要件,或者是加重情节。例如,在盗窃罪中,"着手实施"是指将手放在被偷的财物上,或者撬锁(翻墙)进入盗窃地点

---

① 参见[法]卡斯东·斯特法尼等著:《法国刑法总论精义》,罗结珍译,230页,北京,中国政法大学出版社,1998。

② J. Ortlan, Eléments de droit pénal, t.I, Paris:Cujas, 1886, 5ème éd., No. 1012; J.-A Roux, Cours de droit criminel français, t.I, Paris: Sirey, 1927, 2ème éd., p.105; H. Donnedieu de Vabres, Traité élémentaire de droit criminel et de législation pénale comparée, Paris:Sirey, 1947, 3ème éd., No. 212, p.135.

(根据第 311-4 条,后者构成盗窃的加重情节)。但这种观点受到两方面批判,一方面认为它过于局限,例如,故意杀人罪的"着手实施"是行为人扣动枪的扳机,但根据《新刑法典》第 121-5 条犯罪未遂的规定,由于意志以外原因而中断或失败,那么总而言之就会造成犯罪中断与犯罪失败的混同。在犯罪失败中,犯罪行为已实施完毕,行为人已实施了杀人动作,但是由于没有瞄准好,或枪在最后一刻卡壳,或因过于激动而忘记拉枪栓等原因,从而没有得逞。另一方面,犯罪未遂的可罚性与犯罪的主观方面有关,为何要将"着手实施"定义成一个事实要件?

主观观念强调行为人的心理状态[1],认为"着手实施"揭示了犯罪人实施犯罪的意图,因此采用心理标准。"着手实施"显示出行为人已决定实施确定的犯罪,而且如果没有其他阻碍,就要完成犯罪行为,这已不是"预备行为"。但是该观点的弊端在于实践中,难以证明行为人不可撤销的犯罪意图。比如,行为人在前往实施入户盗窃的途中被逮捕,可以声称其已放弃作案计划。另外,该观点也不认可《新刑法典》第 121-5 条规定的"着手实施"。

这两种学说存在的过度或不足又导致一些学者采取将客观观念和主观观念相结合的办法,即意大利刑法学家卡洛拉(Francesco Carrara,1805—1888)提出的单义行为(acte univoque)理论[2]。根据该理论,如果行为是完全必要的,那么行为的单义性只能从完成该行为的故意中得出。

法国的司法判例在刑法理论的基础上发展出"着手实施"的定义,即一方面,"着手实施"应当是直接(涉及因果关系)、立即(涉及时间临近性)趋向实施犯罪的行为,另一方面,"着手实施"应当是具有犯罪故意的、直接趋向犯罪的行为。[3]"着手实施"的特点是,行为直接和立即的结果就是完成犯罪,或者说是"直接趋向犯罪并具有实施犯罪的故意行为"。

法国司法机关在认定"着手实施"时要求具备两个因素:主观因素和客观因素。主观因素,即实施犯罪的故意;客观因素,即行为,这两个因素密切联系。主观因素由行为人不可撤销的犯罪意图构成。这就是为什么同一个行为,有时不视为犯罪未遂的构成要件,有时却被当作"着手实

---

[1] R. Saleilles, "Essai sur la tentative", *RPDP*, 1913, 750; L. Vidal et L. Magnol, *Cours de droit criminal et de science pénitentiaire*, t.I, Paris: A. Rousseau, 1949, 9ème éd., p.150.

[2] R. Garraud. *Traité théorique et pratique de droit pénal*, t. I., Paris: Sirey, 1913—1935, 3ème éd., p.494.

[3] 1972 年 11 月 8 日最高法院刑庭的判决,刑事公告第 331 号。J. Pradel et A. Varinard, *Les grands arrêts du droit pénal général*, Paris: Dalloz, 2012, 8ème éd., No.30, p.404.

施"。客观因素是指"着手实施"和实施(完成)犯罪的临近性。"着手实施"不一定是犯罪的构成要件或加重情节,但是"着手实施"应当与实施犯罪有直接关系。

例如,法国最高法院曾有一案例,认为雇用杀手去谋杀指定人员的行为不构成着手实施①,因为由于存在中介因素,谋杀不是行为的直接、必要和临近的后果,杀手可以不实施杀人计划。在该案中,即使教唆犯的犯罪意图已确定,也不受刑罚处罚,因为不存在"共犯的未遂"(tentative de complicité)。教唆犯只能以共犯身份受到追诉,如果主要行为没有实施或没有试图实施,教唆犯就不受刑罚处罚。

法国最高法院在另一案件中②也有同样的认为。一名初中生给同学钱托其购买毒品,该同学又委托第三人直接购买毒品,但是第三人的母亲截获了购买委托书,以至于该人未与毒品供应商取得联系。实质审法官曾认定初中生实施了购买毒品未遂罪,该决定被法国最高法院撤销,理由是当犯罪进入实施阶段,未遂只能由直接引起犯罪实施结果的行为构成。中间人的存在使得期待的结果变得不确定。成立当受处罚的犯罪未遂,需要实施行为和犯罪之间存在直接因果关系。

2004年3月9日的法律在刑法典中设立第221-5-1条新罪,专门惩治向某人作出给予或承诺,或向该人建议任何赠与、礼物或好处,以使其实施谋杀或毒杀,且该人并未实施或试图实施该重罪的情形。因此,这类特定的未发生结果的"雇凶"教唆犯,将受刑法处罚。

在某些特殊情况下,"脑力活动"也可导致犯罪实施完毕,从而减弱了行为的单义性。例如,法国最高法院认为,葡萄酒销售商向购买者邮寄带有虚假标识的葡萄酒样品,构成产地欺诈罪的"着手实施",理由是向客户群邮寄带有虚假标识的葡萄酒样品,是销售商实施的最后行为,在没有其他外部因素影响下,该销售要约"立即"对客户的承诺起决定作用。由此可见,虽然判决中使用"立即"一词,但由于时间临近性是相对的,它更强调在无其他因素影响下,受指责的行为是犯罪实施完毕前最后的行为,而其引发购买者作出购买承诺(脑力活动)的结果导致犯罪实施完毕。

"着手实施"由单义行为构成,体现出行为人确凿的犯罪意图。犯罪意图从行为本身中体现出来。比如,被警方监视并逮捕的几个行为人,当时坐在盗窃而来的车中,携带武器及隐瞒身份的工具,构成持械抢劫的"着

---

① 1962年10月25日最高法院刑庭的判决,D,1963,321。
② 1979年5月15日最高法院刑庭的判决,刑事公告第175号;D,1980,409。

手实施",即使他们尚未实施侵害人身或财产的犯罪行为,但他们的单义行为十分突出,犯罪故意十分明显。犯罪意图还可以通过行为的外部因素体现出来且行为人不能合理解释其行为。比如,一伙人驾驶一辆用于装运保险柜的卡车靠近一个企业入口,并测试窗户栅栏的结实程度,一旦他们不能对该活动给出正当理由,就构成盗窃罪的"着手实施"。

法国的司法判例显示,有时出于严厉打击犯罪的目的,更多从犯罪学角度而不是从法律角度处理问题。例如,有些行为,对初犯只认定预备行为,而对累犯则认定"着手实施"。预备行为与"着手实施"的区分是法律问题,而不应以犯罪人的人格为标准。

总之,在认定"着手实施"时,法国司法判例根据不同情况体现出功利主义倾向,有时倾向主观观念,认为只要具备直接趋向犯罪的行为就构成"着手实施",有时则倾向客观观念,认为"着手实施"还需要被指责的行为立即引起实现犯罪的后果。

2. "预备行为"和"着手实施"的区别

犯罪想法,实施犯罪的简单愿望,不受刑事处罚,即使从未遂角度也不受处罚。着手实施只能是一个客观行为。但在实践中,客观行为有两种形式:预备行为和着手实施。这两者区分起来比较困难。"购买一支手枪"是(杀人)"犯罪预备",还是"已经着手实行犯罪"?一个人"购买一支手枪",不仅可能为了杀人,也可能为了自我防卫,还可能为了自杀。

两者区分具有重要意义。犯罪预备行为不受处罚。但是,这不包括对于既遂犯罪,法律视"犯罪预备"为一种"共犯"形式而处罚的情形。根据第121-5条,只有实行行为才是受刑法处罚的未遂行为。"着手实行犯罪"是犯罪未遂的法定构成要件。因此从未遂角度,预备行为不受处罚,因为在预备阶段,犯罪人可以随时放弃犯罪行动,而不引起任何损害,并且证明犯罪人在预备阶段的犯罪意图也是件棘手的事情。

3. 法律适用

法国司法实践中,"着手实施"的判例非常丰富。

例如,对于盗窃罪,撬开停车场上停泊车辆的门,进入车辆,坐在方向盘前,即使未启动车辆,构成"着手实施"。在自助商店里,将贵重物品藏在清洁桶里,构成"着手实施"。

被关押人员锯关押牢房的栅栏,构成越狱罪的"着手实施"。找到同意将直升机停在监狱院内的飞行员,构成串通越狱罪的"着手实施"。与某人商谈购买毒品,构成贩卖毒品罪的"着手实施"。

自称是医生,将年轻的求职女性引入房间并要求其脱去衣服进行体检,并将该体检作为雇用的法定强制条件,构成性侵犯的"着手实施"。

为了获得赔偿,向保险人报告虚假的火灾或事故或故意引起的事故,构成保险欺诈罪的"着手实施"。但是,故意损害已投保的财产后,未向保险人申请赔偿,则不构成保险欺诈罪的"着手实施"。

(二) 非自愿放弃犯罪

根据《新刑法典》第121-5条,除了"着手实施"外,犯罪未遂的成立还需要犯罪因犯罪人意愿以外的原因而中断或失败。相反,如果犯罪人在"着手实施"之后自愿放弃实施,则不存在当受罚的犯罪未遂。

总体上讲,犯罪人意愿以外的犯罪未得逞存在三种情形:一种是外部事件的干预(非自愿放弃、中断),二是犯罪行为失败(犯罪失手),三是犯罪不可能实现(不能犯)。

1. 非自愿放弃的辨析

如果犯罪得逞之前放弃实施犯罪并且放弃出于自愿,那么中止的犯罪不受刑事处罚。

(1) 事前的放弃与事后的积极悔罪

自愿放弃(法国新刑法典未涉及犯罪中止)应当发生在犯罪实施完毕之前。换言之,行为人自愿放弃的行为应当发生在犯罪既遂之前。该自愿放弃应当与积极悔罪相区分,后者是指犯罪人试图修复犯罪后果的行为。例如,归还盗窃的物品或诈骗的钱财,照顾被伤害的人,赔偿被害人,在虚假广告后作出告知,等等。犯罪一旦既遂,即使行为人试图挽回犯罪后果也不影响犯罪成立,也不能成立"放弃"犯罪,而只能成立"积极悔罪"。它只会对量刑产生影响,因为,在实践中,法官将考虑积极悔罪行为而从轻处罚。法律还明确规定了在积极悔罪情形下免除或减轻刑罚的可能性。两者的区分很重要,"自愿放弃"使犯罪未遂消失,而"积极悔罪"仍然使之存在。

这里体现出区分"实质犯"与"形式犯"的意义。实质犯以犯罪结果为构成要件。例如,在杀人罪中,如果被害人死亡,犯罪为既遂;只要犯罪结果尚未发生,行为人均有可能放弃犯罪。例如,行为人将某人推下水,企图将其淹死,在被害人尚未淹死之前,行为人又将被害人亲自救起,这时就成立"自愿放弃"犯罪,而不是"积极悔罪";依此推论,这种情形不成立犯罪未遂[1]。

---

[1] 参见[法]卡斯东·斯特法尼等著:《法国刑法总论精义》,罗结珍译,238页,北京,中国政法大学出版社,1998。

对于"形式犯",在犯罪未达到结果之前,犯罪便告既遂,而且形式犯又被认为是单独定罪的未遂犯罪,因此,"放弃"应特别早地发生。例如,《新刑法典》第 221-5 条规定的毒杀罪,只要使用或提供足以导致死亡之物质,能够伤害他人性命的,即成立毒杀罪,便不可能有"放弃"行为。因此,如果投毒人又给被害人解药或呼叫救援,也不存在犯罪完成之前的放弃而只成立简单的积极悔罪。犯罪已经得逞,行为人应当受到惩罚。但是,如果是向井里投毒,然后又警告井水使用者井水有毒的行为,可以构成自愿放弃。因此,如果形式犯既遂之前的行为,足以成为"着手实施"的单义行为,则可以认定未遂,从而,自愿放弃也是可能的。

（2）自愿放弃与非自愿放弃

行为人并非出于与本人无关的外部原因,而是出于自身某种原因（怜悯、悔悟、害怕受到处罚、内心恐惧）作出放弃犯罪之决定,此种放弃是"自愿放弃"。如果放弃是自由意志的结果,就是自愿放弃,而无需考虑行为人的动机。

如果行为人停止犯罪是由于与本人无关的外部原因所致,那么"放弃犯罪活动"是一种"非自愿的放弃",未遂将受到刑罚处罚。这些中断犯罪的外部原因多种多样,例如,犯罪人之间缺乏协调无法实施犯罪,被害人反抗和求救,警察或第三人出现、犯罪行为受到制止,等等。

但是,当存在双重原因时,即部分是自愿,部分受到外界影响时,判断"放弃"的自愿或非自愿特征比较棘手。只有弄清行为人放弃行为的决定性原因是"外部情事"还是"本人意志"后,才能作出回答。① 因此,法国刑法理论认为应当根据这些原因中起主导作用的原因进行判断。法国刑事法院对"自愿放弃"的认定非常严格。因害怕揭发而放弃,不被认为是自愿放弃。在一起超市盗窃案中,行为人通过调换包装纸盒打算盗窃贵重物品,但在柜台结账之前放弃了该物品,因此在受到盗窃未遂指控时坚持是"自愿放弃",而审判法院认为,根据案情,行为人拒绝了在超市中遇见的表弟的帮助,并感到已被超市工作人员监视。因此,这是由于第三人的间接参与使得外部原因在"放弃"中起了主导作用,该放弃被认为是非自愿放弃。从该案例得出,源于外界因素的"害怕",不论是真实或假想的,都排除了放弃的自愿特征。但是,在另外一个案例中,行为人打算对一家香烟店入户行窃,在行窃时被一刚好路过的朋友发现,对其进行劝说,在没有

---

① ［法］卡斯东·斯特法尼等著:《法国刑法总论精义》,罗结珍译,237 页,北京,中国政法大学出版社,1998。

任何强制的情况下,行为人放弃了盗窃计划。法国司法机关认为该放弃是自愿放弃,因为行为人的内部因素在放弃中起了主导作用。该判例的做法也对《新刑法典》的适用起到指导作用,因为第 121-5 条的规定并没有要求放弃的"自发性",而只是"自愿特征"。在受到强制的情况下,不能成立自愿放弃。①

2. 失手犯

根据《新刑法典》第 121-5 条,当犯罪因行为人意愿之外的情事而没有发生犯罪结果,就构成应受处罚的未遂,即犯罪失手或失败(infraction manquée)。犯罪行为已全部实施完毕,但由于行为人笨拙等原因,其所追求的结果没有达到。行为人实施了所有旨在实现犯罪的客观行为,但是犯罪没有得逞。这个无结果的实行行为可以表现为"失败性未遂"和"不能犯未遂"的轻罪。失败性未遂,即犯罪失手或失败,是由于行为人本身行为不熟练所致。其有罪性的成立不存在任何疑点。《新刑法典》第 121-5 条基于主观主义观念而将其视为犯罪未遂。例如,故意杀人罪,未得逞,造成被害人受伤。

3. 不能犯

不能犯(infraction impossible)或不能犯未遂,是指不能实现的犯罪,它要么由于犯罪对象不存在(例如,朝死人开枪,将手伸向他人的空腰包行窃),要么由于使用的手段无效(例如,使用未上子弹的枪等)。不能犯实际上是失手犯的一种特殊类型,因为在这两种情形下,犯罪客观行为都实施完毕,而犯罪结果没有发生,其原因是存在行为人意志之外的、其不知道的无法客观实现犯罪的情形。失手犯和不能犯两者之间唯一的区别是,对于失手犯,犯罪结果本应能够实现,而对于不能犯,犯罪结果根本无法实现。不能犯应被视为当受处罚的犯罪未遂,因为它具备了犯罪故意、客观实施行为和非自愿放弃的条件。

(1) 刑法理论的建议

在学理上,19 世纪初期法国刑法学者受到客观主义观念的影响,认为不能犯不受刑罚处罚,理由主要是不能犯没有引起任何社会扰乱。也有学者表示应当对不能犯进行系统的处罚,理由是不能犯的行为人具有与被中断犯罪的行为人相同的人身危险性②。其后,法国学者奥特兰(Ortolan)作

---

① J. Pradel et A. Varinard, *Les grands arrêts du droit pénal général*, Paris: Dalloz, 2012, 8ème éd., No.31, pp.419~420.

② R. Saleilles, "Essai sur la tentative", *RPDP* 1897, 53; H. Gallet, *La notion de tentative punissable*, thèse Lille, 1898, p.231 s.

出了"绝对不能犯"和"相对不能犯"的区分①。"绝对不能犯"是指犯罪对象不存在（行为人想要杀害的人已经死亡）或者使用的犯罪工具、手段无效（用没有子弹的枪去杀人或用无毒的物质去毒杀人）；绝对不能犯，不予处罚。"相对不能犯"，指犯罪对象虽然存在，但不在犯罪行为人所认为的地点，或者，行为人使用的方法或手段本身虽然是有效的，但由于使用不当而没能发生效用。相对不能犯，按未遂处罚。有的学者对此提出批评，认为其区分标准只是表面上的，因为"不可能"要么存在，要么不存在，"不可能"中无法有程度之分，②。

对此，法国学者胡（Roux）和加罗（Garraud）等人又作出"法律上的不能"和"事实上的不能"的区分。加罗认为，"法律上的不能"是指法律定罪上的不可能，即不存在法定的定罪条件。例如，1810 年《刑法典》第 300 条规定的杀婴罪，惩治杀死或谋杀新生婴儿的行为。对于杀死死产儿的杀婴行为，在法律上不能成立，因此，也不能引起刑事追诉。"事实上的不能"，是指由于行为人意志以外的原因导致结果没有发生，这种情形将受刑罚处罚。比如，小偷将手伸向他人腰包行窃，却发现口袋是空的，该行为应受处罚。但是，法国学者麦尔勒和维图（Merle et Vitu）对此又提出保留意见，认为所谓"事实上的不能"实际上也是"法律上的不能"。属于他人的物品不在现场导致无法从法律上予以定罪，因为定罪的前提条件，即法律所保护的法益不存在③。

面对难以区分不能犯类型的局面，法国刑法理论又逐渐趋向于在处罚犯罪未遂时不考虑结果的可能性或不可能性。这种学理上的表面统一并没有导致对不能犯进行系统的刑罚处罚，因为司法判例对此表现出某些迟疑。

（2）司法判例的迟疑

在司法判例方面，早先的某些判决对不能犯不予处罚。后来，司法判例中也对不能犯作出"绝对不能犯"和"相对不能犯"区分，最后，又倾向处罚不能犯④。一般情况下，司法判例采纳了主观主义观念进行判断：不能犯未遂轻罪比犯罪中断之未遂更体现出行为人的犯罪故意。因此，司法判例强调犯罪人的主观侵害意图和人身危险性，并将不能犯视作未遂犯，予

---

① J. Ortolan, Eléments dee droit pénal, Paris: Cujas, 1886, 5ème éd., T. Nos 1005 s.
② R. Garraud, Traité théorique et pratique de droit pénal, t. I., Paris: Sirey, 1913—1935, p.513.
③ R. Merle et A. Vitu, Traité de droit criminel, t.I., Problèmes généraux de la science criminelle, Paris: Cujas, 1997, 7ème éd., No.510.
④ J. Leroy, Droit pénal général, Paris: L.G.D.J., 2012, 4ème éd., p.223.

以惩处。1986年1月16日的一项刑事判决认定,行为人误以为某人仍然活着,为了杀死该人而对其实行暴力,是故意杀人未遂,因为,被害人在行为人实施暴力之前已经死亡这一事实,仅仅是一个与行为人意志无关的情节。

但是,也存在例外情形,如果行为人使用的方法或手段表明他并无犯罪意志(例如,使用儿童的玩具枪杀人,或者采用巫术、魔法杀人),"不能犯"不受处罚,之所以不受惩处不是由于缺乏事实要件,而是由于行为人所使用的工具、方法或手段表明其没有刑事责任,也就是说,犯罪的心理要件不复存在。

二、犯罪未遂的惩处

在判断未遂处罚的程度时,存在客观主义和主观主义两种观念。

客观主义观念强调犯罪对社会秩序造成的损害。由于犯罪未遂相对于犯罪既遂的严重性小,所以未遂不应受罚或应当相对于既遂减轻处罚。主观主义观念主要考虑犯罪人的犯罪意图和人身危险性,犯罪的客观性是次要的。犯罪未遂的主观意图与犯罪既遂相同,犯罪之所以没有得逞是因为犯罪人意愿以外的原因所致,所以刑罚应当与犯罪既遂相同。

《新刑法典》在涉及犯罪未遂的概念时,要求有"着手实行犯罪",这主要体现了客观主义观念。在涉及犯罪未遂的刑罚时,《新刑法典》采取了主观主义观念。即《新刑法典》不考虑犯罪结果,而是要处罚犯罪故意,并且要求如同犯罪已经产生结果一样给以严厉惩罚;不过法国法律仅惩处其认为最严重的未遂犯。

(一)未遂犯的性质:重罪或法律规定的轻罪

法国法律采取的观念,实际上是综合了客观主义与主观主义两种观念。根据《新刑法典》第121-4条,"下列之人为犯罪行为人:1-实施犯罪行为者;2-意图实施重罪,或者在法律有规定之场合,意图实施轻罪者。"

一般而言,重罪未遂,始终当受刑罚处罚。

轻罪未遂,仅在法律有规定的情形下才受刑罚处罚,而法律没有规定的情况下,未遂不受刑罚处罚,例如,第311-13条规定了盗窃未遂;第313-3条规定了诈骗未遂;而滥用他人信任罪未遂或过失伤害他人人身未遂,由于法律没有规定,所以均不受刑罚处罚。

在任何情形下,违警罪均不成立犯罪未遂。

另外,某些犯罪的性质也阻碍未遂概念的成立,因为后者需要具备实施犯罪的意愿。那么,对于不追求犯罪结果的疏忽大意或轻率不慎的过失犯罪,原则上不存在犯罪未遂,例如,过失杀人或过失伤害罪,就是如此。

（二）未遂犯的刑罚

未遂犯当受处罚时,处与既遂犯相同之刑罚。这是《新刑法典》第121-4条规定的"等同原则"。因此,对未遂犯当处与既遂犯相同的法定主刑和附加刑。

实证主义学派,赞成这一处理方法,主张"着重惩罚"的是犯罪人,其次才是犯罪本身,并且认为,处罚应当与行为人对社会的危险性成比例,而不是与行为的实际严重程度成比例。

法国新古典主义学派批判这种处理过于严厉,认为刑罚的教育功能应大于实用功能。正因如此,法国以外的域外立法规定对犯罪未遂科处较轻的刑罚,或允许法官减轻科刑。

在法国,虽然法律上规定犯罪未遂与犯罪既遂的刑罚相同,但实践中并非如此,因为法官可以通过刑罚"个别化原则",减轻对未遂犯罪行为人的处罚。

第十章　心理要件

从法律上认定犯罪,除了要有行为人实施了刑法惩处的行为,还要求该行为是行为人意愿的结果。犯罪行为和行为人之间的这个关系在英国法中称为"犯罪意图"(mens rea),它与"犯罪行为"(actus reus)相对应,构成心理要件。心理要件同事实要件结合才成立犯罪。传统刑法理论认为,刑事责任由有罪性(culpabilité)和可归罪性(imputabilité)构成,前者相对于社会集体,后者相对于行为人个人。可归罪性是指能否将犯罪归咎于行为人身上,涉及其承担刑事责任能力的问题;而在犯罪行为阶段,只涉及有罪性,它反映出行为人对某些基本社会价值的漠视或忽视,即故意或过失[①]。故意杀人罪是故意杀死他人的行为,反映出对他人生命的漠视;过失杀人罪反映出对他人生命的忽视。因此,所有犯罪可以区分两类主观方面:故意和过失。目前法国刑法对犯罪构成,要求具备心理要件,而在旧刑法体系中,只要具备犯罪行为的客观性,即构成犯罪。

1810年《刑法典》总则条款中没有规定故意和过失,仅在分则中零散地出现了一些描述故意的词语,如"明知而有意""有目的地""故意地""预谋"等等;对于"过失"的描述,立法者则使用"笨拙失误""轻率不慎""疏忽大意""未予注意"等词来表示。如今的立法要求行为人具有犯罪意图,在无主观意图的情况下,如不可抗力,则不存在犯罪。1992年《刑法典》在总则条款中明确规定了故意和过失。根据新刑法典,所有重罪和大部分轻罪都是故意犯罪,但是也有一些法定的非故意犯罪,包括过失轻罪和大部分违警罪。

第一节　犯罪故意

法国立法机关没有对故意作出定义,而"故意"一词在《新刑法典》总则第121-3条第1款中出现,即"无实施重罪或轻罪之故意,则无重罪或轻

---

① 参见 J. Leroy, *Droit pénal général*, Paris: L.G.D.J., 2012, 4ème éd., pp.229~230.

罪"。当分则条文涉及故意时,所用的词汇有"自愿"、"故意"、"虚假"、"恶意"等,都包括同样的概念,都强调同样的主观要素:故意(intention 或 dol)。

一、故意的概念

犯罪故意(dol criminel),是指实施刑法所禁止的犯罪的意愿。行为人知道法律所禁止和惩治的行为,但是却自愿决定实施犯罪行为。笼统而言,可以从"犯罪故意"中归纳出两个极不相同的概念:抽象的传统概念和具体的实证主义概念。

(一) 传统概念(客观概念)

按照法国刑法学家加尔松(Garçon)以及大多数传统刑法学家的观点,犯罪故意是指行为人具有实现法律禁止行为的认识或意识[1]。这种分析将故意分为两个要素,即认知(connaissance)和意愿(volonté)。认知要素,涉及对法律和行为的认识和理解,即违反刑法的意识。根据箴言"无人不知国法",这一点被永远推定为成立[2](当然,要求每个行为人本人对刑事法律禁止的所有行为都"知道",恐怕也不现实,但是,任何人都不得以不知道法有规定为借口而逃避对违法行为应负的责任)。只要行为人希望行为及其结果发生,则当受处罚。因此犯罪故意如同一般、普遍、客观的概念出现,对所有人都一样。意愿要素,涉及违反刑法的愿望,应以客观意思理解,犯罪动机在意愿之外,对惩罚犯罪无关紧要。由此可见,故意的概念很难与可归罪性相区分,二者都包括认知和意愿要素,这就牵扯在认定犯罪成立和刑事责任时,要对行为人主观方面进行重复判断。

为了确定行为人是否有"故意",并不需要证明"行为人知道刑事法律",而只需证明行为人有实行法律所禁止行为的意愿。检察机关通常承担对故意的举证责任;但是,法院判例也承认,就某些犯罪而言,仅依据对事实要件的确认即可认定存在犯罪心理要件。

(二) 现实主义观念(主观观念)

相反,主观观念认为,犯罪故意应通过行为人的个人品格衡量。该故意不是抽象的意愿,而是具有理由和动机的意愿,因此,应当分析犯罪动机,并探究某种动机是否反社会。只有确定行为人出于不道德或反社会的

---

[1] E. Garçon, *Code pénal annoté*, 3 tomes, 2ème édition par M. Rousselet, M. Patin et M. Ancel, article 1, Paris: Sirey, 1952—1959, No.77.

[2] 孙平、博胥康:《法国犯罪二元论体系概述:行为和行为人》,载赵秉志主编:《刑法论丛》第 11 卷,312 页,北京,法律出版社,2007。

动机,才给以刑罚处罚。这个从前由实证主义学派表述的观点,也是当代犯罪学家的观点。对实证主义学派而言,情绪化的罪犯是一种"英雄"体现,只应受到民事处罚,今天,许多犯罪学家认为刑罚应参照行为人的犯罪动机。① 社会防卫论的倡导者也认为,如果不考虑动机,就排除了对犯罪人心理作出严肃且真正考量的可能。②

在传统观念与现实主义观念之间,法国刑法选择了传统观念,即故意完全有别于动机。法国司法判例拒绝接受基于犯罪人人格的各种动机的概念。因此,"采用不正当的手段试图恢复占有属于自己的财产"的人,同样应受处罚(即使有合法权益的人,也应当依法办事,不得因合法动机实行违法行为)。

二、故意与动机的区别

动机(mobile)是行为人实施犯罪的个人原因,它应当与犯罪意愿相区分。不论犯罪人具有什么样的动机,一般而言,犯罪故意足以构成犯罪的心理要件。但是,刑法有时专门惩罚那些不仅故意实施犯罪而且还具有特定动机的犯罪人。

(一)不考虑动机的原则

古典学派在界定意愿要素时,按照客观观念的立场,不考虑动机。该学派认为,从自由主义原则出发,只能从外部考察动机,而不能探查人的内心,而且即便要考察人的内心,证据上也难以实现。如果坚持要在认定犯罪时考虑犯罪动机,很可能出现一些犯罪人不受惩罚的局面。

传统观念从犯罪故意中看到一种抽象的意愿,故意与动机是有明显区别的。"故意"不是别的,只能是完成犯罪行为的"有意识的意愿",所以"故意是相同的",动机则各有不同。动机是引起行为人实施犯罪的个人原因,进一步讲,它是对犯罪行为起到推动作用与决定性作用的原因。由于人与情节之不同,动机也根本不同。与此相反,在实证主义法学观念中,犯罪故意与犯罪动机相混同,或者,故意至少是由动机决定的。

在古典学派和实证主义学派的观念之间,法国刑法选择了古典学派的观念,即故意完全有别于动机。对于同一犯罪,因人和情节而异,行为的原

---

① 孙平、博胥康:《法国犯罪二元论体系概述:行为和行为人》,载赵秉志主编:《刑法论丛》第 11 卷,312 页,北京,法律出版社,2007。

② M. Ancel, *La défense sociale nouvelle*, Paris: Cujas, 1981, 3e éd., p.11.

因也不同且多种多样。因此，谋杀的动机可以是报复、仇恨、忌妒、愤怒、贪婪、政治或宗教幻象，甚至出自怜悯。这些不同的动机在刑事法确定谋杀罪的构成时并未予以考虑，而只考虑杀死的意图，并将其作为谋杀罪的必要和充分心理要件，动机对犯罪的构成不产生任何影响。

法国最高法院对此曾指出，若故意已经成立，即使有体面的动机，也无法撤销归责于行为人的过错。最典型的例子莫过于安乐死，不管对他人施行安乐死的人出于何种动机，重罪法庭原则上都会对其加以惩罚。一名医生出于道德，为了减少病人的痛苦，结束病人的生命，构成故意杀人罪。行为人为了"偷富济贫"也构成盗窃罪。企业雇员为了避免被解雇和进行辩护而复制、拿走企业文件的行为，也构成盗窃罪。

虽然法国刑法坚持这一观念，在规定犯罪时，仅考虑故意，而不考虑动机，即刑事故意已足以满足犯罪的心理要件，不论行为人具有何种动机；但是，有时候，刑法也专门惩治那些不仅故意实施犯罪，而且具有某种动机的人。

犯罪动机在法律规定上虽说对刑事责任并无影响，但实践中，法官在确定刑罚时一般考虑犯罪动机，减轻刑罚，如果有正当动机，法官量刑时比较宽宏大量。尤其是重罪法庭，在面对一些"可敬的"动机，如激情犯罪等，有时会表现出非常宽容，只宣告象征性的刑罚，甚至释放行为人，这种做法也十分有争议，因为在确定犯罪人的刑事故意时，无论其动机如何，其有罪性已毋庸置疑。

（二）考虑动机的例外

如果法律没有规定，则不考虑动机。但是在例外情况下，法律对实施犯罪起主导作用的即时动机，要么将其作为犯罪的构成要件，要么将其作为犯罪的加重情节。

1. 动机作为犯罪构成要件的情形

法国《新刑法典》中，涉及犯罪目的的罪名规定可以列举如下。

第 227-12 条"妨害亲子关系罪"规定，以营利为目的或者以赠礼、许诺、威胁或滥用权势的方式，挑唆父母或其中一人抛弃已出生或将出生之子女的，处 6 个月监禁并科 7 500 欧元罚金。以营利为目的，在意欲收养子女和意欲抛弃子女的人之间充当中介的，处 1 年监禁并科 15 000 欧元。

第 314-7 条规定的"虚假编造无支付能力罪"，目的是"为了逃避刑事法院宣告的财产性判决的执行"，或者"为了逃避民事法院财产性判决的执行"。

第434-25条"侵犯对司法应有之尊重罪"规定,以言语、行动、各种性质的文字或图像,"竭力公开散布对司法文书或决定的不信任",足以危害司法权威或司法独立的,处6个月监禁并科7 500欧元罚金。

第434-4条"妨碍司法受案罪"规定,意图阻止查明事实真相,"……改变重罪或轻罪现场的;破坏、隐匿、窃取或损坏有助于寻找证据、侦破重罪或轻罪、惩处罪犯的公、私文件、资料或物件的……",处3年监禁并科45 000欧元罚金。

2. 动机作为加重刑罚的情形

法律也将行为人的某些特殊动机作为刑罚的加重情节。

关于恐怖主义动机,第421-1条及其之后的规定,将具有恐怖主义动机的某些犯罪规定为恐怖主义行为罪,并加重其刑罚处罚。即在这些犯罪"同以严重扰乱公共秩序为目的,采取恐吓手段或恐怖手段进行的个人或集体性攻击行为相联系时,构成恐怖主义行为罪"。

关于种族主义动机,第132-76条将涉及种族主义动机作为犯罪的加重情节,即"当实施犯罪是由于被害人确实或被推定属于或不属于某个种族、民族、人种或宗教的原因"。另外,谋杀罪、酷刑及野蛮行径罪、暴力伤害罪、侵害尸体完整、毁坏或亵渎陵墓、纪念死者墓地或纪念性建筑罪以及毁坏、破坏或损害他人财产罪,都将种族主义动机作为相关犯罪的加重情节。

同样,由于被害人的"性取向"原因而实施的谋杀罪、酷刑及野蛮行径罪、暴力伤害罪、强奸和其他性侵害罪,刑罚将予以加重。第132-77条将"同性厌恶"作为犯罪的加重情节予以处罚。

其他特别动机作为刑罚加重情节的情形,还有为了阻止证人、被害人或民事当事人告发犯罪、提出控告或出庭作证,或者由于证人、被害人或民事当事人揭发、控告或出庭作证,而对其实施酷刑及野蛮行径罪(第222-3条第5项),或者为了准备或便于实施重罪或轻罪,或为了便于重罪或轻罪之正犯或共犯逃逸或保护其免受制裁,或为使某种命令、要求得到执行,尤其是为了获得支付赎金,而实施绑架和非法拘禁罪(第224-4条)。

三、犯罪故意的类型与程度

(一)一般故意与特定故意

1. 一般故意

一般故意(dol général),是指实施刑法禁止的行为的意愿。它是所有故意犯罪的共同点,是构成故意犯罪的最低门槛。

在认定犯罪故意时,法院需要确定受到指控行为的故意特征。当犯罪行为导致犯罪结果时,犯罪故意可以从犯罪事实的认定中体现出来。行为人若想免责,需要证明存在事实错误。但是,在有详细管理规定规制的技术性领域中,如城市规划法、劳动法等领域,犯罪故意常常是被推定的,即从客观实施的行为中推理出来。法国最高法院认为,"行为人在明知的情况下违反法律或条例,就涉及刑法第 121-3 条规定的故意"。正如,根据"无人不知国法"的法律箴言,推定任何公民,无论其教育或智力水平如何,都知道并理解法律和条例的规定,也就是推定人人都具有认识要素。因此,不能以不知国法或没有进行必要的核实为由推脱违法责任。在这些领域,故意在很大程度上是被推定的。

2. 特定故意

特定故意(dol spécial),是指犯罪人达到法律规定的特别结果的意图,它是法律规定的犯罪成立条件之一,即行为人要达到某个特殊结果的意愿或者具有某个特别动机。换言之,法律规定,要成立犯罪,行为人除了应当具有有意识地违反刑法的意愿外,还应当有更加具体的引起明确后果的意愿,即特定故意。例如,谋杀罪中,杀死某人的意愿;破坏财产罪中,破坏的意愿;遗弃未成年人罪中,逃避法定义务的意识;遗弃不能自我保护的人之罪中,最终放弃被害人的意愿;盗窃罪中,占取他人之财物的意愿,等等。

法国学者德高克认为,特定故意是一般故意的补充条件[①]。这个定义的范围比较狭窄。例如,在盗窃罪中,窃取他人物品的意图是"一般故意";而将其占有的意图是"特定故意"。

而对于其他学者,特定故意是引起定罪条文规定的确切结果的意图[②]。该定义的范围比较宽泛。例如,故意杀人罪中的故意与故意伤害致人死亡的故意不同,后者没有杀人的故意,因此,杀人的故意就是"特定故意"。为了确定特定故意的存在,需要参照定罪条文中是否规定了引起结果的行为的心理方面。在故意杀人罪中,存在特定故意;而在故意伤害罪中,则不存在特定故意,只存在一般故意。例如,在一起故意伤害案中,行为人实施了关门挤压被害人手指的故意暴力行为,但他声称并没有想要伤害被害人,因此,他没有故意伤害的特定故意。法国最高法院没有采纳他的意见,认为"当存在故意的暴力行为时,即使行为人不希望发生该行为导致的损害结果,仍然构成故意伤害罪"。该判例在一般故意和特定故意之

---

① A. Decocq, *Droit pénal général*, Paris: A. Collin, coll. U, 1971, p.217.
② J. Pradel, *Droit pénal général*, Paris: Cujas, 18ème éd., 2010, No. 507; R. Merle et A. Vitu: *Traité de droit criminel*, t. I, *Problèmes généraux de la science criminelle*, Paris: Cujas, 1997, 7ème éd., No. 596.

间作出区分,但是否认所有犯罪都存在特定故意。对于故意伤害罪而言,只需一般故意。①

3. 学理上的争论

关于一般故意和特定故意的区分,有的法国学者认为,如果说特定故意是追求实现定罪条文规定的结果的意愿,那么对于故意杀人罪而言,特定故意就是杀人的故意,但是一般故意对后果的追求也并非其他事物。只要行为人接受引起被害人死亡的风险,即使不是绝对追求杀死的结果,也足以证实存在一般故意。而特定故意是不同的,应当属于真正的具有附加心理条件的犯罪,如盗窃罪中成为物品的主人的意图或者具有特别的动机。②

但是,此观点也不具备完全的说服力。当要求存在特别动机时,应当在定罪条文中予以规定。一般故意被定义为实施刑法所禁止的行为的意愿或意识。由于法律规定了特别动机,也就不存在特定故意的位置了,后者已被一般故意所吸收。因此,对一般故意和特定故意作出区分是无用的。③

对此,又存在第三种观点,认为不是一般故意吸收了特定故意,而是特定故意吸收了一般故意。一般故意,是纯粹抽象化和概念化的故意的统称,它与刑事法制原则相融合,并由《新刑法典》第 121-3 条所规定。只有特定故意揭示了行为人的犯罪意图,具体反映了行为人对刑法保护的法益的敌视态度。因此,特定故意不是一种例外条件,而是一般故意的体现形式。④

1985 年,法国国家输血中心负责人向市场上投放了一批没有加热而且感染了艾滋病毒的血液,引起上千人感染,其中几百人死亡。该案引起的巨大争议在于:毒杀罪(《新刑法典》第 221-5 条)所需的特定故意是杀人故意,还是行为人对自己提供的产品能致人死命的单纯意识? 法国最高法院最后肯定毒杀罪必须具备杀人的特定故意才能成立,而仅具有"对自己提供的产品能致人死命的意识"不足以构成毒杀罪。但一些学者认为毒杀罪具有特殊性,是形式犯,不是故意杀人罪的一种简单形式,它不以发生

---

① J. Pradel et A Varinard, *Les grands arrêts du droit pénal général*, Paris: Dalloz, 2012, 8ème éd., No. 39, p.542.

② A. Decocq, Droit pénal général, Paris: A. Collin, coll. U, 1971, p.218.

③ R. Merle et A. Vitu: *Traité de droit criminel*, t. I, *Problèmes généraux de la science criminelle*, Paris: Cujas, 1997, 7ème éd., No. 596.

④ A.-Ch. Dana, *Essai sur la notion d'infraction pénale*, Paris: L.G.D.J., 1982, No.454 et s..

结果作为成立要件,因此没必要证明追求结果的犯罪意图,只需要证明行为人"对使用产品的致命性的明知和仍然配制该产品的意愿"即可。形式犯的故意涉及行为,而不涉及结果。对此,法国最高法院认为,被追诉的行为人并没有意识到使用的被污染的血液具有致命的特征,也就没有必要对行为人"应当具有杀人故意"作出更多补充解释。①

(二) 单纯的故意与严重的故意

从故意产生的时间而言,可以区分为单纯故意和严重故意。

"单纯故意"(dol simple)是一种在时间上近乎即刻的、自发产生的决意,它与行为同时发生。单纯故意仅引起普通的刑罚。

"严重故意"(dol aggravé)在时间上早于行为发生,因此又被称为"预谋"(préméditation),即经过谋划、思考的故意。换言之,它是提前以持续和确定的方式谋划、思考、盘算、组织犯罪行为所显示出的犯罪意图。《新刑法典》132-72条对预谋的定义如下:"预谋系指在实施特定重罪或轻罪之行为前已经形成的意图。"由于预谋的故意在形成时间上早于单纯故意,它体现出行为人特别严重的人身危险性,因此立法机关对预谋犯罪给予比普通犯罪更严厉的打击,例如,《新刑法典》中故意杀人罪处30年刑事徒刑,而谋杀罪处无期徒刑。"预谋"构成故意杀人罪的加重情节。

(三) 确定的故意、不确定的故意和超出预计的故意

确定的故意(dol déterminé),是指当行为人具体、明确地决意对特定的个人,实行某一特定的重罪或轻罪时,这种犯罪故意便是确定的故意。希望发生犯罪的结果,但不知被害人身份,也同样是确定的故意。换言之,确定的故意是指犯罪行为人确切地考虑到行为及其结果的故意。例如,行为人想要杀一个人并实现了其杀人的结果。

不确定的故意(dol indéterminé),无论是对危害行为造成损害的严重程度,还是对被害人身份,行为人对实施故意犯罪的结果无事先明确的设计,此种故意是不确定的故意。在损害结果方面,行为人希望通过犯罪行为造成损害,但是在意识中对损害的范围和性质尚未明确决定。典型的例子就是暴力伤害罪,例如,用铁棍故意伤害他人。行为人的主观方面是要伤害被害人,但是事先不知道其要造成的确切损害,也不想要造成确切的

---

① J. Pradel et A. Varinard, *Les grands arrêts du droit pénal général*, Paris: Dalloz, 2012, 8ème éd., No. 39, p.547.

损害。打击可能造成简单的瘀伤,也可能造成严重伤害,甚至丧失劳动能力或永久性残疾。因此,对于犯罪人的刑罚处罚是根据其造成损害的严重程度作出,并与行为造成损害的程度成比例。在被害人方面,犯罪人希望通过犯罪造成损害结果,但是事前并无特定的一个或多个被害人。因此,犯罪人没有打算针对特定的被害人实施犯罪。例如,恐怖主义分子在地铁中设置炸弹的行为,就是针对不特定人实施犯罪的不确定故意。在此情形下,犯罪结果的不确定性和被害人的不确定性不影响犯罪的故意特征。行为人已预想到要造成损害,视为他希望损害的发生,其行为仍是故意犯罪。对于不确定的故意按照确定的故意予以处罚。

超出预计的故意(dol praeterintentionnel),是指行为所产生的结果超过行为人原来估计的结果,换言之,行为人本打算造成某种损害,但是实际造成的损害超出其所希望造成的损害结果。比如,行为人本来只有伤害他人的故意,结果却把人杀死了。在这种情况下,刑罚应当与犯罪故意相联系还是与犯罪结果相联系?行为人是否应承担故意所制造的(故意杀人)风险?对犯罪人是否存在处以"中间刑罚"的可能?

实际上,即使损害是故意行为引起,但其引起的结果并非行为人所希望。在这种情况下,如果法律没有专门规定,就不能认定超出预计的故意的犯罪为故意犯罪。鉴于行为的严重性及其引起的后果,法律通常考虑到超出预计的故意的情形,并对其规定特殊的刑罚。

最典型的例子就是《新刑法典》第222-7条规定的故意伤害过失致死罪,处以15年徒刑的"中间刑罚",这一处罚比一般的故意伤害罪(未致人死亡)的10年监禁要重,而比故意杀人罪的30年徒刑要轻。

但是有时,法国立法机关对于超出预计的故意给予更为严厉的制裁,如同行为人期望引起该损害结果一样。例如,《新刑法典》第224-2条第2款规定的绑架罪和非法拘禁致死罪,则处以无期徒刑;第224-7条规定的劫持航空器、船只或其他交通工具致人死亡罪,处以无期徒刑。

第二节 刑事过失

所有犯罪,即使无犯罪故意的"非故意犯罪",也都存在一个"心理要件"。这个心理要件是指"单纯的过失",即"刑事过失"(faute pénale)或"普通过失"(faute ordinaire)。与故意犯罪不同,过失犯罪不追求特殊的犯罪结果,它体现出对刑法保护的法益的忽视。

根据轻重程度,过失从高到低可分为三类①,即蓄意置他人于险境之过失,疏忽大意或轻率不慎之过失和违警过失。这三种过失中,蓄意置他人于险境之过失的存在,无需产生任何损害结果;疏忽大意或轻率不慎之过失是传统意义上的过失,需要存在损害结果和对被保护法益的忽视;违警过失是从违法行为的简单证实中得出。

为了体现蓄意置他人于险境之过失与犯罪故意和疏忽大意之过失的不同,下文首先论述疏忽大意过失。

一、疏忽大意或轻率不慎之过失

疏忽大意或轻率不慎之过失是传统意义上的过失。正如未对故意作出定义一样,法国立法机关也未对《新刑法典》总则第121-3条规定的疏忽大意或轻率不慎过失作出定义,即使该条在《新刑法典》生效后经历了两次修订。

刑法分则对过失犯罪的规定中,运用了"笨拙""疏忽大意""没注意"等词语。例如,第221-6条关于过失杀人罪的规定,"按照第121-3条所定之条件与区分,因笨拙失误、轻率不慎、缺乏注意、怠慢疏忽,或者因未履行法律或条例强制规定的安全或审慎义务,造成他人死亡的行为,构成过失杀人罪……"

疏忽大意的过失有多种形式。如驾驶车辆的人因过失与另一车辆相撞并致其驾驶人死亡,这种过失可以是缺乏注意(没注意到另外的车辆已经减速),或由于笨拙失误(没有转好弯),或是违反规定(超速或越过实线行使)。因此,过失是没有预见将要发生的损害,即没有预见性。由于行为人没有采取应该采取的防范措施,由于其疏忽大意,让其他人冒有风险,只要发生了损害,行为人就应受到处罚。行为人只是不希望,甚至也未预见发生的损害结果。正是由于不希望发生损害,才称之为非故意(过失)犯

---

① 《新刑法典》第121-3条规定:
"无重罪或轻罪之故意,则无重罪或轻罪。
但是,在法律有规定时,存在蓄意置他人人身于险境之轻罪。鉴于行为人负担的使命或职责的性质、享有的权限及掌握的权力与手段,如果认定行为人没有尽到正常谨慎之责,在法律有规定时,轻率不慎、疏忽大意,或者违反法律或条例规定的谨慎或安全义务情况下,亦构成轻罪。
在前款所指情况下,自然人,虽未直接造成损害,但创造了或帮助创造了致使损害得以实现的条件,或者没有采取可以避免损害发生之措施,如经认定其明显故意违反了法律或条例规定的谨慎或安全之特别义务,或者其犯有明显过错并使他人面临其不可能不知道之特别严重的风险,应负刑事责任。
不可抗力之场合,无违警罪。"

罪。但是引发损害的行为却是故意实施。正是因为如此,才涉及有意识的疏忽大意和无意识的疏忽大意①。

(一) 疏忽大意过失的性质

非故意引起损害结果的行为,只在有过错的情况下才受刑事处罚。对于自然人而言,根据引起直接损害或间接损害的不同,成立过错的条件也不同。

1. 过失的形式

疏忽大意或轻率不慎的过失有两种形式:

一种是违反法律规定的过失,即《新刑法典》第 121-3 条第 3 款规定的违反法律或条例规定的谨慎或安全义务。法律规定的范围被严格限定,即法律和条例,包括法律、政令和决议。违反有关谨慎或安全义务的规定,尤其是劳动或道路交通领域的规定,无论蓄意与否,即构成疏忽大意或轻率不慎的过失,可能引起行为人的刑事责任。驾车越过实线行驶构成违警罪,但是违反《道路交通法典》规定的安全义务造成他人死亡的,构成过失杀人罪。当法律或条例规定了谨慎或安全义务时,法官应当具体指出该义务的来源和性质。

另一种是在没有违背法律或条例规定的谨慎或安全义务的情况下,疏忽大意或轻率不慎的过失,还可以从特定活动中没有按照人之正常谨慎和勤勉态度行事的事实中得出,这又被称为"简单过失"(faute simple)。

例如,在医疗领域中,被告人医生的态度将参照"正常勤勉的医生"进行判断。诊断上的错误不一定构成过失。只有当诊断的错误由疏忽大意引起时,才构成过失,例如,医疗检查不够彻底、很表面或者马虎等。相反,如果临床治疗比较棘手、复杂,可以有多种解释,诊断的错误不构成过失。

长期以来,法官采取抽象的方式判断疏忽大意或轻率不慎的存在,即参照"好当家"(即谨慎稳妥)的观念,参照在相同情况下一般个体通常采取的态度,该态度与行为人的个人能力和经验无关。

为了避免形成对过失犯罪的自动打击,1996 年 5 月 13 日的法律修改了《新刑法典》第 121-3 条,具体规定"除非行为人依据其负担的使命或职责的性质、享有的权限及掌握的权力与手段,尽到正常谨慎之责……",否则就存在疏忽大意、轻率不慎或违背谨慎、安全义务的过失。这样规定的目的是限制当选人或公务人员的刑事责任,而且其影响也更加广泛。自

---

① 参见 Y. Mayaud, "La volonté à la lumière du nouveau Code pénal", in *Mélanges Larguier*, Grenoble: PUG, 1993, p.203.

此，法官需要采取更加具体的方式，通过考虑行为人的处境、职权和权威来判断疏忽大意过失的存在。换言之，对于过失，应采取具体的方式判断。从法条规定来看，为了排除过失犯罪，行为人需承担尽到正常谨慎之责的举证责任。

2000年7月10日的法律对第121-3条中过失轻罪的定义作出确切规定和轻微修改，使之更加符合"无罪推定原则"，即"鉴于行为人负担的使命或职责的性质、享有的权限及掌握的权力与手段，如果认定行为人没有尽到正常谨慎之责……"。这样，就由检控方依据犯罪情节，承担过失行为的举证责任。

2. 过失的严重性

2000年7月10日的法律，将因果关系的远近标准与过失大小的标准相结合。过失和损害结果之间的因果关系越远，越要求存在严重、明显的过失，才能认定刑事责任。因此，行为的过错与对损害结果强烈的预见性相联系。

对于疏忽大意或轻率不慎的过失犯罪，需要区分直接造成损害的行为人和间接造成损害的行为人。如果过错与损害结果之间是直接因果关系，则任何疏忽大意、轻率不慎、违反法律或条例规定的谨慎或安全义务，足以成立犯罪也即简单过失就可引起刑事责任。如果过错同损害之间是间接因果关系，只有当该过错达到一定严重性时，行为人才承担刑事责任。

因此，《新刑法典》第121-3条第4款规定，"自然人，虽未直接造成损害，但创造了或帮助创造了致使损害得以实现的条件，或者没有采取可以避免发生损害的措施，如经认定其明显蓄意违反法律或条例规定的谨慎或安全之特别义务，或其犯有明显过错并使他人面临其不可能不知道的特别严重的风险，应负刑事责任。"

行为人的过错引起间接损害，要么是因为其行为为发生损害创造或帮助创造了条件，要么是由于行为人没有采取可以避免发生损害的措施。换言之，过失既可以产生于积极行为，也可以来自消极的不作为。例如，公司的领导人、机构的主管和权力受托人，没有采取规定的安全措施避免职业风险，没有提供适当的保护设备或贴出操作指示，构成不作为的过失。因果关系的直接或间接特征，主要通过行为后果的可能性和直接性进行判断。

在间接因果关系的情形下，严重的疏忽大意或轻率不慎的过失同样有两种形式：

一种是明显蓄意违反法律或条例规定的谨慎或安全之特别义务。这就是**蓄意置他人于险境之过失**(faute de mise en dager délibérée dáutrui,见后文)。例如,城市技术部门主管在匆忙中让人建立廊柱而未采取防止坠落的保护措施,明显地违反了法律或条例规定的特别安全义务,即《地区公务作业卫生与安全政令》规定的相关义务。

另一种是在法律或条例没有规定谨慎或安全之特别义务的情况下,行为人犯有使他人面临其不能不知道的特别严重风险之**明显过失**(faute caractérisée),应当承担刑事责任。疏忽大意或轻率不慎的过失应当特别突出、显著和严重。它应当体现出诸如死亡或严重伤害等非常严重的风险。犯罪行为人应当能够预见和知道其行为给他人带来风险的后果。例如,在过失杀人案件中,护士让护校学生在其不在场且不能确保该名学生知道操作方法的情况下给病人配置危险药物,就构成过失杀人的明显过失;航空公司教官和该公司管理负责人,前者声明飞机适合飞行并安排一名其知道职业经验不足的机长参与飞行,且未向其提供相应的操作手册,后者命令重新运营飞机,而该飞机因缺少培训飞行员的操作手册已暂停使用,该负责人明知操作手册紧缺也未命令公司补充该材料,都构成明显过失;指挥材料供应的基层生产管理人员在明知的情况下拒绝向从事高空作业的雇员提供保护设备,也构成明显过失。根据第 121-3 条的规定,明显过失按照具体的方式进行判断,即根据情况,考虑行为人的任务或职责的性质、权限和掌握的权力和手段。

如果不能将这些过失归责于行为人,那么损害的间接行为人不承担刑事责任。这些改革,对于那些不直接参与医疗活动的医院部门领导和值班医生有利,而以前基于他们的领导权和组织权,通常要承担责任;在学校(或放学时)突发事故的情况下,对学校教师或领导有利;在劳动事故方面,对不了解安全规定的承包商、厂长、工头有利。当然,如果行为人是损害的直接责任人,则不适用 2000 年 7 月 10 日的有利规定,而是按照一般规定承担刑事责任,即在违反法律或条例规定的谨慎或安全义务或犯有简单过失的情况下,承担刑事责任。

2010 年 7 月 10 日的法律关于过失犯罪的规定,相比旧法更加轻缓,因此是可溯既往的法律规定,但仅限于过错与损害之间为间接因果关系的情形。该法对《新刑法典》第 121-3 条第 3 款和第 4 款作出的新规定,不仅适用于心理要件为轻率不慎或疏忽大意的轻罪,也适用于要求相同心理要件的违警罪(第 R.610-2 条),后者主要涉及过失侵害人身之违警罪,过失侵害动物身体之违警罪等。所有轻率不慎或疏忽大意犯罪,不论轻罪还是违警罪,都采取具体判断的原则,判断蓄意置他人于险境之过失,或与损害之间为间接因果关系的明显过失。

新的规定,主要适用于过失杀人和过失伤害罪,但不限于此类犯罪。它们还可能适用于其他心理要件为轻率不慎或疏忽大意的轻罪和违警罪,例如,过失侵害财产罪或污染环境轻罪。但是,第121-3条第4款要求的过错与损害之间为间接因果关系时的明显过失,只能适用于以造成损害或特别结果为构成要件的实质犯罪(infraction matérielle)。明显过失不适用于形式犯罪(infraction formelle),因为形式犯的成立不需要犯罪结果。对于不要求犯罪结果的形式犯,轻率不慎或疏忽大意的简单过失,就可能使行为人承担刑事责任。例如,虚假广告罪,损害不是该罪的构成要件,如果因轻率不慎或疏忽大意实施了该罪,则不适用第121-3条第4款的规定。

另外,2000年7月10日的法律关于第121-3条第4款的改革规定,只适用于自然人,不涉及法人。法人的刑事责任,在间接因果关系下,仍适用条件均等关系说,因此,即使不存在第121-3条第4款规定的蓄意过失或明显过失,法人也要对其机关或代表的过失承担刑事责任,而自然人不承担刑事责任。换言之,法人中的自然人代表犯有简单过失,如果该过失是损害的间接原因,则不承担刑事责任,但如果是为了法人的利益犯下简单过失,则由法人承担刑事责任。因此,实践中,法人将可能承担更多的过失犯罪的刑事责任。

2000年7月10日的法律在《刑事诉讼法典》中新增加第4-1条,规定在不构成《新刑法典》第121-3条的刑事过失的情况下,可根据《民法典》或《社会安全法典》的相关规定提起损害赔偿之诉。

疏忽大意或轻率不慎之过失的性质

		实质犯(损害是犯罪成立的条件)	形式犯(犯罪的成立无需犯罪结果)
自然人	直接因果关系	*违反法律条例规定的谨慎或安全义务之过失;或者 *简单过失	*违反法律条例规定的谨慎或安全义务之过失;或者 *简单过失
	间接因果关系	*蓄意违反法律条例规定的谨慎或安全的特别义务之过失(蓄意置他人于险境之过失);或者 *明显过失	
法人		*违反法律条例规定的谨慎或安全义务之过失;或者 *简单过失	

（二）疏忽大意过失的处罚

疏忽大意或轻率不慎的过失，只有发生法律规定的损害结果才受处罚。

过失侵害人身之罪的刑罚处罚，将根据犯罪引起损害的严重程度而定，即疏忽大意或轻率不慎致人死亡（3 年监禁和 45 000 欧元罚金，《新刑法典》第 221-6 条第 1 款），完全丧失工作能力 3 个月以上（2 年监禁和 30 000 欧元罚金，第 222-19 条第 1 款）或完全丧失工作能力 3 个月或以下（1 500 欧元罚金，第 R.625-2 条）。

因此，在导致相同结果的情况下，疏忽大意或轻率不慎的过失犯罪受到的处罚，自然要轻于故意犯罪。

二、蓄意置他人于险境之过失

蓄意置他人于险境的过失，介乎于故意和疏忽大意过失之间，是一种严重的过失。

（一）可能的故意之概念

在故意犯罪中，心理要件是实施法律所禁止的行为和达到非法结果的主观意愿。当行为人故意实施了危险行为并引起损害结果，行为人已预计或本应预计到可能发生损害结果，但并无故意造成该结果时，换言之，犯罪人自愿地、蓄意地冒风险，并且期望不发生任何损害，则称之为"可能的故意"（dol éventuel）、"有意识的疏忽大意"（imprudence consciente）或"疏忽大意的严重过失"（faute lourde d'imprudence）。例如，某航空公司的经理在知道某架飞机的试航状态不好的情况下，仍然让这架飞机起飞营运，结果发生空难造成旅客死亡，即属于"可能的故意"。从心理角度讲，可能的故意接近于"情节加重的过失"，处于狭义的故意和"疏忽大意""轻率不慎"之间，它既没有接受可能发生的犯罪结果，也没有追求这一结果。行为人采取了一种听任事情发展的态度。

这类例子很多，例如，某人随意将物品扔至窗外，却不关心窗下行人可能被此抛出物砸伤；汽车司机在山崖的公路上故意超车，由于崖面道路狭窄，给另一侧的行车人造成重大伤害，造成数人死亡；某人蓄意开快车闯红灯撞死一名行人，等等。这些冒风险的行为，揭示了行为人对人之生命和身体完整性的冷漠和一定的人身危险性。那么，这些行为应被当作故意犯罪（故意杀人或暴力行为）还是疏忽大意、轻率不慎的过失犯罪（过失杀人或伤害）予以打击？如果未造成损害结果，应该如何惩治这些行为？对此，刑法上需要采取适当的应对措施。

（二）旧刑法典采取的措施

在新刑法典之前，旧刑法典主要采取两种解决措施：

一种是，如果行为造成损害，在无特别规定的情况下，司法判例将可能的故意当作疏忽大意或轻率不慎的过失。由于行为人没有追求犯罪结果，所以不按故意犯罪处罚，而只是处以简单过失导致相同结果的刑罚。

另一种是，如果行为没有造成损害，至多构成违警罪，例如，违反道路交通法典、劳动安全管理条例等无视给他人造成风险的违法行为。这样，可能的故意等同于违警罪过失，只按违警罪处罚。刑法对此的威慑力相对薄弱。

面对道路安全事故和劳动安全事故的受害者与日俱增的现实，受到一些外国惩处可能的故意的立法影响，法国立法者设立了蓄意置他人于险境的过失。

（三）新刑法典采取的措施

《新刑法典》第 121-3 条第 2 款规定了蓄意置他人于险境的轻罪过失，即"但是当法律有规定时，存在蓄意置他人于险境的轻罪。"这样，在刑法典中就认可了可能的故意的概念。

1. 蓄意置他人于险境的轻罪过失的性质

新刑法典将蓄意置他人于险境的过失定义为"明显蓄意违反法律或条例规定的谨慎或安全的特别义务"。该过失的成立需满足以下三个条件：

第一，违反法律或条例规定的谨慎或安全义务，例如，劳动场所安全、车辆行驶安全的法律规定。因此，在无明确的禁止性法律规定的情况下，就不可能认定存在蓄意置他人于险境的过失。

第二，违反的是谨慎或安全的特别义务，这是指有关谨慎或安全的确切义务，从而禁止法官根据过于泛泛的规定，认定该过失的存在。

第三，明显蓄意地违反了该义务规定，即故意违反义务规定，只是不期望过错结果的发生而已。

"明显"一词具有强调作用，鉴于犯罪情节，对于违反法定义务的故意、自愿特征不存在任何疑问。例如，这种故意可以通过多次重复实施违法行为（连续的道路交通违法行为）或经多次警告后行为人仍实施违法行为（越过警戒线及提示禁止通过的护栏，不顾滑雪缆车驾驶员的警告，在有雪崩危险的滑雪道上滑雪）的行动中体现出来。

法国理论界对"蓄意置他人于险境"行为性质的认识还存在争议。有的学者认为是故意犯罪①；有的学者认为其是单独一种犯罪，既不是故意犯罪，亦不是过失犯罪，刑法典在第 121-3 条第 2 款对其作出专门规定，就体现出其独特性②；还有的学者则认为是过失犯罪③。法国的《刑事诉讼法典》第 470-1 条中规定，"对于刑法典第 121-3 条第 2 款、第 3 款和第 4 款规定的非故意犯罪"，也为"蓄意置他人于险境"的过失犯罪性质提供了论据。但是，法国最高法院在处理这类犯罪时，往往当作故意犯罪予以处理④。

2. 蓄意置他人于险境的轻罪过失的处罚

鉴于这类行为的犯罪特征，在处罚时根据蓄意置他人于险境的过失是否引起损害，区分为产生损害和未产生损害两种情形。

（1）产生损害

《新刑法典》规定，当某些非故意犯罪不是出于疏忽大意或轻率不慎的过失，而是蓄意置他人于险境的过失引起时，则加重刑罚处罚。蓄意置他人于险境的过失，构成某些疏忽大意过失犯罪的加重情节。刑罚措施取决于损害的严重性，例如，根据过失杀人罪（第 221-6 条第 2 款）、丧失劳动力 3 个月以上的过失伤害（第 222-19 条第 2 款）、丧失劳动力 3 个月或以下的伤害（第 222-20 条）、未丧失劳动力的过失伤害（第 R.625-3 条第 2 款）等损害的严重性而确定。

（2）未产生损害

法国《新刑法典》最令人注目的改革之一，是第 223-1 条设立给他人造成风险之轻罪。

根据该条规定，"明显蓄意违反法律或条例规定的安全或谨慎之特别义务，直接致他人面临死亡或足以造成身体毁伤或永久性残疾的紧迫即发之危险的，处 1 年监禁并科 15 000 欧元罚金。"自此，个人故意给他人生命或人身造成特别危险的行为，在未发生任何损害的情况下也要受到刑罚处罚。

首先，行为的事实要件是使他人面临直接的、紧迫的死亡或重伤风险

---

① 参见 J. Cedras, "Le dol éventuel: aux limites de l'intention", *D.* 1995, 18.

② P. Couvrat, "Les infractions contre les personnes dans le Nouveau Code pénal", *RSC*, 1993, 459 et suiv.

③ 参见 Y. Mayaud, "La volonté à la lumière du nouveau Code pénal", in *Mélanges Larguier*, Grenoble: PUG, 1993, p.203.

④ 1999 年 3 月 9 日最高法院刑庭的判决，*D.*, 2000, 81, note M.-C. Sordino et A. Ponseille.

的行为,即使发生该风险的机会很小。因此该风险应当是直接的、紧迫即发的而且是严重的,即,致他人面临死亡或足以造成身体毁伤之风险,例如,海船超载,在发生海损、火灾或碰撞时,就不能让所有乘客都获得保护其生命的保障器材,则属于上述风险。法官应当具体指出犯罪情节所体现的风险特征。

然后,违法行为是风险直接和紧迫即发的原因。由法官判断违反法律或条例的行为与给他人造成风险之间的直接、紧迫即发的关系。

法国最高法院指出,"犯罪的心理要件,从明显蓄意违反法律或条例规定的谨慎或安全的特别义务、能够导致他人立即死亡或重伤的行为特征中得出"。因此,法院无需证明犯罪行为人知道其违法实际造成风险的性质,不要求犯罪行为人有给他人造成风险的意识或故意。因此,对于制造的风险及其与蓄意违法之间的因果关系,应作客观判断,无需参照犯罪行为人对此的认知。

立法机关设立该罪的目的,主要是为了预防道路交通事故和劳动事故。因此,该罪属于"障碍型轻罪"。

三、违警过失

违警过失(《新刑法典》第625-2条与第625-3条所指的疏忽大意的违警罪除外)甚至不要求具备"疏忽大意"或"轻率不慎",只要有违反法律或条例之规定的事实,且未发生损害的情况下,即告成立违警过失。除某些特定的违警罪外,行为人违反了条例的规定,即构成违警罪,无需证明行为出于故意、自愿、还是疏忽大意、轻率不慎,还是出于好意,或是不知道条例规定。这些犯罪有时被称为"事实犯罪",因为只要实施了法律禁止的行为,就构成违警过失。

而且,只有当行为人具有自由意志时,违警罪过失才会引起行为人的责任。如果存在不可抗力或强制之事由,则排除违警过失的责任。

在违警罪方面(行为人具有故意或疏忽大意之过失且引起被害人人身或物质损害的违警罪除外),对违警罪的惩处并不一定要求存在损害。也就是说,违警罪本身即受惩处,无需考虑任何损害结果。这是因为,违警罪的发生,经常是由于行为人不服从治安方面的措施,不服从维护秩序、防护安全或避免损失的相关规定造成。违警罪并不集中表现在法律意识与道德意识上,而仅仅是对行政利益的损害。所以有人说,违警罪属于"鸡毛蒜皮"的刑法范畴。大部分违警罪,只要有违反公共安全利益确立的条例之规定的事实,即会受到惩处,尽管行为未造成任何损害。①

犯罪分类与相对应的心理要件

犯罪分类		对应的心理要件
重罪	故意	全部是故意犯罪
轻罪	故意	大部分是故意犯罪
	过失	蓄意置他人于险境之过失
		疏忽大意或轻率不慎过失
违警罪	故意	故意犯罪(第 R625-1 条,暴力行为罪),在第 222-13 条及第 222-14 条所规定的情况之外,故意使用暴力,造成他人完全丧失劳动能力不超过 8 天(包括 8 天)的,处第五级违警罪当处之罚金。
	过失	蓄意置他人于险境之过失(第 R625-3 条,过失侵害人之身体罪):明显故意违反法律或条例规定的安全与审慎义务,侵犯他人身体,但未造成完全丧失劳动能力之情形的,处第五级违警罪当处之罚金。
		疏忽大意或轻率不慎过失(第 R625-2 条,过失侵害人之身体罪):在第 222-20 条所指情况之外,因笨拙失误、轻率不慎、疏忽大意、缺乏注意,或者因未履行法律或条例强制履行的安全与审慎义务,依第 121-3 条规定的条件与区分,造成他人在 3 个月或 3 个月以内完全丧失劳动能力的,处第五级违警罪当处之罚金。
		大部分是违警过失

---

① 参见[法]卡斯东·斯特法尼等著:《法国刑法总论精义》,罗结珍译,268~271 页,北京,中国政法大学出版社,1998。

第四篇　刑事责任

第十一章　个人刑事责任原则

法国刑法长期以来坚持个人刑事责任原则,但是这个原则中也存在细微差异,即在某些情况下,领导人可以对其职员的行为承担刑事责任。

第一节　原则的阐述

法国刑法规定,只有实施犯罪的人,即正犯或共犯,才承担刑事责任并受刑罚处罚。这就是个人刑事责任原则和个人刑罚原则。

一、个人责任的确认

个人责任原则,是法国刑法的基本原则之一。即使以前法律没有专门对该原则作出规定,法国最高法院曾一直认定"刑事责任只能由个人行为产生"或是"只有基于个人行为才受刑罚处罚"[①]。这是一个具有宪法价值的原则,因为法国宪法委员会,从1789年《人权宣言》第8条和第9条得出,"任何人只为自己的个人行为受罚"。

《新刑法典》在第121-1条中重新确认了个人刑事责任的原则,即"任何人仅对其本人的行为负刑事责任"。根据该原则,只有参与犯罪的人才承担刑事责任并受刑罚处罚。实质审法官,需要在宣布某人负刑事责任前,证实他个人参与了犯罪。

二、个人刑事责任的意义

任何人只有亲自参与实施了犯罪活动才负刑事责任。具体而言,没有亲自参与实现犯罪的人——正犯或共犯——则不承担刑事责任亦不受刑罚处罚。消极地讲,个人刑事责任原则禁止采用两种技术确定刑事责任。

一方面,该原则禁止任何集体刑事责任,而在人类社会初期的刑法中,是承认集体刑事责任的。事实上,在公共司法诞生之前,刑罚反应不仅指

[①] 1948年12月16日最高法院刑庭的判决,刑事公告第291号。

向触犯现行规定的犯法者，也指向犯法者所属的群体，也就是家庭、部落或氏族。这种类型的责任很快就被禁用。个人刑事责任原则，禁止仅仅由于集体中的某个人犯罪而对所有集体成员都定罪处罚。

另一方面，该原则禁止对他人的行为负刑事责任，也就是禁止某人对无论事实要件还是心理要件均由他人实施的犯罪承担刑事责任。民法上承认父母、雇主、动物主人分别对其孩子、雇员和家养动物承担损害赔偿的责任。相反，刑事责任具有个人特征，被追究刑事责任的人都受到犯有错误的指责，这一点很重要。

个人刑事责任原则既涉及自然人也涉及法人。如果实施犯罪的公司被另一个公司吸收兼并，该被吸收的公司在法律上不复存在，因此就不能判处吸收公司有罪。

但是，个人刑事责任原则并不禁止使用责任的法定推定的方法。因此，在道路交通领域中，违法行为通常是司机不在场或通过自动监控器被证实，而汽车登记证的持有人则对违反停车和付费规定的违法行为承担金钱上的支付责任，对违反驾驶速度、停车信号、保持驾驶安全距离、占用特殊车辆行道和马路的管理规定的违警罪承担支付责任，除非能证明存在盗窃或其他不可抗力，或者能证明自己不是违法行为的真正行为人。同样，根据《海关法典》第419条的规定，如果没有商品来源证明或未能出示相关文件，则被认定为走私商品。

欧洲人权法院并没有否定责任推定的方法，该法院认为，事实推定或法律推定并不违反无罪推定原则，但前提是这些推定被限定在合理的范围内，并考虑到涉案的严重性和对辩护权的保障[①]。另外，法国宪法委员会认为，原则上，立法机关不会在刑事领域设立有罪推定原则。但是，作为例外，尤其在违警罪领域内，这种有罪推定可以成立，条件是可以对该推定提出质疑，辩护权得到保障，而且可以从事实中合理地得出归罪的可能性[②]。

第二节　领导人的刑事责任

当某人并未在事实和心理上亲自实施犯罪，却因他人的犯罪行为而承担刑事责任（且可能被判刑），这种情形被称为"对他人的行为负责任"。个人刑事责任原则的严格适用，本来与因他人犯罪行为而受刑罚处罚的做

[①] 1988年10月7日欧洲人权法院判决，Salabiaku 诉法国案。
[②] 宪法委员会1999年6月16日的决定，官方公告1999年6月19日。

法相矛盾。但是，法国法律和司法判例显示，在某些情况下，企业领导人（雇主）可以对其职员（雇员）在工作中所实施的犯罪负刑事责任。例如，企业领导人可被判处对其雇员客观上实施的水体污染罪负刑事责任，商品运输企业的老板对其雇用司机违反驾驶时间的犯罪负刑事责任，或者企业领导人对其负有监管责任的下级非法雇用黑工的行为负刑事责任，等等。

法国最高法院刑庭在进行刑事责任归责时认为，如果原则上，任何人只为自己的行为受刑罚处罚，那么，刑事责任也可以来自于他人的行为。这是否可以说法院根本无视个人刑事责任的原则呢？实际上，雇主通常由于自身过错而受到处罚。因此，如果一个人若对他人的行为负刑事责任，那么应当揭示出该人犯有过错。而这个过错存在于行为人对他人的权力关系或权威关系中①，它通过他人实施的犯罪行为揭示出来。换言之，以企业领导人为例，如果企业领导人犯有刑事过错，这是因为法官将企业领导人与雇员个人实施的犯罪相联系。该犯罪追根溯源，是由于企业领导人的过错使得犯罪的发生成为可能。②

需要指出的是，在编撰过程中，个人刑事责任原则并没有写入法国刑法典。1978年和1983年的《刑法典改革草案》没有提及该原则，并且规定了对他人行为负刑事责任的罪名。对此，1978年的版本要求企业领导人具有"故意不作为"，1983年的版本仅规定了企业领导人的"过错"，改革委员会对此给予了肯定并补充认为，"企业领导人对雇员的行为所负的刑事责任经常是被推定出来的。"而刑法典修订委员会则提出相反的建议，认为应当坚持个人过错的责任，即使是过失，也应当是被证明的过错。因此，法国《新刑法典》最终在总则中明确规定了个人刑事责任原则。但是，该刑法典随后又含混地规定了对他人行为的刑事责任（分则、附属刑法中），以及法人的刑事责任，因为法人"对其机关或代表为其利益实施的犯罪负刑事责任"。也就是说，自然人实施了犯罪，由法人来承担相应的责任，法人的刑事责任是为了不敢道出姓名的他人承担责任。《新刑法典》第121-1条虽然明确规定了个人刑事责任的原则，但是鉴于法人刑事责任的规定以及刑法分则、附属刑法中关于企业领导人对他人行为负责的规定，使得法国新刑法典并没有质疑以前的做法，即，在一般情况下否认对他人行为承

---

① 参见 M.-E. Cartier, "Notion et fondements de la responsabilité du chef d'entreprise", in *La responsabilité pénale du fait de l'entreprise*, Paris：Masson, 1977.

② 参见 M. Delmas-Marty et G. Giudicelli-Delage, *Droit pénal des affaires*, Paris：PUF, 2000. 该作者认为"雇员的行为不是构成犯罪的实际原因，而只是参与实施犯罪的机会。"

担刑事责任,但在特定情况下承认对他人行为负刑事责任的做法。①

一、领导人的责任范围

对他人行为负刑事责任是一种特殊的刑事责任,这方面的案例几乎涉及企业领域。此种责任不适用于基于权威对他人享有一般监管义务的行为人,例如,父母相对于未成年人子女实施的犯罪,小学老师相对于不守纪律的学生实施的犯罪,就属于此种情形。对他人行为负刑事责任的情形,有时由定罪法律直接规定,即专门的法律条文规定,有时则来源于司法判例。

(一) 企业领导人刑事责任的主要规定

在许多领域,法国刑法(主要是附属刑法)专门规定了企业领导人的刑事责任,例如,劳动卫生和安全,运输企业的公司管理,社会保障方面,广告,城市规划,电影院对未成年人的开放,环境保护等领域。

有的法律甚至设立了连串式刑事责任的特别机制。例如,报刊领域中刑事责任的顺序是:出版社社长或编辑;前者空缺时,则是作者;作者空缺时,则是印刷者;印刷者空缺时,则是销售商、分销商和发布人(1881 年 7 月 29 日的《新闻自由法》第 42 条)。当通过电子公共传播方式实施犯罪时,负刑事责任的顺序是出版社社长;在前者空缺时是作者;在作者空缺时是服务商(1982 年 7 月 29 日的法律第 93-3 条)。

在企业领导人刑事责任的规定中,有些更接近于民事特征的客观责任②,而不是刑事责任,有些则符合先前定义的对他人行为负刑事责任。

1. 对他人犯罪行为负"民事责任"

对他人犯罪行为负"民事性质"的客观责任,是由于负责人并未受到刑事有罪判决,只是受到间接影响,负担犯罪行为人的有罪判决。因此,这并没有抵触个人刑事责任原则,只是在承担刑罚责任上作出例外处理。

例如,《劳动法典》第 L.4741-7 条规定,"雇主对企业主管、管理人或受托人受到的有罪判决承担民事责任。"这些规定针对违反劳动法的犯罪。根据该法典第 L.4741-2 条的规定,当企业受托人实施第 L.4741-1 条规定的引起伤亡的犯罪(涉及劳动卫生、安全和条件义务)时,法院可以根据当事人的犯罪情节和劳动条件,宣告判处的罚金由被传唤到庭的雇主全部或

---

① 参见 J. Leroy, *Droit pénal général*, Paris: L.G.D.J., 2012, 4ème éd., pp.268~269.

② 参见 F. Chabas, *Responsabilité civile et responsabilité pénale*, Paris: Montchrestien, 1975, p.102.

部分支付。

《道路交通法典》第 L.121-1 条第 2 款规定,当企业的汽车司机实施违警罪时,法院可以根据当事人的犯罪情节和劳动条件,判决违警罪罚金由传唤到庭的雇主全部或部分支付。该法典第 L.121-2 条和第 L.121-3 条规定,汽车登记牌照的持有人,对违反停车或停车费规定的违警罪罚金承担支付责任,对违反最高限速、保持车距和停车信号规定的违警罪罚金承担支付责任,除非他能够证明存在不可抗力、盗窃情形或能够提供识别犯罪真正行为人的信息。

2. 对他人犯罪行为负刑事责任

对他人犯罪行为负刑事责任,要求企业领导人犯有过错。

在法律中,例如,《劳动法典》第 L.4741-1 条规定了企业领导人,对因个人过错而违反人员安全保护规定的行为承担责任。

《新刑法典》第 433-18 条规定,以营利为目的的企业,其法律上或事实上的创办人或领导人,在为其创办或领导的企业的利益制作的广告中,要求或任凭他人显示姓名及其行使某些职权或具有某些身份,将承担刑事责任。

所有这些情况,企业主要负责人或雇主都不是因其本人实际实行了犯罪,而是因其个人负有"监督执行"义务,而受到刑事追诉和有罪判决。①

(二)领导人刑事责任的司法判例扩展

在许多情况下,当法律没有专门规定追究企业领导人刑事责任时,司法判例会运用为他人行为负刑事责任的机制,承认企业领导人对其雇员的行为负刑事责任。法国法院,尤其是最高法院刑庭,通过案例创造出企业领导人对其雇员行为负刑事责任的理论,并将其推展到企业的所有业务领域。这方面著名的案例是 1956 年 2 月 28 日的"韦德科尔"案(Widerkehr)。一条河流因造纸厂故意排放阴沟废水而被污染,造成大量鱼类死亡。实质审理法官释放了因向河流排放有害物质而被起诉的纸厂厂长,理由是该厂长已经为企业安装了现代化的清洗设备,污染是在被告人不在场的情况下由于意外的事故引起。然而,法国最高法院撤销了该判决,认为纸厂厂长负有责任,理由是"原则上,任何人只能因其自己的行为受到刑事处罚,但在特殊情况下,当法定义务要求对辅助人员或下级的行为采取直接行动时,刑事责任可以来自于他人的行为……尤其在为保障公共卫生或公共安

---

① [法]卡斯东·斯特法尼等:《法国刑法总论精义》,罗结珍译,327 页,北京,中国政法大学出版社,1998。

全而受到规章管理的企业里,刑事责任基本上都归于企业领导人,因为企业领导个人对企业经营的条件和方式负个人责任。"① 在该案中,排污由雇员的故意行为引起,因此,该判决更加具有代表性。但是,对该判决也存在不同意见,认为该判例体现出企业领导人的过度责任,因为企业领导人能否切实阻止下属实施故意犯罪存在疑问,重要的是应当证明企业领导人犯有当受指责的监管过错②。

二、企业领导人负刑事责任的条件

(一) 雇员实施了犯罪

雇员在企业运行过程中实施了客观上违反法律或管理规定的犯罪,是雇主承担责任的基础。

首先,犯罪应当在企业运行的过程中实施。其次,企业受到相关法律、条例的管理,即相关业务适用的"特别法律和条例"(例如,道路运输企业、超市或驾校应遵守的规章),或者所有企业都适用的、与经营行业无关的"一般法律和条例"(主要涉及劳动卫生、劳动安全管理的劳动法、社会保障法,税法,环保法等)。雇员和雇主都有遵守这些法律、条例的义务。最后,雇员实施了违反这些法律、条例的行为。

从行为性质上看,一般是过失犯罪(例如,违警罪,违警性质的轻罪或者过失轻罪)。雇员实施的行为显现出雇主的过失。犯罪在两个参与者中分配:事实要件涉及雇员,心理要件涉及雇主。雇员实施的过错可以是各种过失,一旦被法院认定,将同雇主同时承担责任,或者当雇员只是"代人受过的下级"或在受到不可抗拒的强制时,只由雇主承担责任。雇员的行为性质也可能是故意犯罪,在此种情况下,法国司法机关仍然可以追究雇主的责任,这主要涉及已售商品基本质量弄虚作假的诈骗案件,以及故意造成水污染的犯罪案件③。

(二) 雇主犯有过错

1. 理论依据

有学者认为,对他人行为所负的刑事责任中,犯罪在雇员和雇主之间

---

① JCP 1956. II. 9304, obs. R. DE LESTANG; J. Pradel et A. Varinard, *Les grands arrêts du droit pénal général*, Paris: Dalloz, 2012, 8ème éd., No. 37, p.483.

② J. Leroy, *Droit pénal général*, Paris: L.G.D.J., 2012, 4ème éd., p.272.

③ [法]卡斯东·斯特法尼等:《法国刑法总论精义》,罗结珍译,329页,北京,中国政法大学出版社,1998。

进行了分配,雇员的行为只是犯罪的客观行为,而犯罪的心理态度由雇主体现①。因此,雇员实施了行为,雇主犯有过错,将二者相结合,则构成犯罪。但是,同样,很难说雇员就没有罪过,或者雇主就没有实施行为。因此,这些学者认为,"雇主借用了雇员实施犯罪的客观要件"②。但是,也有的学者认为,可以将这两个行为分开。既然雇主犯有的过错是疏忽大意,那么应当可以找到过失犯罪的客观行为,即没有采取必要措施的不作为,雇主的行为与雇员的行为是不同的。③

因此,企业领导人对其雇员的行为负刑事责任,没有违背《新刑法典》第121-1条确定的个人刑事责任原则。实际上,这要求企业领导人履行管理或监督的一般职责,即在企业的日常管理和领导中保证所有相关法律条例得以遵守的义务。雇员没有遵守这些规定时,就要把该过错归咎于企业领导人,从某种程度上讲,企业领导人对其所领导的企业结构失去了控制。因此,企业领导人犯有疏忽大意、轻率不慎的个人过错。基于职责和权力,企业领导人应当亲自监督企业良好的运行状况,并采取必要措施,使管理企业的规章在任何情况下都得以遵守。

2. 雇主过错的性质

企业领导人的过错一般是指"疏忽大意""轻率不慎"的过失。雇主疏忽大意的过错从雇员违反法律、条例的行为得出,因此该过错是被推定的过错,无需检察机关举证证明。理由是,如果雇员实施了犯罪,是由于雇主没有采取必要的措施避免犯罪的发生。这也是法国传统司法判例的主张,即"企业领导人应当亲自始终严格地监督管理规定的执行情况"④。该推定甚至被认为是不能反驳的推定。

3. 雇主过错的证明

企业领导人负刑事责任的犯罪,触犯了企业及其领导人都应遵守的法律和规章。因此,只要证实处于企业领导人管理下的人员实施了触犯管理规定的违法行为,就可以推定企业领导人犯有疏忽大意、轻率不慎的过失,从而使企业领导人承担刑事责任。

例如,企业领导人或被委托的工地主管,没有给工人配备安全保障器材或没有采取所有必要措施(如,行使纪律处罚权)以切实保障雇员使用

---

① 参见 M. Delmas-Marty, "Le droit pénal, l'individu et l'entreprise: culpabilité du fait d'autrui ou du décideur?", *JCP*, 1985, I, 3218.
② B. Bouloc, *Droit pénal général*, Paris: Dalloz, coll. "Précis", 2011, 22 éd., No. 389.
③ J. Leroy, *Droit pénal général*, Paris: L.G.D.J., 2012, 4ème éd., p.274.
④ 1973年5月22日最高法院刑庭的判决,刑事公告第230号。

这些器材,则有可能承担过失的责任。因此,由于自身的过错,他对雇员客观上的犯罪行为负有责任。鉴于企业的规模、雇员的人数或业务的多样性,企业领导人可以提出实际上无法监督企业所有活动的借口。但是,即使在这种情况下,也推定企业领导人犯有过错,因为他可以将权力委托给他人行使。

相反,如果企业领导人已经履行了自己的义务,将规章内容告知雇员,命令雇员予以遵守,组织安排好工作,保证规章得到有效遵守,并且如果违反规章最终完全由雇员的过错引起,则不处罚企业领导人。

有些规定,如《劳动法典》第 L.4741-1 条关于劳动卫生和安全的规定,为了追究刑事责任,还专门要求企业领导人犯有个人过错,并且在大多数情况下,法院采用刑事责任的传统规则,确实能够证明企业领导逃避责任,并犯有疏忽大意、轻率不慎的个人过错。

例如,过错可以表现为未向员工下达具体的命令及未向他们提供必要的安全器材和设备,或者没有任命负责人监督危险机器的使用,或者没有纪律处罚公路司机多次对工作车辆的速度记录仪做手脚的行为,或者更为通常的是,没有告知雇员规章的内容,没有命令他们遵守规章,以保证规章得到贯彻落实。

法国司法判例对企业领域中过失杀人和过失伤害案件的处理态度尤为明确。例如,企业领导人让一个没有经验的工人使用危险器材而没有事先给予确切的指令,或者没有监督安全器材的有效使用,或者没有配备有效的保护设备或安全系统,而且以该安全系统价格昂贵和安装耗时长为借口,或者在休年假之前没有给特殊操作制定工作说明,并将工作交给临时工,或者在开工之前没有设立预防机制或提供不合格的保护器材等,都属于对他人行为负刑事责任的情形。

相反,法院在审理这类案件时也合理地认为,如果违反法律或条例的规定完全由被害人或员工的过错造成,那么企业领导人不负刑事责任。因此,当被害人具有技术资格和知识能够预防事故发生并且拥有相应的器材;当被害人面对突发的困难没有使用报警装置而是自行采取了一个对其致命的姿势;当由于被害人的过错,在未经授权的情况下,不顾口头提醒和贴出的文字命令,驾驶升降车,而且还躲避监督员的监督;当公司的总经理休假,雇员执行未经授权的工头提出的额外工作而发生事故;当一位具有20年工作经验的工人在具备所有必要保护装置的情况下违反命令造成损害;当雇员在雇主不知情时擅自变动工作岗位,等等,所有这些情形,都显示企业领导人没有犯下任何个人过错,因而不负刑事责任。

(三) 没有授权

当法律中专门规定企业领导人对犯罪负刑事责任时,它经常使用不同的用语,如,"雇主""法定领导人"或"事实领导人",或者"企业的领导、管理或行政负责人"。其实,这些词语的言外之意是指对企业有效行使管理权和领导权的人,例如,有限责任公司的经理,股份公司董事会的董事长,协会主席,事实上的领导人等。

实践中,只有证明已将发生犯罪的业务领域委托给下级管理时,才能排除企业领导人的责任。因此,企业领导人应证明其本人之外的某个人在相关业务领域中,负责保证现行的一般管理规定和专门管理规定得以遵守,即他应当证明已经向某个成员(例如,工地主管或部门主任)授权,将其部分管理权和监督权转交给被授权人行使。这样,被授权人将成为刑事责任的主体。然而,授权只有符合适当性和有效性的条件,才能排除企业领导人的刑事责任。

1. 授权的法律性质

授权的法律性质,存在多种观点:因果关系断裂说、不可归责说、无罪过说[1]。大多数学者认为无罪过说更为恰当。

对他人行为负刑事责任,可以有两种解释,一种是风险,另一种是过错。风险与收益或权力相联系(这里指"职能责任"),这种解释与刑法的基本原则相左,后者要求责任的存在以个人过错为前提,因此无法接受风险的解释。但是该理论又能解释但不能证明司法判例在某些情况下,即使存在真正的强制,也照样认定企业领导人刑事责任的做法。过错是能够对领导人的责任给予令人满意的唯一解释。过错的依据也通过授权免责事由体现出来。通过授权,企业领导人可以证明自己不受任何过错的指责。实际上,在向称职的被授权人作出授权时,企业领导人也同时向其转交了监督遵守管理规定的义务。其有罪性消失,因为他不再是违反法律、条例的行为人。由于意识到可能存在的风险,他任命一名职员代替他履行监督义务。因此,根据个人只对自己的行为负责的原则,企业领导人不存在任何过错。这也是对个人刑事责任原则的体现与坚持。[2]

---

[1] 参见 S. Dana-Demaret, *La délégation de pouvoirs*, Annales de l'Université Jean Moulin, 1979; P. Merle, *Les présomptions légales en droit pénal*, thèse, Paris, L.G.D.J., 1970, p.178; Y. Reinhard, *L'acte du salarié et la responsabilité pénale du chef d'entreprise*, thèse, Lyon, 1974, p.256.

[2] J. Pradel et A. Varinard, *Les grands arrêts du droit pénal général*, Paris: Dalloz, 2012, 8ème éd., No. 37, pp.502~503.

2. 有效授权的条件

首先，只有客观上有理由作出授权才是有效的授权。例如，鉴于企业规模和员工人数，企业领导人实际上不能确保亲自监督和管理企业的所有活动，因此需要作出授权。

其次，授权应当清楚、明确，不存在任何模棱两可的意思。授权不一定通过书面作出，但应当是确定的授权。它可以通过备忘录、企业组织结构图表确定，并应当涉及具体的业务领域。因此，全部授权（也就是企业领导人所有权力的授权）、向多个雇员作出相同的授权或者在犯罪被发现的当天再书面授权等等，都不符合这项要求。授权还应取得被授权人的事先同意，所以，企业领导人在没有征得被授权人同意的情况下，不得援引另一领导人作出的授权而免除基于本人职责应承担的刑事责任。

最后，授权应授予给能够胜任且具有必要威望的人员，以有效监督法律的遵守情况。这意味着，被授权人应当具备有效行使委托职责的能力、本领和资格（资格主要通过职业经验证实）。

在实践中，被授权人应能够要求其负责的业务部门遵守管理规定，为此，他应具有纪律处罚权、自主管理权和物质、经济手段，以便有效地履行其职责。

3. 授权的范围

只要法律或规章未作出明确禁止，司法判例认可授权委托的做法，即"除非法律另有规定，没有亲自参与实施犯罪的企业领导人，如果能够证明已将相关权力委托给一个能够胜任、具有威望和必要手段的人行使，则可以免除刑事责任。"[1]。但是，也存在一些领域，即使存在企业领导的授权也不能免除其自身的刑事责任，例如，咨询企业委员会的权力就是如此。

4. 有效授权的效果

有效的授权将刑事责任转嫁给被授权人。被授权人是一个能够胜任、具有威望和必要手段以保证管理规章得到遵守的人，他在授权的范围内代替了企业领导人。如果在被授权人的管辖下，某个企业职员实施了犯罪，将推定被授权人犯有疏忽大意、轻率不慎的过失，并由此对犯罪行为负责。

总之，法官不能在有授权的情况下，同时判处企业领导人和被授权人为某个员工的犯罪行为负责，除非企业领导人主张的授权被证实无效。而有效地通过授权转移其职责的企业领导人将被免除刑事责任。

---

[1] 1993年3月11日最高法院刑庭的判决，刑事公告第112号；1994年11月7日最高法院刑庭的判决，刑事公告第354号；1998年4月29日最高法院刑庭的判决，JCP 1999, II, 10021.

当然,授权在其范围之外则不发生任何免责作用。法院将认定授权的范围是否包含发生犯罪的业务领域。企业领导人对其保留全权职责的业务领域内的雇员犯罪行为负责。同样,只有在未亲自参与实施犯罪的情况下,作出有效授权的企业领导人才被免责。如果他参与实施犯罪,其作出的授权也是无效的。另外,经企业领导人同意,被授权人可以将其权力的部分或全部再转让给另一个能够胜任和具有必要威望的雇员。法国司法判例认可转授权的行为,而转授权的受托人对雇员的犯罪行为负刑事责任。

第十二章　法人的刑事责任

在世界范围内,自工业革命以来,法人开始在社会生活中起着日益重要的作用。在工业化较早的英国,人们很早就注意到了法人可能实施的违法行为以及由此导致的危害后果,并于1842年出现了第一个法人负刑事责任的判例。在当代,英美法系国家普遍认可法人的刑事责任,一般认为这同他们的实用主义哲学密切相关。英美法系的普通法传统经验性色彩浓厚,注重对事,强调解决实际问题,规定上具有很强的开放性、扩张性;加之英、美等国法人制度实践、研究较早,故而1889年英国的一项法律在解释"人"的概念时,即指出"人"除了自然人,在一定情况下还包括法人。

但在大多数大陆法系国家,受传统的古拉丁语格言即"社团不能犯罪"(societas delinguere non potest)的影响,或者不承认法人能成为犯罪的主体,或者仅在刑法典之外的特别刑法或附属刑法中作出分散规定。一些国家,如德国、意大利和西班牙,在刑法精神中根深蒂固地存在着反对法人刑事责任的传统观念。而其他国家否定法人刑事责任的主张并没有如此坚定,如荷兰和丹麦等北欧国家,长期以来采用的也是实用主义的做法。

大陆法系成文法的传统注重理论体系的严谨、协调,强调从基本理论原则出发的演绎性思维方式,这就使得大陆法系各国面对共同的理论难题,即大陆法系传统刑法理论体系建立在研究自然人及其行为的基础上,将法人引入犯罪主体必然会遇到与传统理论观点相协调的问题。如法人是否具有以意思能力、行为能力为表现的犯罪能力,法人是否具有刑罚适应能力,都是争议的焦点。

第一次世界大战之后,主要的大陆法系国家德国、日本均受战胜国直接占领,并在各个方面接受改造,在社会生活的各个方面不可避免地受到美、英的影响,这一点在法律上表现最为突出。这进一步打破了否定法人刑事责任理论的压倒性优势,围绕法人犯罪能力的争论至今仍在继续。虽然肯定说在部分国家占据优势,但是由于大陆法系刑法理论根深蒂固的影响,否定说仍然占了上风。

随着经济形势的发展,法人犯罪客观存在的事实彰显,使一些大陆法系国家不能继续无视其存在,开始考虑是否在他们的刑法典中规定法人的责任。

法国作为大陆法系国家的主要代表之一,在 1994 年 3 月 1 日生效的《刑法典》中率先规定了法人可以成为犯罪的主体①,更于 2004 年 3 月 9 日通过刑法修正案将法人的刑事责任扩展到所有自然人可构成的罪名中,这种与大陆法系之刑法立法传统大相径庭的做法也在大陆法系国家中产生了很大的影响。

第一节 法人刑事责任的立法概况

一、否定法人责任的历史惯例

法国早在 1670 年的刑事法令(ordonnance criminelle)中已有采用刑事手段惩治组织体的规定,即"城市、城镇和村庄,因触犯叛乱、暴力或其他罪名而受到审判",继而规定了对上述主体进行审判的程序和具体的处罚措施,包括民事赔偿、罚金、剥夺特权和推倒建筑物。② 这是法国有资料可寻的最早关于处罚组织体的规定。然而,该规定及其所体现的原则由于受到大革命时期强烈的个人主义的影响而被废除。因此,在其后 1810 年《刑法典》中没有法人犯罪的规定。另外,也有学者认为这是由于法国大革命几乎取消了所有的法人,法典的起草者因而没有对法人的刑事责任给予关注。③

由于 1810 年《刑法典》对法人刑事责任没有任何规定,所以司法判例对法人刑事责任也持否定态度。此后,在司法实践中仅仅追究法人民事责任而不追究刑事责任。例如,法国最高法院刑庭在 1883 年 3 月 8 日的判例中鲜明地表明了这一原则立场,"法人不应承担刑事责任,包括财产刑事责任。罚金也是一种刑罚,因而不能科之于商业公司,作为法人,它只能承担民事责任。"

最高法院刑庭在 1930 年 5 月 16 日、1963 年 11 月 26 日、1975 年 2 月 6 日的判例中,一再重申这项规则,即法人不能负刑事责任,甚至不负金钱

---

① 事实上,法国 1670 年的《刑事法令》中已出现了惩治组织体犯罪的规定,较英国尤早。但一般认为当时的刑事法律同现代刑法有很大区别。

② 刑事法令(Ordonnance criminelle)第 21 编第 I 和 IV 条。

③ G. Krafft, "Corporate Criminal Liability For Manslaughter In France And In England And Wales", in *Dissertation as part of Master of Laws Degree in International Criminal Law*, Brighton: University of Sussex, 1998.

性质的刑事责任,因为,罚金是一种刑罚,而任何刑罚除法律特别规定外只能及于个人,因此法人不能被判处罚金,而只能承担民事责任。据此,对于表面上是由法人实行的犯罪,法院只追究该法人领导人的个人责任。在这类犯罪中,法人的领导人以其个人名义受到追诉和刑事判决。这一原则既适用于私法法人,也适用于公法法人。

所以,刑法理论上一般也认为,法人不得因其经营管理人或领导人实行的犯罪而受到追诉与惩处,应追究的只是法人的代表或法人机关的个人刑事责任。

(一)否定说

在法国,持法人不负刑事责任主张的学者基于法人拟制说认为,法人是抽象的概念,不是实体的存在,没有意思能力,而刑法典的规定针对的是具有"智能"与"意志"的自然人。

因此,从归罪角度讲,法律上不可能将某种过错归咎于既没有实际生命,也没有自己意志的法人。刑事责任要求存在自然人方面的过错,这样才有可能将该过错归咎于犯有过错之人的"账"上。有的学者甚至用其名言表达了对"法人"这一用语本身的怀疑:"我们不能同法人共进晚餐"。

而且,从惩罚与制裁的角度看,法律对自然人所确定的刑罚,例如,剥夺或限制自由的刑罚,完全不可能适用于法人。如果将这种刑罚适用于法人,则不可避免地会罚及与犯罪并无关系的法人的自然人成员,从而违背了刑罚的个人原则。按照这一原则,刑罚只能惩罚那些"本人实施了违法行为"的人。

(二)肯定说

肯定说基于法人的实在概念认为,法人不是虚拟的概念,而是法律实体的存在,它具有与其成员(例如,董事会)相区别的属于自己的集体意志的能力,而且法人能够承担民事责任。否定说称"我们不能同法人共进晚餐",作为反驳,肯定说认为"可是晚餐是由法人付账的"。

关于不能对法人适用剥夺、限制自由的刑罚的观点,肯定说认为这个论据不是决定性的。如果说不能关押一个法人,但可以对法人科处财产刑(例如,罚金或没收),并可以对法人判处解散,从而限制、剥夺法人从业的能力或结束其法律存在。

而且,对法人适用刑罚并没有改变刑罚矫正罪犯的目的。但事实上,刑罚除了矫正罪犯的职能外,还具有预防和威吓的职能,例如,对法人执行司法监督等刑法措施,可以起到对法人的日常行为进行矫正的作用。

另外，当今许多犯罪（例如，诈骗罪，滥用他人信任罪，违反公司法或企业管理的犯罪）常是由自然人以法人或公司的名义或"幌子"实施的。在这种情况下，如果公司的代表没有了清偿能力，就有必要除了追究自然人的刑事责任外，还要追究法人的刑事责任，至少要对它们进行财产处罚。

因此，鉴于法律上的考虑和犯罪现象的现实状况，法国现代刑法学理论认同追究法人的刑事责任。①

二、司法和立法的发展

（一）司法的发展

法国最高法院对法人犯罪也有例外处理的判例。如果涉及所谓"事实犯罪"，即行为人本人虽然没有任何犯罪故意，但仍当惩处犯罪的情况下，最高法院通常要求由法人来负担对法人的自然人职员或代表科处的罚金；与此同时，最高法院还依据法律条文的规定，基于当事人的法律资格，指明谁是应负刑事责任的人（自然人或团体），如业主、厂长、雇主等的主体资格，从而对法人不负刑事责任的规则作出例外处理。有时，最高法院还直接宣告法人对他人的所作所为"负刑事责任"。这样，法院的判例便扩大了特定情况下有关法人与团体责任的明文立法规定。

（二）立法规定

20世纪30年代末，法国立法机关开始颁布追究法人刑事责任的法律，突破了法人不负责任的立法传统。以后，又陆续颁布了几个法律，在有限的范围内承认法人的刑事责任。

1938年11月12—13日颁布了《关于与偷税作斗争的法令》，追究法人偷税罪的刑事责任。

1939年9月17日颁布的《国外投资法》，对法人违反国外投资法的犯罪行为规定了刑罚。

1945年5月5日颁布了《打击报刊、信息发布和广告等企业通敌犯罪的法令》，目的是惩处战争期间"与敌合作"的新闻企业。该法明确指出"在战争期间通过其领导机关或管理机关违反现行刑法的法律上或事实上存在的新闻、出版、信息或广告领域的公司、协会或工会……"，符合该法令规定的，承担刑事责任，并处以刑罚。在这种情形下，法人可以作为正犯或共犯受到追诉，可以受到解散并禁止重新恢复，或者没收全部或部分资产

---

① 参见［法］卡斯东·斯特法尼等：《法国刑法总论精义》，罗结珍译，287~288页，北京，中国政法大学出版社，1998。

的处罚。

1976年12月6日的《劳动法》第263-3-1条规定,企业在严重并反复违反安全、卫生等条例的情况下出现工伤事故时,应负刑事责任并应制定安全计划。另外,还有一些法人负刑事责任但仅对领导人个人判处罚金的规定。

三、《新刑法典》的改革

(一) 刑法改革草案

随着经济和社会的发展,在刑法典中规定法人刑事责任的呼声越来越高。早在1938年,驻最高法院的总检察长马特任主席的委员会将一部新刑法草案提交议会,但未被通过。该草案中规定,公司、社团或同业公会之董事或理事,如果以法人名义或为了法人利益而触犯重罪或触犯处一年以上监禁之轻罪者,除对个人判刑外,得依其犯罪的严重程度,宣告该法人之停止或解散。

1978年,考虑到经济、商业、金融与税收方面的大量犯罪是由民事公司或商事公司、协会等实施,或是由自然人在法人的掩护之下实施,刑法典修改委员会在其提出的修改草案中开始广泛地承认法人的刑事责任。其中第37条规定了"从事的活动具有工业、商业或金融业性质的团体的刑事责任"。这就把绝大部分法人都包括在内(公司或者共同经济利益团体)。但是,第38条又规定只有当犯罪行为是由"团体的机关""以团体的名义""为团体之利益"故意实施时,才会引起该团体的刑事责任。

1983年的《刑法典草案》对上述规定作了修改并提出,任何法人,不论性质如何,均可被追究刑事责任,但是只在有法律规定的情况下,才追究这种责任。1983年的草案确立了各种性质法人的刑事责任。1986年提出的草案承认了法人的刑事责任,但排除了公共机构及其团体,并且在有法律(或条例)规定的情况下,对于同一犯罪行为,法人的责任并不排除自然人的责任。第121-2条规定,除公共部门与公共部门的团体之外,法人均按照第121-4条至第121-7条所作的区分(正犯、教唆犯或共犯)以及在有法律规定的情况下,对其机关或代表为法人之利益所实施的犯罪负刑事责任。在国民议会与参议院通过的各项文件中,两院混合委员会都提议"将国家排除在法人的刑事责任之外",并且承认"地方行政部门"及其团体仅在授权委托之协议的标的范围内,负刑事责任。议会经过长期酝酿,对草案作出相应的修改,将法人犯罪纳入到1992年7月22日议会通过的《新刑法典》第一编。

(二)《新刑法典》的规定

法国《新刑法典》于 1994 年 3 月 1 日生效。该法典广泛确立了法人的刑事责任,是一部以自然人和法人刑事责任一体化的刑法典。

《新刑法典》第 121-2 条中作出了如下规定:

"除国家外的法人,根据第 121-4 至 121-7 条规定的不同情况以及在法律和条例规定的情况下,对其机关或代表为其利益所实施的犯罪行为承担刑事责任。

但地方行政部门及其联合团体仅对从事可以订立公共事业委托协议的活动中实施的犯罪行为负刑事责任。

法人的刑事责任不排除同一犯罪事实中自然人正犯和共犯的刑事责任。"①

《新刑法典》第 121-3 条至第 121-7 条分别规定了犯罪的成立条件、犯罪的主观方面和共同犯罪等问题,明确了法人犯罪的具体构成。其中第 121-2 条第 3 款和第 121-3 条分别被 1996 年和 2000 年的刑法修正案作出了一定的修改,从而又带来法人犯罪具体认定上的一些变化。

第二节 法人刑事责任的范围

一、承担刑事责任的法人②

何谓法人,法国立法中没有规定。从字面上看,法人为法律所拟制之人,按照法国法律词典的解释,法人是具有法律人格、拥有人员和财产并因此具有权利和义务的团体。③

法人具有法人资格。不具有法人资格的团体则不承担刑事责任,只追究自然人的刑事责任。法国法律将具有独立人格的法人分为公法法人和私法法人。此外,还要考虑到外国法人。

(一)私法上的法人

私法法人分为营利性和非营利性的私法法人,前者指商业公司,民事

---

① 本条第 3 款由 2000 年 6 月 10 日 No. 2000-647 号法令作出修改,增加"根据 121-3 条第四段之规定",而该规定的主要内容是自然人之行为在没有直接导致危害结果发生,但造成了使结果发生的危险状态时,由于没有采取积极措施避免危险结果发生从而导致严重后果,所以该自然人应负刑事责任。

② 参见孙平:《试论法国法人犯罪的主体和法人负刑事责任的条件》,载李洁、张军、贾宇主编:《和谐社会的刑事现实问题》,174~181 页,北京,中国人民公安大学出版社,2007。

③ 《法律词汇》(Termes juridiques),410 页,10 版,法国,达娄兹出版社(Dalloz),1995。

公司,经济利益团体等;后者包括经宣布成立的协会,工会,政党,人员代表机构(如,企业委员会),基金会,宗教团体等。对于私法法人,不论其目的和宗旨,不论是否具有营利性,均可承担刑事责任,不存在任何例外。

(二)公法上的法人

公法法人的情况有所不同。法国法律将公法法人分为三种:国家、地方行政部门及其联合团体、其他公法法人。它们成为犯罪主体的情况是不同的。

1. 国家

在法国刑法中,国家不负刑事责任,也即国家不能成为法人犯罪的主体。对于犯罪行为,只追究国家公务人员的刑事责任。有关的刑法理论认为,由于国家掌握着垄断的刑罚权,国家不能自己惩罚自己;将行政活动置于刑事法官监控之下会损害行政权和司法权的权力分立原则。从刑罚角度,对国家判处刑罚也是"虚幻的"想法。"解散"对国家自然而然不能成立,实施罚金等于要从国家公共预算中提取然后又交回到国家公共预算中。另外,虽然国家在其部分活动中也行使同其他公共行政部门同样的管理权(后者在行使这些管理权时可能负刑事责任,见下文),但是,主要基于国家主权概念,国家在这些活动中享有刑事豁免权。

2. 地方行政部门

法国地方行政部门包括市镇、省、大区及其联合团体。

地方行政部门及其联合团体原则上也不负刑事责任,但对其在"可以订立公共事业委托协议的活动中"实施的犯罪行为,要负刑事责任。

有关法律将"公共事业委托协议"定义为,"公法法人将其负责的公共事业的管理任务,委托给一个公营或私营的受托人实施的合同,并且管理的报酬主要与公共事业经营的结果相联系"。[①]司法判例也遵循这个定义的精神,认为根据公共事业的性质和在法律、条例未作出相反规定的情况下,以管理公共事业为目的的任何活动都可由地方行政部门,将其主要部分委托给公营或私营的受托人,根据经营结果进行有偿管理[②]。这些可被委托的并可引起地方行政部门刑事责任的公共事业活动,不具有公共权力机关的特权性质,但却属于履行地方行政管理权,它们具有"其主要部分根据经营结果进行有偿管理"的特征。根据这个标准,公共交通、水务、停车场管理、学生食堂管理、博物馆管理、剧院的经营都可以成为"公共事业委

---

① 法国《地方行政区域总法典》第 L.1411-1 条第 1 款规定。
② 2002 年 4 月 3 日法国最高法院刑庭的判决(涉及市政府剧场的经营)。

托协议"的对象。这些公共事业可以由地方行政部门直接管理,也可以由其委托给私营企业管理。如果地方行政部门决定自行管理,也就是官方经办,并在管理活动中实施犯罪行为,由于这些活动不具有政府特权的性质,则不能免除地方行政部门的刑事责任。[①]如果地方行政部门将管理委托给私营企业,则追究私营企业的责任。

但是,地方行政部门及其联合体对于其在行使公共权力机关特权活动中实施的犯罪行为,不承担刑事责任。因为这些活动属于履行公共权力机关的特权,不能委托给私人行使和管理。因此,公共秩序和公共安全保障,公共教育等公共事业,不能成为"公共事业委托协议"的对象。在发生事故触及刑法的情况下,仅追究公共行政部门的人员或领导的个人责任。

3. 其他公法法人

其他公法法人包括公共机构、混合经济公司、国有公司等。一般均可成为法人犯罪的主体,负刑事责任。

(三)外国法人

法国刑法未对外国法人作出明确规定,但认为只要在适用法国刑法的情况下,就可以同样追究外国法人的刑事责任。例如,外国公司在法国犯有诈骗罪,将受到法国司法机关的追究和判决。但是,如果这个外国公司在法国没有任何联系机构(子公司或其他机构),将给司法实践带来困难[②],比如,不能将外国法人引渡等。因此,在执行针对外国法人宣告的刑罚时需要开展国际司法合作。

根据《新刑法典》第121-2条的规定,同样也排除了外国国家及其地方行政部门的刑事责任(对于后者,至少排除了可委托的公共事业以外职能的刑事责任)。基于国家主权和平等原则,国家之间应依据国际公法的规则处理国际纠纷和承担国际责任。

在法国,大多数法人犯罪由私法法人实施,涉及公法法人犯罪的判决数目比例很低。

二、法人承担刑事责任的犯罪行为

法人犯罪的罪名范围,从《新刑法典》1994年生效至今,大致经历了三个阶段。通过分析这三个阶段,可以看出当代法国刑法有关法人犯罪及其

[①] J.-H. Robert, *Droit pénal général*, Paris: PUF, 1999, 4ème éd., p.365.

[②] 参见 B. Bouloc, "La responsabilité pénale des entreprises en droit français", in *Revue internationale de droit comparé*, 1994, 673.

立法模式的发展趋势：

第一阶段：1994年3月1日至2001年6月11日。如前所述，《新刑法典》第121-2条第1款规定法人只有在"法律和条例规定的情况下"才负刑事责任，采取了总则与分则相结合的方式，也即法人行为只有在分则条文特别规定的情况下才构成犯罪，这在法国被称为"特定原则"。法人犯罪主要集中在以下章节：

第二章侵犯人身权利的重罪和轻罪中，如反人类之重罪、杀人罪、非法医疗试验罪、歧视罪、介绍卖淫罪、诽谤罪、破坏家庭罪、非故意暴力行为罪、伤害人之身体罪、损害他人形象罪等；

第三章侵犯财产之重罪和轻罪中，几乎所有罪名都可以由法人实施，如盗窃罪、滥用他人信任罪、窝藏赃物罪和破坏财产财物罪等；

第四章侵犯民族、国家和公共和平的重罪和轻罪中，如恐怖活动罪、建立武装小团体罪、伪造货币罪、伪造公共权力机关发放的证书罪和伪造权力机关印章罪等；

第五章其他重罪和轻罪中的违反生物医学和伦理标准罪；

第六章违警罪中涉及许多与前几章相关的罪名，如过失侵犯人身罪、传播有损名誉的信息罪、非公共场合挑衅引起歧视、仇恨和种族主义暴行罪、违反特定动产买卖或交换之规定罪、以通信方式强迫交易罪、丢弃无主交通工具罪、违反有关公共场合执业的法令之罪等。

可以看出，新刑法典在许多罪名中都规定了法人的刑事责任。在之后的一些刑事法令中又陆续增加了个别的法人犯罪罪名，如1996年第96-392号刑事法令中增加了法人洗钱罪，1998年第98-468号刑事法令中增加了法人采用非暴力手段同15岁以下未成年人发生性关系罪（该罪主要惩治宗教团体以教义的名义对未成年人实施的性犯罪），2000年第2000-595号刑事法令中增加了法人贪污罪等，但总体来讲变化不大。

第二阶段：2001年6月12日至2004年3月8日。法国于2001年6月12日通过了第2001-504号刑事法令，在相当程度上扩大了法人负刑事责任的范围，该法令的主要目的是惩处宗教团体的不法行为①，罪名主要集中在第二章，包括以酷刑或残忍的手段、暴力或威胁的方式故意损害人之尊严的犯罪，强奸和性侵犯罪，以积极或消极手段阻挠解救被非法拘禁人之罪，教唆自杀罪，利用欺诈手段使他人陷于无知或衰弱状态罪；损害死

---

① 《刑法文件夹》(JCN Pénal)-2004年第1版(version 1/2004)，刑法第121-2条，第83~87段。

者尊严罪和遗弃家庭罪，违反教育义务罪。另外，该刑事法令还对一些非刑法典中的犯罪增加了法人刑事责任，这在下面进行论述。

根据法国的刑事法律体系，刑法典之外的许多非刑事法典中，附设了相当数量的法人犯罪和刑罚的条文。①

此外，许多单行法令中还规定有法人犯罪所涉及的方方面面的罪名，例如，1945 年 11 月 2 日第 45-2658 号刑事法令第 21 条规定了帮助他人入境居住罪，1998 年 6 月 17 日第 98-486 号刑事法令第 39 规定了非法向未成年人出示某些文件罪，等等。②

综上所述，截至 2004 年 3 月 8 日，法国的法人犯罪所涉及的罪名已非常广泛，事实上，大多数犯罪行为均可由法人实施。

第三阶段：2004 年 3 月 9 日通过的刑法修正案第 2004-204 号法律，即派尔本法（loi Perben Ⅱ）③，将《新刑法典》第 121-2 条第 1 款中的"以及在法律和条例规定的情况下"的规定取消，从而将法人犯罪的范围扩展至所有罪名④。因为根据原法律，法人只有在法律有明文规定的情况下才负刑事责任，没有规定则不负刑事责任，即须遵守前文所述之"特定原则"。尽管修正案出台前法人的刑事责任范围非常广泛，但毕竟还有不少罪名将法人排除在外⑤。这种将法人犯罪的范围扩展到所有罪名的做法，对法国的刑法理论与实践都造成了巨大的影响。

---

① 含有法人刑事责任的条文主要有：《保险法典》第 L.310-27 条；《地方行政区域法典》第 L.2223-36 条、第 R.1611-15 条；《商业法典》第 L.310-6 条、第 L.321-15 条、第 L.441-5 条、第 L.442-3 条、第 L.443-3 条；《消费法典》第 L.213-6 条、第 L.121-6 条、第 L.115-16 条、第 L.121-23 条、第 L.122-8 条、第 L.217-12 条；《建筑和住宅法典》第 L.111-6-1 条、第 L.511-6 条、第 L.521-4 条、第 L.642-28 条；《环境法典》第 L.218-24 条、第 L.218-57 条、第 L.218-70 条、第 L.218-80 条、第 L.173-8 条、第 L.218-57 条和第 L.596-30 条；《军事司法法典》第 L.333-4 条；《矿产开采法典》第 L.512-6 条、第 L.512-10 条；《财政金融法典》第 L.465-3 条、第 L.353-4 条、第 L.573-11 条、第 L.571-1 条、第 L.573-7 条和第 R.162-5 条；《邮电与电子通讯法典》第 L.19 条、第 L.29 条、第 L.39-2 条、第 L.39-10 条、第 L.97-3 条；第 R.20-30-2 条；《知识产权法典》第 L.335-8 条、第 L.343-6 条、第 L.521-12 条、第 L.623-32-2 条、第 L.615-14-3 条和第 L.716-11-2 条；《道路交通法典》第 L.213-6 条、第 L.318-3 条、第 L.321-3 条、第 L.321-6 条、第 L.413-5 条；《农村和海洋渔业法典》第 L.215-10 条、第 L.215-11 条、第 L.215-12 条、第 L.237-1 条、第 L.251-20 条、第 L.251-21 条和第 253-18 条；《公共卫生法典》第 L.4161-6 条、第 L.1337-4 条、第 L.5431-4 条、第 L.5442-12 条和第 L.5461-8 条；《劳动法典》第 L.1152-4 条、L.7122-17 条、第 L.8224-5 条和第 L.8256-7 条。

② 《刑法文件夹》（JCN Pénal）-2004 年第 1 版（version 1/2004），刑法第 121-2 条，第 91 段。

③ 法国按照提案人的姓名来命名法律的修正案，由于此次提案人名为派尔本（Perben），故称为《派尔本法》，又由于这是第二个以派尔本命名的修正案，故称为《派尔本法（二）》（loi Perben Ⅱ）。

④ 这里仍存在两个不适用法人刑事责任的例外：1881 年 7 月 29 日法令第 43 条关于新闻自由的规定和 1882 年 7 月 29 日第 82-652 号法令第 93-3 条关于视听交流的规定。参见《派尔本法（二）》第 55 条。

⑤ 这种情况在劳动法和社会保险法中尤为明显。

第三节　法人承担刑事责任的条件

一、法人只对其机关或代表的犯罪行为负责①

机关和代表可分为法律上和事实上的机关和代表。

法人的机关和代表是指，法律或管理规章赋予其行使领导、行政、管理或监督职能，并依法定授权或依规章授权能够作出使法人承担责任的决定的集体机构和自然人，即法律上（或法定）的机关或代表。换言之，他们有权以法人的名义行事，如股东大会、协会主席、董事会、监事会、董事长-总经理、市镇的市长等。

事实上的机关或代表，是指取得法人法定机关或代表的授权的机关或代表。事实上的机关或代表为法人的利益实施犯罪能否引起法人的刑事责任？法国理论界对此有不同观点。否定说认为，根据"严格解释法律"的原则，不应涉及事实上的机关或代表②；被授权人只是法人的雇员，不具有改变法人结构和政策的权力，不具备代表法人的能力；如果法人对他们的行为负刑事责任，则是建立在"对他人负责"的责任机制上，而不是法人"基于代表制的个人责任"，在后者看来，机关或代表"就是"法人；如果将企业机关或代表的范围扩大到被授权人，将引起法人对被授权人的过失犯罪承担刑事责任的泛滥③。

肯定说认为，如果不将事实上的机关或代表视作法人的机关或代表，将使法人犯罪制度的效用大打折扣，因为这鼓励法人为了规避刑事责任而借用他人名义实施犯罪④。肯定说认为，事实上的机关或代表还可以再转授权，从而使某人获得执行某项任务所需的职权、权威和必要手段，如果该受托人或再受托人为了法人的利益实施刑法所禁止行为，法人仍要承担刑

---

① 参见孙平：《试论法国法人犯罪的主体和法人负刑事责任的条件》，载李洁、张军、贾宇主编：《和谐社会的刑事现实问题》，174~181 页，北京，中国人民公安大学出版社，2007。

② J.-F. Barbieri, "L'incidence de la réforme du Code pénal sur la gestion des personnes morales", in *La responsabilité pénale des personnes morales*, rapport de synthèse lors du colloque de l'Université de Limoges, 11 mai 1993, *Petites Affiches* 1993, numéro spécial du 6 octobre, 22.

③ J.Consigli, "La responsabilité pénale des personnes morales pour les infractions involontaires: Critières d'imputation", *RSC*, 2014 No.2, pp.297~310.

④ M. Delmas-Marty et G. Giudicelli-Delage, *Droit pénal des affaires*, Paris: PUF, 2000, p.76.

事责任。① 但是,如果未经正规授权而行使领导或行政职能,那么法人的职员或雇员实施的犯罪行为,即使为了法人的利益,也不引起法人的刑事责任,除非他们的行为是执行法人机关或代表的决定或命令。

法国司法判例采用肯定说。因此,经正规授权的雇员在授权范围内为法人利益实施的犯罪,可以引起法人的刑事责任。

二、法人只对为其利益实施的犯罪负责②

《新刑法典》明确规定了法人对其机关或代表"为了法人的利益"实施的犯罪承担刑事责任。为了法人的利益,指为法人谋得赢利,或为法人的利益服务。法国最高法院审核官德波特(Frédéric Desportes)认为这"使法人不仅对故意犯罪负责,也同样对过失犯罪负责"③。在法国的司法实践中,"为了法人利益"之行为的范围非常广泛,不但包括为了法人"财政的、经济的利益"的行为,而且也包括了不能使法人获得任何利润的仅仅是"发挥法人职能"的行为,如工作中基于性别或种族差异而实施歧视的行为,也被认为是"为了法人利益"。

刑事判例中甚至"暗含地"认为疏忽、轻率等所致的过失犯罪中,也存在"为了法人利益"之情形。然而,一些过失犯罪,在满足"为了法人的利益"这个条件的要求上显得比较勉强。例如,法人制定的目标过高或者议事程序存在漏洞,从而导致其一般成员在日常工作中虽然严格按照单位规章办事,但仍不可避免地造成了危害后果,这种情况下的责任仍应归于法人;在劳动生产企业中,由于法人本身缺乏严格的规章制度,领导人没有尽到监管义务,工人在生产中造成严重危害的行为也应由法人来承担刑事责任。但是在最后一种情况下,认为是"为了法人利益"比较牵强,因为它甚至可以说是同法人的利益相悖的。

对此,法国1993年刑法典实施通报的指示是,如果企业领导人在履行职责时为了自己利益实施犯罪,则不引起法人的刑事责任。法国理论界也采取该观点并具体认为,"为了法人利益"应理解为法人机关或代表在履行职责范围内,且该职责范围以法人业务范围或狭义上以法人的社会目标

---

① 例如,从事大型商业销售的连锁店公司的总经理可以授权负责地区销售的经理制定在该地区销售的商业和经济政策,而该地区经理可以授权下属某商店中作为雇员的经理负责管理商店。这三位经理都可以成为第121-2条规定的法人的"代表"。

② 参见孙平:《试论法国法人犯罪的主体和法人负刑事责任的条件》,载李洁、张军、贾宇主编:《和谐社会的刑事现实问题》,174~181页,北京,中国人民公安大学出版社,2007。

③ 《刑法文件夹》(JCN Pénal)-2004年第1版(version 1/2004),刑法第121-2条,第183段。

为限,非仅为追求个人利益而实施犯罪。对过失犯罪而言,由于法人追求个人利益的观点难以成立,因此按照排除式逻辑,将"为了法人利益"理解为"非为追求个人利益"。这样,法人机关或代表在企业业务范围内实施的过失犯罪,也会引起法人的刑事责任,其中包括与企业组织权无关的、个别的疏忽大意过失犯罪①。

根据法国有关部门对载入犯罪记录的法人犯罪的统计,在1994年至2002年之间,对法人犯罪的判决共有1442个②,绝大多数为轻罪判决(占93.6%),主要涉及侵犯金融、经济和社会秩序的犯罪(共占59.5%,其中多一半的案件涉及非法雇佣),涉及侵犯人身犯罪的过失杀人、过失伤害、不救助或置他人于险境的案件占近四分之一(24.4%)。法人犯罪的主要刑罚为罚金,占总判决数的91.8%。③

三、法人刑事责任对自然人的影响

1997年12月2日的判例暗含地回复了引起法人刑事责任的自然人的责任问题,就是为了惩治法人,需要以自然人实施犯罪的所有构成要件为依托,但是无需一定要对作为法人的机关或代表的自然人作出刑事判决。法官应该做的是从法律上核实犯罪是否已经成立,这是惩治法人犯罪必不可少的前提条件。而对起中介作用的自然人的追究或判刑则完全不是必需的。

关于法人犯罪中自然人刑事责任问题,《新刑法典》第121-2条第3款规定,"法人负刑事责任不排除作为同一犯罪行为之正犯或共犯的自然人的刑事责任……"根据该条规定,法人的机关或代表为了法人的利益实施犯罪将引起法人的刑事责任,同时也要承担个人的刑事责任。当犯罪的客观要件和主观要件都具备时,公司的领导人可成为法人犯罪的共犯。因此,法国新刑法典采取了自然人和法人刑事责任并存原则,在处罚上采取"双罚制"。2000年7月10日的法律对过失犯罪作了新的规定,解决了法人和自然人在过失犯罪中的责任分配问题。因此,对于刑事责任并存原则在刑事司法中的实际应用情况,需要区分故意犯罪和过失犯罪两种情况。

---

① J. Consigli, "La responsabilité pénale des personnes morales pour les infractions involontaires: Critières d'imputation", *RSC*, 2014 No.2, pp.297~310.

② 这是根据载入犯罪记录的统计,但并不是所有判决都载入犯罪记录。根据法国检察院的统计,1994至2002年,对法人犯罪的判决为2 520个。

③ 法国司法部统计信息布告,2005年5月第82号,"法人的刑事责任"。http://www.ca-bastia.justice.fr/infostatresppm05.pdf

对于故意犯罪,采用刑事责任并存原则,这不仅是立法机关的意图,也是该案例表达的立场。作为法人机关或代表的自然人必须具备犯罪故意要件。根据法国司法部关于法人刑事责任普遍化规定生效的通报①,在追究故意犯罪时,原则上,只要机关或代表是为了法人的利益实施犯罪,则同时追究自然人正犯、共犯和法人的刑事责任。但是在实践中,根据起诉的适当性原则,由检察院决定对谁起诉,即针对法人、法人的领导人或两者一起起诉。在实践中,大多数案件只起诉法人,而不包括其领导人。

对于过失犯罪,尤其是法人活动中实施的过失杀人和过失伤害罪,则要考虑 2000 年 7 月 10 日法律的改革,该法对疏忽大意和轻率不慎之过失作出新定义。新规定只对自然人适用,不涉及法人。该法律在《新刑法典》第 121-2 条第 3 款的结尾处增加了"第 121-3 条第 4 款之规定保留之"。根据第 121-3 条第 4 款,可以按照过错与损害结果之间是否具有直接因果关系区分两种情况。如果是直接因果关系,自然人的任何疏忽大意、轻率不慎、违反法律或条例规定的谨慎或安全义务的行为都构成过失,都要负刑事责任。如果是间接因果关系,只有当这种过错达到某种严重程度才追究自然人的刑事责任,而这种严重程度也分为两种情况:一种是明显蓄意违反法律、条例规定的谨慎或安全之特别义务的过失;另一种是将他人置于不能不知道的特别严重险境下的过失。

其立法意图显然是要通过对过失重新定义,限制追究疏忽大意过失犯罪的刑事责任的情形,尤其是针对法人犯罪中的企业领导人。而对于法人的疏忽大意过失则不存在这样的特殊规定,也就是说即使存在轻微过失且过失与损害之间存在间接因果关系,法人仍要负刑事责任。这样,在过失犯罪的情况下,至少对于轻微过错,存在着名副其实的法人代替自然人承担刑事责任的"替代责任"。在这种情况下,只实行处罚法人的"单罚制"。

法国最高法院以后的判例也与该法律规定看齐,认为即使因同一行为受到追诉的法人代表由于缺乏严重明显过错而被释放,法人也应承担过失伤害罪的刑事责任。通过这样的判例,似乎又折射出法人具有一定的独立于自然人的刑事责任。

---

① 法国司法部 2006 年 2 月 13 日"关于法人刑事责任普遍化的 2004 年 3 月 9 日的法律规定于 2005 年 12 月 31 日生效的通报",http://www.textes.justice.gouv.fr/art_pix/101-CRIM-c.pdf.

第四节　法人承担刑事责任的归责机制

理论上存在两个对立的法人学说。一是民法中的"实在法人说",即法人被当作有别于其成员存在的实在的人,因此可以将犯罪直接归咎于法人。法人具有自主性,可以亲自实现犯罪的主观要件,即亲自犯错,甚至可以具备不同于自然人成员的预谋。当然,犯罪的客观要件需要由代表法人的机关完成。

另一是与之相反的"拟制法人说",法人的刑事责任需以某个自然人为依托。非物质的人不能实施犯罪,因此,如果要将犯罪归咎于法人,首先应证实犯罪由自然人实施。由于法人自身无法表示主观故意或过失,所以只能通过自然人为中介间接地负有责任。

法人犯罪最早起源于英美国家的法律实践,其理论发展也相对成熟,法人犯罪的归责机制主要有"替代责任""等同责任"和"组织责任"等,前两者以个人责任为中介追究法人的刑事责任,而后者则以组织体的专属责任为基础直接追究法人的刑事责任。

法国法人犯罪归责机制称之为"代表责任"制,即法人的"机关或代表"以法人的名义、为法人的利益行事,由法人承担相应责任。代表责任的概念在法国刑法理论上存在争议,但是原则上,它以"拟制法人说"为基础,借鉴了英美国家早期的"替代责任"和"等同责任"的概念。同时,受英美国家"组织责任"理论的影响,法国刑法学界也在讨论在"实在法人说"的基础上发展"自主责任"机制,建立专属于法人的责任,而且司法实践中也不乏运用"自主责任"处理案件的案例。

关于"代表责任"制的实施,法国司法判例原则上坚持法人以机关或代表的自然人的行为和犯意为中介承担刑事责任的归责机制,但是在认定机关或代表的责任方面,法国司法判例经历了从要求证明主客观过错,到推定犯有主客观过错,再回归到要求证明主客观过错的摆动;另外,在个别案件的处理上,法人可以直接对自身的管理缺陷承担刑事责任,从而体现了法人独立的"自主责任"在实践中的例外存在与发展。

一、以自然人的行为和犯意为中介

(一)要求自然人实施了犯罪的所有构成要件

《新刑法典》出台前,法国立法机关在立法工作报告中曾明确采取"拟制法人"概念,但是在新法生效后的初期,司法实务部门对第121-2条的理解并不统一。法国法院在审理首批法人犯罪案件时大多倾向采纳"实在法人"概念,没有领会立法机关要求法人刑事责任具有间接性特征的立法精神,在判决中直接追究法人的责任,没有间接影射犯罪的客观行为人。对此,法国最高法院在对 1997 年 12 月 2 日的案例判决①中,否定了上诉法院采用"实在法人"概念的做法,认为如果没有证实法人机关的自然人的有罪性,就不能认定法人的刑事责任。因此,该判例的意义在于明确了这样一个原则,即如果将犯罪归咎于法人,就需要代表法人的自然人在客观上和主观上实施了犯罪,因为自然人代表法人,是第 121-2 条规定的法人的机关或代表。因此,法人刑事责任的成立要以自然人为中介,要求自然人实施了犯罪的所有构成要件,因此法人刑事责任的成立具有"后置性"或间接性特征。

对于该案的处理,法国最高法院在上述两种法人责任机制中最终选择了法人"拟制法人说"解决问题,强调了法人刑事责任的间接性特征。

(二) 不要求有别于自然人的主观过错

从 1997 年 12 月 2 日的判例还可以得出,法人刑事责任的成立不要求法人具有有别于自然人的主观过错。

对于故意犯罪,不要求法人具有不同于其机关或代表所受指责的犯罪故意,法人的刑事责任通过其机关或代表的犯意确定。当法人的机关或代表为了法人的利益实施犯罪时,该机关或代表的刑事故意足以使法人负刑事责任,而无需确定法人具有不同于其机关或代表的犯罪故意。

对于过失犯罪,法人对其机关或代表犯有的疏忽大意、轻率不慎或违反安全义务的过失负刑事责任。法国最高法院在早期的判例中,要求无论故意犯罪还是过失犯罪,都要以自然人实施了犯罪所有构成要件,作为追究法人刑事责任的参照依据。

---

① "法国某 RS 股份公司以工作不称职为由解雇一名员工 A,员工 A 对此不服,将纠纷诉至劳资调解委员会。RS 公司向劳资调解委员会提供了多份证明员工 A 工作失职的文件,其中一份证明与事实不符,因此作假者和 RS 公司受到使用虚假证明的刑事追诉。RS 公司将一审判决上诉到二审法院——立摩日上诉法院,立摩日上诉法院于 1996 年 10 月 18 日作出判决,维持一审的判决决定,认为该份虚假证明是由 RS 公司总经理 C 出具的,C 在劳动调解委员会前代表 RS 公司,当出具证明时,RS 公司不可能不知道证明存在某些不属实的叙述。RS 公司又上诉到法国最高法院,最高法院刑庭于 1997 年 12 月 2 日作出判决,认为上诉法院在作出决定之前,应查明 RS 公司的总经理 C——他作为法人的机关,是否亲自知道证明中叙述的事实不属实,以及被指控轻罪的主观故意要件是否已经具备,鉴于刑法典第 121-2 条规定法人只对机关或代表为其利益实行的犯罪负刑事责任,最高法院认为上诉法院没能依照该规定支持自己的判决,因此撤销了该判决决定。" J. Pradel et A.Varinard, *Les grands arrêts du droit pénal général*, Paris:Dalloz, 2012, 8ème éd., No.38, p.504.

2000 年 7 月 10 日的法律①引入了疏忽大意和轻率不慎之过失的新定义。但新规定只涉及自然人犯罪。自然人的过失是损害的直接原因时，按照法律规定承担刑事责任；当过失是损害的间接原因时，只在犯有严重过失，即蓄意置他人于险境之过失或明显过失时，才负刑事责任。

该法律的新规定不涉及法人，即对法人不区分过失是损害的直接原因或间接原因。这意味着法人机关或代表的简单过失造成间接损害时，不引起法人代表的个人刑事责任，但能够引起法人的刑事责任，只要犯罪行为是为了法人的利益。根据法国司法部关于法人刑事责任普遍化规定生效的通报，在过失犯罪和仅仅违背特定规章的技术性犯罪的情况下，首先应追究法人的刑事责任。自然人只在能充分证明其个人过错应受刑事处罚时才负刑事责任。②这体现了法人替自然人的轻微过失负刑事责任的转嫁责任制。

二、机关或代表的行为证明

如上所述，法国法人犯罪的归责机制原则上以自然人实施犯罪的主客观要件为依托，因此，就需要对法人"机关或代表"的自然人进行识别和界定，证明其在主客观上实施了犯罪。

在客观方面，需要证明机关或代表客观参与实施犯罪行为，其行为可以是作为或不作为。企业的总经理，作为企业的领导人，他有责任监督员工遵守企业管理规定，因此，他要对员工违反安全和卫生规定的行为负责。由于他同时是法人的机关，因此他未监督员工的失责行为能够引起法人的刑事责任。在主观方面，需要证明法人机关或代表为法人的利益实施犯罪。正如在上述 1997 年 12 月 2 日使用虚假证明的案例中，法国最高法院要求查明法人的机关，即总经理对证明中不确切的内容是否"亲自知道"，查明其犯罪的心理要件是否明显。

在《新刑法典》生效初期，无论对法人的故意犯罪还是疏忽大意、轻率不慎的过失犯罪，法国最高法院都要求证明自然人实施了犯罪所有构成要件。但是这种严格解释法律的态度限制了法人犯罪制度的适用，因此，自 2006 年起，司法判例改变了方向，对某些类型犯罪采用"推定"技术推定法人机关或代表实施了犯罪（参见下文），并由此追究法人刑事责任。

---

① 该法律修改了《新刑法典》第 121-3 条第 3 款和第 4 款的规定。
② 法国司法部 2006 年 2 月 13 日"关于法人刑事责任普遍化的 2004 年 3 月 9 日的法律规定于 2005 年 12 月 31 日生效的通报"，http://www.textes.justice.gouv.fr/art_pix/101-CRIM-c.pdf.

但是,法国最高法院在诸如 2016 年 3 月 22 日、2016 年 9 月 27 日的判例中,显示出放弃"推定"技术和回归证明机关或代表行为的趋势。在违反法律、条例引起环境污染和劳动生产安全事故的过失犯罪中,法国最高法院认为,只有当法人机关或代表的自然人为了法人利益犯有相关过失或不作为,法人才承担刑事责任。因此,这就需要识别法人机关或代表的自然人,核实机关或代表是否未遵守法定义务或规章义务①,证明机关或代表的过失是在履行职责的范围内,而不是仅为了个人利益,也即证明是否存在授权以及行为是否超出授权。

三、机关或代表的行为推定

现代经济中,对结构复杂、规模庞大的企业法人而言,往往难以识别和界定实施犯罪行为的自然人。法国 2006 年至 2016 年间的司法判例大致显示,在不需要或无法具体识别机关或代表的自然人的情况下,法国最高法院采用"推定"机制,推定机关或代表实施了故意或过失犯罪。这种"推定",脱离了自然人行为的中介,倾向于法人具有专属的自主责任。

推定主要涉及两种情形。第一种是当客观上存在违反法定义务、规章义务或行政命令而引起疏忽大意或轻率不慎的过失犯罪,则推定法人机关或代表犯有该过失,从而追究法人的刑事责任。这类违背义务型的过失犯罪只能由法人机关或代表等具有特定身份的人实施。例如,在对 2006 年 2 月 21 日涉及法人不遵守省长命令的案例判决中,法国最高法院避开认定实施犯罪(的机关或代表)的自然人,直接追究法人的刑事责任。这一做法虽存在争议,但是法国最高法院认为,省长命令直接向法人作出,法人当然有遵守规章的义务。违背义务,当然应归责于法人的机关或其授权的代表。在劳动事故造成人员伤亡的领域中,时常采取这种做法,完全避开识别自然人的问题,而直接将过错归咎于机关或代表,从而追究法人刑事责任②。

第二种是"推定"技术扩展应用到某些故意犯罪,即当犯罪体现了法人组织的商业政策、企业文化鼓励或促进实施故意犯罪,则推定这些犯罪只能由企业法人机关或代表实施。例如,在对 2008 年 6 月 25 日的案例判决中,法国最高法院在一起大型销售公司实施"回扣"违法操作的作假案

---

① 参见 Bull.crim. 2016.03.22, No. 15-81.484; Bull.crim. 2016.09.27, No.15-85.248.

② J. Pradel et A.Varinard, *Les grands arrêts du droit pénal général*, Paris: Dalloz, 2012, 8ème éd., No.38, p.516.

件中,认为没有识别自然人的必要,因为犯罪受到公司销售政策的引导,而且只能由公司的机关或代表为了公司利益实施[1]。对于法人犯罪故意的推定,允许法人机关或代表提出相反证据予以反驳。

推定技术为司法实践中追究法人犯罪提供了方便。追诉机关不需要再证实企业雇主及其管理干部在法人的工商业结构中如何分配权责。但是,推定技术也招致批评,主要是违反无罪推定原则,不再要求法官对犯罪的主客观要件进行证明。而且反对观点从限制推定的角度认为,由于无须机关或代表犯有显著过错,法人就应对间接引起的损害承担刑事责任,那么,为了证明法人犯有疏忽大意、轻率不慎的过失,无须具体界定犯有错误的领导人(企业主或被授权人),因为损害结果可以抽象地引出过错,而称职的领导人在相同条件下会避免发生该损害。因此,只要证明行使领导权中存在过错即可。[2] 晚近的司法判例已显示出回归证明机关或代表行为的趋势。

四、代表责任的理论基础

法国法人犯罪的归罪理论受到英美国家的替代责任、等同责任和组织体责任的影响。

(一)替代责任

替代责任(vicarious liability),即主人对其仆人或代理人在职责范围内为了主人利益实施的犯罪,承担刑事责任。

《新刑法典》第121-1条明确规定了"任何人仅对本人的行为负刑事责任"的个人刑事责任的原则。而法人"对其机关或代表为其利益实施的犯罪负刑事责任",具有替代原则的特征。另外,法国附属刑法中还存在"对他人行为负责任"的特殊责任规定,主要涉及劳动安全、交通运输等领域的企业领导人对雇员的行为承担刑事责任。企业领导人负刑事责任需满足两个条件:一是雇员在企业运行过程中实施了客观上违反管理规定的犯罪,二是雇主犯有疏忽大意、轻率不慎的过失,是疏于监管的过失。

为了避免企业领导人受到过多的过失犯罪的判决,法国2000年7月10日法律对自然人过失作出新规定,在过失犯罪中,至少对于轻微过错,存在着企业法人代替自然人领导人承担刑事责任的名副其实的"替代责

---

[1] J. Pradel et A.Varinard, *Les grands arrêts du droit pénal général*, Paris: Dalloz, 2012, 8ème éd., No.38, p.516.

[2] 参见 Emmanuel Dreyer, *Droit pénal général*, Paris: LexisNexis, 2014, pp.800~801.

任",即雇员客观上实施了违反管理规定的犯罪,而企业领导人犯有间接的轻微过错,在此情况下,往往由法人承担刑事责任,实行只处罚法人的"单罚制"。

(二) 等同责任

等同责任(identification principle),即将能够代表企业意志的高级职员的行为与心理,等同于企业法人的行为与心理。只有法人的总裁或高级主管有罪过,法人才承担责任。等同责任和替代责任都是以自然人刑事责任为媒介来处罚企业[1]。

法国刑法中,法人只对其机关或代表实施的犯罪负刑事责任,也体现了等同责任。机关或代表能够代表法人的行为与心理,它(他)不是法人的别人,而就是法人,与法人身份相等。法人之所以承担责任,是因为其机关或代表为了法人的利益、而不是为了个人利益实施了犯罪。因此,等同责任理论更能体现法人对自己的行为负刑事责任,与刑法典的其他规定更加协调,尤其是第121-1条规定的个人刑事责任原则。与等同责任的区别在于,代表责任中的"机关"是代表法人的集体机构,在一定程度上趋向组织责任的特征,而不是等同责任所强调的高级职员自然人的罪过引起法人的刑事责任。

(三) 组织责任

随着企业规模化和管理现代化的发展,法人犯罪现象呈现新趋势,法人及其自然人犯罪手段愈发隐蔽,自然人犯罪的界定存在困难。因此,坚持以"自然人为中介"的归罪机制,可能会放纵法人犯罪。加上代表责任受到与个人刑事责任相抵触的质疑,在法国刑法理论界和司法实践中,都不乏支持"实在法人说"和采取该学说处理案件的例外做法。而且,代表责任中的"机关"是法人的集体机构,为组织责任的发展提供可能。

受英美国家"组织责任"[2]的影响,法国也在讨论建立专属于法人的"自主责任"模式。这种模式的益处在于法人为属于自己的过错受到刑事

---

[1] 参见周振杰:《比较法视野中的单位犯罪》,11~13页,北京,中国人民公安大学出版社,2012。

[2] 组织责任原则(organisational liability),即在认定企业刑事责任之际,不再以自然人责任为媒介,而是视法人为独立的责任主体,具有属于自身的犯罪意图和行为。组织原则理论又包括法人结构论和法人文化论,前者是指只要能证明企业结构、经营发生之中存在缺陷,并且此缺陷与危害结果之间存在实质的因果关系,就可以追究法人的刑事责任;后者是指企业内部存在引导、鼓励、容忍或者导致不遵守法律规定的企业文化,或者企业未能建立并保持要求遵守法律的企业文化。参见周振杰:《比较法视野中的单位犯罪》,中国人民公安大学出版社2012年版,第15页。

处罚,充分体现了个人刑事责任原则,能有效地解决刑事责任的可归责性问题;其弊端主要是对于法人有罪性的判断很难与现有的故意和过失的主观要素相契合①。在司法实践中,有的地方法院采取"自主责任"原则处理案件,最后被法国最高法院纠正。但是,法国最高法院有时也认可采用自主责任模式处理法人组织结构运营缺陷引起的犯罪。

例如,某企业法人因未对员工进行必要的业务培训和操作指导从而导致员工引发劳动事故而死亡,犯有过失杀人罪,就是将法人运行中的严重组织缺陷直接归罪于法人②。再例如,某医院的急诊部存在违反医院内部规章的明显缺陷,从而间接且确切地导致病人死亡,构成过失杀人罪,这一明显的组织缺陷,被直接归责于法人,由法人承担刑事责任③。这些案例显示,当犯罪由法人的组织管理缺陷所导致,都直接将该过错归咎于法人,而不再识别或推定法人机关或代表实施了犯罪。

五、法人刑事责任的特征与评析

综上所述,法人犯罪在英美判例法系国家得到普遍认可,法国作为大陆法系国家采取了实用主义态度,在刑法中承认了法人犯罪。而法人刑事责任在理论上同一些传统的法律原则未能完全兼容,在逻辑上也没能完全自圆其说。通过上述 1997 年 12 月 2 日案件的判决可以引起对法人刑事责任的性质和意义的反思。

(一)法人刑事责任的性质

关于法人刑事责任的性质,无论是"实在法人"说还是"拟制法人"说,在理论上都存在一些不足。例如,如果采纳"实在法人"说,就要接受存在有别于其成员的法人,那么当法人的代表为法人的利益实施犯罪时,法人的责任是个人化的责任。当将他人客观实施的犯罪归咎于法人时,就涉及民法中为他人承担责任问题。但是,对此观点最多的反驳意见是不能接受将机关或代表当作法人的"他人",机关和法人之间已消除了涉及"他人"的外部因素,当机关为法人的利益行动时它就是法人不可分割的一部分,因此,法人负刑事责任的行为不是由"他人"实施的,因为机关是法人的表现。有的学者认为,自然人是法人的载体,法人由自然人体现,还有的学者

---

① 参见陈萍:《法国法人刑事责任归责机制的形成、发展及启示》,载《政治与法律》,2014年第 5 期,48~56 页。

② 最高法院 2010 年 3 月 16 日判决,第 No 09-82.041 号。

③ J.Consigli, "La responsabilité pénale des personnes morales pour les infractions involontaires: Critières d'imputation", *RSC*, 2014 No.2, pp.297~310.

甚至认为机关就是法人。如果采取"拟制法人"概念,法人刑事责任的成立要以自然人为依托,要求自然人实施了犯罪构成的客观要件和主观要件,不要求法人具有区别于自然人的过错。对此也会产生疑问,即这是否违背了法国《新刑法典》第 121-1 条规定的"任何人仅对本人的行为负刑事负责"的原则。

法国"代表责任"中的"机关或代表",兼顾了"拟制法人"和"实在法人"的理念。"代表"指向代表法人的自然人,即股份有限公司董事会主席或有限公司的主管,是"拟制法人说"理论的体现;而"机关"是指法人管理机关,即集体决议机关,是"实在法人说"理论的体现[①]。机关是代表法人的集体机构,它为"自主责任"理论的发展提供了可能。在无法识别自然人的情况下,对法人机关行为的识别和认定,更倾向法人具有独立的"自主责任"。

《新刑法典》自 1994 年生效二十多年以来,司法判例显示,"拟制法人说"是原则,"实在法人说"是例外,后者是前者的必要补充,可以有效地解决刑法在复杂的现代技术过程中和复杂的现代公司组织结构中确定个人责任的难题。对于故意犯罪,几乎采取"拟制法人说",通过自然人为中介认定法人的刑事责任。对于过失犯罪,则往往借助"实在法人说"。但是,晚近的司法判例对过失犯罪,又倾向回归正统理论,要求只有当法人机关或代表为了法人利益犯有过失,法人才承担刑事责任,因此,就需要识别法人机关或代表,并核实他们是否犯有未遵守法定义务或规章义务的过失。但是,运用"实在法人说"处理案件的特例仍旧存在。

(二)法人犯罪归罪机制的特征

由此可见,法国法人犯罪的归罪机制的特征如下:

(1)法人犯罪制度是一种基于实用主义的法律实践,法人刑事责任理论同大陆法以自然人为基础的个人刑事责任理论的矛盾挥之不去,使其在理论上难以自圆其说。

(2)鉴于法人犯罪的多样性和复杂性,法人两种学说同时存在,针对不同犯罪发挥作用。"拟制法人说"强调法人的虚拟性,需要以自然人的主客观行为为依托确定法人责任,操作上具有客观性和具体性;而"实在法人说"强调法人主客观行为的独立性,但是往往要借助推定技术并综合法人规模、议事程序、目标、预防措施等多方面因素判断法人的责任,操作上

[①] Jacques Leroy, *Droit pénal général*, Paris: L.G.D.J, 2012, p.288.

相对主观和抽象。

（3）在上述两种法人学说的基础上，法国司法实践中存在"代表责任"和"自主责任"两种归责机制，前者是原则，后者在一定范围内例外存在，作为"代表责任"的补充。

"代表责任"通过两种技术手段认定：

一是具体识别"机关或代表"自然人，证明自然人在主客观上实施犯罪，包括故意和过失犯罪，从而认定法人的刑事责任；

二是抽象识别"机关或代表"，基于犯罪事实推定"机关或代表"实施犯罪，从而追究法人的刑事责任。这主要涉及两种情形，一种是违反法律、条例义务规定（监督过失）的过失犯罪，另一种是由企业政策、文化促发的故意犯罪。

"自主责任"，也即法国版的"组织责任"，以企业法人存在组织缺陷为依据，直接认定法人的刑事责任，也是采取推定归责。

如果采取"推定"归责，就存在法人提出相反证据作出辩护的问题，比如法人已意识到相关风险和应履行的义务，并已采取必要的、适当的措施预防犯罪。这似乎为引入合规计划作为排除刑事责任的事由提供了可能。但是，法国晚近的刑法改革并没有将合规计划列为法人免除刑事责任的法定事由，而仅在涉及腐败犯罪的刑事诉讼程序中将其作为附条件暂缓起诉的考验措施，以及将其作为腐败犯罪的刑罚措施。

（三）法人刑事责任的意义

法人犯罪制度被认为是法国国民议会和参议院立法妥协的产物。国民议会考虑到法人在经济领域中的实力，主张设立法人的刑事责任，而参议院则希望通过设立法人刑事责任来减少甚至消除企业领导人可能面临的责任泛滥问题。法国议会在法人犯罪的立法工作报告中就明确指出，设立法人刑事责任的目的是在被指责的过错并不非常明显的情况下避免过多地追究企业领导人的责任。尤其是，法国中小企业异常活跃，在国家经济中占有重要地位，而中小企业领导人对企业的生存和发展又至关重要。2000年7月10日的法律关于过失的新规定，也体现了这一立法目的，即对不严重的过失犯罪由法人代替自然人领导人承担刑事责任，这对该国促进中小企业的可持续发展更具重要意义。

2016年"萨宾第二法案"以及2017年的警惕义务法[1]，要求大型企业

---

[1] 2016年12月9日《关于透明、反腐败和经济生活现代化的法律》（loi Sapin II）和2017年3月27日《关于母公司警惕义务的法律》。

在反腐败领域承担更多的合规计划义务以及在保障人之基本权利、健康、安全以及环境风险等方面承担更多的社会警惕义务。随着合规计划被引入刑罚体系和暂缓起诉的考验制度中，企业法人可以在有效履行合规计划的条件下，免于受到刑事追诉。

法国司法判例上，从 2006 年起纷纷采取"推定"技术认定法人过失犯罪，甚至将"推定"技术扩展应用到某些法人故意犯罪。2016 年起又开始放弃"推定"而强调证明"为了法人利益"的条件，显示法人刑事责任的认定机制回归到以自然人为中介的正统道路上，尤其是过失犯罪，如果不能证明法人机关或代表为了法人的利益实施犯罪，则不能认定法人的刑事责任。这就加大了认定法人犯罪的难度，避免对结构复杂、难以界定自然人行为的大型企业做出过多的有罪判决，以保护法国大型企业的海外发展。

由此可见，法国在立法和司法上，不断根据社会经济的发展需要、经济全球化的影响，调整打击法人犯罪的刑事政策。从在刑法典中设立法人犯罪并实行双罚制原则，到通过立法促使法人代替犯有轻微过失的企业领导人承担刑事责任，到要求大型企业在反腐败等公共领域承担更多合规计划义务、社会警惕义务并设立程序上的刑事免责激励机制，再到刑事司法中放弃"推定"技术，以减少法人犯罪归责的灵活性，提高法人犯罪的认定标准，体现了法国治理法人犯罪的刑事政策从限制打击到扩大打击再逐渐到限制打击的发展趋势。

第十三章　共同犯罪刑事责任的承担

犯罪可以由单人实施,也可以由多人集体实施。当多个自然人或法人,以不同名义和不同程度参与实施了犯罪,这就是所谓的"集体犯罪",这类犯罪存在多种形式。

犯罪在客观上和主观上由多人在没有事先意思联络的情况下实施,人们经常称之为"众人犯罪",即一群人突然地实施了犯罪,例如,足球比赛时情绪过激的球迷集体地实施的侵害和暴力行为,或者某协会的一些成员对法院的无罪释放判决不满进而在法院门口向被释放人及其律师进行大声谩骂和威胁的行为。集体犯罪还可以有事先意思联络,这种意思联络多少具有一定持续性。犯罪参加者蓄意组织起来以便实施法律禁止的行为。

法国刑法中的多人犯罪,除非法律另有规定,每个参与人根据其个人行为以个人名义承担刑事责任,要么作为正犯或共同正犯,要么作为共犯。但是,多人犯罪体现出越来越大的危险性和相对于单人犯罪更应制裁的必要性。因此,有时需要对集体犯罪的参与者采取特殊的刑事制裁,这主要通过两种方法实现。

一方面,对于某些犯罪,法律规定多人参与的犯罪是法定刑罚的加重情节。这种加重情节由集体犯罪所导致,具体而言就是犯罪由若干个人以正犯或共犯身份实施。例如,故意暴力行为或者强奸,当集体犯有该罪时,将处以 20 年徒刑,而不是 15 年徒刑(第 222-24 条)。有组织犯罪也构成刑罚的加重情节,《新刑法典》第 132-71 条对有组织团伙定义为,"通过一项或多项实际行动为实施一个或多个犯罪做准备而形式的集团或达成的默契"。因此,非法进出口毒品罪中,如果以有组织形式实施,刑罚将从 10 年监禁加重到 30 年徒刑(第 222-36 条)。所有这些例子显示,由于多人参加犯罪,法定刑将予以加重。

另一方面,为了预防发生最严重的犯罪和在犯罪实施前就惩罚那些犯罪组织,刑法将"参加坏人结社"的行为设立为单独的轻罪予以惩罚,而不要求实施任何犯罪行为,根据《新刑法典》第 450-1 条的规定,"以一项或多项实际行动准备实行一项或多项重罪或至少当处 5 年监禁之轻罪,由此组成的团体或达成的默契,构成坏人结社罪"。

鉴于存在这些具体规定,就需要分析应负刑事责任的犯罪的参与形式,确定应负刑事责任的参与程度。《新刑法典》规定了自然人负刑事责任的两种形式:一种是犯罪正犯,另一种是犯罪共犯。

第一节 犯 罪 正 犯

本节中将讨论犯罪正犯的定义以及集体犯罪中可能存在的多个犯罪正犯,即共同正犯的概念。有的学者还使用主犯(auteur principal)概念,即实施犯罪行为的人且该行为是社会混乱和被害人遭受损害的主要原因。主犯是相对于共犯而言,后者在实现犯罪计划中通过帮助主犯准备或实施犯罪而起次要作用,有时也起到必要作用①。主犯实施的行为是主要犯罪行为或主要犯罪事实。由于犯罪可以是单人实施或多人实施的结果,所以主犯包括单独正犯和共同正犯。

一、正犯

犯罪正犯(auteur),为了与共同正犯区分又称为单独正犯(auteur unique),是亲自实施或试图实施刑法定罪条文禁止并处以刑罚的行为的人。换言之,正犯实施了法律规定犯罪成立所需的事实要件和心理要件。

因此,正犯定义采用客观方法作出,它实际上依赖于规定禁止性行为的刑法条文。

正犯又可分为实行正犯和智力正犯。

实行正犯(auteur matériel)。大多数犯罪中,正犯是指实行正犯,也就是事实上实施了刑法禁止行为的人。

智力正犯或心理正犯(auteur intellectuel ou moral)。有时候,当刑法条文禁止并惩制"命令""指令"他人实施犯罪时,正犯是指智力上或心理上的正犯,即某种意义上的"大脑"。因此,《新刑法典》第 211-1 条将种族灭绝罪定义为,"执行议定的计划,旨在全部或部分摧毁某一民族、人种、种族、宗教的群体或依任何其他随意性标准划分的群体,对其成员**实行或指使他人实行**下列行为之一的,构成种族灭绝罪"。

对于污染海洋案件,不仅要惩罚向海洋排放碳氢化合物、有害液体、垃圾的船舶或平台的船长或负责人,还要惩罚命令实施该犯罪的业主或经营

---

① J. Leroy, *Droit pénal général*, Paris: L.G.D.J., 2012, 4ème éd., p.260.

人(《环境法典》第 L.218-18 条)。同样,对于海上填埋或焚化垃圾的禁止性行为,刑罚处罚将予以加倍(《环境法典》第 L.218-50 条)。实际上,鉴于智力正犯在犯罪实施中的"大脑"作用所产生的危险性,法律有时对智力正犯的处罚比实行正犯还要严厉。那些领导或组织毒品贩卖团伙(《新刑法典》第 222-34 条)、暴动团伙(第 412-6 条),武装团伙的人(第 431-16 条至第 431-17 条),将受到比简单加入贩卖、暴动或武装团伙的参与人更为严厉的刑罚。

鉴于某些犯罪的性质,在法律未专门规定的情况下,司法判例有时会将智力正犯等同于犯罪正犯。曾有司法判例认为,故意协助他人根据不确定的事实出具虚假文件的人,犯有亲自出具虚假文件的人所犯的虚假行为[1]。

二、共同正犯

(一) 共同正犯的独立法律地位

传统上认为,共同正犯(coauteur)是亲自完成了犯罪构成的事实要件和心理要件并在实现犯罪结果中起决定作用的人[2]。共同正犯追求相同的利益和犯罪目标,具有相似的心理要件。共同正犯可以如同单独正犯一样,对犯罪承担刑事责任。因此,只要被指责的主要犯罪当受处罚,共同正犯可以单独受到追诉和判刑。在此情况下,共同正犯只承担犯罪的实际情节引起的法律后果。因此,共同正犯的刑事责任是纯粹个人的责任,在任何情况下与其他共同正犯或共犯的刑事责任没有任何关系。因此,一个共同正犯可以享受不可归责事由(精神紊乱、强制等)或家庭豁免(共同正犯对亲属实施盗窃),而另一个共同正犯将受到判刑。对共同正犯宣告的刑罚,完全独立于其他共同正犯宣告的刑罚,刑罚的减轻情节或加重情节为每个共同正犯所专有,对其他共同正犯的刑罚无任何影响。例如,两个人故意将被害人杀死,而被害人是其中一名犯罪人的母亲,作为儿子的犯罪人构成谋杀尊亲罪,是情节加重的犯罪,由于发生在 1981 年法国废除死刑前,被判处死刑,而另一名被认定为共同正犯的犯罪人,与被害人没有血缘关系,被判处无期徒刑[3]。如上所述,共同正犯的刑罚是根据其自己的犯罪行为确定,而不是参照主犯的刑罚,所有基于人身的加重情节不会扩展

---

[1] 1966 年 1 月 4 日最高法院刑庭的判决,刑事公告第 2 号。
[2] A. Decocq, *Droit pénal général*, Paris: A. Colin, 1971, p.196.
[3] 1952 年 1 月 10 日最高法院刑庭的判决,刑事公告第 11 号。

至共同正犯。而在旧刑法典中,共犯被判处与正犯相同的刑罚。因此,共同正犯的身份对行为人而言是有利可图的。

(二)共同正犯独立法律地位的削弱

法国司法判例认为,共同犯罪追求相同的利益、具有相同的犯罪目的和相似的心理要件。共同犯罪体现出直接因果关系。共同犯罪中每个共同正犯都在客观上和心理上实施了同一犯罪,他们为了相同的犯罪目标而联合行动。例如,两个人进入一个房间实施盗窃,共同将一长沙发搬出房间。

共同正犯与共犯不同,后者是帮助实施犯罪。共犯的犯罪故意与共同正犯的犯罪故意不同。共犯只起到帮助和协助的作用,其行为具有间接性,并没有实施犯罪的所有要件。共同正犯亲自实施了犯罪,其行为不是主要犯罪行为的简单伴随活动,而是协调一致的行动。虽然存在共同正犯与共犯的区分标准,但在实践中区分二者并不容易。比如有两个人进入银行盗窃保险柜里的财物,并要一起分赃。其中一人破坏了银行警报系统并用枪对着银行人员,另一人则用力毁坏保险柜的装甲门并拿走里面的财物。二者的行为在这起抢劫得逞的行动中缺一不可,在这种情况下如何判断他们各自的行为?破坏警报的人是否在帮助毁坏保险柜的人还是完全参与抢劫行动?他是共犯还是共同正犯?法国司法判例以前的做法是采用"互为共犯"(complicité corespective)原则,即"由于任何共同正犯都向另一犯罪人提供必要的帮助,因此可视为互为对方共犯"[1]的方法,将正犯和共犯之间的区分予以模糊处理,以至于有时将属于共犯的行为当作共同正犯进行追究。例如,在以往判决的案例中,在正犯实施盗窃时,在外望风的人则被判为共同正犯[2],犯罪存在智力正犯,而实行正犯只是实施犯罪的"手臂"而已,则按正犯处理,挑唆犯只能按照共犯论处[3]。立法机关也同样将二者的区分予以减弱,《新刑法典》第121-6条规定,"犯罪的共犯按照正犯论处……"。有些学者认为,这条规定可以理解为,正确处罚的必要性

---

[1] J. Pradel et A.Varinard, *Les grands arrêts du droit pénal général*, Paris: Dalloz, 2012, 8ème éd., No.36, p.476.

[2] 1943年11月19日最高法院刑庭的判决,刑事公告第129号;1954年12月7日最高法院刑庭的判决,刑事公告第375号。

[3] 1996年3月28日最高法院刑庭的判决。房地产公司的雇主命令雇员上门向客户推销认购公债,该行为被法国法律所禁止。实质审法官认为雇主是上门推销轻罪的挑唆共犯。法国最高法院撤销了该判决,认为雇主是该罪的正犯,而不是共犯。决定实施犯罪的人是犯罪的正犯。

胜于正统的区分标准。① 该法典第 311-4 条对正犯和共犯多人实施的盗窃罪规定了更重的刑罚；第 311-4-1 条对一名成年人在多名作为正犯或共犯未成年人帮助下实施的盗窃，同样规定了严厉的惩罚。

另外，对于有些犯罪，多人参与本身就是犯罪的构成要件，例如，集体性质的犯罪②。而实践中，精确地断定集体犯罪中每个参与者的角色是件棘手甚至不可能的事。因此，法院将参与集体犯罪活动的所有团伙成员认定为共同正犯，而无须具体划分他们各自承担责任的份额。

这种判例的做法在处理集体故意暴力犯罪中体现得尤为明确：如果多个人实施了暴力行为，所有这些人都被认为是共同正犯，不论他们对所造成的损害各自负有多少份额的责任（换言之，所有人都将被判刑，即使有些人出手比别人重并且造成实际损害）。因此，在认定时只考虑对共同行为的积极参与，即当暴力事件中多人实施了故意伤害，将从整体上认定犯罪行为，而不具体区分每名被告人对每名被害人实施的侵害的性质。

同样，对于过失犯罪也是如此，尤其是疏忽大意导致的过失杀人和过失伤害犯罪，当难以确定共同犯罪行动中每名参与者个人的参与份额和损害的直接责任人时，则从整体上认定为共同正犯。因此，当两个人先后用同一支枪朝被害人方向开枪，即使被害人只被一颗子弹击中，也认为这两个人是共同正犯。事实上，他们共同参与了一个危险的行动，并由于他们共同的疏忽大意而造成了严重的风险。

第二节　犯罪共犯

在多人犯罪中，有些人部分或间接地参与了犯罪。在犯罪的事实要件和心理要件不俱全的情况下，不能将他们认定为共同正犯。共犯（complice）是通过各种方式向犯罪正犯或共同正犯提供帮助的人。他可以是自然人也可以是法人。在《新刑法典》生效前，对共犯按照通说的"仿效（或借用）犯罪"（criminalité d'emprunt）理论予以惩处，该理论中也包含了"仿效刑罚"的概念。这意味着共犯"仿效"或"借用"正犯的犯罪予以处

---

① J. Leroy, *Droit pénal général*, Paris: L.G.D.J., 2012, 4ème éd., p.264.
② 如反人类罪（第 211-1 条）、谋反罪（第 412-2 条）、参与暴动罪（第 412-3 条）、参与聚众滋事罪（第 431-3 条）、参与非法游行示威罪（第 431-9 条）、参与武装团伙罪（第 431-13 条及后文）、参与坏人结社罪（第 450-1 条）等。

理。有些学者认为应采取"仿效刑罚"的概念,因为共犯是一种条件式犯罪①。在具备一定条件下,可以对协助参与正犯实施犯罪的人予以刑事制裁。这即是法国《新刑法典》第121-6条和第121-7条规定的共犯②。

一、共犯的成立条件

作为一种以向正犯或共同正犯提供帮助而参与犯罪的形式,共犯具有从属性特征,在犯罪中起"次要"作用。对共犯的处罚需要弄清共犯行为是可以与主要犯罪行为混同为一个犯罪,还是应当作由自身构成要件组成的单独犯罪。

对此存在两种机制。一种是"单个犯罪机制",共犯实施的行为"仿效"正犯实施的犯罪行为。共犯的行为本身不构成犯罪,但是他通过为他人提供实施犯罪的便利而与该犯罪发生联系。另一种是"数个犯罪机制",共犯行为被当作是有别于主要犯罪的单独犯罪。共犯如同是法律上不同于正犯的单独犯罪的正犯。

为此,学理上提出两种学说,即"仿效犯罪"说和"单独犯罪"说,这导致对共犯的处罚采取截然不同的措施。根据"仿效犯罪"说,对共犯的处罚,以存在当受处罚的主要犯罪行为为前提,如果主要犯罪行为不存在,则无法对其"仿效"(或"借用")。根据"单独犯罪"说,正犯和共犯之间的差异被消除,他们将作为各自实际行为的正犯受审。③

法国立法机关没有明确采纳哪种学说,但是1810年《刑法典》第59条规定,"重罪或轻罪的共犯,处以与该重罪或轻罪之正犯相同的刑罚",这被当作是"仿效犯罪"理论的应用。法国司法判例严格遵守该条规定体现的原则,即共犯的行为仿效主要犯罪行为,尤其是要求存在当受处罚的犯罪行为。而法国现行的刑法典,在经过立法机关对唆使行为专门定罪的多次立法迟疑之后,确认了"仿效犯罪"原则。《新刑法典》第121-6条规定"犯罪的共犯按照正犯予以处罚"。而且第121-7条吸收了1810年《刑法典》第60条的内容,将教唆规定为共犯的一种。

---

① J. Carbonnier, "Du sens de la répression applicable aux complices selon l'article 59 du Code pénal", *JCP* 1952. I.1304.

② 第121-6条规定,"第121-7条中的共犯,以正犯论处。"第121-7条规定,"故意为准备或实施重罪或轻罪提供帮助或协助便利的人,构成重罪或轻罪之共犯。通过赠礼、许诺、威胁、命令、滥用权势或权力,唆教犯罪或指示实施犯罪的人,亦构成共犯。"

③ J. Pradel et A.Varinard, *Les grands arrêts du droit pénal général*, Paris: Dalloz, 2012, 8ème éd., No.33, p.437.

《新刑法典》第121-7条将共犯定义为,"故意为准备或实施重罪或轻罪提供帮助或协助便利的人",或者"通过赠礼、许诺、威胁、命令、滥用权势或权力,教唆犯罪或指示实施犯罪的人"。从这个定义中,可以得出处罚共犯需具备三个条件:首先是主要犯罪事实,其次是共犯的实行行为被法律所规定,最后是共犯主观上是故意参与。

(一) 主要犯罪事实当受刑罚处罚

法国刑法采纳"仿效犯罪"制度惩治共犯。共犯的行为并不作为单独的轻罪受到处罚。共犯没有亲自实施犯罪行为,而是基于与正犯实施的主要犯罪事实相联系,才具有刑事特征。因此,共犯的行为从正犯的犯罪事实中"借用"犯罪性质。对共犯适用相同的定罪和刑罚。在这些条件下,处罚共犯的首要条件是共犯所联系的主要犯罪事实本身应受刑罚处罚;相反地,如果主要犯罪事实不受刑罚处罚,则不存在共犯。这就要求,一方面主要犯罪事实根据法律规定构成犯罪;另一方面,主要犯罪事实已经发生或未遂,但是这有时会产生一些有争议的处理措施。

1. 主要犯罪事实由法律或条例规定为犯罪

如果主要行为不构成犯罪,与之相联系的行为则不受刑事处罚。在处罚共犯之前,实质审法官需要证实主要犯罪事实应受刑事处罚。如果教唆或协助实施了法律不认为是犯罪的行为,则不构成《新刑法典》第121-7条规定的共犯。

这种处理措施符合"仿效犯罪"的原则,但是在有些情况下也会存在问题。这方面的传统例子即自杀。在法国刑法中,狭义的自杀行为本身不是犯罪,自杀或自杀未遂不受处罚,所以"自杀的共犯"不受处罚,因此,帮助某人自杀(例如,向其提供毒药、武器、绳索或简单地提供实现自杀计划的建议或命令)或者挑唆一个或多个人结束自己生命的人,不按共犯予以处罚。但是,法国最高法院刑庭曾作出决定,认为积极参与他人自杀的行为(例如,打开煤气阀门)将按照故意杀人罪予以追诉,而消极帮助他人自杀的人,将按照对处于险境之人不予救助的罪名追诉。另外,1987年12月31日的法律还在《新刑法典》第223-13条设立了教唆自杀罪,而自杀本身并不是当受罚的行为。

同样,自《新刑法典》生效以来,乞讨已不再是犯罪,因此也不存在乞讨的共犯。对于卖淫也是如此,因为卖淫行为本身不再是犯罪。但是,在有些情况下,法律规定了帮助、协助或教唆等行为构成单独的犯罪,这些行为从共犯角度不受惩罚,但却严重危害或违背公共秩序或公共道德。属于这种情形的除了上文列举的煽动自杀罪,还有教唆未成年人习惯性或过度饮酒罪(第 227-19 条),淫媒罪(第 225-5 条及其后条文),经营乞讨罪(第 225-12-5 条至第 225-12-7 条)等。

另外,在习惯犯罪的情况下,"仿效犯罪"原则也会面临问题。成立习惯犯,至少需要两次反复实施类似或相同的行为,其中每一行为单独看来不构成犯罪,但反复实施这种行为则构成犯罪,例如,非法行医罪。习惯犯中,第一个行为不受处罚,那么第一个行为的共犯也不受追诉;但是如果共犯在不知情的情况下对犯罪的第二个行为提供帮助,则只得自认倒霉了。

2. 主要犯罪的性质

(1)重罪、轻罪。从《新刑法典》第 121-7 条可以得出,如果主要犯罪行为构成重罪或轻罪,共犯的行为原则上应受刑罚处罚,但是对于某些疏忽大意、轻率不慎的过失轻罪,则不存在共犯的概念。

(2)违警罪。司法判例曾经认为,违警罪的共犯不受刑罚处罚,除非法律作出专门规定。为了广泛认可违警罪的共犯制度,第 121-7 条的规定重新审视了该制度,并将帮助、协助型共犯与挑唆型共犯相区别。

帮助、协助型共犯。第 121-7 条第 1 款特别提到"重罪或轻罪"的共犯,由此提出这样的原则,即在通常情况下,违警罪的帮助、协助型共犯不受刑事处罚。也就是说,除非条例另有规定,即明确将特定的违警罪的帮助、协助型共犯行为规定为犯罪,否则共犯不受刑罚处罚。这类行为主要是指辱骂或夜间吵闹的行为,未引起完全丧失劳动力的暴力行为或引起 8 日以下(包括 8 日)完全丧失劳动力的暴力行为,或者故意损坏、毁坏、破坏他人财产但只造成轻微损害的行为,等等。

挑唆型共犯。第 121-7 条第 2 款的规定泛泛地使用"犯罪行为"一词,据此,唆使型违警罪共犯,一般应受刑罚处罚。这不需要条例作出明确规定。根据《新刑法典》条例部分第 R.610-2 条第 2 款,即"刑法典第 121-7 条第 2 款规定的违警罪的共犯按照第 121-6 条的规定惩罚",对于唆使型违警罪共犯的处罚规则,与重罪和轻罪的共犯的处罚规则相同。

3. 主要犯罪事实是既遂或未遂

共犯行为只有当其所联系的主要犯罪行为被法律、条例规定为犯罪,才受刑事处罚,即主要犯罪行为已经实施完毕,或者在法律规定的情况下未遂。换言之,对于教唆或帮助实施犯罪的行为,如果该犯罪没有发生,则共犯不受刑事处罚。这个原则具有双重意义。

一方面,重罪未遂和法律规定的轻罪未遂应受刑罚处罚。在此情况下,犯罪未遂的共犯,也应受刑罚处罚。换言之,**未遂犯罪的共犯**

(complicité de tentative)**应受刑罚处罚**。

另一方面,如果不存在应受处罚的主要犯罪行为,共犯则不受刑罚处罚,不论其行为的严重性如何。如果主要犯罪的行为人自愿放弃,或者其行为还没有超出犯罪预备阶段,那么打算联合实施犯罪的人不受处罚。因为,**共犯的未遂**(tentative de complicité)**不受处罚**(但是,共犯的未遂,这个被广泛使用的词语,在这里不够恰当,应将其严格适用于某人试图对实施犯罪行为提供帮助但没有成功的情形)。

这个规则,在此仍符合"仿效犯罪"的制度。因此,在雇佣杀人的情况下,雇佣杀人者不作为共犯受到处罚的条件是,受雇佣的杀人者放弃实施杀人行为。没有产生效果的教唆不能构成共犯行为,如果没有正式规定,就不受刑罚处罚①。

对于"仿效犯罪原则",一些学者提出批评意见,他们对具有明确实施犯罪意图的煽动者在行为人自愿放弃实施犯罪后被无罪释放的做法表示愤慨,因为该自愿放弃与煽动者无任何关系。因此,批评的焦点集中在参与者的犯罪意愿及其行为在犯罪实施中的因果关系。这些针对"仿效犯罪"理论的批评在《刑法典草案》(1983年)中得到回应,即对唆使者直接定罪,即使唆使并没有引起后果。根据这样的设计,唆使者不再是共犯而是完全的正犯,不论实行正犯的态度如何都当受罚。但《新刑法典》没有采纳这一观点。在议会讨论中,提出了关于对唆使定罪的弊端(如难以证明、鼓动告密、对意愿定罪等)。这些弊端不能被完全排除。但是不处罚未发生效果的煽动所引起的消极后果也是很多的。法国《新刑法典》在这点上没有完全采纳"仿效刑罚"的原则。②《新刑法典》总则中规定了帮助型和唆使型共犯的同时,又在分则中将未发生结果的帮助型、唆使型共犯单独规定为犯罪。

因此,只有法律作出特别规定的情况下,才可以处罚某些没有产生效

---

① 1962年Schieb案从司法判例上确认了"仿效犯罪"理论。1962年,Schieb想杀死拒绝离婚的妻子,遂找到Benamar,向其作出指示,并给其杀妻的武器和酬金,但杀妻计划没有成功。Benamar在犯罪前进行了举报,并表示从没有实施该杀人计划的意愿,而Schieb在供述时声称从没有杀妻的计划。因此,问题是在接受杀人任务和酬金后的凶手没有实施任何犯罪行为的情况下,是否可以依法追诉作出杀人命令的共犯。法国最高法院的决定对此作出了明确答复,对共犯行为的追诉取决于当受罚的主要犯罪行为的存在,并且与正犯是否最终受到有罪判决无关。J. Pradel et A.Varinard, *Les grands arrêts du droit pénal général*, Paris: Dalloz, 2012, 8ème éd., No.33, p.434.

② J. Pradel et A.Varinard, *Les grands arrêts du droit pénal général*, Paris: Dalloz, 2012, 8ème éd., No.33, pp.450~451.

果的共犯行为。法律有时将提供作案手段或帮助行为作为单独犯罪加以惩罚,例如,提供流产手段(《公共卫生法典》第 L.2222-4 条和第 L.5135-1 条),向被关押人提供逃跑手段(《新刑法典》第 434-32 条)等,在这些情况下,甚至不需要发生当受罚的主要犯罪。

因此,鉴于有些犯罪的严重性,法律经常将未发生效果的教唆行为单独定罪①。同样,如果相关重罪未得逞或未实施,法律也单独处罚向他人给予、许诺或建议馈赠、礼物或任何好处,以使其实施谋杀或毒杀的行为(《新刑法典》第 221-5-1 条)。

4. 正犯不受处罚对共犯刑事责任的影响

如果能够证实主要犯罪行为不成立,那么受到追诉的共犯将不受处罚。其他法院对正犯的无罪释放,将排除被判刑的共犯的有罪性。如果共犯的有罪判决已经生效,在此情况下,可以提起复审的救济程序。

根据"仿效犯罪"原则,共犯的行为"借用"主要犯罪行为而不是正犯本人,这就导致客观不受罚事由和主观不受罚事由两种情形的对立。前者使行为的犯罪性质消失并使其成为合法行为;后者使正犯避免刑罚处罚但犯罪行为仍然存在。另外,刑事诉讼程序上导致正犯不受处罚的情形同样对共犯产生影响。

基于客观不受处罚的事由。即使主要行为构成犯罪既遂或犯罪未遂,但如果主要行为在客观上基于各种原因不受处罚,那么由于共犯行为与主要行为相联系,所以共犯也不受处罚。因此,共犯应当享有正犯所享有的不负刑事责任的客观事由,从而使犯罪应受罚的特征消失,比如,存在正当防卫或法律命令等情形。同样,如果主要犯罪行为因公诉时效而不再受到追诉,或者主要犯罪行为未受到任何追诉,或者主要犯罪行为的正犯受到与犯罪性质相关的实质性赦免,共犯也不再受到处罚。

基于主观不受处罚的事由。"只有正犯受罚共犯才受罚"的原则并不意味着,只有在正犯确实被判刑的情况下,才对共犯判处刑罚。《新刑法典》第 121-7 条针对的是犯罪行为的共犯,而不是犯罪人的共犯。如果正

---

① 例如,教唆未成年人非法使用毒品,运输、持有、提供、给予毒品或实施重罪或轻罪(《新刑法典》第 227-18 条、第 227-18-1 条和第 227-21 条),教唆贩卖或吸食毒品(《公共卫生法典》第 3421-4 条),教唆使用体育兴奋剂(《公共卫生法典》第 L.3633-3 条),通过媒体或视听传媒手段教唆实施某些犯罪(1881 年 7 月 29 日法律第 24 条),教唆不服从罪(《国家兵役法典》第 129 条),教唆叛逃罪(《军事司法法典》第 414 条),教唆背叛或间谍罪(《新刑法典》第 411-11 条),教唆对抗国家权威或部分民众罪(《新刑法典》第 412-8 条),教唆武装聚集罪(《新刑法典》第 431-6 条),教唆谋反罪(《新刑法典》第 433-10 条),教唆、鼓励或煽动实施禁止调制、生产、储备和使用的化学武器的犯罪(《国防法典》第 L.2342-61 条)。

犯由于个人情节未受处罚，共犯仍要负刑事责任。因此，如果正犯未知、在逃或已死亡，如果正犯因为个人原因而被赦免或大赦，如果正犯因犯罪时精神错乱或未成年而被宣告不负刑事责任，如果正犯因缺乏犯罪意图而被无罪释放，如果根据追诉适当性原则，正犯未受到任何追诉，在这些情况下，只要主要犯罪行为在客观上应受刑罚处罚，那么共犯也当受处罚。总之，如果基于主观事由而未对正犯作出处罚判决，共犯仍应受到刑罚处罚。

从刑事诉讼程序角度看，司法判例所采纳的"仿效犯罪"说，导致共犯的犯罪行为在诉讼程序上依赖于主要犯罪行为。当主要犯罪行为因其程序上的情形而不受任何追诉时，共犯的行为也不受罚。

因此，公诉时效日期对正犯和共犯都在同一天起算，这对于持续性主要犯罪行为具有一定意义。同样，如果在有罪判决作出之前发生撤诉，那么对正犯和共犯的追诉都停止进行。

（二）共犯的实行行为

《新刑法典》第121-7条规定，共犯是以帮助（aide）或协助（assistance）的方式，为准备或实施犯罪提供方便的人，或是通过赠与、许诺、威胁、命令、滥用权威或权力的方式教唆（provocation）犯罪或指示（instructions）实施犯罪的人。只有当共犯的实行行为是以第121-7条提到的帮助（或协助）和唆使两种形式之一参与犯罪的，才受刑罚处罚。对于其他情形则不追究刑事责任。

1. 帮助或协助型共犯

（1）帮助或协助的形式

帮助或协助型共犯，有时也被称为协作共犯，是当罚性共犯的一种形式。提供帮助或协助的共犯，通过事先协作或协同行为，为预备和实施犯罪提供了方便。这类共犯大多涉及提供作案工具，1810年《刑法典》第60条对此有所规定，而现行刑法典已不再专门提及。

作案工具多种多样，例如，提供武器，为盗窃提供车辆，提供假发票，向编辑提供色情作品，为实施税务欺诈提供银行账户，为实施诈骗提供潜在客户名单，或向明显醉酒的人出借轿车（醉酒驾车的共犯）。提供工具还扩展到为作恶者实施犯罪活动提供住所（同意在其住所进行非法堕胎，构成非法堕胎罪的共犯）。

同样，抵制强奸或暴力犯罪中被害人反抗的行为，构成帮助或协助的共犯，入户抢劫的门外望风者（有时司法判例将其认定为共同正犯），为了便于实行犯（正犯）实施犯罪而转移某人注意力的人，敲了被害人的门并在杀人实行犯入门后将门反锁的人，为了拐走被害人而给其打电话的人，为诈骗人实施诈骗的谎言"行托儿"的人，或者为了掩盖被害人的叫声而演奏音乐的人，等等，都构成帮助或协助型共犯。

实践中，存在一个棘手的问题，就是帮助或协助型共犯是否必须由积极的行动构成？回答是否定的。比如，银行雇员为了给入户盗窃者提供方便，故意没有将保险箱锁上，如果他事先与实行犯有串通，则构成盗窃罪的共犯。

然而，在没有事先预谋的情况下也存在一个疑虑，比如，一人或多人目击犯罪的发生，并且没有阻止犯罪的实施。这都取决于这些"观众"所起的实际作用。

如果参与者在实施犯罪过程中不起任何作用，只是在场观看而没有参与，换言之，如果他们保持"中立"，没有发挥任何积极的作用，就不能被认为是犯罪正犯的共犯。例如，暴力行为的消极旁观者，或见证了选举欺诈行为的选举办公室辅助人员。但是有时候，在法律规定的情况下，不作为也会另构成轻罪受到处罚。在此情况下，不作为构成单独的犯罪。例如，不向处于险境的人提供救助将受到《新刑法典》第223-6条的处罚。

然而，如果协助实施犯罪的人以他们的在场，形成对犯罪正犯的支持和鼓励，这就是所谓的"参与性不作为"，司法判例也将他们认作共犯，甚至在有些情况下认为是共同正犯，因为他们不是简单的"观众"。因此，自愿协助暴力行为的人和通过他们的在场为实施犯罪提供方便并威慑他人参与或制造人多印象的人①，协助情妇非法堕胎并在精神上予以支持的情夫②，都属于这种情况。帮助或协助可以是物质的也可以是精神的，因为从社会学角度讲，群体现象可以摧毁道德禁忌的屏障。

另外，有时也将消极协助实施犯罪的人认定为共犯，因为基于他的职责，他应该参与预防、制止犯罪的发生。例如，咖啡店老板任由他的顾客在夜间吵闹、骂人而不予制止，会计师不审核实施税务欺诈的客户的账务，或者牙科学校的主任任由没有获得国家文凭的学生经常在学校社区内用学校的设备行医，等等，都属于这种情况。

（2）帮助或协助发生的时间

帮助或协助应发生在实施犯罪之前或之中，如果在实施犯罪之后，则应有事先的意思联络。

---

① 1992年1月20日最高法院刑庭的判决，Droit pénal, 1992, comm. No.194.
② 1941年11月5日最高法院刑庭的判决，S. 1942, I, p.89, note Bouzat.

共犯当受处罚的时间条件是,需要协作行为发在实施犯罪之前或之中(如果是挑唆型共犯,则也符合该条件)或者之后,但在之后这种情形下,还需要在犯罪前就达成帮助正犯或其他正犯的许诺或协议。比如,为了行窃后一齐逃跑,事先同盗窃的实行犯商量好开车在门口等候接应的人,就属于这种情形。

然而,在各行为人之间没有事先意思联络的情况下,在犯罪实施后发生的帮助或协助不构成共犯。例如,将盗窃来的物品从车上卸下来;出借一个用来称量盗窃物重量的称;偶然看到窃贼在实施盗窃并答应为其保密且以一部分赃物作为报酬;帮助一个被允许外出但不回监狱的在逃囚犯;等等。对于犯罪事后帮助或协助的情形,主要问题在于证明存在事先约定。

但是,法律有时专门将某些犯罪事后协作行为,单独定罪处罚。因此,行为人没有实施共犯行为,而是作为正犯实施了不同罪名的犯罪行为。这尤其指重罪或轻罪赃物之窝藏罪(第 321-1 条及其后文),窝藏罪犯之罪(第 437-7-1 条)。

2. 唆使型共犯

根据《新刑法典》第 121-7 条第 2 款的规定,唆使共犯是指通过赠与、许诺、威胁、命令、滥用权威或权力的方式教唆犯罪或指示实施犯罪的人。唆使人的犯罪起因是教唆或指示实施犯罪。

(1) 教唆

教唆(或挑唆)共犯是激发或启发某人实施犯罪的行为。因此,教唆犯是犯罪的心理正犯。但是,如果刑法没有将其规定为完全的正犯,在法律上,教唆犯只是客观实施犯罪的人的一个共犯。教唆共犯的成立需要满足一定的条件:一方面教唆需通过第 121-7 条第 2 款规定的方式实现,另一方面教唆应是直接的、个人的行为。

① 教唆的方式

根据《新刑法典》第 121-7 条第 2 款的规定,教唆通过赠与、许诺、威胁、命令、滥用权威或权力的方式实施。因此,刑法处罚的教唆行为应当是实施了下列之一的行为:赠与(例如,给付金钱),许诺(事后给予报酬的许诺),威胁(为了让雇员作假证而以解雇相要挟),命令或滥用权威或权力(在交通拥挤、前面有车挡住视线的情况下,命令司机在十字路口遇红灯不停车,构成蓄意置他人于险境之轻罪的共犯)。

但是,只有具备真正权威的人,且不论该权威是法定的还是精神上的权威,才可能存在滥用命令或权力。换言之,教唆犯和实行犯之间应存在上下级关系,例如父母和子女之间、雇主和雇员之间的关系。因此,如果命令出自一个对犯罪实施人在法律上或事实上都没有权威的人,则不是《新刑法典》第 121-7 条第 2 款所规定的教唆(如果车辆上的乘客为了拒绝停车,而对驾驶员说"有警察,冲过去!"则不构成应受惩罚的共犯)①。

模糊不清的建议也不构成应受罚的教唆,例如,激励某人去杀某某人,而没有其他具体建议,或者对怀孕妇女作出简单的流产建议,都不构成教唆。

② 教唆的个人性和直接性特征

教唆的成立还要满足两方面条件,一方面教唆应对确定的个人实施,而不仅仅是公开作出(例如,向不确定的人说话,或向读者或听众人群讲话);另一方面,教唆应当直接作出,其目的就是实施犯罪,而不是激发仇恨。

激发仇恨,不能使煽动者成为被煽动人群实施重罪或轻罪的共犯,该行为单独成罪,受到特殊制裁。

(2)指示

指示是指为了便于实施犯罪而提供信息或说明的行为,例如,为入室杀人抢劫者提供作案地址,提供被害人的生活习惯等信息,雇用人手并组织讨伐,雇人实施威胁,向囚犯提供逃跑和躲避看守的地图,或者告诉证人作伪证的方法等。

但是,只有在提供的信息是清楚、确切并确实对正犯有用的情况下才构成指示共犯,这就排除了模糊指示的情形。

3. 共犯行为和主要犯罪行为之间的关系

(1)不作为的共犯问题

帮助、教唆或指示犯罪的行为都表现出参与实现犯罪计划和结果的愿望,只要实施了其中一个行为就可以构成共犯。但是在许多情形下,某人消极地帮助实现了入户抢劫罪或侵害罪,却不能被认定为共犯。不作为只有在法律专门作出定罪规定的情况下才受刑罚处罚(如不揭发犯罪之罪,拒不救助之罪等)。以前的司法判例也遵循这样的原则。

但是,出现一些对不作为共犯予以定罪的司法判例。

例如,在法国最高法院 1989 年 12 月 19 日审理谋杀尊亲罪的判决中,被告人的母亲不服法院将其认定为其子杀死尊亲的共犯,提出她没有收回留在杀人犯房间中的武器和没有制止该犯罪的行为只是不作为。而最高

---

① 1994 年 9 月 21 日最高法院刑庭的判决,刑事公告第 302 号。

法院的法官认为,该家庭中的母亲对孩子具有完全的影响力,她将本应回收交给警察的武器之一留在杀人犯房间,从而为犯罪提供了便利,另外,她故意放弃阻止杀人行为的发生,鉴于她对其子的心理具有绝对影响力,她本可以介入阻止犯罪的发生。她的不作为使其与犯罪相关联,至少应将她的不作为当作拒绝阻止,将她的在场当作参与犯罪。因此,其不作为的意愿等同于作为,构成杀人罪的共犯。其他更早的案例中也同样认定了不作为共犯。在认定不作为共犯中的主要问题是,确保不作为体现出与犯罪发生关联的故意,因为共犯的成立不仅需要犯罪事实的证明,也需要犯罪故意的证明。

而法国刑法学界一般对这样的判例持批评态度,并提醒应提防由此引起的"推定串通"的风险①。按照这样的思路,疏忽大意的过失行为(如该案中母亲将武器留在其子可触及的范围内的行为)就不能转化为共犯行为。②

(2) 间接共犯问题

共犯行为和主要犯罪行为之间应存在联系,即共犯行为应当以正犯实施犯罪行为为目的。但是,它们之间关系的稳定性也会令人产生疑问。

例如,某人通过提供工具或信息帮助一个共犯实施共犯行为,是否应被当作正犯的共犯?教唆某人去指使第三人实施犯罪的人是否应受处罚?换言之,共犯的共犯(complicité de complicité)是否应作为共犯一样受到处罚?

如果《新刑法典》第121-7条要求共犯行为和主要犯罪行为之间存在关系,但没有明确这个关系是否应是直接关系。因此,帮助或协助应该只是为了准备和实现犯罪而提供便利。据此,法院如今已接受对共犯的共犯进行惩罚(例如,指示某人雇佣他人去实施放火;在知情的情况下向实施诈骗的正犯提供帮助或协助,"即使通过另外一个共犯",也构成《新刑法典》第121-7条规定的共犯)。因此,间接共犯(complicité indirect,或共犯的共犯)应受刑法处罚,但是要求帮助行为是在知情的情况下作出。法国立法机关有时将"共犯的共犯"作为单独的犯罪,例如,《新刑法典》第434-6条惩治"向重罪或恐怖主义行为罪之正犯或共犯本人提供住宿、隐蔽场所……的行为"。

---

① A. Decocq, "Inaction, abstention et complicité par aide ou assistance", JCP 1983. I. 3124;该作者提出了无为式串通(collusion par abstention)的成立条件,即具备有效阻止犯罪的法定权力或约定权力和纵容主要犯罪分子实现其知道正在实施或将要实施的犯罪的坚定意愿。

② J. Leroy, Droit pénal général, Paris: L.G.D.J., 2012, 4ème éd., p.303.

另外,即使共犯行为没有给实施犯罪的正犯带来任何直接帮助,共犯行为仍应受罚。因此,如果正犯没有使用共犯提供的工具或者没有使用共犯给予的指示(例如,与共犯要求的相反,正犯将被害人电死而不是掐死),共犯也应受罚。换言之,没有发生作用的共犯行为是应受处罚的行为。对此,只需要满足两个条件,一是提供的方式可以用于实施犯罪,另一是为了便于实施犯罪而故意提供。

(三) 共犯故意参与的特征

为准备或实现犯罪提供协助,只有基于故意才构成共犯行为。换言之,故意是构成共犯的心理要件。

1. 共犯行为故意的界定

如果犯罪参与者故意参与犯罪,则构成应受处罚的共犯,也就是说一方面需要他对正犯当受刑罚处罚的犯罪行为具有明知,另一方面需要他具有参与犯罪的意愿。总之,为了便于实施犯罪,他自愿地提供帮助。

因此,帮助或者协助型共犯,只有故意为正犯准备或实施犯罪提供帮助的人,才受刑罚处罚。如果提供帮助的人不知道受益人的犯罪意图(例如,公路运输司机在不知道的情况下运输非法商品;借给他人打猎的猎枪被用于实施谋杀等),善意为他人提供的帮助或协助被用于实施犯罪,不受刑罚处罚。事后得知犯罪意图的明知也不发生法律效力。犯罪故意应在提供协作时就存在。如果共犯反悔,那么自愿放弃可以使其避免受到刑事处罚,条件是他能够证明采取行动阻止发生犯罪。

这里存在两方面的问题:

(1) 特别故意问题

当主要犯罪行为的主观构成要件,要求行为人除了具有一般故意外还应当具有特别故意时,是否也要求共犯知道该特别故意?有些犯罪的犯罪故意中,除了具备法定的追求犯罪结果的意愿和意识外,还要具备附加的心理要件,即追求确定目标的特别要求(特别故意)。如果共犯不知道正犯的确定目标,是否应受到相应的惩罚?法国最高法院在审理第二次世界大战中实施反人类罪的共犯时对此问题作出了肯定答复。根据《纽伦堡国际军事法庭》章程第6条的规定,反人类罪是"……对平民施行谋杀、歼灭、奴役、放逐及其他任何非人道行为,或基于政治、种族或宗教的理由实施的迫害行为"。法国《新刑法典》第212-1条对反人类罪作出了类似的定义规定,即只要能证明犯罪人屈从于政治、种族或宗教的动机,才构成该罪,这就是主观方面的特别故意。法国最高法院刑庭认为,上述章程的第6条最后一款并不要求"反人类罪的共犯具有正犯的霸权政治思想"①。

《新刑法典》第121-6条规定对于共犯如同正犯一样处罚,这就说明对于正犯应当必备的特别故意的要求,共犯也应当具备。反人类罪不是一般犯罪。刑事法官在撰写判决理由时可能受到该犯罪特征的影响,才作出如此判决理由。但是在有的学者看来,这种解决办法不应当普及,否则会很危险。除了反人类罪,应回归正统的"仿效犯罪"原则,并接受如果主要犯罪的成立需要特别故意,共犯的行为也应当具有同样的特别故意。②

（2）过失犯问题

过失犯罪的共犯是否当受处罚？例如,运输企业的领导人命令司机不遵守速度限制,司机引起车祸造成第三人死亡的情形,企业领导人是否构成过失杀人罪的共犯？一般而言,只有故意犯罪的共犯才受刑罚处罚,这并不意味着不处罚过失犯罪的共犯,即疏忽大意或轻率不慎之轻罪的共犯。由于《新刑法典》第121-6条和第121-7条使用了泛泛的词语,没有作出明确区分,因此也就没有必要进行区分,那么过失犯罪的共犯应受刑罚处罚。对此存在不同的意见认为,法律中规定的共犯类型,要求正犯和共犯同时具备达到某种结果的合意。采取共同正犯的概念可能是一种解决措施③。然而,新刑法典确立了无意识的疏忽大意和有意识的疏忽大意之分。法国最高法院将有意识的疏忽大意,即因明显蓄意违反安全或谨慎的特别义务而使他人面临死亡或重伤的急迫风险（第223-1条）当作故意犯罪处理。在有意识的、蓄意的疏忽大意,尤其是在蓄意置他人于险境的情况下,可以构成共犯。

但是,法国司法判例并没用拘泥于这些细微之处,而是将向过失犯罪的实行正犯提供协助的人当作共同正犯,只要他自己也犯有疏忽大意或轻率不慎的过错（例如,在知情的情况下,把车辆提供给没有驾驶执照的人构成过失杀人或过失伤害的共同正犯；运输企业的领导命令驾驶员在行车路程长和汽车不适行的情况下提供劳务,构成过失杀人或伤害的共同正犯）④。

2. 共犯意愿与正犯犯罪不一致的处理

主要问题在于当共犯的意愿与正犯实施的犯罪不一致时该如何处理。

---

① 1997年1月23日最高法院刑庭的判决,D., 1997,第147页。
② J. Leroy, Droit pénal général, Paris: L.G.D.J., 2012, 4ème éd., p.308.
③ 同上,p.309.
④ 参见1956年10月24日最高法院刑庭的判决,刑事公告第675号。J. Pradel et A. Varinard, Les grands arrêts du droit pénal général, Paris: Dalloz, 2012, 8ème éd., No.35, p.465, 472~473.

当共犯通过行动故意协助正犯有效地实施了犯罪,对此可以毫无疑问地适用"仿效犯罪"原则。但是,如果正犯最后实施的犯罪与共犯期望实现的犯罪不相符,尤其是当正犯实施的犯罪比共犯期望实施的犯罪严重(即实行过限)时,是否还可以运用"仿效犯罪"机制对所实施的犯罪惩罚共犯?这个问题的回答取决于共犯期望的犯罪和正犯实施的犯罪之间不一致的程度。

如果是部分不一致,共犯仍受刑罚处罚。这种情形是指实施犯罪的客观手段与共犯计划和设想的工具不同(例如,被害人被电死,而不是按计划被勒死)。如果实施的犯罪最终引起实际情节加重,即使共犯不希望看到这种结果的发生,共犯也应受处罚。例如,入户盗窃,伴随暴力的盗窃,属于情节加重的盗窃。

最后,按照同样的思路,如果共犯的故意是不具体和不明确的(例如,某人给另一人钱,让他为自己报仇),不论正犯最终实施了什么犯罪,共犯都应受处罚。总之,共犯对与犯罪有关的加重情节负责,即使加重情节不为共犯所期望发生。对此,法国最高法院认为,共犯应当预见该犯罪行为可能触犯的所有罪刑以及所有可能伴随发生的加重情节。

相反,如果完全不一致,也就是正犯实施的犯罪与共犯通过协助期望发生的犯罪完全不相符,共犯不受惩罚。法国司法判例中存在这种不负刑事责任的例子。某债权人给某人武器,让后者去讨债时吓唬债务人,而该人与大楼的看门人发生争吵,之后在没有任何外界压力的情况下,自作主张地杀死看门人,在此情况下,债权人不构成杀人罪的共犯。

二、共犯的惩处

(一)原则:共犯"按正犯"予以处罚

共犯是参与犯罪的一种形式,因此共犯应招致其故意参与犯罪的法定刑,这是法国《新刑法典》第121-6条的规定,即"犯罪的共犯按正犯予以处罚"。因此,共犯和正犯一视同仁,在法律上,他被当作犯罪的正犯。共犯被当作犯罪的行为人,并因此招致法律规定的犯罪的主刑和附加刑。因此,对共犯的惩处就如同共犯自己客观地实施了主要犯罪行为。

这种将共犯认同为犯罪正犯的做法仅涉及法定刑,而不涉及宣告刑,即不要求法官对正犯和共犯宣告相同的刑罚。依照刑罚个别化权限,法官根据犯罪不同参与人实际发挥的不同作用量刑。如果共犯只起到次要作用,他受到的处罚通常没有实行犯重。相反,对于发挥重要作用的共犯,尤其是对于教唆共犯,由于他在构思犯罪时所处的核心位置或从犯罪中获得的收益,会受到比实行犯更重的刑罚。

如果犯罪行为发生在法国域外,而共犯行为发生在法国,立法机关对此排除了"仿效犯罪"原则的适用。因为,如果根据"仿效犯罪"说,共犯行为将被视作发生在国外,从而会逃避法国法院的管辖。法国原《刑事诉讼法典》第690条,如今《新刑法典》第113-5条规定,法国法官对身处法国域外的犯罪共犯享有管辖权的条件是,一方面重罪或轻罪均被法国法律和外国法律所惩处,另一方面该犯罪已经外国法院最终判决所认定。因此,如果共犯行为发生在法国,将适用法国刑法。

(二) 原则适用的困难

实际或客观的加重情节,即改变犯罪性质的犯罪情节,也对共犯适用(例如,携带武器的盗窃或入户盗窃)。共犯将招致更重的法定刑,即使他不愿看到犯罪加重情节的发生。因此,共犯应当预见其行为可能触犯的所有犯罪罪名和犯罪可能伴随的所有情节。

相反,单纯的个人情节或主观情节,即只涉及正犯个人、没有改变犯罪性质的情节,例如,累犯或未成年人身份,不扩展影响到共犯。

此外,还有混合情节,它改变了犯罪性质,但这是由于犯罪正犯的个人原因所致,比如与被害人之间的家庭关系(例如,由被害人配偶或同居人实施的暴力行为,由尊亲实施的性侵犯)或者工作职责(例如,具有公共权威的人实施的盗窃)。这些情节,根据不同情况,可以成为犯罪的构成要件或加重情节。这就提出两个问题:当正犯具有这种特殊身份、而共犯不具有这种身份时,如何判定?相反,如果共犯具有特殊身份而正犯不具有,并且如果共犯自己实施了犯罪而该特殊身份将引起刑罚加重时,如何判定?

当正犯具有特殊身份、而共犯不具有时,如何判定?困难在于共犯参与了一个他自己本不能实施的犯罪。比如,正犯是公务员从而构成犯罪或加重处罚,其共犯不是公务员,是否也同正犯一样受罚?

法国旧刑法典中实施"仿效刑罚"制度。因此,共犯"受到与犯罪正犯同样的刑罚处罚"(1810年《刑法典》第59条)。根据此原则,新刑法典以前的司法判例认为加重情节适用于共犯,因为后者应该与正犯受到"同样的处罚"(例如,杀害父母适用的加重刑罚,适用于共犯;预谋的加重情节适用于共犯)。

《新刑法典》第121-6条作出与旧刑法典第59条不同的表述,即"犯罪的共犯按正犯予以处罚"。这条规定似乎可以理解为"共犯按照其自己是正犯"予以处罚,即共犯只应受到如同其自己实施了犯罪所应受的刑罚处罚,且与正犯的个人加重情节无关。**而实际上并非如此,当犯罪构成要件中需要特殊职责或身份时(如公务员身份),不具有正犯的职责或身份的共犯,也受刑罚处罚**。根据共犯本应该预见其行为可能触犯的所有犯罪罪名的原则,当职责或身份构成犯罪的简单加重情节时,也应当适用同样的原则,即对正犯适用的加重情节同样适用于共犯。根据法国最高法院的判例,正犯身份引起的加重情节适用于共犯①。

如果共犯具有特殊身份而正犯不具有,并且如果共犯自己实施了犯罪,那么该特殊身份将引起加重刑罚时,如何判定?典型的例子是,被害人的儿子或女儿协助杀死被害人构成谋杀罪的共犯。在旧法典中,犯罪正犯招致简单谋杀的法定刑,并通过"仿效刑罚"原则,对共犯也是同样。但是如果共犯自己实施了谋杀,共犯则犯有谋杀罪的加重情节,即对长辈实施的谋杀,是加重情节。《新刑法典》之前的司法判例,严格地采用了"仿效刑罚"原则,拒绝对共犯适用加重情节(例如,如果正犯不具有公务员身份,协助出具假文件的具有公务员身份的共犯,不受与公务员身份相关的加重法定刑罚处罚)。这种解决措施曾引起争议,这就是为什么《新刑法典》第121-6条作出与旧刑法典不同的表述。

解决措施最终取决于《新刑法典》第121-6条②中"按正犯予以处罚"的含义。如果"按正犯"意味着"按照该犯罪的正犯"(comme l'auteur),那么就是停留在旧刑法典实行的"仿效刑罚"原则,没有前进也没有后退,以前的解决措施仍然有效。如果将"按正犯"理解为"按照他是犯罪的正犯"(comme auteur),就是说如同他自己实施了被定罪的事实,以前的解决措施就被推翻了,即如果共犯具有正犯不具有的特殊身份,共犯就会招致加重的刑罚处罚。但是相反,如果共犯不具有正犯具有的特殊身份,则不能对共犯予以加重处罚(根据该原则的适用,当特殊身份不是一个简单的加重情节,而是犯罪的构成要件时,共犯本应不受处罚。但是,我们看到这种解决措施并没有被采纳)。在实践中,刑事司法机关适时地采纳了共同正犯的广义概念,这一问题被广泛地规避。

综上所述,法国刑法中的共同犯罪的具有如下特征。在主观方面,《新刑法典》第121-7条第1款将共犯规定为"故意为准备或实施重罪或轻罪提供帮助或协助便利的人",只有帮助或协助的行为发生在犯罪之后,共犯

---

① J. Leroy, *Droit pénal général*, Paris: L.G.D.J., 2012, 4ème éd., p.301.

② 第121-6条的法文为:"Sera puni comme auteur le complice de l'infraction, au sens de l'article 121-7."

的成立才要求具备事先意思联络,而帮助或协助的行为发生在犯罪之前或之中时,参与犯罪的故意并不要求有各共同犯罪人之间有意思联络,或称"合意",而只强调一方面明知正犯的行为构成刑事犯罪,另一方面具有参与犯罪的意愿。这样"共同犯罪"的概念中也包括"片面共犯",即共犯有共同犯罪的故意,而正犯并无此犯意的情形。在过失犯罪方面,法国刑法典并没有做出明确规定。法国的司法判例显示,在有意识的、蓄意的疏忽大意(过失),尤其是在蓄意置他人于险境的情况下,可以构成共犯,而且法国司法判例有时也通过共同正犯的概念处理过失犯罪的共犯问题。在处罚共犯方面,《新刑法典》第121-6条规定,犯罪的共犯按照正犯予以处罚。实践中,在面对正犯具有构成犯罪或加重处罚的特殊身份,而共犯不具有时,法国司法机关采取"仿效刑罚"原则,也对共犯予以处罚或加重处罚。相反,如果共犯具有上述特殊身份,而正犯不具有,法国司法机关又会借助"共同正犯"的广义概念,绕开上述处罚共犯的原则,使共犯因特殊身份而受到加重处罚。这体现了从严打击共犯的刑事司法政策。

第十四章　不负或减轻刑事责任的原因

法国《新刑法典》重新定义了"不负刑事责任或减轻刑事责任的事由"(第122-1至122-8条),将一些司法判例的发展予以法定化,如紧急避险,并接受了新的不负刑事责任的事由,如刑法认识错误。这些事由可以分成两类:不可归罪的原因(主观原因)和行为正当化事由(客观原因)。

不负或减轻刑事责任的不可归罪原因(主观原因),是属于犯罪行为人(正犯)个人情形的原因。这些原因涉及行为人的智力能力或自由意志,涉及明白和期望犯罪行为的能力(个人情形)。这些原因不影响犯罪成立,但是却影响将过错归罪于行为人,因为行为人不具有自由意志或自由意志受到损坏。行为人将不负刑事责任或刑事责任予以减轻,但是他的民事责任继续存在。不可归罪的原因(主观原因)属于犯罪正犯的个人原因,因此不能扩展适用于共同的正犯和共犯,他们仍应负刑事责任。这些不可归罪的原因是指"精神紊乱"或"神经精神紊乱"、强制、法律认识错误和未成年人等问题。

行为正当化事由或不负刑事责任的客观原因,是指犯罪行为人个人之外的情形(实际情形)。由于这些情形的存在,行为失去了犯罪特征。即使行为符合罪名的适用,但是由于行为具有正当性从而排除了犯罪。正犯因此不负任何刑事责任,其共同正犯或共犯也同样不负刑事责任。这些正当行为是指法律的命令、授权或者合法机关的命令、正当防卫和紧急避险等,而被害人承诺不属于正当行为。

第一节　不可归罪的原因(主观原因)

传统上,刑事责任(responsabilité)由两部分内容组成,一部分是有罪性(culpabilité),另一部分是可归罪性(imputabilité)。有罪性是相对于社会的犯罪故意或过失,反映了对社会某些基本价值的漠视或忽视。它也体现出社会责难,即社会对犯罪作出反应的依据,它也是犯罪罪名中广义的过错要件。可归罪性是相对于行为人的责任能力,它反映了是否可以将行为人的过错归结在行为人身上。将某个行为归罪在某人身上，就是让他承担相应的法律后果，对其行为负责。①

因此，客观上实施的犯罪行为，并不自动地引起行为人的刑事责任。这还需要行为人具有自由意志，即一方面他知道和希望其行为发生（可归罪性），另一方面他还犯有错误（有罪性）。在这种情况下，行为人将负完全的刑事责任。

有罪性所包含的犯罪故意和过失内容已经在犯罪构成要件的心理要件中有所论及，因而不再赘述。本章节仅涉及刑事责任中的可归罪性内容。

可归罪性由德国自然法学思想家普芬道夫（Pufendorff）于1660年作为法学技术概念提出。他认为，"人对其行为负责，而该行为的存在或不存在取决于人的能力"②。在普芬道夫之前，亚里斯多德（Aristote）曾认为，若将行为归结于某人身上，需要该行为是由行为人内心深处的动因引起，是来自其心理。基督教发展出自由意志的学说。意愿成为了刑事责任的依据，因为它体现了作出选择的能力。如果不具备自由意志，就无法对行为进行处罚。所有刑法学者都将可归罪性作为犯罪行为接受刑法管辖的门槛③。

对可归罪性的法律解读可以通过犯罪学对"受刑能力"理念的解读予以补充。根据该理念，刑罚的合法性产生于行为人利用处罚功效的能力。法国学者麦尔勒和维图（R. Merle et A. Vitu）认为，由于刑法以报应刑、侮辱刑为限，其与自由意志的关系似乎是司法公正的必要。当刑法成为再社会化的工具时，重要的不是犯罪行为人在实施犯罪时是否具有认知和意愿的能力，而是在审判的时候他能够理解刑罚的作用，并且由于刑罚的功效，他能够在将来成为负责任的人。④

但是，"受刑能力"理念在被深究后呈现出一种危险，即处罚一个实施犯罪时可能不具识别能力的人。当然也可以认为犯罪时处于无意识状态的人，在之后"享受"到对其采取的相应措施。因此，当代刑法理论将法律的可归罪性作为刑事责任的首要条件，而在选择刑罚时则运用"受刑能

---

① 参见 J. Leroy, *Droit pénal général*, Paris：L.G.D.J., 2012, 4ème éd., pp.62~63, 229~230.
② J. Pinatel, "Biologie et responsabilité", *RSC*, 1968, 675.
③ 参见 G. Levasseur, "Etude de l'élément moral de l'infraction", in *Annales de la faculté de droit de Toulouse*, 1982, pp.81~97.
④ R. Merle et A. Vitu: *Traité de droit criminel*, t. I, *Problèmes généraux de la science criminelle*, Paris：Cujas, 1997, 7ème éd., No.617.

力"理念。①

可归罪性由两个要素组成,即认知要素和意愿要素,前者是行为人对事物的认识和辨别能力,后者是指其控制自己的行为或作出选择的能力。犯罪行为人只有在实施犯罪时具有正常认知能力或智力能力,明白所实施行为的犯罪属性并通过自由意志和明确的意愿期望该犯罪发生,才负刑事责任。然而,有时也会发生行为人意识缺陷("精神紊乱"或"神经精神紊乱",未成年人的识别缺陷)或意愿受阻(强制,法律认识错误)的情形。在这些情况下,由于缺乏心理要件,则不得将犯罪归罪于行为人身上。

一、"精神紊乱"或"神经精神紊乱"

1810 年《刑法典》之前的旧法律,对精神病犯罪人如同精神健全的犯罪人一样予以惩治,甚至更加严厉,因为那时人们认为精神病犯罪人是"魔鬼附身"。主要由于 18 世纪末精神病学家的研究成果,1810 年《刑法典》才得以根据人对自己行为负责的能力的责任理念,宣告精神病人因不具有实施法律禁止行为的意识和意愿而不负刑事责任。该法典第 64 条规定,"被告人实施犯罪时处于神经错乱状态的,则无重罪亦无轻罪"。

从刑法角度看,既然刑事责任成立要求行为人在行为时具有自由意志,而精神病完全取消了行为人的辨别能力与意识,也就取消了他的自由意志,所以,精神病人不负刑事责任的论点是完全正确的。

但是,从犯罪学角度看,这一论点就很有争议了。患精神病的疯子对社会秩序显示出经常性危险,所以,社会有必要对他们即使不宣告刑罚,至少也应当宣告保安处分;由于精神病人没有意识,对他们宣告刑罚也许不能发挥刑罚的威慑价值与治疗价值,但保安处分却可以使他们不再处于对社会可能造成危害的状态。

正因为如此,实证主义犯罪学家(龙勃罗梭、菲力等)以及现在的社会防卫学派的信徒们都起来反对精神病犯罪人不负刑事责任的观点,因为,按照精神病患者不负刑事责任的观点,精神病犯罪人将无罪释放并恢复自由;而实证主义学派则主张对精神病刑事犯人适用所谓的"剥夺犯罪可能"的措施,或者将他们送进专门的机构进行治疗。②

---

① 参见 J. Leroy, *Droit pénal général*, Paris: L.G.D.J., 2012, 4ème éd., p.312.
② 参见[法]卡斯东·斯特法尼等:《法国刑法总论精义》,罗结珍译,377 页,北京,中国政法大学出版社,1998。

(一)"精神紊乱"或"神经精神紊乱"的定义

1810年《刑法典》关于精神病人不负刑事责任的规定受到许多批评，原因是它只提到重罪和轻罪，没有涉及违警罪，而且只提到精神错乱，这只是一种狭义形式的精神病，具体指一个人丧失控制其行为能力的所有形式的精神错乱，而没有涉及其他精神紊乱，尤其是理解能力受到破坏而识别能力尚未完全消除的状态。司法判例的发展逐渐对此作出弥补，将这一不负刑事责任的事由扩展到违警罪和所有精神紊乱状态。法国新刑法典最终将司法判例的发展内容法定化。

《新刑法典》第122-1条规定①：

"行为发生时患有精神紊乱或神经精神紊乱，完全不能识别或控制自己行为的人，不负刑事责任。

行为发生时患有精神紊乱或神经精神紊乱，损害其识别力或有碍于控制自己行为的人，仍受惩处；但法院在量刑与确定刑罚制度时将考虑此情节。法定刑为剥夺自由刑时，刑罚缩减三分之一；对于当处无期徒刑或终身拘押的重罪，剥夺自由刑降至30年。对于轻罪，法院可以通过特别说明理由的判决，决定不缩减刑罚。法院在咨询医生意见后，如认为紊乱的性质所需，应确保宣告的刑罚能使被判刑人接受适合其精神状态的治疗。"

法国立法机关考虑到现代心理学的发展，用精神紊乱(trouble psychique ou neuropsychique)代替精神错乱(démence)。因此，《新刑法典》规定的精神紊乱涉及破坏人的识别能力，从而阻止其理解或(和)控制行为的能力的精神紊乱状态。但是，在1810年《刑法典》生效期内的司法判例，已将所有精神紊乱都作为不负刑事责任的原因。因此，新的词语只是体现出用词上的现代化，并没有带来新的内容，因为它对于精神紊乱之外的邻近状态并没有给出确定的解决方法。

《新刑法典》第122-1条规定的"精神紊乱"或"神经精神紊乱"涉及行为发生时使一个人完全丧失辨别或控制自己行为能力的一切形式的精神紊乱。这种精神紊乱适用于先天性的智力疾病，例如，痴呆症、呆小病患者，痴愚者；同时也适用于因疾病而后天患得的此种病症，例如，麻痹性痴呆，早发性痴呆。至于精神紊乱是持续性，还是间歇性，法律上可以不加考虑，只要犯罪行为是在这种精神紊乱的控制下实施，即可视其为由不负刑事责任的人实施。因为，法律所明确表述的是，不负刑事责任是由于行为

---

① 第122-1条，被2014年8月15日第214-896号法律第17条修改。

人丧失了自主意志与决定的能力,而不管造成丧失这种能力的精神紊乱的性质如何。①

"精神紊乱"或"神经精神紊乱"需要证明,而不是推断,即使对无行为能力的成年犯罪人也是如此。判断"精神紊乱"是一个事实判断问题,由实质审法官作出判断和决定,最高法院对此问题不进行任何监督。在实践中,预审法官或刑事法官聘请心理专家确定是否存在精神紊乱。医务专家对行为人在实施犯罪时是否处于精神紊乱状态提出意见,但是该意见对法官不具有约束力。

(二)刑事责任上认定精神紊乱的条件

在民法上,受到监护的无行为能力的成年人完成或订立的任何协议均依法当然无效,即使这些协议是在被监护人智力清醒时所为,亦同;然而,刑法上却不存在对"精神紊乱"或"神经精神紊乱"的推定。不论犯罪人受到监护与否,是送进疯人院,还是处于自由状态,所有情况下,都要由刑事法官认定行为人在实行犯罪之时是否处于"精神紊乱"或"神经精神紊乱"。因此,确认丧失自由意志是一个事实问题,由(实质审)基层法院的法官自主判断与决定。

通常情况下,当法官对犯罪人的精神状态存有怀疑时,会请法院的医生专家对犯罪人进行检查。但是,这些专家的作用纯属咨询性质,对刑事法官而言,专家提出的检查报告的结论,不像对民事法官那样具有约束力。

如果辩护方向审判法院提出行为人的精神紊乱问题,并且请求鉴定,审判法院应当以说明理由的决定作出回答,但是,审判法院并无义务一定要满足辩护方这一请求。

精神紊乱使得行为人完全不能辨别或控制自己行为,不负刑事责任。但行为人仍可能承担《民法典》规定的民事损害赔偿责任。

不论涉及重罪、轻罪或违警罪,精神紊乱使行为人的刑事责任消失。在精神紊乱状态下实行了犯罪的人,应当经预审法官作出不予起诉的裁定,或者由审判法院宣告无罪释放决定,从而不负刑事责任。

完全不负刑事责任的条件是,一方面紊乱状态完全取消了行为人辨别或控制自己行为的能力;另一方面紊乱状态与行为应当同时。

1. 精神紊乱对识别能力或行为控制能力的影响

根据《新刑法典》第122-1条,只有当精神紊乱使得行为人的识别能力或

---

① 参见[法]卡斯东·斯特法尼等:《法国刑法总论精义》,罗结珍译,378~379页,北京,中国政法大学出版社,1998。

控制行为能力丧失或受到破坏、阻碍，才对刑事责任产生影响。识别（或辨别，discernement）能力，是指明白其行为内容的能力，即实施受刑罚处罚行为的意识。行为控制（contrôle）能力，是指期望实施犯罪的意愿。因此，当精神紊乱对行为人的意识或意愿产生破坏性影响，其刑事责任将被排除或减轻。这里无需意识和意愿同时受到影响，只需其一受到影响即可。

只有精神紊乱"完全取消"了行为人的识别或控制行为的能力，才排除行为人的刑事责任；如果精神紊乱仅仅损害或者妨碍了行为人识别或控制自己行为的能力，则不能使行为人的刑事责任消失，但是法官在确定刑罚以及刑罚适用时，可以考虑这种情节。

涉及识别能力的精神疾病，包括精神错乱和慢性妄想症，前者属于法定类别的智力疾病，如先天的智力发育不良或精神幼稚病，后者诸如幻觉狂、妄想狂和各种形式的激情妄想等。对于一些意志（控制能力）上的病症，如抑郁症、神经衰弱症、偷窃癖、放火癖等，由于意志方面的疾病不影响行为人思考和理解的能力，行为人受到抑制不住的冲动趋势实施了诸如盗窃或放火，应排除在不负刑事责任的精神紊乱事由之外，但可以作为减轻刑事责任的事由。

但问题是某些暂时性的紊乱，又被称为"**精神紊乱的邻近状态**"，是否可以使识别能力丧失或受到破坏，从而构成不负或减轻刑事责任的原因。在某些情况下，如果这些紊乱消除或破坏行为人的识别能力，就可以适用第122-1条的规定。

第一种精神紊乱的邻近状态是"梦游症"。通常情况下，梦游症患者对其在睡眠时实行的犯罪不负刑事责任，因为，在这种状态下，梦游症患者受到一种无意识的不可抗拒的推动；如果梦游症疾病患者由于自己在清醒状态时犯有过错，例如，将上了子弹的手枪放在身边，从而在梦游症发作时实行了犯罪，最多也仅能认定犯有"疏忽大意之轻罪"，受到没有采取预防措施避免损害发生的指责。对于"催眠状态"（或人工引起梦游症）下实施的行为，也不负刑事责任（但是如果证实催眠实施者在催眠状态下命令或指示被催眠者实施犯罪，那么他可能会以共犯甚至"智力正犯"的名义承担刑事责任）。

第二种精神紊乱的邻近状态是自愿摄入酒精、服用药品或吸食毒品导致的"中毒状态"。这些物质的确对人的识别能力或控制行为能力产生影响。一方面，大量摄取这些物质可以暂时破坏甚至消除人的精神能力；另一方面，对这些物品的依赖，可以破坏人的识别能力或阻碍控制行为能力，引发犯罪，从而引起真正的危机。

"中毒状态"本身构成犯罪。在法国,从 1917 年 10 月 1 日的法律到 1955 年 2 月 8 日的《酒类零售法典》第 65 条及其条例第 4 条所惩罚的"公开醉酒"之违警罪,都规定了行为人承担刑事责任,因为,行为人大都是在头脑清醒时饮酒。《公共卫生法典》第 L.3421-1 条规定了非法使用毒品轻罪,科处 1 年监禁并处 3750 欧元罚金。

"中毒状态"下驾车,构成轻罪或犯罪的加重情节。同样,2000 年 9 月 22 日修改后的《道路交通法典》第 234-1 条第 II 项规定,汽车司机在明显醉酒状态下驾驶车辆,科处 2 年监禁并处 4 500 欧元罚金。汽车司机虽然没有明显的醉酒状态,但属于酒后驾车情形,如血液中酒精含量高于每升 0.8 克,或者对其呼出的气体进行检查,酒精含量高于每千克 0.4 克,同样科处 2 年监禁并处 4 500 欧元罚金。该法典第 235-1 条规定了吸毒后驾车罪,处以相同的刑罚。最后,如果发生"过失杀人"或"过失伤害",醉酒状态,甚至饮酒、吸毒等"中毒状态",不仅不能成为不负刑事责任的原因,反而被认定为一种加重情节,受到更加严厉的处罚(《新刑法典》第 221-6-1 条、第 222-19-1 条和第 222-20-1 条)。

"中毒状态"下实施其他犯罪。除了上述涉及道路交通的情形外,在醉酒状态下实行重罪或轻罪的人是否负刑事责任,应区分以下情况:

第一种,醉酒不是由于行为人本人的过错引起,行为人不受任何刑罚处罚。

第二种,醉酒由于行为人本人的过错引起,而且是明知而故意饮酒至醉。过去传统理论认为,由于行为人因醉酒已处于无意识状态,从而致使行为人不具有犯罪故意,所以,醉酒的犯罪人仅应负疏忽大意、轻率不慎的"过失犯罪"的责任,甚至蓄意置他人于险境之过失(例如,负责监督危险机器运作的工人在上岗前饮酒,驾驶员在驾驶车辆时吸食毒品等)。因此,根据不同情况,故意"中毒状态"下实施的行为可以构成过失犯罪,除此以外,在"中毒状态下"实施故意犯罪的行为人,应该不负刑事责任。总之,这是由法官判断的事实问题。而在新的思想影响下,特别是出于社会对那些具有危险性的酗酒者进行防卫之目的,法院判例总是认为,醉酒状态下犯罪,即使这种状态已经妨碍行为人的意志,行为人仍然有刑事责任,甚至因"故意犯罪"而负刑事责任。如果行为人喝酒是为了给其实行犯罪壮胆,不但应负刑事责任,还应当认定为加重情节,例如,"酗酒壮胆"可以看成是行为人有犯罪预谋的表露[①]。

---

① 参见 B. Bouloc, *Droit pénal général*, Paris: Dalloz, 2005, 19ème éd., p.364.

2. 实施犯罪时处于精神紊乱状态

"精神紊乱"或"神经精神紊乱",只有在实施犯罪时消除或破坏行为人的识别能力或控制行为能力,才构成影响刑事责任的原因,这一点对于间歇性精神紊乱特别难以判断。实施犯罪之前或之后发生的精神紊乱不影响责任的承担。

如果消除识别能力的精神紊乱发生在犯罪之后、最终判决之前,则公诉中止,直至精神病人恢复其能力;而且只能对精神病人实施不具指控性的预审行为(搜查、扣押、询问证人等)。

作出有罪判决后发生的精神紊乱,不终止刑罚的执行。但是,当被羁押人发生精神紊乱,则不论其是否同意都应到专门的医疗机构接受住院治疗。

3. 精神紊乱对刑事责任的影响

在民法上,因精神紊乱给他人造成损害,将承担赔偿损害责任。在刑法上,根据《新刑法典》第122-1条,精神紊乱在不同情况下构成免除或减轻刑事责任的事由。因此,如果精神病状态得以证实,精神病人则免受刑事追究,并由行政机关和医疗机构负责管理和治疗。

(1) 消除识别能力或控制行为能力的精神紊乱不负刑事责任

如果存在消除识别能力或控制行为能力的精神紊乱,则不得判处行为人有罪。预审法官应当作出不起诉的裁决,违警法庭或轻罪法庭将释放被告人,重罪法庭也将宣布释放。如果不负刑事责任的精神病人处于暂时羁押,则应当场释放。然而,犯罪行为是成立的,相关的共犯或共同正犯将依各自行为受到追诉和判决。换言之,精神病不消除犯罪行为,并且只有精神病患者可以享受相关的免责规定。

但是,对于实施严重犯罪、对社会具有危险性的精神病人,不负刑事责任并不意味社会不做干预。如果司法机关认为,不予起诉、予以释放的精神病人需要治疗,并可能威胁他人安全或公共秩序,则应立即通知省长,后者将采取一切必要措施,包括送到专门的精神病医院接受住院治疗等。因此,行政机关有权决定精神病人的收容治疗,但是理论上,行政机关的决定不受刑事法官作出的不负刑事责任决定的约束,也与精神病人实施犯罪的情节无关。

(2) 改变识别能力或阻碍行为控制能力的精神紊乱减轻刑事责任

法国1810年《刑法典》第64条设计的制度是,要么认定被告人患有精神错乱并且完全不负刑事责任,要么认定其没有精神错乱,并按照一般法律规定审理,即使被告人处于部分精神错乱状态也是如此。1905年12月

12日的通报建议采取补救措施,允许精神不正常的人享受减轻情节,以便对其适用相对于正常人减轻的刑罚。《新刑法典》第122-1条第2款对减轻精神病人刑事责任作出正式规定,要求刑事法院在量刑和确定刑罚制度时考虑精神紊乱对行为人识别能力的改变或对行为控制能力的阻碍。因此,鉴于精神紊乱的状况,法官即可以宣布缓刑并附带相应的治疗考验措施,也可以宣布减轻的刑罚。2014年8月15日的法律对该条款作出修订,进一步明确了减轻剥夺自由刑的幅度,并将宣告刑附带治疗措施的做法予以法定化。而实践中,法官越来越倾向对于某些患有精神紊乱的犯罪人(尤其是性犯罪)予以刑罚处罚。

关于精神病人刑事责任减轻制度也存在不少批评。一方面,精神病人较之正常人减轻刑罚处罚是矛盾的做法,因为精神病人甚至比正常人更具有危险性。另一方面,对精神病人处以剥夺自由刑,可能会导致其病情的加重。因此,对精神病人进行相应的治疗似乎才是妥善的处理办法。为此,法国1994年2月1日的法律专门针对性犯罪者设立了不可压缩的剥夺自由刑,并规定他们可以在特殊的附带治疗和心理跟踪服务的监狱里服刑(自1986年以来,在某些监狱机构中设立了大区心理跟踪服务机构)。

二、强制

如同精神紊乱一样,强制(contrainte)是不负刑事责任的主观原因。但是,与"精神紊乱"或"神经精神紊乱"消除或改变行为人识别能力不同,"强制"消除的是行为人的意愿。由于强制,行为人的自由意志受到摧毁,他无法采取除犯罪以外的其他行动。不过二者产生的后果是相同的:"受到强制"并不使犯罪本身消失,而仅仅使行为人的个人刑事责任消失。如果强制迫使行为人实施犯罪,他可以以强制作为自己的辩护理由,从而不负刑事责任。《新刑法典》第122-2条规定,"在不可抗拒的力量或者不可抗拒的强制下实施行为的人,不负刑事责任。"

这里所称的"不可抗力"在民法上也是不负责任的事由。不论强制来自何处,它应当具备不可抵抗和不可预见的特征,法国司法判例对强制的特征采取严格的判断。

(一)强制的来源

强制可以针对身体实施,也可以针对心理实施。针对心理实施的强制,只有来自于犯罪行为人的外部,才构成不负刑事责任的事由。

1. 身体受到强制

身体受到强制,分为对犯罪行为人的行动实加的、其无法掌控的外部或内部力量。

（1）来源于外部。强制力可以来源于行为人身体之外。自然界的不可抗力，例如，暴风雨天气下，车轮打滑，发生车祸，司机不负刑事责任；第三人的行为，例如，由于发生意外的罢工，士兵未能按时返回军营，不承担逃兵的责任，或者由于自行车赛中拥挤，运动员不慎撞死维护秩序的警察等，都属于来源于身体外部的强制原因。强制还可以来源于公共机关①。

（2）来源于内部。强制力也可以来源于行为人身体内部。由于生病身体十分疲倦，导致在火车上睡过了站，超过车票所允许的路程，不承担无票乘车的责任；行为人身患心脏病被迫停止任何有偿工作，不承担遗弃家庭罪的刑事责任。

因此，原则上，在身体受到强制时不负刑事责任，因为行为人不具有实施犯罪的主观意愿。

2. 心理受到强制

心理受到强制，是对行为人的意愿施加的强制。如果心理强制源于外部原因，则免除行为人的刑事责任；如果源于内部原因，则不免除其刑事责任。

（1）源于外部原因。心理强制来源于他人对行为人意愿的外部压力，并迫使其实施本不愿意实现的犯罪。这些外部原因可以是来自他人的威胁或挑唆。因此，针对行为人本人、近亲或第三人（如人质）实施的威胁，尤其是死亡威胁，可以构成免除责任的原因。例如，在受到死亡威胁的情形下留宿40多名叛乱分子从而实施窝藏坏人罪的行为人，被认定受到强制②。在任何情况下，这种威胁都应当是非法的而且所形成的危险是紧迫的，并且达到足以消除行为人自由意志的严重程度。因此，企业领导人对职工作出的强制情形则不属于威胁。

在行为人受到挑唆实施犯罪的情况下，如果挑唆者采取某种手段，完全消除了行为人本人"以经过考虑后实施自由行为所表现出的肯定犯意"，法院才认定行为人受到心理强制，从而不负刑事责任。但是，如果挑唆者的手段并未完全控制行为人本人的意志，则不认为行为人受到心理强制（例如，警察假冒毒品消费者进行"钓鱼"执法）。实际上，如果挑唆对犯罪的实施不起决定作用，而只是为了证实犯罪，除非采取了特别手段，否则不能作为免责事由。雇员和雇主之间的从属关系导致的雇员对雇主的服

---

① 参见本章第二节标题一中"合法机关的命令"。
② 1959年2月26日最高法院刑庭的判决，刑事公告第139号。

从,也不认定为强制。但是如果对没有任何判断自由的人员(例如,军人或警察)作出命令,则另当别论。在后者情况下,属于行为正当化事由中的合法机关的命令。

(2) 源于内部原因。来源于内部的心理强制(例如,激情,仇恨,愤怒,政治信仰或宗教信仰)从来都不是免除刑事责任的事由,除非引起《新刑法典》第122-1条规定的精神紊乱。被自认为不公正的决定所激怒并作出威胁和辱骂的人,要负全部责任。对于激情,任何人本来都应当加以控制,所以不能将这种内部原因引起的心理强制作为不可归罪的原因。但是在实践中,法院对"激情犯罪"的行为人往往从轻处罚,有时甚至宣告无罪释放(受到诱惑又被抛弃的姑娘杀死引诱他的男人;丈夫杀死或打伤不忠的妻子及其情夫)[①]。

(二) 强制的特征

只有满足非常严格的条件,强制才免除行为人的刑事责任。法国司法判例认为,"强制只能由人意愿之外的事件所导致,并且是人所无法预见和消除的事件"[②]。换言之,强制具有无法抗拒和无法预见的特征。

1. 不可抗拒性

行为人的自由意志完全被外部事件或个人事件消除。行为人处于完全不能抗拒强制力的境地并除了实施犯罪外不能采取其他行动。强制的不可抗拒性存在两方面的问题。

(1) 心理强制与紧急避险的区别

《新刑法典》将紧急避险规定为不负刑事责任的行为正当化事由(或客观事由)。那么紧急避险是否包括了心理强制? 紧急避险成立的依据是不具备犯罪故意,传统的刑法理论和司法判例都将其与强制相联系。理由是,避险人实施犯罪行为时不具有自由意志,他丧失了在诚实行为和犯罪行为之间进行选择的能力;他受到强制的控制[③]。而有的作者对此不予认可,理由是一方面,发生紧急避险时,行为人在大多数情况下尚拥有哪怕是轻微的可能性,在实施犯罪和承受危险带来的痛苦之间做出选择,然而强制是不可抗拒的,不能引以为证;另一方面,反而观之,当使用手段和威胁

---

① 参见[法]卡斯东·斯特法尼等:《法国刑法总论精义》,罗结珍译,392页,北京,中国政法大学出版社,1998。

② 1921年1月29日最高法院刑庭的判决。参见 J. Pradel et A.Varinard, *Les grands arrêts du droit pénal général*, Paris: Dalloz, 2012, 8ème éd., No.44, p.612.

③ E. Garçon, *Code pénal annoté*, 3 tomes, 2ème édition par M. Rousselet, M. Patin et M. Ancel, article 64, Paris: Sirey, 1952—1959, No.114.

严重性之间不成比例时,则不成立紧急避险,而心理强制则可能成立。因此,二者还是存在区别。①

(2)强制的判断

法官对强制的不可抗性采取严格判断,要求处于绝对不能遵守法律的境地。例如,战争期间因其他被抓人员受到威胁而实施犯罪的人质,不认为是受到强制,理由是"行为人本人没有受到威胁,而杀害同时被抓的人质的威胁,并非相当紧迫和直接,以至于能够完全消除行为人的自由意志,而且该威胁并不影响行为人判断其行为将使法国军队及其所占据的村庄面临更严重的危险"②。有学者提出这是否要求每个人都成为"英雄"的疑问,但是和平时期的司法判例显示出同样的严格要求。法国科西嘉岛某业主在受到烧毁财产和人身伤害的威胁后同意窝藏一些危险的坏人,法国最高法院对此拒绝认为存在强制,理由同样是"威胁及其所形成的危险并非相当紧迫,不足以消除行为人的自由意志"③。直到半个世纪后1959年2月26日的判决,法国最高法院才对某业主由于受到死亡威胁而窝藏多名叛乱分子的行为,认定存在强制,从而排除其刑事责任。④

法官对强制的不可抗性采取抽象判断。法官这种严厉的立场,是从不可抗性的抽象判断中得出,即以客观的方式根据犯罪人的年龄或社会地位作出判断,同时还考虑到犯罪情节和行为人抵抗强制的实际可能性。

2. 不可预见性

法国《新刑法典》第122-2条只提到强制的不可抗拒性,而没有提到不可预见性。法国司法判例参照了民法中不可抗力的标准,要求强制具备不可抗拒性和不可预见性,因为只有在此情况下,行为人在实施犯罪时才不具备行动自由。不可预见性要求强制应当与犯罪行为人的任何错误无关联,法国司法判例对此的判断非常严格。如果行为人由于其以前的错误而受到强制,则不存在免责事由。例如,船员因醉酒被逮捕和拘留,从而未能

---

① J. Leroy, *Droit pénal général*, Paris: L.G.D.J., 2012, 4ème éd., p.330.

② 1934年4月20日最高法院刑庭的判决。一战期间被德军抓获的法国村民,被要求为德军刺探法军在该村庄的行踪情报,如果其不归,其他同时被抓的几个村民将被"枪毙",该村民将法军驻在村庄的情况告诉了德军,德军遂即对村庄进行了轰炸。该村民后来被法国战争委员会判处战时为敌人提供情报罪。该村民在若干年后去世,法国战争委员会向最高法院提出重审申请,后者认为不构成心理强制并通过此判决驳回申请。J. Pradel et A.Varinard, *Les grands arrêts du droit pénal général*, Paris: Dalloz, 2012, 8ème éd., No.44, p.613.

③ 1900年12月28日最高法院刑庭判决。

④ 参见J. Pradel et A.Varinard, *Les grands arrêts du droit pénal général*, Paris: Dalloz, 2012, 8ème éd., No.44, p.620.

按时回到船上,则不能免除其逃兵的责任;因疏忽没有交付财产并导致该财产被盗,从而无法履行义务,不能以受到强制为由免责。如果没有采取必要的措施预防发生突发事件,也不得以受到强制为由免除责任。某人因没有进行必要的维修保养,从而引发汽车机械故障造成车祸,或者因恶劣天气本应减速而没有减速,结果滑入水坑导致车祸,从而受到过失杀人或过失伤害的追诉,均不构成强制。

对此,判断强制的不可预见性也被批评为运用了"可能的故意"之概念,其结果有时会将疏忽大意或轻率不慎的过失行为当作故意犯罪予以判刑。这是非常遗憾的,因为无论如何,强制之下的犯罪都不具备故意的心理要件。例如,借用他人物品的人,因物品被偷而未能归还,即使是由于疏忽,也不能认为犯有滥用信任罪,因为,滥用信任罪的成立要求具备挪用被交付物品的故意。对此,有的学者建议区分两种情形:一种是疏忽大意过失导致故意犯罪;另一种是最初的过失导致过失犯罪。在第一种情况下,由于这两个错误的性质不同,可以接受强制的存在,从而避免将故意犯罪转化为疏忽大意的过失犯罪;而第二种情况下,犯罪就是由疏忽大意过失引起,因此不接受存在强制。①

三、刑法认识错误

法律上的某种误解,是一项全新规定,它动摇了法国法律一个根深蒂固的传统,抛弃了"无人不知国法"的格言。长期以来,法律认识错误(l'erreur de droit)不被当作免除刑事责任的事由。1810 年《刑法典》对此未作规定。法国法院判例在这一问题上一直坚定不移地认为,不知道犯罪行为当受处罚,"不能成为辩护理由",不知道法律的借口"对犯罪意图并无影响"。这种僵化的做法反映了刑事司法观念中某些过时特征。因此,从这一角度讲,《新刑法典》中法律认识错误的规定是一种进步、一种尝试,它使"能够辨明自己无罪的人"在刑事法律纷繁复杂的规定中不再处于不知所措的状态。《新刑法典》的规定可以避免不公正的判决,特别是对有些疑难问题的解释,连最有经验的刑法学家也不能作出明确答复的情况下,避免引起不肯定或自相矛盾的判决。

(一)不接受刑法认识错误的传统

根据法国一条不成文的法律原则,"无人不知国法",当法律颁布后,

---

① F. Desportes et F. Le Gunehec, *Droit pénal général*, Paris: Economica, 2010, 17ème éd., No. 667.

任何应遵守法国法律的个人,被推定为已知悉法律的内容;对于刑事法律而言,则推定已知悉刑法禁止的行为和相应的刑罚处罚。这是一个不容置疑的推定,任何人不得以不知法律为由逃避刑罚处罚。法国最高法院在拒绝承认法律认识错误作为免责事由时,也反复强调该原则,认为法律认识错误"既不是正当行为也不是法律允许的辩解理由","法律认识错误不得作为辩护理由"。因此,在《新刑法典》颁布前,众人皆知国法的推定一个绝对推定,任何人不得提出相反证据进行反驳。该推定主要基于两方面的理论依据。一方面,法律的必要权威性,只能依赖于法律主体对法律的了解;另一方面,该推定是法制原则(罪刑法定原则)的对等产物,因为社会契约理念要求国家保证公民在未被事先告知禁止行为的前提下不受处罚,那么就要求作为交换,公民不得以所谓的不知刑法作为挡箭牌。个人在行动前应当打听情况,他的法律错误揭示了疏忽大意,从而排除了善意。①这些理论依据并不具有完全的说服力,并受到现代理论的评判。

盲目地排除刑法认识错误引起了一些难以接受的后果。它对于本国公民和外国公民、对受到良好教育的人和文盲、对自然犯罪(杀人、强奸)和(法律、条例规定的)技术性犯罪都一视同仁地适用。鉴于法律、条例的"数量膨胀",越来越技术化和复杂化,要求一个人了解所有适用的法律规范也不现实。鉴于各部门轻而易举地通过"部门通告"解释相关规章,即便是法律专业人员也难以做到通晓所有法律规范。然而,欧洲人权法院要求,根据《欧洲人权公约》的规定,法律不应当只是形式上的,而应当具有一定的质量,即可以获得(即让人可以得到和看懂)和有预见性。

法国有一些案例的判决也显得有些过分。例如,一个园艺家向市政部门询问修建花房是否需要行政批准,在得到不需要批准的答复后,他开始施工,期间发现获得建筑许可是必需的,结果他因无许可证施工而受到有罪判决。为了避免这种极端的处理方式,同时也参照周边国家的立法或司法判例(德国、比利时等),法国《新刑法典》最终接受将"刑法认识错误"作为新增加的不负刑事责任的事由。

(二) 法律认识错误和事实认识错误

法律认识错误表现为不知道存在法律规则。由于不知道法律规定,行为人实施了自以为合法的犯罪行为。

事实认识错误不涉及法律规则,而是涉及犯罪客观性。法律认识错误

---

① 参见 A. Decocq, *Droit pénal général*, Paris: A. Colin, 1971, p.213; R. Merle et A. Vitu, *Traité de droit criminel*, Paris: Cujas, tome I, No.582.

是不知道其行为被法律禁止,而事实认识错误是认为所实施的行为不是犯罪。以上述园艺家修建花房案件为例,如果业主知道建筑方面的法律、条例规定,但认为其修建项目不属于需要办理建筑许可手续的工程,则属于事实认识错误。另一个典型的例子是,某人拿走以为是自己的而实际上属于他人的物品。由于行为人没有盗窃他人物品的故意,所以不构成盗窃罪。

从效果上看,《新刑法典》将法律认识错误规定为不可归罪的事由,而事实认识错误则是无罪的事由,因为行为人并没有追求法律所禁止的结果,确切地讲,他完全知道法律的禁止性规定,认识错误发生在刑事故意层面上并使刑事故意消失。事实认识错误只有在非常确切的情况下才能阻却犯罪成立,即只有对故意犯罪的构成要件而非次要要件产生事实认识错误,才能阻却犯罪成立。因此,对故意杀人罪被害人的认识错误或对被盗窃物品价值的认识错误都不影响犯罪成立。而在疏忽大意或轻率不慎的过失犯罪情况下,事实认识错误不影响犯罪成立,因为它正好证实了过失的存在。例如,某人在擦拭以为已卸下子弹的猎枪时走火伤及他人,也应受刑罚处罚。①

(三)刑法认识错误成立的条件

法国《新刑法典》第 122-3 条规定,"证明由于自己对法律无力避免的误解,本以为能够合法实施其行为的人,不负刑事责任。"

刑法认识错误应由被追诉的人提出,法官不能依职权自行提出。

"刑法认识错误"成立需要满足三个条件。

首先,存在法律认识错误(法律的存在或内容),即犯罪行为人不知道法律规定的存在,或者合法地对该法律规定作出了错误的解释。错误可能来源于行政部门直接提供的信息(通告、解释性法律或对议会问题作出的部门答复),或者应当事人申请提供的信息。

其次,行为人认为已经合法地实施了行为,即有理由认为"其行为是合法的"。但是从司法判例上看,同样的刑法认识错误,对于原则上掌握或应当掌握这方面知识或专业的人士,不能成立。

最后,刑法认识错误只有在不可排除、不可克服,换言之,不能被行为人避免的情况下,才成立。行为人只有能够证明自己没有其他有效手段知悉相关法律规定的情况下,才被宣告不负刑事责任。

---

① J. Leroy, *Droit pénal général*, Paris: L.G.D.J., 2012, 4ème éd., p.333.

这一点不得用来证明不知道法律,不得对抗"无人不知国法"的原则。如果行为人没有运用所有手段避免实施错误,则不得利用刑法认识错误作为免责事由。刑法认识错误也不适用于可以向主管部门询问或咨询的人。

因此,如果可以向专业人士或法律工作者咨询相关法律的内容,也不得援引刑法认识错误进行辩护。

鉴于被追诉人的法律知识程度,对刑法认识错误,不采取主观方式认定,而是采用客观的抽象方式,即参照谨慎和知情人的标准认定。这一点与强制的判断方法相类似。

问题是,当司法判例之间存在矛盾和观点差异时,是否属于"刑法认识错误"。例如,企业雇员窃取企业文件进行复制,提供给劳动纠纷法庭对抗与之存在劳资纠纷的雇主的做法,法国最高法院刑庭长期以来一直认为这是盗窃行为,不论其出于何种动机;而同为该法院的社会保障庭,则认为雇员有权在劳动纠纷法庭前提供其在履行工作职责时获悉的文件,以保证实现其辩护权。司法判例之间的分歧导致的刑法认识错误,有时会被采纳。对于这个案例,最高法院也对司法判例存在的分歧是否属于"刑法认识错误"问题作出表态,认为在这种情况下,刑法认识错误不是不可排除的,也就是说,司法判例的分歧不是刑法认识错误,并且应当查明窃取的文件对案中行使辩护权是否绝对必要①。

总之,法国刑事法院在判断刑法认识错误时采取非常严格的态度,司法实践中接受刑法认识错误的例子非常少见。

四、未成年人

在法国,未成年人的刑事责任因年龄原因受到减免,他们由特设的审判机构按照一般法律规定之外的特殊程序审理。②

关于未成年人刑事责任的理论依据,刑法学界主要存在两种观念。一种是传统观念,将未成年人的刑事责任建立在成年人刑事责任模式的基础上。法国采取的就是这种模式。根据这种观念,未成年人没有达到成人刑事年龄,则被推定为不负刑事责任。而按照未成年人年龄的不同阶段,这种推定不负责任又分为绝对推定和相对推定。在大多数情况下,刑罚的期限和幅度也依赖这种或绝对或相对的推定。按照年龄推定刑事责任的方

---

① 2004 年 5 月 11 日最高法院刑庭的判决,刑事公告第 113 号。
② 参见孙平:《法国惩治未成年人犯罪的刑事法律制度》,载赵秉志主编:《刑法论丛》第 26 卷,322~346 页,北京,法律出版社,2011。

法,确立了较高程度的刑事责任或不负刑事责任。其实这种观念是建立在虚构之上,即未成年人因年龄不同或多或少地负有责任,从而或多或少地受到相应处罚,未成年人所适用的刑罚被单独分离出来,他们一般适用成年人犯相同性质犯罪当受刑罚之一半的刑罚。因此,未成年人被看作是"缩小的成年人",他们与成年人负有相同性质的刑事责任,只是刑事责任的程度有所不同,而这种程度是根据时间标准而变化的,不涉及犯罪学的任何实在性问题。另一种观念是受到犯罪学影响后晚近才出现的理论,认为未成年人对其行为的反应能力不是建立在责任观念上,而是建立在刑事能力观念上。根据危险状态的犯罪学概念,该理论试图通过衡量未成年人的社会危险性为犯罪前采取的行动提供依据。除此之外,还有一种更加实用主义的观念,认为"责任"一词过于形而上学,因此主张采纳"可罚性"一词。而这种词语的变化并没有对理论产生很大影响,其意义在于避开了理论上不明确的地方,这主要涉及有罪性、可归罪性或不可归罪性事由制度等。①

对于未成年人刑事责任问题,法国采取了传统观念,但是在晚近的立法中又出现了新的趋势,即未成年人负刑事责任的原则取代了推定未成年人不负责任的传统原则。这种转变存在两方面的原因。一方面是出于严厉处置未成年人犯罪的考虑。实施犯罪的未成年人被看作是加重社会不安全感的因素,尤其是临近刑事成年人年龄的未成年人。以前对未成年人犯罪的处置主要采取保护模式,而这样的模式被有些人认为过于宽容,因此出于保护公民安全的考虑,对未成年人犯罪的惩治呈现出由惩罚模式代替保护模式的趋势。法国 2007 年 3 月 5 日《关于预防犯罪的法律》和 2007 年 8 月 10 日《关于加强同成年和未成年累犯斗争的法律》就体现出这一趋势。另一方面是由于未成年人不负刑事责任的观念已经不再符合当前青少年的社会、文化和心理的实际情况。如今实施犯罪的未成年人显现出更为过分的早熟。因此,将 16 岁至 18 岁的未成年人当作"儿童"而"不负责任",显得不仅与主体的实际情况不符,而且也使拟采取的教育措施失去意义。不过,未成年人根据年龄和人格负刑事责任的原则代替不负刑事责任原则的做法,在法国学界还存在一些争议。②

目前,法国法律中还没有规定未成年人的最低刑事责任年龄,未成年

---

① R. Ottenhof, "Aspects actuels de la minorité pénale", in *Archives de politique criminelle*, No. 30(2008), 37~44.

② 同上。

人的刑事责任与其辨别能力相联系。由于年龄原因，未成年人享受减免的刑事责任，并根据不同年龄受到相应的教育措施、教育处罚或刑罚处罚。

（一）未成年人刑事责任与其辨别能力相联系

法国 1810 年《刑法典》将刑事成年定在 16 岁，16 岁以下为未成年。在审理未成年人犯罪案件时，刑事法官要认定未成年人在实施犯罪时是否具有辨别能力。如果是否定的，则不负刑事责任，但是法官要对未成年人宣布教育措施；如果是肯定的，未成年人由于年龄原因将受到减轻责任的处罚。

法国 1912 年 7 月 22 日的法律提出了未成年人案件由特别机构按照特别程序审理的原则，并区分了三类未成年人（13 岁以下、13 岁到 16 岁、16 岁到 18 岁）。该法对上述未成年人刑事责任制度进行了改革，取消了 13 岁以下未成年人辨别能力的认定，确立了推定绝对不负刑事责任的原则。受实证主义学派的影响，该法设立了少年法庭，负责审理 13 岁以上未成年人案件。13 岁以下未成年人案件由民事法院审理。另外，该法还设立了"监督自由"制度，将未成年人交给相关机构接受教育，由法院的代表予以监督。

1945 年 2 月 2 日《关于青少年犯罪的法令》被视为"关于青少年犯罪的宪章"①，它确定了所有未成年人不负刑事责任的原则，而且不再考虑未成年人"是否具有辨别能力"的问题。根据该法律设立的机制，对于未成年人的刑事责任，应着重考虑行为人的人格，而不是行为本身。未成年人犯罪原则上是被看作未成年人处于危险状态，他们应受到教育措施的处治而不是刑事处罚。所有未成年人，无论是 13 岁以下的未成年人，还是年龄在 13 岁至 18 岁的未成年人，一律推定为不负刑事责任。但是这两种情况也有所不同。对于未满 13 岁的未成年人，不负刑事责任的推定是"绝对推定"，无论其实行犯罪的严重程度如何，均不得科处刑罚，仅能实施教育措施。对于年龄在 13 岁至 18 岁的未成年人，不负刑事责任的推定不是绝对推定，而是"相对推定"或"简单推定"（即当存在相反证据时则可以排除推定）。原则上，他们同 13 岁以下的未成年人一样，只能处以教育、保护、救助和监督措施。但是在特殊情形下，少年法庭或未成年人重罪法庭可以对这些未成年人宣告刑罚处罚。

而司法判例方面又出现了新的进展。在 1956 年 12 月 13 日拉布泊

---

① J. Borricand et A.-M. Simon, *Droit pénal et procédure pénale*, Paris: Sirey, 2004, 4ème éd., p. 148.

(Laboube)诉讼案的判例中,一名6岁儿童过失地将同学的一只眼睛打瞎。法国的科尔玛上诉法院认定该孩童犯有过失伤害之轻罪,但由于未成年人对其实施的犯罪不负刑事责任,则对其不判处刑罚而判处交由家长教育的措施,并且由其父亲承担被害人的民事赔偿责任。对于这个判决,法国最高法院在收到检察长提出的抗诉后,首先强调1945年法令提出了未成年人不负刑事责任的原则以及不考虑未成年人的识别问题,但又肯定地指出,对未成年人宣告相应的措施,也要考虑到"实施了受到指控行为的未成年人是否明白该行为并且希望其发生",法国最高法院刑庭还认为,"任何犯罪,即使是过失犯罪,也要求行为人具有行为的辨别能力和意愿。"而科尔玛上诉法院在承认该孩童缺乏识别能力、不能对犯罪负刑事责任的同时却又确认了对其采取交由父母教育的措施,而不是判决宣告释放未成年人,因此,最高法院认为交由父母教育的措施判决没有法律根据,从而撤销了科尔玛上诉法院的判决。通过这个判例,法国最高司法机关认为未成年人的刑事责任应与其辨别能力的判断相联系,也就是说在与成年人相同的条件下宣布未成年人负有责任,并按照一般的法律规定对未成年人的行为进行判断。

法国1992年《刑法典》将这个判例的基本精神纳入到第122-8条的规定中,但在表述上不够明确,2002年9月9日的法律修改了该条规定。因此重新撰写的第122-8条规定,"具有识别能力的未成年人对所犯的重罪、轻罪或违警罪负有刑事责任,依特别法律规定之条件,对其采取保护、救助、监督与教育措施。该特别法律还根据未成年人因年龄而减轻的刑事责任,确定对10岁至18岁未成年人宣告的教育处罚,以及对13至18岁未成年人判处的刑罚。"因此,未成年人不再不负刑事责任,包括13岁以下的未成年人①。该规定结束了关于未成年人不负刑事责任问题的理论争论。所有未成年人当其具有识别能力时就要与成年人一样负有责任。另外,即使法院在对未成年人宣告采取教育措施时,也要在确认未成年人能够明白其行为意义的前提下作出。因此,对于因不明白其行为意义而没有实施犯罪的未成年人,不得实施任何刑罚或教育处罚。②

法国《新刑法典》第122-8条在规定未成年人刑事责任的同时也指出,未成年人的刑事责任由于年龄原因是减轻的刑事责任。未成年人的刑事

---

① 根据法国法律,对18岁以下负有刑事责任的未成年人可以采取教育措施,对10-18岁负有刑事责任的未成年人可处以教育处罚,对13-18岁负有刑事责任的未成年人可处以刑罚。

② J. Pradel et A. Varinard, *Les grands arrêts du droit pénal général*, Paris: Dalloz, 2012, 8ème éd., No.43, pp.598~599.

责任同其辨别能力相联系,主要是根据未成年人成熟度和人格以及实施犯罪情况的不同而不同。但是上述情况并没有抓住 2002 年立法时机满足《联合国儿童权利公约》第 40-3 条的规定,该公约要求成员国"设立儿童具有触犯刑法的刑事能力的最低年龄"。

(二)未成年人犯罪适用的措施与处罚

1. 措施和处罚的内容①

(1)教育措施

根据 1945 年 2 月 2 日法令的相关规定,法官可以对未成年人宣告的教育措施包括:①训诫。儿童法官可以在办公室开庭审理时对未成年人予以训诫,使其意识到实施了违法行为,并教育其不得再次实施犯罪。②交给父母、看管人或监护人。儿童法官将未成年人交由其家庭进行教育。③刑事补偿。这是指补偿因犯罪给被害人造成的损害、伤害或烦恼。补偿可以用金钱代替,在实施犯罪的情况下,补偿也可以是为被害人或集体的利益提供救助服务或补偿活动。在直接对被害人进行补偿时,需要征得被害人同意。该措施的期限为 3~4 个月。④监督自由。未成年人被释放,但是要接受儿童法官指定的教育者的监督和管理,教育者要向儿童法官汇报监督情况。监督自由可以在预审阶段向被调查的未成年人临时宣告,也可以在审判阶段作为判决向被告未成年人最终宣告。该措施包括两方面内容,即监督和教育。在预审阶段作出临时宣告时,监督自由旨在针对未成年人被调查的行为开展教育行动,未成年人人格取得的进步将作为审判法官判决时参考的内容。在审判阶段作出判决宣告时,监督自由旨在针对未成年人被判决的行为在其生活的社会和家庭环境中开展教育行动。⑤教育收容。根据未成年人及其家庭情况可以采取教育收容措施,即将未成年人委托交给值得信赖的个人、机关或服务机构收容教育。在收容期间,收容机构要向儿童法官汇报未成年人的发展情况。该措施的宗旨主要在于为未成年人或青年人提供安全性、保护性和条理性生活,以便帮助他们重建自己的身份,掌握调整社会关系的规则,纳入到回归社会的进程中和改善家庭关系。⑥司法保护措施。未成年人被置于司法部负责未成年犯罪人再社会化及跟踪危险境遇中未成年人的部门的保护和管理之下。司法保护措施是被当作主刑宣判的措施。其期限不超过 5 年,在此期限内,如果未成年人达到成年年龄,也可以执行该措施。⑦白日劳动。该措

---

① 参见孙平:《法国社区矫正制度概论》,载《法治研究》,2014(11),118~124 页。

施是 2007 年 3 月 5 日《关于预防犯罪的法律》在 1945 年的法令中增设的旨在预防犯罪、帮助未成年人回归社会的教育措施,通常对 13 岁以上未成年人适用。白天劳动是指未成年人在行使公共服务的公立或私立的法人机构或被授权组织该项活动的协会中,参加有助于回归社会的职业或教育活动,或者是在被委托的青少年司法保护部门从事该项活动。该措施可以在四种情况下宣告:一是在对未成年人进行刑事和解程序中,由儿童法官在案件预审时作为临时教育措施予以宣告;二是由儿童法官在开庭审理时作为教育措施宣告;三是由少年法庭作为教育措施宣告;四是由少年法庭决定延期宣告教育措施或刑罚的情况下宣告。儿童法官或少年法庭可以对犯轻罪的未成年人宣布该措施,同时还要宣布履行"白天劳动"的期限和方式。白日劳动的期限不超过 12 个月并且不可续延。该措施还可以与限制自由刑或不附缓刑的监禁刑联合执行。所从事的劳动与未成年人回归社会所需的教育培训有关,也可以涉及与未成年人应受到的教育课程。

教育措施由青少年司法保护部门或相关授权部门负责实施。

(2) 教育处罚

教育处罚对实施犯罪时年满 10 岁至 18 岁的未成年人适用。教育处罚位于刑罚和教育措施之间。当教育措施显得不合适或没有效果,而宣告刑罚又可能过于严重时,可以采取教育处罚这种更适合的司法对策。由于对 10 至 13 岁未成年人不得宣告任何刑罚,教育处罚就是对其最为严厉的处罚。根据 1945 年 2 月 2 日法令第 15-1 条的规定,少年法庭可以宣告下列一项或多项教育处罚:①没收未成年人持有和用于实施犯罪的物品或犯罪所得的物品;②一年之内禁止出现在经法院指定的实施犯罪的场所,未成年人的经常居住地除外;③一年之内禁止会见或接待经法院指定的犯罪被害人或与其建立联系;④一年之内禁止会见或接待经法院指定的犯罪共同正犯或共犯或与其建立联系;⑤履行 1945 年 2 月 2 日法令第 12-1 条规定的帮助或补偿措施;⑥完成不超过 1 个月的公民培训实习,该实习旨在提醒未成年人法律规定的义务和相关政令规定的实施方法;⑦最长为 3 个月的收容,可以续延一次,对于 10 岁至 13 岁的未成年人不得超过 1 个月,收容在公共或经授权的私人教育机构中进行,旨在针对未成年人实施的犯罪在其经常居住地之外开展心理、教育和社会干预活动;⑧完成学龄教育任务;⑨郑重警告;⑩收容到寄宿制教育机构中,期限与教学学年相同并允许未成年人在每周末和学校假期期间回家。

少年法庭指定青少年司法保护部门或相关授权部门负责监督教育处

罚的执行。该部门要向儿童法官汇报教育处罚的执行情况。

(3) 刑罚处罚和考验措施

在符合一定条件下,可以对实施犯罪的未成年人宣告刑罚处罚。由于未成年人的刑事责任是减轻的刑事责任,法国 1945 年 2 月 2 日的法令规定了对 13 岁以上的犯罪未成年人采取刑罚减半制度,但是犯罪情节或未成年人人格证实不得适用该规则以及法律规定的严重犯罪或暴力犯罪的累犯的情形除外。因此,对于未成年人宣告的刑罚通常不得超过成年人法定最高刑罚的一半。

法律还为法官规定了若干考验措施避免对未成年人直接适用监禁刑,如果被判刑的未成年人违背了考验措施要求的义务或禁止性规定,则要执行监禁刑。

① 附考验的缓刑。2002 年 9 月 9 日的法律规定了对未成年人适用附考验缓刑的条件。该措施由审判法院对犯罪时年满 13 岁的未成年人宣告。法院在作出 5 年以下监禁的判决时,可以决定缓期执行监禁刑,并将被判刑人置于考验制度之下。被判刑人在考验期内,需服从监督措施,如从事职业活动或接受教育或职业培训,在指定地点设立住所,接受治疗或医疗跟踪,不得会见某些被判刑人尤其是共同正犯或共犯,不得与被害人建立联系等。被判刑人还要遵守法官规定的义务。如果不遵守相关义务,则要撤销缓刑,执行监禁刑。

② 公益劳动。公益劳动是对 16 岁至 18 岁未成年人宣告的一项刑罚,即为某个机关或协会的利益进行无偿劳动。公益劳动应具有培训特征或有利于未成年人回归社会。但是对拒绝出庭或缺席审判的被告人则不得宣告这项刑罚。公益劳动也可以在宣告附考验缓刑时适用。

③ 社会司法跟踪。社会司法跟踪是强制因实施性犯罪而被判刑的未成年人接受监督或救助措施的刑罚,该刑罚由少年法官监督实施,后者在此行使刑罚执行法官的职能。这是一项预防累犯的制度,它要求被判刑人履行多项义务,如禁止到访某些场所,禁止会见某些人,禁止从事经常与未成年人接触的职业或社会活动,执行治疗命令等。如果未成年人不履行这些义务,法官可以命其执行宣告此项措施时所确定的监禁刑。

④ 公民资格实习。公民资格实习可以由检察院在刑事和解程序中建议作为追诉的替代刑,也可以作为监禁的替代刑,或者是少年法庭或未成年人重罪法庭对未成年人实施的考验措施。公民资格实习由 2004 年 3 月 9 日的法律设立,该法律在《新刑法典》中增设了第 131-5-1 条,规定当犯有轻罪被处监禁时,法院可以决定罪犯完成公民资格实习,作为考验措施代

替监禁的执行。公民资格实习的期限和内容由最高行政法院出具资政意见后颁布的政令规定。如果实习费用不超过第 3 级违警罪罚金的数额,法院则要求由罪犯来承担该费用。2004 年 7 月 27 日的政令规定,对未成年人适用公民资格实习的目的是提醒犯罪人重温宽容和尊重人之尊严的共和价值,使其意识到在社会生活中应承担的刑事、民事责任和义务。此外,公民资格实习还应有助于未成年人回归社会。如果被判刑人曾实施情节加重的犯罪,公民资格实习还要另外教育未成年人反人类罪的存在,尤其是第二次世界大战中实施的犯罪。

根据未成年人年龄和人格状况,公民资格实习不超过 1 个月,每天不得超过 6 小时。实习由少年司法保护部门落实,实习内容的制定还可以得到地方行政区域、公共机构、私法法人或参与公益任务的个人的协助。

2. 措施和处罚的适用

法国现行法律将刑事成年年龄确定为 18 岁。未成年人一旦能够分辨是非,即被视为应对自己的行为负有责任。法国的判例将刑事责任年龄起点大致确定为 8~10 岁,未成年人从这个年龄开始就可能受到处罚,这些处罚根据行为人的年龄有相应的变化:

(1) 10 岁以下的未成年人不能领受任何教育处罚或刑罚处罚,他对自己的行为不负刑事责任,对其只能采取保护、救助、监督和教育措施。

(2) 10~18 岁的未成年人可以成为教育处罚的对象(例如,没收物品)。如果他不遵守教育处罚,将被送到专门为未成年人开设的教育之家或教育中心。教育处罚仅对 10 岁以上的未成年人适用。

(3) 13~18 岁的未成年人可成为刑罚的对象,可对其判处监禁刑,但刑期不超过成年人法定刑期的一半。另外,对于 13~16 岁的未成年人,只有在重罪的情况下,才可以对其暂时羁押;对于 16~18 岁的未成年人可以暂时羁押,未成年的理由可被排除。

具有识别能力的犯罪未成年人根据其年龄受到教育措施、教育处罚和刑罚的图解:

	小于 10 岁	10~13 岁	13~16 岁	16~18 岁
保护、救助、监督与教育措施	√			
教育处罚 1945 年 2 月 2 日的政令规定	×	√(根据案情和未成年人人格)		

续表

	小于 10 岁	10~13 岁	13~16 岁	16~18 岁
刑罚		×	√（根据案情和未成年人人格）	
			限制剥夺自由刑的期限和罚金的数额	限制剥夺自由刑的期限和罚金的数额，除非鉴于案情及未成年人人格作出例外处理
			×公益劳动	√公益劳动
			×（禁止入境、日罚金、禁止公民权、民事权、家庭权、禁止从事公务、职业或社会活动、禁止居住、机构关闭、解除公共市场、判决的公布）	

第二节 行为正当化事由（客观原因）

关于行为正当化事由（或正当行为，faits justificatifs）作为不负或减轻刑事责任的客观原因，法国刑法理论上存在两种学说，即主观说和客观说。

主观说认为，行为正当化事由通过作用于犯罪行为人的主观意愿从而使刑事责任消失。正当行为可以要么作为不可归罪事由（cause de non-imputabilité），要么作为无罪事由（cause de non-culpabilité）。

作为不可归罪事由的正当行为。在 1992 年以前，刑法典中没有规定紧急避险。在寻求紧急避险的法律依据时，法国一些法官认为，在紧急避险情况下实施犯罪，行为人不具有自由意志并丧失了在诚实行为和犯罪行为之间进行选择的可能。实际上，行为人的所作所为是在心理强制的统治下。1898 年，梯埃理城堡（Château-Thierry）轻罪法庭曾作出对一位盗窃面包喂养其孩子的母亲予以无罪释放的判决，就体现了该学说的精神。该学说得到传统理论和一些当代刑法学者的支持[①]。不仅是紧急避险，而且正当防卫和法律命令的免责效果都可以通过该学说予以解释。然而在有些学者看来，将正当行为作为不可归罪事由实际上是一种过分的做法，因为原则上不可能在所有情况下，犯罪行为人都丧失了决定的自由。例如，完全可以设想一些存在紧急避险而行为人并没有受到心理强制的情形，诸如

[①] R. Garraud, *Précis de droit criminel*, Paris：Librairie de la Société du Recueil Sirey, 1921, No. 106；A.-Ch. DANA, *Essai sur la notion d'infraction pénale*, Paris：L.G.D.J., 1982, No.192.

使他人陷于危险的情形。另外，以法律命令为例，如果说法律规范对人产生应当遵守法律的心理强制，那么就应当核实所有法律，尤其是禁止犯罪的刑事法律，是否都对行为人产生心理强制①。

作为无罪事由的正当行为。该观点也支持意愿自由的分析，但是认为正当行为中至少不存在主观故意的过错，因为，过错意味着实行禁止的行为并追求获得禁止的结果。但是，行为人作出的反应是实施了犯罪行为，这是因为他追求的是一个值得褒赞的目标，即保护自己生命或者严格地服从规范。但是，如果这种分析对正当防卫中故意实施的防卫行为是适当的，但对于过失实施的防卫行为却显得欠缺说服力，而法国最高法院在其判例中已接受了过失防卫行为。

客观说认为，正当行为不负刑事责任是由于在实施行为时，犯罪的法律要件失去了作用。该观点最为符合犯罪行为违法性特征的概念，即依法属于犯罪的行为，在某些情况下由于有利于社会利益，从而不具有犯罪特征。由于社会秩序未遭到破坏，因此就无犯罪。正当行为直接作用于防卫行为，而不考虑行为人的心理状况。因此，正当行为的成立是依据"客观的物"而不是"主观的人"。正当行为的客观说，是刑法理论界的大多数观点。有些学者据此甚至还从犯罪的法律要件中，又发展出不正当要件或非法要件。客观说不关注行为人的心理状态，因此这也使得正当行为的领域可以扩展到过失犯罪②。

从立法角度看，法国立法机关在《新刑法典》中只提到"不负刑事责任或减轻刑事责任的原因"，而没有区分不负刑事责任的客观原因和不可归罪的主观原因。在有些学者看来，《新刑法典》采取了客观说。因为，《新刑法典》将所有正当行为分为一组，与精神病、强制和法律认识错误相对应，而且，第122-5条关于正当防卫的规定针对的是不正当侵害，对于客观说而言，这就是防卫合法性的原因说明。

从司法角度看，司法判例中正当行为的依据还缺乏明确性。司法机关在认定正当行为时，根据不同情况，采取主观说或客观说。法国最高法院在认定被推定的正当防卫时，采取主观说的观念。但在认定法律命令作为正当行为时，又采取客观说，即使在过失的情况下，也是如此。

不负刑事责任的客观原因包括法律命令或授权，合法机关的指令，正当防卫和紧急避险。这些行为正当化事由常常作为消除犯罪违法性的要

---

① J. Leroy, *Droit pénal général*, Paris：L.G.D.J., 2012, 4ème éd., p.195.

② 同上，p.196.

件,因此也就消除了犯罪行为人的有罪性。但是,被害人的同意不属于正当行为,不构成不负刑事责任的客观原因。

一、法律命令、法律许可和合法机关的指令

《新刑法典》第122-4条规定,"行为人完成法律、条例规定或许可的行为,不负刑事责任。

行为人完成合法机关指令的行为,也不负刑事责任,除非该行为明显违法。"

因此,需要区别第122-4条指出的两种情况,即法律、条例的命令或许可和合法机关的指令。

（一）法律、条例的命令或许可

法律、条例可以禁止某些行为并对违者处以刑罚,同样,法律、条例也可以对定罪条文作出例外规定。这些例外规定有两种形式：法律要求或允许相对人作出属于某项罪名规定的行为（因此相对人可以选择）。例如,法国《新刑法典》第226-14条规定：第226-13条惩治违反职业秘密罪的规定,"不适用于法律要求或允许披露职业秘密的情形"。那么,基于法律、条例的要求或允许,行为失去了犯罪特征,成为正当行为。

不负刑事责任的原因,还扩展到实施法律、条例要求或许可的行为过程中犯下的过失行为,例如,宪兵为了使汽车停下来而朝该车方向开枪,但击中司机致其死亡。

这种特权有时是明确规定,即法律条文援引特定的犯罪,例如,《新刑法典》第225-3条①对歧视罪作出例外规定;有时则是暗含存在,例如,正常的暂时羁押或以治疗为目的外科手术,就是如此。

1. 法律、条例的命令

表面上,法律、条例的命令导致存在两种对立的义务。实际上,法律、条例只对定罪作出了例外规定。

通常,公共机关人员在行使特权的范围内享有豁免权。因此,相关公共机关对某人的正常逮捕不构成非法逮捕罪,执行剥夺自由刑不构成非法拘禁罪。同样,经批准的入户搜查不构成侵犯住宅罪,合法的扣押不构成盗窃罪,预审法官委托司法警察进行的电话监听不构成侵犯生活隐私罪。但是,这些权力只有在法律规定的条件下行使,才是正当行为。例如,公务

---

① 该条规定了不适用歧视罪的例外情形,主要涉及基于健康状况、残疾状况、职业的特殊需要等原因采取的区别对待。

人员依法介入某事,却使用不必要、不正当的暴力手段,则不构成正当行为。

有时,法律命令也同样适用于普通个人。因此,救助处于险境之人的义务或抗击危害人身灾难的义务,要求必要时以实施犯罪的形式介入,但前提是该犯罪行为对遵守法律命令是必要的,例如,进入某户住宅求助,不构成侵入住宅罪。这种行为具有法定正当性,可以援引法律命令这个依据。

在这些情况下,由于行为人的行为没有超出法律规定的必要性要求,法律命令则起到免责的作用。相反,如果行为人的行为超出法律规定的必要性要求,则同样应受刑罚处罚。例如,行为人以向处于险境的人提供救助义务为借口,证明自己违法设立医疗诊所给病人开方开药的非法行医行为的正当性,是不被接受的,由于其行为超出法律规定的必要性要求,因此是应受处罚的行为。

2. 法律、条例的许可

如同法律、条例可以要求某人实施具有犯罪性质的行为一样,法律、条例也可以允许某人实施这种行为,而且除了表面外,不构成任何犯罪。

《刑事诉讼法典》第 706-81 条至第 706-87 条关于"渗透侦查"(即"卧底侦查")的规定提供了典型例子。这些规定由 2004 年 3 月 9 日关于司法与犯罪发展相适应的法律设立,并将以前仅适用于贩卖毒品的刑事诉讼规定自 2004 年 10 月 1 日起扩展至所有犯罪。为了证实犯罪和捕获犯罪分子,上述规定允许对有组织犯罪实施"卧底侦查",即当调查或预审《刑事诉讼法典》第 706-73 条规定的重罪或轻罪需要时,共和国检察官或预审法官可以允许在他们各自监督之下实行"卧底侦查"。

卧底侦查是指,被特别授权的司法警察或警务官员,由一名司法警察负责协调行动,被派到涉嫌实施重罪或轻罪的人身边,冒充成他们的共同正犯、共犯或窝藏犯,调查监督他们的犯罪活动。卧底侦查的司法警察或警务官员的行为是被允许实施的,无须承担刑事责任,这些行为被第 706-82 条所列举①。由于卧底侦查行动经常动用非警务人员(即"线人"),这些人员同样被免除刑事责任。卧底侦查的批准应当书面作出并特别说明理由,同时需要指出该侦查手段指向的犯罪罪名、负责卧底侦查过程的司

---

① 包括获得、持有、运输、提供、发送实施犯罪产生的或用于实施犯罪的物质、财产、产品、文件或信息;使用或向打算实施这些犯罪的人提供法律或金融手段以及运输、存储、留宿、保存和远程通信手段。

法警察的身份和侦查期限。法律规定这项司法许可,目的是免除公务人员在特殊条件下参与有组织犯罪的刑事责任。

同样,根据《刑事诉讼法典》第 73 条的规定,任何人可以抓捕现行重罪犯或可判处监禁的现行轻罪犯,并将其扭送到司法警察前,此种行为不构成非法逮捕罪。但是这个规定不适用于已逮住犯罪嫌疑人并在等待警察到来之前对其实施的暴力行为,也不适用于在通知司法警察前已将犯罪嫌疑人关押几个小时的行为,这些情形不能成为排除刑事责任的正当行为。

《新刑法典》第 226-13 条规定了侵犯职业秘密罪,但是该条不适用于向司法机关、医疗机构、行政机关告发所知悉的虐待未成年人、病弱之人或剥夺后者权利的行为的人,以及在被害人允许的情况下,向共和国检察官告发其在职业活动中发现的可能存在暴力伤害的医生的人,以及向省长报告其接待的咨询者具有人身危险性并且持有武器或企图获得武器的医务人员或社会公益活动者的人(第 226-14 条)。

相反,《新刑法典》第 434-1 条和第 434-3 条规定了不揭发重罪或不揭发对 15 岁未成年人或病弱之人的虐待、剥夺权利或性侵犯行为的犯罪,同时还规定,除非法律另有规定,负有职业保密义务的人员(例如,医生或社会公益协助者)不适用这些规定。在同样精神下,法庭作证的义务只有在不涉及职业秘密的情况下才有效,因此,一个社会公益协助者因其所知悉的内容涉及职业秘密不出庭作证,不得受到拒绝作证罪的判决。

更普遍的是,医疗行业的执业行为由法律批准和规范,医生或外科医生对于其治疗行为不负刑事责任。打针或做手术不是故意暴力行为,同样对私密部位的检查也不是受处罚的性侵犯行为。

同样,在体育领域,尤其是打斗项目中,暴力和伤害行为不受刑罚处罚。但是,体育规则由立法机关授权的代表机构(联盟、职业公会)制定,只有在完全遵守这些规则的情况下,才能作为不负刑事责任的正当行为。

3. 不构成法律许可的情形

在法律对习惯作出转引的情况下,习惯可以例外地与刑法规定的义务相抵触。例如,《新刑法典》第 521-1 条惩治严重虐待或残害动物的规定,不适用于长期不间断地拥有斗牛或斗鸡传统的地区从事斗牛或斗鸡的活动。

当法律或条例未规定例外情形时,习惯和惯例不是不负刑事责任的正当事由。如果检察院在犯罪不严重和习惯确凿的情况下不予追诉,这实际上是一种法律上无关紧要的容忍,而不是正当行为。

具有行政许可也不构成正当行为。除非无行政许可是犯罪的构成要件(无建筑许可证进行建筑,无驾照驾驶车辆,无文凭或许可从事规范化职业),行政许可的存在对处罚犯罪没有影响。犯罪的构成与任何事先的行政许可无关。

因此,根据《公共卫生法典》第 L.5121-8 条的规定,即便行政机关已经批准将产品投放市场,药品的生产商仍对源于产品生产的犯罪负刑事责任[①]。室内电影放映的批准或公共场所张贴电影海报的批准,都不影响对伤害风化罪的追究与惩治[②]。

同样,行政机关对犯罪行为的容忍,也不构成允许犯罪存在的正当事由。因此,同样的行为在某段时期内未受行政处罚或司法追诉的情形,并不影响对其行为人作出判刑。

(二) 合法机关的命令

如果实施某个行为不是依据法律而是依据公共机关的命令,它同样不具备犯罪特征。因此,军人在战争期间杀死敌人不对杀人行为负责;在交通疏导员的命令下,摩托车驾驶员闯红灯不构成违警罪。

任何下属都要遵守上级机关的命令,拒绝服从将受到处罚,该处罚通常是纪律处罚,有时是刑事处罚(在军队中)。下属的选择自由在很大程度上受到限制。因此,当机关命令实施具有犯罪性质的行为时,命令的接收者就具备了不负刑事责任的正当原因。《新刑法典》第 122-4 条规定了合法机关的命令,这是与法律命令和许可并列的正当化事由。但是,只有在命令由合法机关作出并且不明显违法的情况下,才可以免除行为人的责任。

1. 机关的合法性

只有合法机关作出的命令才是行为正当化事由。合法机关,在《新刑法典》第 122-4 条中确指公共机关,它包括行政机关、司法机关和军事机关等。然而,执行私人机关作出的命令,即使存在上下级关系,也不构成不负刑事责任的事由。例如,上级向雇员作出的命令,家长向孩子作出的命令,就属于后者。

2. 命令不存在明显的违法性

下级是否在任何情况下都要服从上级,即使上级机关越权或违反上位法作出命令?如果下级因执行了违法命令而触犯罪名,是否不负刑事责任?

---

① 1965 年 6 月 1 日刑事判决,刑事公告第 148 号。
② 1974 年 6 月 26 日刑事判决,刑事公告第 241 号。

对此,理论上存在三种可行的解决方法。

第一种,下级不得质疑下达命令的合法性并且总应当执行命令,否则会因拒绝服从而受到处罚。作为回报,该行为将总是正当行为,行为人被免责。但是,这种"被动服从"或"盲目服从"的解决方法不令人满意,因为它鼓励上级越权行事并且不能预防发生犯罪,下级没有反驳命令的可能性。

第二种正相反,下级应当总是判断下达命令的有效性,并拒绝执行违法命令。这被称为"智能刺刀"或"理性服从"理论。因执行违法命令而实施犯罪的行为人将负刑事责任。但是,这里存在实践中难以逾越的困难,下级并不都具有判断命令合法性的法律素养。

由此产生了法国《新刑法典》所采纳的第三种解决办法,即根据命令是否明显违法作出区别对待:(1)下级可以拒绝执行明显违法的命令,并且在此情况下,不得因拒绝服从而受到处罚。(2)如果下级服从了一个明显违法的命令,他将对所实施的犯罪负刑事责任[1]。(3)如果下级执行了一个不是明显违法的命令,他将受到合法机关的命令的保护,从而不负刑事责任。这种解决理念也存在于其他特别法律中,例如,《国家警察职业道德法典》。

因此,下级面临的问题在于辨别明显违法的命令,更有甚者,如果下级错误地援引命令的违法性而不予执行,他将因拒绝服从而受到纪律甚至刑事处罚。实际上,对命令明显违法特征的判断,在很大程度上依赖于下级的权限、经验和在等级制度中的位置。因此,一位官员或高级公务员比公共机关征召入伍的普通青年或普通人员具有更大的责任。判断命令明显违法是一个事实问题,并在很大程度上属于主观判断。但是有些命令,例如,以侵犯生命权或人身完整权等基本权利为目的的命令,总是明显违法的(例如,上级命令警务官员或军人对某人实施酷刑或予以处死)。

在接受法律命令或合法机关命令作为行为正当化事由的过程中,还存在一个问题,即当现行法律或主管机关出自极权制政体(或至少是非法政体)。这个问题在第二次世界大战结束时已经提出。在法国国内立法上,尤其是对二战中的犯罪就采取了上述理论的建议。法国1944年11月28日的法令在处理维希政府公务员的犯罪问题时,对于严重的犯罪行为排除适用机关命令的正当化事由,而对于其他行为,则根据行为人的主动或被

---

[1] 1959年5月22日最高法院刑庭的判决,刑事公告第264号。J. Pradel et A. Varinard, *Les grands arrêts du droit pénal général*, Paris: Dalloz, 2012, 8ème éd., No.20, p.284.

动情形作出区分处理。

如果能够证明行为人实施的有些行为只是在服从命令,机关的命令无论如何不能成为战争罪或反人类罪的正当化事由,至多构成减轻情节(法国 1944 年 8 月 28 日关于战争重罪的法令、纽伦堡法庭章程、法国《新刑法典》第 213-4 条规定:反人类罪的正犯或共犯,不得只因其完成法律或条例规定或许可的行为或合法机关命令的行为而被免除刑事责任)。

3. 非法命令成为不可归罪之主观事由的可能

(1) 法律认识错误问题

法国大多数学者曾认为[1],行为人出于善意,即如果没有意识到服从命令导致触犯刑法,则不具有有罪性。因此,这是法律认识错误理论的特殊运用。从逻辑上看,这是指在故意犯罪情形下,存在无法克服的法律认识错误,即其他人在相同情况下也会犯有相同的错误,从而使犯罪故意消失。这也是采取了明显违法性的理论,因为只有不具明显违法性时,才接受法律认识错误。而无法克服的认识错误是一种不可归罪的主观事由,它是一种变相的强制。无论对于故意犯罪还是过失犯罪,只要强制完全是不可抗拒的,都可以接受,也是说,只要行为人处于完全无法判断命令合法性的情况下,即可成立强制。

而如今,将简单的非法命令作为行为的正当化事由,也就几乎排除了适用法律认识错误理论的可能。如果法院认为被告人不可能不知道行为的违法性,那么它是根据事实本身认为被告人不可能合法地弄错行为的性质[2]。2010 年 8 月 9 日的法律在《新刑法典》中设立了战争重罪和轻罪的篇章,其中第 462-8 条规定,在行为人不知道合法机关命令的非法性且该命令不是明显违法的情况下,行为人不负刑事责任。

有的学者则对执行非法命令不负责任的原因提出疑问,认为按照非法命令的通常意思很难将其作为行为正当化事由。合法机关的非法命令怎么能抵消刑法规定的犯罪?因此,他们建议在新刑法典第 122-4 条中,根据法律认识错误的不同推定情形,增加无罪事由[3]。

---

[1] 参见 R. Merle et A. Vitu, *Traité de droit criminel*, Paris: Cujas, tome I, 1997, 7ème Ed., No. 451; R. Garraud, *Traité théorique et pratique de droit pénal*, Paris: 3ème Ed., 1913—1935, tome I, No. 454.

[2] F. Desportes et F. Le Gunehec, "Le nouveau droit pénal", in *Droit pénal général*, Paris: Economica, tome I, 2009, 16ème Ed., No.725.

[3] P. Conte et P. Maistre du Chambon, *Droit pénal général*, Paris: A. Colin, 2004, 7ème Ed., No.256.

(2) 强制问题

如果合法机关的命令未被采纳为行为正当化事由,犯罪行为人至少还可以援引不可归罪的主观事由,即《新刑法典》第 122-2 条规定的强制。[1]

在 1810 年《旧刑法典》统治时期,执行非法命令的公务员可以援引强制为由,排除刑事责任。当强制使行为人失去所有作出反应的可能,可以接受心理强制。但是如今,对于普通公务员,这种可能性只存在于理论上。在行政机关的等级关系中,下级的意愿并没有被上级完全压制,而且对于公务人员,实践中也不存在失业问题。因此,从法国司法判例上看,法院一般不接受普通公务员据此援引的强制作为免责事由。而对于军人则不同,所采取的方法在新、旧刑法典时期都一样,即接受强制作为免责事由。在战争时期进行军事行动时,士兵无法拒绝实施违反战争法的行为,否则自己将被处决。因此,军事法院经常接受强制作为免责事由。普通刑事法院接受强制作为免责事由的条件非常严格,以至于实践中这样的判例很罕见。

二、正当防卫

如果原则上个人不能自己实施报复,那么不允许个人对侵犯行为进行自卫是很不公道的。因为,一方面,个人为了防止发生损害,对面临的威胁自然而然地作出反应(在有些情况下,个人没有选择);另一方面,侵犯行为也反映出公权机关对个人保护的缺席。

正当防卫(légitime défense),是对非法侵害作出的反击行为,长期以来都是不负刑事责任的正当化事由。它不仅消除非法侵害的防卫人的刑事责任消失,也消除其对侵害人造成损害的民事责任。《新刑法典》第 122-5 条和第 122-6 条对正当防卫作出规定,但是正当防卫的成立需要符合一定条件,并且不得超过必要限度。

(一)正当防卫成立的条件

法国《新刑法典》第 122-5 条规定:

"在本人或他人面临不法侵害的当时,实施了保护自身或他人之合法防卫的必要行为的人,不负刑事责任,除非所使用的自卫手段和侵害严重性之间不成比例。

为了制止侵害财产的重罪或轻罪行为,而实施了故意杀人以外的防卫

---

[1] J. Leroy, *Droit pénal général*, Paris: L.G.D.J., 2012, 4ème éd., p.190.

行为,当该行为对于追求的目的非常必要,且使用的手段与犯罪的严重性成比例时,行为人不负刑事责任"。

在这两种情况下,正当防卫是对侵害作出的客观上具有犯罪特征的防卫行为。

1. 侵害

(1) 侵害的性质

根据《新刑法典》第 122-5 条的规定,正当防卫是为了制止正在进行的针对人身或财产的不法侵犯或侵害。

侵犯人身的正当防卫,要求不法侵犯是针对防卫人本人或他人人身的侵犯。如果是为了保护他人人身而实施防卫行为,也是正当行为。

侵犯,通常指对人身完整性造成的身体危害,但不一定是死亡危险。法国司法判例有时接受对"精神危害"作出的正当防卫(例如,一位母亲打了要腐化其 16 岁儿子的年轻放荡女人一记耳光[①])。但是,只有当侵犯具有一定的严重性并且难以修复时才可以成立正当防卫,因此对人的荣誉和信誉的侵犯则不属于这种情况。侵犯在大多数情况下是身体上的侵犯,但也可以是言语形式的侵犯,如威胁或辱骂。

财产的正当防卫,在 1810 年《刑法典》中没有规定,司法判例却接受这种防卫行为,但适用条件非常严格。当侵害既威胁到财产又威胁到人身时,法院通常无争议地接受正当防卫。对于仅限于财产的防卫,采取的处理措施取决于受到威胁的财产价值和为保护财产给侵害人造成损害大小之间的比例。但是对于为保护财产设陷阱造成的人身伤害,法国法院从总体上不接受正当防卫[②]。因此,司法判例显示,原则上,对侵犯财产的防卫是合法的(尤其是对盗窃作出的反应行为),即使有时难以区分对人身的侵害和对财产的侵害(一男子夜间潜入一名年轻女子的住房,可以是为了盗窃也可以是为了强奸;盗窃分子在被发现时为了逃跑也可能采取暴力行为)。但是,当防卫行为与受到的财产威胁不成比例时,则不存在正当防卫,往往按照故意伤害致死罪或故意伤害罪处理。

《新刑法典》第 122-5 条第 2 款专门将此类判例的主旨立法化,规定了财产的正当防卫。但是,根据该条规定,只有为了制止侵害财产的重罪或

[①] 1960 年 5 月 19 日瓦朗斯(Valence)违警罪法庭判决。S. 1960, p.270, note Huguency.

[②] 除了对个别民事上诉案件,法国最高法院认可了池塘主人在池塘附近设下雷管而给入侵的偷渔者造成伤害的行为为正当防卫,对于纯粹为保护财产设置的陷阱造成盗窃者人身伤害或死亡,都拒绝认定正当防卫。参见 J. Leroy, *Droit pénal général*, Paris:L.G.D.J., 2012, 4ème éd., pp. 178~179.

轻罪行为才构成正当防卫。任何为制止侵犯财产的违警罪行为(例如,轻微损害)而实施的犯罪不成立正当防卫。另外,防卫行为应当是非常必要的,而且不得是故意杀人行为。这就要求在侵害和仅限于财产的防卫行为之间存在一定的比例。对人的保护和对财产的保护是无法对等的。因此,禁止采取死亡陷阱的防卫方式。对于其他情形,则由法官对该比例作出严格判断。

(2) 侵害的特征

不正当性。侵害在客观上具有不正当性。根据《新刑法典》第 122-5 条第 1 款的规定,对于人身防卫,只有发生不法侵害(atteinte injustifiée)时才成立正当防卫。法语中 injustifiée 有无理由、无依据、不正当之意,法国理论界认为这是指侵害无法律依据的特征,换言之,侵害应当是非法的,即违反了法律。在实践中,侵害包括刑事犯罪,例如,企图谋杀、暴力行为、人身威胁、性侵犯等。该条第 2 款中规定"为了制止侵害财产的重罪或轻罪行为",由此可见,对于财产防卫,只有发生侵害财产的重罪或轻罪时才成立正当防卫。

具体而言,侵害人对正当防卫行为作出的抵抗不构成正当防卫,或者某人对合法行为做出的暴力反抗也不构成正当防卫,例如,对警察的正常逮捕或合法扣押予以反抗的行为,不但不是正当防卫,还可能构成暴力抗拒执法罪(第 433-6 条)。同样,根据《刑事诉讼法典》第 73 条,普通人对现行重罪或现行当处监禁刑的轻罪的行为人的抓捕是合法行为,对此做出的反抗不成立正当防卫。

问题是,公共机关人员执法时有违法行为,相对人的反抗是否成立正当防卫?法国刑法理论上大致存在以下几种观点:① 绝对抵抗权。公民对公共机关的任何非法行为都可以正当防卫,这是法国大革命时期的观点,难以付诸实施。② 相对抵抗权。对于公共机关的参与,只有存在"明显"违法,例如实施暴力犯罪时,反抗才具正当性(例如,向侵犯住宅和实施非法监禁的执达员投放催泪弹[①]),而不是针对任何违法行为。鉴于"明显"违法的标准难以判断,有的观点提出应按照侵害客体作出区分,如果侵害指向财产,抵抗行为不具正当性;如果侵害指向人身,抵抗行为可以具有正当性[②]。③ 禁止抵抗权。抵抗公共机关执法的行为在任何情况下都不成立正当防卫,即使公共机关的行为存在违法,例如,逮捕没有法律依据

[①] 1993 年 10 月 20 日最高法院刑庭的判决。

[②] R. Merle et A. Vitu, *Traité de droit criminal*, Paris: Cujas, tome I, 1997, 7ème Ed., No.458.

(嫌疑人无辜)或警察未依法按程序行事,亦是如此。因为公共机关的行为被推定为合法,而且《新刑法典》规定了暴力抗拒执法罪,惩治暴力抵抗公共机关执法的行为。①

法国司法判例采取的是最后一种观点,也就是公共机关人员实施的侵害行为被推定为合法,对公共机关的行为应当始终服从,不能进行正当防卫,这种做法的依据是"被动服从"理论。法国司法判例几乎一直坚持该理论,罕见的例外就是上述1993年10月20日的判例,认为向侵犯住宅和实施非法监禁的执达员投放催泪弹的行为,成立正当防卫。即使在之后的案例中,法国最高法院仍强调,公共机关的行为享有推定的合法性,无效的检查身份行为不能成为暴力抗拒执法行为的合法化事由②。但是,对于公共机关执法中的违法行为,相对人也并非束手无策。首先,相对人不能反抗,因为侵害行为被推定为合法;然后,相对人可以通过其他救济渠道追究侵害人的刑事责任。如果命令违法,相对人可以追究相关公务人员的责任或请求赔偿非法措施造成的损害。

最后,关于侵害的不正当性,是从客观上判断行为是否具有不法特征,而不考虑侵害人的个人情况。因此,未成年人或精神病人实施的侵害行为,由于个人不负刑事责任的情节不影响侵害的犯罪特征,所以可以对其实施正当防卫。

现实性。侵害即使不造成确切的危险存在,至少也应是极其可能的危险,而不是一般可能的危险(例如,私人领地业主在与一个入侵的散步者发生争吵后,在后者没有实施暴力的情况下对其实施殴打,就属于想象存在的危险)。实际上,判断侵害的可能性有时显得比较棘手,防卫人经常出于害怕,为了预防起见而采取自卫行动。

如果防卫人错误地估计实际发生的情况(例如,一位妇女夜间在没有照明的路上行走,遇到一位面目狰狞、行径可疑的男子搭话以为要侵犯她,就用雨伞猛打该人并戳瞎其一只眼,而事实上该男子只想向她问路)该如何处理? 这就是推定侵害,即"想象侵害",它只存在于防卫人的大脑中。实际上,这些都取决于导致个人对现实作出错误判断的情形。如果危险建立在具体要素上,并呈现出客观可能性(另一人在相同情况下肯定会作出同样的理解),则可以成立正当防卫。相反,如果危险完全是想象的,并没

---

① 参见 B. Bouloc, *Droit pénal général*, Paris: Dalloz, 2005, 19ème éd., pp.340; J. Pradel, *Droit pénal général*, Paris: Cujas, 1994, 9ème éd., p.368.

② 参见 J. Pradel et A.Varinard, *Les grands arrêts du droit pénal général*, Paris: Dalloz, 2012, 8ème éd., No.21, pp.300~301.

有真正令人信服的外界因素支持,则不构成正当防卫。

2. 防卫行为

(1) 反抗的性质

1810 年《刑法典》第 328 条只提到杀人、伤害和击打等行为,《新刑法典》第 122-5 条泛泛地使用了"行为"一词。实际上,法院并没有将正当防卫仅限于杀人、暴力行为这些实践中最常见的反抗,对于其他形式的反抗行为,例如轻微暴力、威胁、暂时非法监禁、侵犯住所等,也当作正当行为。实践中,反抗的性质与侵害的严重性紧密联系,这就涉及两者的比例性问题,也是由实质审法官判断的事实问题。但是显而易见,有些犯罪行为,例如酷刑、野蛮行为或者强奸,在任何情况下都不会被当作正当防卫行为。对财产的防卫,不论侵害财产的严重性如何,依《新刑法典》据第 122-5 条第 2 款的规定,防卫的反应绝对不能是故意杀人,那么财产所在之处设下致命的自动陷阱,都不是正当行为。

另外,法国传统的司法判例认为,正当防卫与过失犯罪不可调和,行为人以自卫的方式实施过失犯罪的情形,尤其是过失杀人或过失伤害行为,不构成正当防卫。例如,被侵犯的人猛推了进攻者一把,使后者摔倒受伤或者死亡,将负刑事责任[①]。

法国司法判例的上述态度受到了刑法理论界的强烈质疑,理由是它在自卫行为和损害结果之间制造了混淆,它应当区分实行防卫行为的意愿与实行行为结果的意愿。上述案例中,损害结果并不是被侵害人所期望的,但是他针对不法侵害所采取的防卫行为是自愿的,只要防卫行为是必要和适当的,则不构成过错。相反,损害更像是由侵害人造成,因为他在实施不法侵害时应当遇见到所面临的风险。1810 年《刑法典》第 328 条只提到正当防卫的"击打、伤害和杀人"行为,没有明确其是故意行为还是过失行为。《新刑法典》第 122-5 条只提到"行为"一词,也没有具体规定为"故意"或"过失"行为,这为司法判例逐渐接受过失防卫行为提供可能[②]。根据《新刑法典》第 122-5 条第 1 款的规定,在判断成立正当防卫时,不应当考虑结果,而是应当考虑防卫行为本身,是否由正当防卫的必要性所

[①] 1967 年 2 月 16 日最高法院刑庭的判决,刑事公告第 70 号。J. Pradel et A. Varinard, *Les grands arrêts du droit pénal général*, Paris: Dalloz, 2012, 8ème éd., No.22, pp.303~304.

[②] 1996 年 2 月 21 日法国最高法院刑庭审理的案件中,一名持枪者杀死了一个试图揪住其衣服的进攻者;被害人作出后退动作的同时,子弹射出。行为人实施的行为是故意的,但是他并没有追求发生损害结果的故意(属于有意识的疏忽大意过失),法国最高法院认为存在正当防卫。参见 J. Leroy, *Droit pénal général*, Paris: L.G.D.J., 2012, 4ème éd., p.178.

驱使。

（2）反抗的特征

判断财产正当防卫的成立条件要比判断人身正当防卫更为严格。财产正当防卫应符合产权人保护自身财产的合法愿望，但不能表现为给侵害人造成过于严重的人身侵害。

即时性。首先，反抗侵害的行为应与侵害同时进行，换言之，是立即进行。根据《新刑法典》第122-5条的规定，正当防卫应当在人身不法侵害正在进行时介入，或制止正在进行的财产侵害。如果危险停止了（例如，受到武器的威吓，侵害人举手投降或逃跑），这时再采取行动则不能成立正当行为，如果实施了犯罪，则应负刑事责任。在这种情况下，已经不是正当防卫，而是纯粹的报复行为，不能作为行为正当化事由。其次，存在"将来侵害"威胁的情形下，也不能成立正当防卫。根据《新刑法典》第222-17条和第222-18条关于威胁罪的规定，受到严重威胁的人，应当依法请求法院追诉实施威胁的行为人，而不能自行正义解决。因此，事先防卫或事后防卫，都不符合防卫行为的即时性特征，不属于正当防卫。

为了保护财产，反抗的即时性概念似乎并不禁止使用自动陷阱进行有预谋的防卫。但是，法国司法判例认为，由于不具备正当防卫的其他条件，财产所有人使用射击陷阱机关保护财产，要么犯有故意杀人或暴力行为罪，要么犯有过失杀人或过失伤害罪。

必要性。防卫行为应被正当防卫的实际需要所驱使，即对保护相关法益来说是必要的。《新刑法典》第122-5条中无论对人身防卫还是对财产防卫，都分别提到必要性（nécessité）和完全必要的（nécessaire）。在法国旧法中，防卫必要性表现为对不法侵害作出立即的反应行为，它是驱除侵害的唯一解决措施，情势的紧迫性在情理上已阻碍了采取任何其他有效措施，例如，向警察求救或逃跑等（如果可以逃跑而没逃跑，行为人则不具备正当事由）。如今这一观念有所改变，即使行为人除了防卫外还有其他方法没有采纳，而是为了抵抗进攻实施了犯罪，原则上也被认为具备防卫必要性，因为正当防卫是一种权利，甚至是履行义务[①]。因此，如果被侵害人能够逃跑而没有逃跑，而是采取反抗从而实行了犯罪，那么原则上具备正当性。正如法国刑法学家加尔松（Garçon）认为，"（正当防卫）权利不应当向非正义让步，逃跑，通常是不光彩的行为，不能成为一项法定义务。"但实践中，蓄意拒绝他人提供保护帮助而让步于复仇情感的行为人，会因滥用

---

① 参见 B. Bouloc, *Droit pénal général*, Paris: Dalloz, 2005, 19ème éd., p.341.

正当防卫而受刑罚处罚①。

财产防卫的必要性将受到更加严格的判断,因为根据《新刑法典》第122-5条第2款,反抗行为应当具备严格的必要性。该规定似乎意味着,在对财产侵害作出反应行为之前,应当采取一定的防范措施。

适度性。防卫行为应当是适度的,即与侵害的严重性成比例。如果采取的防卫手段与侵害的严重性不成比例,则排除正当行为。例如,对扇耳光的行为采取开枪反击,不构成正当防卫。根据《新刑法典》第122-5条第2款,任何时候都不能以故意杀人作为财产侵害的防卫行为。防卫的适度性(或比例性)问题,是由实质审法官判断的事实问题。防卫的适度性,并不意味防卫人的反抗行为造成的损害不得严重于不反抗情况下侵害人对防卫人可能造成的损害。例如,对粗暴的言语侵害作出轻微的身体反抗是正当行为(比如,学生用粗俗和伤人的语言辱骂教师,教师对其轻踢了一脚②);妇女杀死试图对其强奸的男子,构成正当防卫。而且,当侵害发生在公共场合时,对正当防卫成立条件的判断将更加严格。防卫超过必要限度时,成立防卫过当。在此情况下,行为人并不一定受到法律规定的刑罚处罚,他可以援引心理强制从而免除刑事责任,或者根据情节获得减轻处罚。

(二)正当防卫的证明

正如所有正当行为,原则上由被追诉人证明他实施了正当防卫。但是,《新刑法典》第122-6条,采纳了1810年《刑法典》第329条的内容,对该原则作出两个例外规定,即"实施下列行为被推定为正当防卫:1.夜晚击退通过破门、暴力或诡计进入住宅的行为;2.对盗窃或暴力抢劫的行为人实施的防卫行为。"

在这两种情况下,一旦客观行为成立,则推定存在不法侵害,且防卫行为合法。在旧法典时期,采取"不能反驳的推定"的做法,即不能提出相反证据的推定。按照该做法,也出现一些极端的案例,诸如,被反击的受害人实际上是晚上入户来约会的情人;业主为了对付偷鱼者而在其领地的池塘边布置炸药,结果给一名夜间闯入者造成严重伤害,这些情形都被当作正当防卫。而如今,法国司法判例采取"简单推定"的做法,认为第122-6条中的法定推定,不是绝对推定或不能反驳的推定,它可以在有相反证据时消失。该条规定不能用来证明,业主或住户以为人身或财产受到威胁而在

---

① 参见 J. Pradel, *Droit pénal général*, Paris: Cujas, 1994, 9ème éd., p.371.
② 2002年6月18日最高法院刑庭的判决。

既无实际必要也无严重紧迫危险的情况下实施的暴力行为具有正当性。因此,检察院或被害人可以提供证据证明,财产所有人在第 122-6 条规定的情形下,不属于正当防卫,例如,不存在明确的不法侵害,或防卫发生在侵害之后,这些都是不必要或不适度的防卫①。

综上所述,法国刑法中关于正当防卫的成立条件具有大陆刑法的严格特征。**关于不法侵害**,(1)法国刑法中区分人身侵害和财产侵害,前者要求是违法行为,后者要求是重罪或轻罪,而且司法判例显示人身侵害也包括精神侵害,但不包括荣誉或信誉侵害;(2)对于不法侵害的特征采取客观判断,侵害不法性要求行为具有犯罪特征,而不考虑个人情形,因此对未成年人、精神病人实施的侵害可以采取正当防卫;侵害现实性涉及侵害的现实存在,而且采取一般人的客观标准进行判断,从而排除"想象危险"。**关于防卫行为**,(1)法国刑法要求防卫具有即时性,即与侵害同时进行或为了制止正在发生的侵害,这就排除了事后的报复行为和事前防卫;必要性条件由旧法的"不得以""唯一措施"观念转向"防卫权利、义务"观念,躲避或逃跑不再是判断必要性的标准,但司法判例显示滥用防卫行为也会受到刑罚处罚;适度性涉及防卫手段与侵害严重性之间的比例问题,是由实质审法官判断的事实问题;(2)防卫行为不限于杀人、暴力行为,还包括轻微暴力、威胁、暂时非法监禁、侵犯住所等行为,法国传统司法判例认为防卫应当是故意的防卫行为,实施过失犯罪防卫,尤其是过失杀人或过失伤害,不能成立正当防卫,但理论界对此有不同声音,晚近的司法判例显示过失犯罪也可被认定为正当行为。关于证据规则,正当防卫案件中,通常由被追诉人,即防卫人证明其实施了正当行为,法国《刑法典》第 122-6 条规定了两种例外情形,在这两种情形下推定被追诉人实施了正当防卫,除非存在相反证据。这两种例外情形凸显了法律加强个人防卫人身、财产安全的保障。

三、紧急避险

1810 年《刑法典》没有在总则中将紧急避险(état de nécessité)当作一项不负刑事责任的事由予以普遍认可,而只是在个别罪名中提到其概念。但是,法国司法判例很快就接受了紧急避险,最初将其作为心理强制,然后又作为单独的不负刑事责任的事由。

《新刑法典》第 122-7 条采纳了司法判例的作法,规定"在面临现实的、

---

① 1959 年 2 月 19 日最高法院刑庭的判决,刑事公告第 121 号。J. Pradel et A. Varinard, *Les grands arrêts du droit pénal général*, Paris: Dalloz, 2012, 8ème éd., No.23, p.319 et suiv..

紧迫的危险威胁到本人、他人或财产时,为保护人身或财产作出必要行动的人,不负刑事责任,除非使用的手段和威胁的严重性不成比例"。

(一) 定义

紧急避险[①],是指某人为了保护被现实的、紧迫的危险威胁的更高利益而实施犯罪行为的情形。紧急避险人处于两难境地:要么不行动,则将遭受损害,因为采取的行动构成犯罪;要么采取行动制止危险,并为此实施犯罪。

因此,这是指法益冲突、价值冲突:一边是受到威胁的法益,另一边是罪名条款保护的法益,紧急避险人必须作出选择。公平的做法是不处罚为避免造成更大损失而实施犯罪的人。例如,驾驶员为了避免撞上疏忽大意的行人而越过白线,违反了《道路交通法典》的规定;为了救治病人被紧急召回的医生违章停车;一位母亲偷面包为了不让其孩子饿死(但是,在有些情况下不构成紧急避险,一方面,当被告人提出的经济困难不足以证明存在现实的、紧迫的危险威胁到孩子的健康,另一方面,连续三次盗窃大量的肉质食品不构成保护被威胁人的避险行为),构成紧急避险。

紧急避险不应同强制相混淆,尤其是心理强制。鉴于所面对的利益之间的不相称性(压死行人或压过白线;饿死孩子或盗窃面包),即使有些情况不给紧急避险人留有任何行动的余地,但紧急避险仍留给行为人两种选择,而强制则是强迫犯罪,并且该强制力具有不可抗拒性。

紧急避险也不应与正当防卫相混淆。虽然二者有相似之处,都是避免造成更大的损害,但是二者的区别在于,紧急避险是避开来自外界情况伤害的危险,即使面临的危险具有社会原因,但是它不具非法性,因此涉及两个法益之间的冲突;而正当防卫所防卫的是来自他人正在进行的不法侵害,即所谓"正对不正"。

正如正当防卫也是紧急避险的一种形式,紧急避险建立在客观评价上,它是一种行为正当化事由。在紧急避险情况下实施的犯罪,即实施必要的犯罪,不负刑事责任。但是,行为人的民事责任仍然存在,这与正当防卫有所不同,其理由是,被避险行为伤害的人并不是危险的起因,因此应获得民事赔偿。

(二) 成立条件

紧急避险的成立需同时具备两方面条件,即存在(实际或紧迫的)危

---

① 参见 J.-Y. Chevallier, "L'état de nécessité", in *Mélanges Bouzat*, Paris: Pedone, 1980, pp.117~134.

险和应对危险的(必要和适度的)行动。另外,司法判例又发展出危险非由先前错误所致的要求。

1. 现实或紧迫的危险

(1) 危险的现实性。危险的性质无关紧要,它可以威胁行为人本人、他人的人身或财产。

危险可以是人身威胁,即侵害生命或人身完整性的威胁,例如,由于居住条件威胁孩子的健康而无证建筑,成立避险行为。

危险也可以是财产威胁,即破坏或损害财产的威胁,例如,发生火灾时侵入他人住宅寻求救助,构成避险行为。

危险还可以是精神威胁,例如,自然主义者为了避免裸体使人受到惊吓而盗用他人服装,或者为了避免母亲的放荡生活对处于青春期的孩子的心理健康造成不良影响,处于离婚状态的孩子父亲违反不和解裁定进入其分居妻子的住所并将两名陌生男人赶走,其侵犯住宅的行为,构成避险行为①。

但是,危险应当是现实的,这就排除了"想象危险",即只存在于行为人思想之中的危险。

(2) 危险的紧迫性。危险应当具有现实性或至少是紧迫性的特征,即现实存在或不可避免。这就排除了仅仅是可能的危险。

对于危险的紧迫性采取客观方法判断。1898 年,梯埃理城堡(Château-Thierry)轻罪法庭的马尼奥法官(Magnaud),曾经对一位盗窃面包喂养其孩子的母亲予以无罪释放②。1997 年,普瓦蒂埃(Poitiers)轻罪法庭面对这样的情形,即一位收入微薄的母亲为了改善孩子粗劣的伙食多次到超市盗窃大量食品,判决这位母亲心理上有盗窃食品的避险必要,应当构成紧急避险。而该判决被上诉法院撤销,理由是一方面,被告人的经济困难并不足以证明实施犯罪那天其孩子处于现实或紧迫的危险中,另一方面,盗窃食品的数量也与《新刑法典》第 122-7 条规定的保护受到威胁的人的必要行为不相符。对于该案,重要的是危险的紧迫性和暂时性,而不是持续存在的危难处境。为了符合紧急避险的要求,盗窃食物的行为以对继续生存

---

① 1957 年 12 月 6 日科尔玛(Colmar)上诉法院刑事判决,*D.*,1959.357.

② 1898 年 3 月 4 日梯埃理城堡(Château-Thierry)轻罪法庭的判决,1898 年 4 月 22 日亚眠(Amiens)上诉法院的判决,*S.* 1899.2.1. 1810 年《刑法典》中没有紧急避险的规定,梯埃理城堡轻罪法庭依据该法典第 64 条以受到心理强制为由释放被告人,亚眠上诉法院否认了心理强制,但认定释放被告人是出于缺乏构成盗窃罪的心理要件——主观故意的理由。由此可见,由于法律未规定,两审法院都未承认紧急避险的成立条件。之后的判例逐渐接受紧急避险,最终 1992 年《新刑法典》认可了判例的做法,对紧急避险作出规定。

是必不可少的为限。①

2. 必要和适度的避险

（1）避险的必要性

避险行为应当是保护受到威胁的人身或财产的必要行为。换言之，实施犯罪行为是制止危险的最好方式，甚至是唯一的方式。例如，患重病且疼痛难忍的病人持有大麻根茎叶的行为，构成紧急避险，但条件是大麻根茎叶是冲泡汤药的必要原料并是可以止痛的唯一办法，而其他药品会对病人的肾脏造成损害。在勒扎日案中（见后文），最高法院也提出，实质审理法官没有调查撞车的肇事者能否采取其他的对第三人危害较小的救助手段②。

（2）避险的适度性

紧急避险的成立，还应当符合避险行为与威胁严重性相称的要求。被牺牲的法益相对于被保护的法益应当具有较小价值，甚至价值相等。避险的后果不应当比危险造成的后果更为严重。因此，驾驶员为了避免压死路人而压过白线的情形就符合这一要求。相反，不得为了保护职业利益而实施犯罪（为了方便卸货而违法停车，为了避免断货而生产假冒产品），工厂主不得为了不解雇工人而违反社会保障规定（雇佣黑工）。

3. 危险非由先前错误所致

法国司法判例还提出额外的要求，即危险不得由避险人的先前错误所导致。《新刑法典》第122-7条没有对此作出规定，但是法国司法判例似乎坚持这个要求，即被告人在可预见的危险突发时已经自愿地置身于能够实施犯罪的状态中，不得声称采取了紧急避险。

1958年6月28日最高法院审理的勒扎日（Lesage）案中，驾车人勒扎日驾驶汽车与另一辆汽车发生碰撞造成后者驾驶员夫妇和勒扎日车上一乘客共3人严重受伤，他在自我辩护中援引紧急避险，称当时他左手握方向盘，而右手正在试图抓住因右侧车门突然打开而跌落车外的妻子和孩子，并为了不压着他们而向左打方向盘，从而与另外一辆同为80公里/小时行进的汽车相撞。法国雷恩上诉法院采纳了其辩护，认为被告人是为了避免造成更严重事故，并对其宣告无罪释放。该判决被法国最高法院撤销，理由是上诉法院没有调查勒扎日在安排其妻子和孩子就座时是否犯有

---

① 1997年4月11日普瓦蒂埃（Poitiers）法院判决，D., 1997, 512.
② J. Pradel et A. Varinard, Les grands arrêts du droit pénal général, Paris: Dalloz, 2012, 8ème éd., No.24, p.329.

过错,诸如没有采取预防车门自动打开或被错误打开的措施①。由此得出,主张紧急避险的人不得自己制造了危险的境况,其先前态度不得是保护价值或牺牲价值的选择原因。

刑法理论界对此存在分歧。一些学者认为,既然刑法典没有明确规定危险不得由避险人先前错误所致,所以在认定时应放弃这一条件。而另一些学者考虑到上述判例则给予支持。

尽管刑法中没有明确规定,理论界存在意见分歧,但是法国司法判例自此在认定紧急避险时一直坚持沿用这一条件。

四、被害人同意之问题

将被害人同意纳入行为正当化事由的问题,存在争论。被害人同意并不消除犯罪,因为惩治犯罪是社会分内之事。惩罚犯罪的权利不属于被害人,因此被害人无权放弃惩罚的权利。另外,当"未经被害人同意"是犯罪构成要件时,被侵害的权利是被害人可以处置的权利,如财产权(盗窃、侵犯住宅)或人身权(强奸),如果被害人同意,则不成立犯罪。而行为正当化事由的目的,是确保行为人在犯罪成立的情况下不受处罚。当"未经被害人同意"是犯罪构成要件时,被害人同意使得犯罪不成立,则不属于正当化事由所讨论的范畴。如果没有惩罚,是因为犯罪没有成立。因此,争论主要集中在犯罪构成要件方面。②

(一)被害人同意阻止犯罪成立的情形

被害人同意阻止犯罪成立的情形有两种:一种是建立在法律允许的基础上,即法律对定罪作出例外规定,另一种是"未经被害人同意"是犯罪构成要件之一。

在有些领域,被害人同意起到免责作用,这不是根据某个一般原则,而是根据法律的许可。这是指攻击性体育运动或医疗手术行为。这还包括泄露职业秘密行为,《新刑法典》第226-14条第2项允许医生,在被害人(成年人)同意情况下,向共和国检察官告发其在职业中发现的推断为被害人遭受的暴力行为。因此,被害人同意成为法定许可的有效条件。为了便于接受,同意有时需要以特殊方式作出,例如,在生物医学研究领域(原则上,以书面作出同意)或在活人身上提取组织的领域(通常在大审法院院长或其任命的法官前作出同意)。

---

① 1958年6月28日最高法院刑庭的判决,*D.*, 1958.693.
② 参见 J. Leroy, *Droit pénal général*, Paris: L.G.D.J., 2012, 4ème éd., pp.176~177.

当犯罪涉及被害人自由处置的财产或权利时,缺乏被害人的同意有时是犯罪的构成要件。因此,违背被害人的意愿,使用诡计或暴力侵占其财产或侵害其权利的行为,构成犯罪。在此情况下,如果被害人同意实施该行为,则不构成犯罪。那么,如果同意某人进入住宅就不构成侵犯住宅罪;如果自愿给予就不构成盗窃;如果同意发生性行为就不构成强奸。

但是,只有在满足一定条件时,同意才发生作用。作出同意应在行为之前或与行为同时。事后的同意只是一种谅解,犯罪已经成立。尤其是,应当自由、明确地作出同意。当然,受骗的人自愿地交付一笔钱、财产或同意提供服务给诈骗人,这是因为受到欺诈。在这种情况下,他的行为不是自由的,而是受到诈骗人的蒙蔽。

同样可以指出,立法机关有时专门不认可特别弱势的人作出的任何同意后果,因此,《新刑法典》第 227-25 条将成年人对 15 岁未成年人实施无暴力、无强制、无威胁、无突袭的性侵犯规定为犯罪。未成年人的同意,被不容置疑地推定为不自由和不明确,因此,其同意与否对打击犯罪不产生任何影响。

(二) 被害人同意不构成行为正当化事由

通常,刑法的目的是保护社会秩序和集体利益,犯罪被害人同意实施犯罪并不能排除对行为人的刑事制裁和公诉活动。因此,被害人的同意不是证明犯罪行为人实施了正当行为的事由。

对于那些即使被害人同意也构成犯罪的情形,被害人的同意不引起任何后果。例如,即使在病人同意的情况下,外科医生以治疗为由实施了不正当的外科手术,或者没有文凭的人实施了同样的手术,将构成故意伤害罪。

被害人同意也不能免除谋杀罪行为人的刑事责任。"决斗"的获胜者在被害人死亡的情况下犯有谋杀罪,在被害人受伤的情况下犯有谋杀罪未遂。

这里同样提出安乐死的合法性问题,安乐死是指基于当事人的请求或在当事人不能表达意思的情况下基于其亲属的请求,医生对患有不治之症的当事人实施故意结束其生命的行为,目的是通过积极行动,如注射致死物质("积极安乐死")或者通过停止治疗("消极安乐死"),结束当事人的痛苦。

自 2005 年 4 月 22 日第 2005-370 号关于病人权利和生命结束的法律以来,法国《公共卫生法典》规定,患有严重或不治之症的病人,在生命即将结束或正在结束阶段,可以请求限制或停止治疗。因此,法国法律在一定条件下承认"消极安乐死"。

相反,应被害人请求实施谋杀是受刑罚处罚的行为。在没有对"积极安乐死"作出特别规范的情况下,所采取的一般原则是,即使被害人自由、明确地作出同意,也不能排除行为的犯罪特征,也不能排除医生的刑事责任。

有些国家,尤其是荷兰,将安乐死合法化,并规定了苛刻的条件,例如,病人需反复多次提出申请,对病人无法医治的绝症要出具多个诊断意见。

第五篇 刑 罚

刑事处罚或刑罚的概念是刑法的核心内容。古典学派和现代学派对刑法作出的所有定义都汇聚于刑法之目标的核心点。他们的分歧表现在赋予刑罚不同的目的。古典学派理论坚持刑罚的惩罚功能，如今受新社会防卫论的影响，人们不再只强调刑罚的惩罚功能，而是还强调对犯罪人的教育功能。刑法不再是惩罚的工具，而是矫正、处置实施了反社会行为的人的工具。法国1998年6月17日的法律设立了性侵害重罪或轻罪犯人获释后接受强制治疗的刑罚，以及公益劳动的刑罚，就体现了这种理念。法国现代学派的学者还倾向对刑法作出另外的定义，即"一国内规范国家实施惩罚的所有法律"①。麦尔勒和维图认为，刑法是"组织国家对犯罪和犯罪人作出反应的所有法律规范"②。其中"反应"一词就包括预防和教育措施。

为此，1992年《刑法典》，重新强调刑罚的理念。实际上，《新刑法典》没有采纳最早草案中使用的"刑事处罚"（sanction pénale）一词，后者在当时被认为更符合新社会防卫论的主张。《新刑法典》使用"刑罚"（peine）就是要保留其惩罚功能。正如1986年刑法改革草案的立法说明所述，"为了这个目的，法律制定惩罚侵害社会秩序的人的刑罚。任何刑事法律都是社会防卫法"③。

但是，刑法典还具有表达功能，即通过制定处罚，刑法表达了社会价值体系。犯罪则引起刑罚。因此存在定罪法和处罚法。上述刑法改革草案中又指出，"刑法的性质是刑罚法。因此，本草案保留'刑罚'一词，而不采用更中性的'处罚'一词"④。

即使刑法典强调刑罚，但这并不意味着在规定的"刑罚"中，不存在通常所称的"保安处分"（mesures de sûreté，或译为"保安措施"）。之所以使用"刑罚"一词，是因为所有刑事处罚，甚至各种禁止（暂扣驾照、从业禁止）对于犯人来说都是刑罚而且更具适应性⑤。因此，《新刑法典》取消了从刑⑥。未经法院专门判决并在判决书中明确记载，不得实施任何禁止性处罚。在法治国家中，被裁判的人应被告知对其宣告的刑罚。

---

① R. Garraud, *Précis de droit criminel*, Paris: Librairie de la Société du Recueil Sirey, 1921, pp.1.
② R.Merle et A.Vitu, *Traité de droit criminel*, t. I, *Problèmes généraux de la science criminelle*, Paris: Cujas, 1997, 7ème éd., No142; J. Leroy, *Droit pénal général*, Paris: L.G.D.J., 2012, 4ème éd., p.355.
③ R. Badinter (présentation par), *Projet de nouveau Code pénal*, Paris: Dalloz, 1988, p.10.
④ 同上，p.17.
⑤ V.-R.Vouin, *Droit criminel*, Paris: L.G.D.J., 1949, No.95.关于"保安处分"，该作者认为，"保安处分的概念尚未完全被法国法纳。但是法国刑法中又并非不存在保安处分。它在某些刑罚的解释中及其法律制度特色中有所体现。如果保安处分趋向于代替一部分刑罚，这是因为保安处分同刑罚相比更能适应刑罚的某些功能"。
⑥ 1992年《新刑法典》取消了从刑的规定，但并没有取消刑法典之外关于有罪判决自动引起无资格从业的规定，因此，特殊的从刑规定仍然存在（参见本篇第二章第一节中"从刑"）。

第十五章 《新刑法典》中的刑罚概念

第一节 刑罚的目的和特征

一、刑罚的目的

刑罚的目的自然而然地与社会反应理论相联系。

犯罪行为中心理论。根据该理论,针对犯罪引起的社会动乱和私人损害,刑罚应予补偿并预防再犯。这是功利主义方法,强调通过具有威慑效果的示范刑罚,保卫社会。

犯罪行为人中心理论。根据该理论,处罚应当与所犯过错的严重性相适应。罪犯通过受到与其主观责任成比例的刑罚之痛苦进行赎罪,因此,刑罚具有道义特征并特别注重犯罪人的重新适应性。

刑罚主要有三个目的:恐吓、报应和再适应社会。历史上,刑罚的三个目的按照时间顺序相继提出。关于"再适应社会"的目的,正如法国法学家萨莱耶(R. Saleilles)所述,"刑罚的目的不应当使犯罪人名誉扫尽,而是使其获得恢复。败坏犯罪人名誉的是犯罪行为本身所揭示的腐化堕落,这使罪犯成为另类。有罪判决正式地从司法上揭示了犯人心理的有罪性及态度,如同其在社会集团中的地位,从而使犯罪人名声扫地……这是一种社会开除……但之后的刑罚,为什么、针对什么使其丧失名誉?其名声已经败坏;现在正相反要使其重新获得名誉……刑罚除了筹备这种再社会化和将一名不被接受的人转化为可接受的人之外没有其他的目的。"①。

受上述观点的影响,如今,人们认为再适应社会是刑罚的首要目的。《新刑法典》第 132-59 条规定,"如表明罪犯已获重返社会,造成的损失已予赔偿,由犯罪造成的危害已告停止,可予免除刑罚"。重返社会不仅取决于宣告刑罚的类型,而且取决于判处剥夺自由刑时刑罚的执行方式。法国

---

① R. Saleilles, *L'individualisation de la peine*, Paris: F.Alcan, 1927, 3ème éd., Réédition de la 3ème édition en *L'individualisation de la peine: de Salleilles à aujourd'hui*, Toulouse: Erès, 2001, p.166.

2004年3月9日的法律也坚持这一目的,《刑事诉讼法典》新增第707条第2款就如此规定,"刑罚的执行,在尊重社会利益与被害人权利的同时,应当有利于犯人回归或再回归社会,有利于预防犯罪的再次发生"。基于该条内容,《新刑法典》第132-24条也作出修改,即"依据本节规定之方式,刑罚可以个人化"。2009年11月24日的法律更加强调剥夺自由刑的发展方向,即有利于被羁押人回归或再回归社会,使其过上负责任的生活并预防新的犯罪发生。刑罚的调整成为一条原则,例如,在发出押票或逮捕证的情形下,即使有罪判决尚未发生执行力,也可以对剥夺自由刑作出立即调整。

但是,这一趋势应当缓和发展,因为人类以社会的形式生活,那么维持社会秩序,应当是优先考虑的利益。刑罚的威慑功能,即使存在局限性也不能被遗忘。众所周知,恐吓效果与惩罚确定性之间的关系,要比与惩罚严厉性之间的关系更为紧密。人们可能认为,惩罚尤其对老实人发生作用,等等。然而,如今不得不承认,由于法官的自由裁量权,刑罚的威慑效果状况不佳。[①]

为了有效地打击累犯,提高刑罚的功效,保护社会安全,法国2014年8月15日关于刑罚个别化和加强刑事处罚效率的法律又作出改革,在《新刑法典》中新增加第130-1条,专门对刑法的目的与功能做出定义。根据该条规定,"为了保护社会,预防新的犯罪,重建社会平衡,在尊重被害人利益的前提下,刑罚的功能是:①处罚犯罪人;②促进犯罪人的矫正、融入社会或回归社会。"该规定以立法的形式强调了刑罚的恐吓、报应和回归社会的目的,突出了刑罚预防犯罪、教治犯罪人、保护社会的功能。

二、刑罚的特征

(一) 身受性

刑罚的身受性与报应相关。刑罚被认为是一种痛苦、一种剥夺。为了达到恐吓目的,就应当加强刑罚的身受性。为了追求"再适应社会"目的,就要采取刑罚个别化措施。为此,法国《新刑法典》第132-24条赋予法官选择刑罚的广泛权力。处罚应当适度,它可以涉及自由、财产和权利,这一切都取决于犯罪和犯罪人。

(二) 侮辱性

刑罚是公众对犯罪人的谴责。法国刑法学家萨莱耶使用了"败坏名

[①] J. Leroy, *Droit pénal général*, Paris: L.G.D.J., 2012, 4ème éd., pp.358~359.

声"一词。刑罚具有"身受性和侮辱性"。也存在只具侮辱性的刑罚,如驱逐、民事降级,但是这些刑罚已被1992年的刑法改革废除。刑罚的侮辱性强调对侵害法益的人的谴责。如今,如果强调刑罚的"再适应社会"目的,就存在被判刑人已领受刑罚而应当使刑罚的侮辱性消失的问题。因此,法官享有宣告不具侮辱性刑罚的权限,如,监禁刑的替代措施、刑罚的免除、延期宣告、无能力的解除、复权,等等。

(三)确定性

为了达到恐吓和报应目的,刑罚应当具有确定性特征。自判决之日起,被判刑人应当知道其罚金刑的数额和剥夺自由刑的期限。刑罚的确定性,是防止执行刑罚的行政机关作出擅断行为的手段。但是,为了追求刑罚"再适应社会"目的,刑罚在执行过程中可以被调整,因此,实际执行的刑罚与宣告的刑罚、法定的刑罚是不同的。法国刑法典中规定了特赦、减刑、假释、分割执行等调整刑罚执行的措施;当然,也存在限制法官自由裁量权的措施,例如,不可享受刑罚调整措施的囚禁期、最低刑等。

(四)终结性

上诉期届满后,判决成为最终判决,刑罚也就无法再改变了。但是,如果存在取消犯罪罪名的新法,则停止执行刑罚;另外,也可以向欧洲人权法院申请审查本国判决。

三、刑罚与保安处分理念的趋同

从某种程度上讲,即使刑罚具有报应性特征,它也具有改造犯人并使其回归社会的目的,这就与保安措施具有相同的目的。其实,在拿破仑刑法典中就已体现出犯罪人"回归社会"的理念,因为,轻罪刑的意思就是"矫正刑"(peines correctionnelles)。随着新社会防卫论的发展[①],"犯罪人待遇"的理念逐渐超出了处罚的理念。这两种理念在1945年2月2日关于未成年人犯罪的法令和1959年《刑事诉讼法典》中都有所体现。犯罪人"再适应社会""回归社会""再社会化"的词语出现在多个条款中。但是这两种制度也存在各自的局限性,例如,对于轻罪犯罪人适用刑罚不免令人失望,而对于人身危险性强的惯犯,保安处分的有效性也难免令人怀疑。

虽然法国刑法理论上仍然保留着刑罚与保安措施的"二元制",认为

[①] 参见 M. Ancel, "La peine dans le droit classique et selon les doctrines de la défense sociale", *RSC*, 1973, pp.190~195.

二者性质不同,不可归一,但是在立法上,二者的理念却在融合,采取"一元主义",只使用刑罚一词。新社会防卫学派曾建议用"社会防卫措施"代替"处罚"的概念。虽然法国立法机关认为该建议抹掉了刑事处罚的特征,但是却在 1975 年 7 月 14 日的法律中,允许法官将某些附加刑或从刑作为主刑予以宣告,即将附加刑的地位提升到主刑的高度。1976 年的刑法改革草案建议用"处罚"(sanctions)概括针对犯罪作出的所有社会反应形式,但是 1992 年《刑法典》最终选择了"刑罚"的概念,理由是从犯罪人角度看,所有的处罚都是刑罚。在这些刑罚中,有些是属于保安措施的附加刑。《新刑法典》中规定了附加刑可以代替监禁刑作为主刑宣告,因此,一些保安措施可以成为代替主刑监禁刑的替代刑,从而与主刑刑罚享有同等地位。另外,2008 年 2 月 25 日的法律设立了保安收容和保安监督措施,允许对刑罚执行后期仍具人身危险性的重罪犯,在刑罚执行完毕后继续接受以治疗和矫正为目的的收容和监督。因此,一些保安措施越来越具有了刑罚特征。刑罚和保安措施的理念也愈来愈趋同。

第二节 指导原则

刑罚理论上,刑罚的确定和刑罚制度,受到两个原则的指引:一是罪刑法定原则;二是主体性原则。

一、罪刑法定原则

自法国大革命以来,法官根据案件情节不再"任意"作出刑罚。罪刑法定原则不仅适用于定罪,也适用于刑罚。立法机关在宪法、《欧洲人权公约》和《联合国公民权利与政治权利国际公约》等更高规范设立的框架内享有制定刑罚的最高权力。

(一) 立法权的范围

立法机关只能制定普遍、一般和抽象的刑罚。这意味着法律不能针对具体的个人设立刑罚。对此,萨莱耶写道,"不存在法律的个别化原则。因此,法律只能规定种类,它不认识个人。"[1]立法机关还可以按类别作出划分(例如,未成年人或某个职业的成员)。刑罚具体的个别化由法官来实现。

---

[1] R. Saleilles, *L'individualisation de la peine*, Paris: F.Alcan, 1927, 3ème éd., Réédition de la 3ème édition en *L'individualisation de la peine: de Salleilles à aujourd'hui*, Toulouse: Erès, 2001, p.141.

立法机关应当制定确切和必要的刑罚。为了遏制旧制度时期刑罚过度的现象,革命者曾经设立了固定刑制度,禁止任何个别化刑罚。该制度引起了不合理的后果,为此,1810年《刑法典》中设立了一个中间制度,即刑罚的最高刑和最低刑制度。规定最高刑,是罪刑法定原则的直接后果。诉讼当事人应当知道其行为所冒的风险为何。规定最低刑,是出于确保社会防卫和预防法官松懈的需要。

最高刑和最低刑制度也受到一些学者的批评,他们认为,法官是最知道适用最正确刑罚的人。另外,1832年的法律设立了减轻情节,允许法官在法定最低刑以下量刑,这具有以变相方式回到旧法的"任意刑"作法之嫌疑。

因此,1992年《刑法典》取消了刑罚的最低刑,即法律只规定最高刑。但是,在重罪领域仍存在"最低刑":当法定刑为无期徒刑时,法官不得宣告低于两年的监禁;当法定刑为有期徒刑时,不得宣告低于一年的监禁。同样,在法定累犯的情况下,2007年8月10日的法律规定了剥夺自由刑的最低刑。这些刑罚不具有绝对性特征。因此,法国宪法委员会在2007年8月9日的决定中认为这些"最低刑"既不违反刑罚必要性原则也不违反刑罚个别化原则。

(二)立法权的框架

立法机关在行使立法权时,应当遵守某些具有更高效力的原则。

1. 法定刑不溯既往原则

1789年《人权宣言》第8条规定,"法律只设立纯粹和明显必要的刑罚,而且只有根据犯罪前已制定、公布且依法实施的法律,方可科处刑罚。"法国宪法委员会在其1982年12月20日的决定中曾指出,"刑罚的不溯既往原则不仅涉及刑事法院判处的刑罚,而且还扩展到所有具有惩罚特征的处罚,即使立法机关认为应当由非司法机关宣布该处罚。"《欧洲人权公约》第7条和《联合国公民权利与政治权利国际公约》第15条也规定了刑罚不溯既往原则。

2. 法定刑罚前人人平等原则

公民在法定刑罚前人人平等原则也出自大革命时期。刑罚不分条件地适用于所有人。但是该原则可以受到某些限制。

(1)由于存在涉及职责的特殊义务,有些人将会招致更为严厉的刑罚。例如,伪造文书罪(《新刑法典》第441-5条),如果行使公共权威或负责公共事务的人伪造文书,将受到较之一般人更为严重的处罚。由于存在血统关系形成的身份,有些犯罪人会招致更为严厉的刑罚。例如,杀害尊亲的法定刑是无期徒刑,而一般谋杀罪是 30 年有期徒刑。

(2)相反,另一些人将受到减轻的刑罚。例如,1993 年 1 月 27 日的法律取消了由怀孕妇女本人实施堕胎行为的罪名。同样,1810 年《刑法典》第 300 条和 302 条规定了弑子罪,处以 10 至 20 年有期徒刑,轻于一般谋杀罪的刑罚。但是,1992 年《刑法典》取消了弑子罪,以至于杀死新生儿的行为因被害人的年龄构成杀人罪的加重情节(第 221-4 条)。

3. 刑罚的比例原则

确定刑罚时,应当在维护普遍利益的要求与保障个人权利的要求之间保持适当的平衡①。2002 年 9 月 9 日的法律设立了未成年人犯罪的教育处罚,给法国宪法委员会提出了问题。1945 年 2 月 2 日的法令体现了"以教育为主以处罚为辅"的原则。而教育处罚的新理念则注重这两个目标之间的融汇。刑罚的比例原则要求既不要牺牲未成年人的个人利益,也不要牺牲刑罚的一般利益。宪法委员会认为,该法令第 11 条规定的处罚体现出对未成年人的强制,同时也考虑到当事人家庭和学校的义务;总之,法令原先的规定并没有排除在必要时采取收容、监督或收留等措施。因此宪法委员会认为,提交审查的规定在各利益之间找到了合适的平衡点。

4. 一事不再理原则

《欧洲人权公约》第 7 议定书第 4 条明确规定,"因犯罪而根据法律和刑事诉讼程序已受到最终无罪或有罪判决的人,不得再次受到该国法院的追诉或刑事惩罚。"问题是对于同一行为既存在刑事处罚也存在行政处罚该如何处理?是否可以并科?在竞争法、证券法、税法领域中经常规定这样的处罚,那么在作出刑事罚金处罚同时,是否可以再作出行政处罚?这取决于这些行政处罚的性质。例如,税务处罚具有刑事色彩,那么允许将刑事处罚、行政处罚两者累加的做法,将违反一事不再理原则。在司法判例上,解决措施远未达成一致:法国宪法法院(宪法委员会)、行政法院和最高法院刑庭认为,鉴于刑罚的比例原则限制了在最严厉处罚的定额范围内进行累加,一事不再理原则只适用于根据法国法由刑事法院管辖的案件,且不禁止在刑事法官作出处罚的同时再宣告税务处罚,因此法国允许刑事处罚和税务处罚并科。而欧洲人权法院则坚决反对同属于刑事方面的两个处罚的并科。

---

① 参见 M.-C. Sordino, "De la proportionalité en droit pénal", in *Mélanges en l'honneur du professeur J.-H. Robert*, Paris: LexisNexis, 2012, p.711.

5. 尊重人类尊严原则

刑法执行中的尊重人类尊严原则要求禁止任何酷刑。在法国,死刑由 1981 年 10 月 9 日的法律废除。《欧洲人权公约》第 4 条规定,"不得对任何人施以酷刑或者使其受到非人道的或者侮辱性的待遇或惩罚。"因此,欧洲人权法院曾对英国允许有些学校使用身体刑(鞭刑)作出判决。同时,还禁止为了侮辱犯人而采取侮辱的关押方式。如果证实犯人因生病或身体状况不适合再羁押,刑罚中止符合尊重人类尊严的原则。

二、主体性原则

主体性原则意味着在制定刑罚时应当涉及个人,宣告刑罚的法官应当以个别化的方式适用刑罚。

(一)刑罚的个人属性

刑罚的个人属性(personnalité des peines),是指任何人不得因本人没有实施的行为而受处罚。换言之,任何人不得因他人实施的行为而受处罚。但是,该规则也存在例外,即对他人的行为负刑事责任的情形。

如果立法机关追求效率,它将大范围地处罚犯罪。如果将刑罚的恐吓功能放在首位,集体刑则是最佳措施。原来的"反入户盗窃法"曾允许打击造成损害的团体行为,《旧刑法典》第 314 条曾规定,暴力行动的教唆者,即使没有参与行动也要受到追诉。

自法国大革命以来,法国法律遵循刑罚只及于犯罪人个人(如正犯或共犯)的原则。因此,《新刑法典》第 121-1 条规定,"任何人只对其自己的行为负刑事责任"。这就提出了刑罚间接打击犯罪的决策人和法人的问题。

决策人并不能逃避刑罚处罚。法国最高法院曾就污染轻罪判处工厂的决策人支付罚金,而污染是由于其无法预见的且不在场时发生的事故造成。

法律还规定了涉及劳动法的情形,如企业领导人要对企业经理、管理人、员工违反劳动法的犯罪罚金承担民事责任,或者因未执行劳动安全规定而承担刑事责任。但是在后者情况下,企业领导人被推定犯有个人错误,因此不能说是违反了刑罚个人原则。

对于法人的刑事责任,宪法委员会曾认为,法人被科处罚金刑不违反任何具有宪法价值的原则。1992 年《刑法典》承认了法人的刑事责任。在立法讨论中,否定者认为法人刑事责任违反了刑罚的主体性原则。最后采纳的意见是通过间接方法认定法人的刑事责任。

即使采用刑罚的个人属性原则,1992年12月16日的法律却专门在《刑事诉讼法典》中加入第375-2条,对连带责任作出规定,"重罪法庭可以以特别说明理由的决定,在重罪被告人的共同正犯和共犯无支付能力的情况下,命令由该被告人连带承担罚金和费用。"

(二) 刑罚的个别化

1. 刑法中刑罚个别化[①]的体现

刑罚的主体性原则还要求根据犯罪行为人的人格调整处罚。《新刑法典》第一卷第三编第二章第二节题为"刑罚个人化(personnalisation)方式",对刑罚制度作出规定。第132-24条[②]规定了刑罚的个人化原则。在轻罪方面,除累犯情形外,固定监禁刑(emprisonnement ferme,无缓刑的监禁)只有在"犯罪严重性和行为人人格使得该刑罚成为必要并且其他任何处罚显然不合适时方可适用。"即使宣告无缓刑的监禁刑,该刑罚也"应当在犯人人格和处境允许的情况下",受到第132-25条至第132-28条规定的措施的调整。为了实现这个目标,在刑事侦查阶段,预审法官设立被调查人人格案卷,作为犯罪案卷的附卷。在刑罚执行阶段,为了促进犯人融入或回归社会,在经历2004年3月9日、2009年11月24日和2014年8月15日的法律修改后,《刑事诉讼法典》第707条规定,自由刑的执行目的是为被判刑人融入和回归社会做准备,以使其成为负责任的人和遵守社会规则、尊重社会利益的人,避免再犯新罪。自由刑的执行制度将根据被判刑人的人格、客观情况、家庭社会状况及其发展状况,在进行评估后作出调整。调整措施应能够逐步促进犯人重返自由,并避免无任何司法跟踪的释放。具体而言,犯人在刑罚执行最后阶段应当享受假释、监外收容或电子监督收容等措施。

[①] 根据法国法律词典,刑罚个别化(l'individualisation des peines),是指根据犯人的人格和特殊情况采取相应的刑罚处罚措施;刑罚个人化(personnalisation des peines),是指刑事法院根据法律精神并在其规定的限度内,同时考虑到犯罪情节和行为人的人格,宣告刑罚和确定刑罚制度的刑罚裁量方式;刑罚的个人属性(la personnalité des peines),是指刑罚只能对犯罪的行为人科处,而不能对其之外的其他人科处的原则。由此可见,刑罚个别化和刑罚个人化是近义词,两者可以通用,实践中,学者较多使用"刑罚个别化"一词,而在法律文件中常常使用"刑罚个人化"一词。

[②] 第132-24条经过2005年12月1日和2009年11月24日的法律修改,规定"在法律规定的限度内,法院宣告刑罚并根据犯罪情节和犯罪人的人格确定刑罚制度。在确定宣告刑的性质、数量和制度时,应当考虑将有效的社会防卫、犯人的处境和被害人的利益,与促进犯人融入和回归社会以及预防新犯罪的必要性相协调。"2014年8月15日的法律又作出修改,仅规定"依据本节规定之方式,刑罚可以个人化。"

从《新刑法典》角度看，法国刑事法官可以采取以下刑罚个别化措施。

（1）刑事法院从定罪条文的刑罚规定中选定主刑。但是涉及轻罪或违警罪时，可以用替代刑代替定罪条文规定的主刑。在监禁刑和（犯罪人接受的）公益劳动之间作出选择，是法官刑罚个别化权限的重要体现之一。

（2）刑事法院确定刑罚的份额。这是法官刑罚自由裁量权的主要体现，这种裁量将影响刑罚的执行方式。法官在确定刑罚的份额上享有广泛的权限。《新刑法典》不再像1810年《刑法典》规定了法定最高刑和最低刑，而只规定了不得超越的法定最高刑（但对重罪规定了最低刑）。取消最低刑，也是出于授予法官刑罚个别化权限的考虑。但是，有的法国学者认为这种做法使得刑事法院失去了旧时的基本参照标准，容易产生刑罚不平等的风险[1]。

（3）刑事法院决定是否对主刑并科附加刑。附加刑有两类：一类是普遍适用的一般附加刑，如剥夺民事权、公民权或家庭权；另一类是直接涉及犯罪活动实施方式的特殊附加刑，如职业禁止、关闭机构、没收等，特殊附加刑的内容更像是行政处罚和某些保安处分。附加刑的功能是预防累犯，并只针对犯人的行为发生作用。因此，这是同时兼顾刑罚个别化原则和平等原则的有效量刑技术。

（4）刑事法官还有权选择某些刑罚的执行方式。刑罚的执行方式可以完全改变宣告刑的原样，后者有可能被加重，也有可能被减轻。刑事法院在确定刑罚执行方式上享有部分权力，在符合相关刑罚类型和份额的法定条件下，可以宣告诸如各种缓刑、囚禁期等刑罚执行措施。

在刑罚执行阶段，刑罚执行法官可以根据犯人的人格和为回归社会所作的努力调整刑罚，包括允许出监措施、提前释放措施和预防累犯的保安措施等。

因此，对犯罪行为人而言，刑罚的适用存在三个阶段，即法定刑、宣告刑和执行刑，这往往使得法律规定的刑罚不同于犯罪人实际承受的刑罚。

2. 刑罚个别化原则和刑罚平等原则的协调

刑罚个别化原则也存在同刑罚平等原则相协调的问题。一些英美国家出于加强刑罚打击力度和刑事司法中平等原则的考虑，发起了刑罚标准化运动，即制定法官在确定刑罚时根据案件客观情况选择刑罚的指导原则。法国的法律制度对此似乎持抵制态度，因为法国刑事立法自19世纪

---

[1] F. Durieux, *Le double degré de juridiction appliqué à la peine*, thèse Saint-Etienne, 1991, p. 412 et suiv..

初直至今日一直都在促进刑罚个别化原则的发展。但是，有的法国学者认为，法国的法律制度中也存在刑罚标准化倾向。例如，从立法角度看，1992年《刑法典》对于极其严重的重罪设立了不得享受任何提前释放的"不可压缩的刑罚"；《刑法典》取消了自动从有罪判决中得出的从刑；《刑法典》为法官提供了刑事政策导向，要求法官对适用轻罪监禁刑作出报告，即须要对宣告的监禁刑判决说明理由。从司法角度看，刑罚标准产生于司法习惯，例如，刑罚标准是控方、辩方和被害人对刑罚达成的共识，从某种程度上讲在刑罚宣告之前就可以预料到法官关于刑罚的决定；犯罪的严重性、给社会秩序造成的混乱、犯罪人的前科、缺乏参与诉讼的保证等，都是量刑时需要考虑的情节。而且，通过对法国各地司法判例的统计与分析，刑罚标准也在各地区之间存在差异。①

具体而言，在倡导刑罚个别化原则的同时，有的法国学者也通过实证研究从立法和司法实践中发展出针对犯罪和犯罪人的刑罚标准或刑罚趋势。②

(1) 惩处犯罪的刑罚标准

在法律规定的范围内，法官享有很大的自由裁量权。但是法官在量刑时倾向于将某些刑罚专门适用于某些犯罪。

① 依据犯罪性质适用的刑罚标准

犯罪性质在确定刑罚时起到决定性作用。实践中，法国刑事法院倾向对某些犯罪专门适用某类刑罚。比如，有些犯罪被系统地科处（无缓刑的）固定监禁刑；有些犯罪被系统地处以开放式刑罚；有些犯罪则经常被处以罚金刑。

处以固定监禁刑的犯罪，通常涉及侵害财产的重罪和具有加重情节的轻罪，以及侵害身体健康的轻罪，比如涉及毒品的犯罪。

处以开放式刑罚（附公益劳动的缓刑）的犯罪，主要涉及醉酒状态驾车的轻罪，以及侵害人身或财产的轻罪。

处以罚金刑的犯罪，往往涉及违警罪、道路交通轻罪以及经济犯罪和支票方面的犯罪。

② 地区法律文化反映出的刑罚标准

根据不同的司法区域，刑事判决类型也有所差异。判决的地点不如犯

---

① R. Saleilles, *L'individualisation de la peine*, Paris: F.Alcan, 1927, 3ème éd., Réédition de la 3ème édition en *L'individualisation de la peine: de Saleilles à aujourd'hui*, Toulouse: Erès, 2001, pp.227~228.

② 同上，pp.229~232.

罪性质那样在量罚时起到决定作用,但是在法国这样一个领土面积相当于中国四川省面积大小的国家,不同的司法区域也存在不同的刑罚标准。对于相同犯罪和具有可比性的犯罪前科,不同地区有可能作出不同的判决。有些地区可能倾向适用固定的监禁刑(即无缓刑的监禁),有些地区更倾向开放式的刑罚。法国两个地区在这方面表现最为突出。法国的北部和西部地区(经济发展上不如东、南部)宣告的罚金刑最少,而且北部地区更加系统地适用开放式刑罚,西部地区更加偏向适用监禁刑。而在其他地区,诸如法兰西岛地区、东部和南部地区,则更多适用罚金刑。这种刑罚标准的差异受到地区法律文化和经济发展的影响。

（2）依据犯罪人类别的刑罚标准

犯罪人的类别在确定刑罚时不如犯罪性质那样起到决定作用,但是一些典型的刑罚的确与犯罪人的社会特征相联系。这里主要区分初犯和累犯。

① 少年犯的处罚

依据相同犯罪和具有可比性的前科,法国刑事法院坚持参照罪犯年龄因素的量刑作法。

在选择监禁刑或开放性措施时,年龄起到决定因素作用。如果行为人是青少年,则大多处以开放性措施;如果行为人年龄超过 25 岁,则处以监禁刑。对于 13 岁至 18 岁的未成年人,他们更多地受到法律规定的教育措施的矫正,而不是刑罚处罚。司法实践显示,开放性的措施,除了适用于未成年人,还较多地适用于 25 岁以下的青年成年人。

在选择开放性措施或罚金刑时,行为人的年龄对宣告财产性刑罚不产生影响,但是,对青年犯罪人宣告的罚金明显少于对年龄更大的犯罪人宣告的罚金。对于青年犯罪人,开放性措施经常作为罚金刑的替代刑。

② 累犯的处罚

确定刑罚时还须考虑到犯罪人的前科。对于累犯,大多处以固定的监禁刑,或者也经常处以开放性措施,即附公益劳动缓刑的监禁刑,但较少处以剥夺权利刑或罚金刑。但是,除了对初犯适用的附缓刑的罚金刑之外,罚金刑和剥夺权利刑都可以适用于累犯。

法国刑法之所以对刑罚标准化运动采取排斥态度,很大程度上认为该制度不能解决累犯的风险问题,尤其是针对青年犯罪人的累犯风险,刑罚标准化只实现了刑罚的统一,却忽视了法官在实现刑罚个别化中的裁量作用。从法国刑法倡导的刑罚个别化原则中可以看到,法国犯罪构成论体系以"犯罪"和"犯罪人"为基点的"二元论"特征,也在其刑罚理论和制度中有所体现。刑罚在惩治犯罪行为的同时,注重对犯罪人的改造和帮助其回归社会,并且针对犯罪人的人身危险性采取相应的社会防卫措施。这种对"人"的重视不仅体现在对犯罪人的重视,还体现在对评判犯罪人的法官的重视和信任,认为只有法官是最知道对犯罪人适用最合适的刑罚的人。但是,刑罚个别化原则也存在平等性、合法性和有效性方面的质疑。[1] 因此,从折中的角度,有的学者认为,刑罚标准化保证了法律面前人人平等的原则和对严重犯罪的打击,而刑罚个别化原则对于初犯和包括未成年人在内的青少年犯罪人,则是优先适用的原则。[2]

---

[1] R. Saleilles, *L'individualisation de la peine*, Paris: F.Alcan, 1927, 3ème éd., Réédition de la 3ème édition en *L'individualisation de la peine: de Salleilles à aujourd'hui*, Toulouse: Erès, 2001, p.276.

[2] 同上,p.235.

第十六章 法 定 刑

第一节 刑罚及相近概念

刑罚是刑事法官宣告的惩罚犯罪行为人的措施,它与非刑事处罚、保安处分和所谓的从刑不同。

一、刑罚和非刑事处罚

(一)超刑罚处罚

违背义务可以引起多种法律回应,包括纪律处罚、民事赔偿、行政处罚和刑事处罚。其中,刑事处罚更为突出。立法机关在确定刑事政策时,也决定了由哪些机关行使制裁反社会行为的权力。

行政机关所掌握的立法权是不容忽视的。海关、税务以及一些独立的行政机关,如竞争管理委员会、影视管理高级委员会、金融市场管理机构,可以在各自的权限范围内作出数额很高的罚款处罚。同样,行政权力机关,通常是省长,可以采取刑事法官掌握的类似或相同措施,如关闭机构或吊销驾驶执照等。

(二)处罚应遵守一般法律规定

虽然行政权力机关行使处罚权具有决定快、效率高的特征,但将某些行为的处罚交由行政权力机关行使具有风险性,因此,不能忽视法律对个人权益的基本保障以及不能让这些处罚逃避司法监督。

在法国宪法委员会和欧洲人权法院的推动下,发展出适用于刑事、行政或纪律方面的处罚理论。这些机构认为,刑罚不仅是形式的,而且是具体的:所有具有惩罚特征的措施都是处罚,鉴于这种性质,不论处罚由哪个机关作出,都应遵守所有更高的保护个人权利的原则。

法国宪法委员会承认,处罚可以由行政机关作出,但应同狭义的刑事处罚一样,遵守所有宪法性原则,即法制原则、不溯既往原则、必要原则、比例原则、刑罚并罚原则和辩护权保障原则。宪法委员会还确认,这些要求不仅涉及刑事法院宣告的刑罚,而且对所有惩罚性处罚都适用,即便立法机关将处罚交由非司法机关行使也是如此。这些保障要求还同样适用于刑事判决中的保安措施。

欧洲人权法院和欧共体法院也作出同样表态。欧共体法院要求欧共体机关及其成员国在履行欧共体法的职责中,遵守相关的法律基本原则,其中包括尊重私生活、平等诉讼权、刑事方面的不溯既往原则等。

因此,在这个领域中,法律发展趋向于人们所称的"一般处罚法"(droit commun de la sanction),主要由个人权益的保障性规定组成,并在适用上超越了立法机关所确定的刑法领域。

二、保安处分

传统上认为,刑罚是基于犯罪行为人的错误而给予的惩罚。在过去,刑罚主要具有报应功能。犯罪行为人应当"付出代价"来赔偿他所引起的社会混乱。所以,刑罚主要具有身受性特征,它要引起人的悲伤、痛苦或耻辱之感。因此,刑罚首先是一种惩罚。刑罚的功能当然不止这一个,它还有预防功能。预防功能有两层含义,对于所有个体都具有恐吓作用,属于一般预防(集体预防);对于受到刑罚处罚的犯罪人具有威慑其以后不再犯的作用,属于个别预防。如今,刑罚还越来越体现出对犯罪人再社会化、再教育的目的。

保安处分(或保安措施,mesures de sûreté)是针对具有社会危险性的个人实施的不具道义色彩的个人强制措施,以预防其危险状态可能引发的犯罪[1]。保安处分由实证法学派的观点发展而来,其目的是保护社会,通过抵制、监督或处理原则上尚未实施犯罪的危险个人,从而预防发生犯罪,例如,隔离具有危险性的精神病人,酒精或毒品瘾君子的治疗等。由于保安措施不是以犯罪为前提,即不以可证明的过错为依据,而是以危险状态为依据,因此它在理论上是一种特殊制度,与刑罚不同。保安处分具有以下特征:(1)缺乏道义性。保安处分不具身受性或侮辱性。其主要目的是通过"个人再适应社会"来保卫社会,而对个人不具谴责性。因此,保安措施包括,教育措施(未成年人再教育)、治疗措施(解毒、精神病人的治疗、性犯罪人的治疗命令)、隔离措施(隔离犯罪因素的禁止居留、禁止从事某种职业的措施)、监督措施(考验机制)、抵制措施(驱逐外国犯罪人)。(2)期限不确定。保安措施与被验证的人身危险性相对应。人身危险性

---

[1] B. Bouloc, *Droit de l'exécution des peines*, Paris: Dalloz, 2011, No.62.

在变化,保安措施也随之发生变化。因此,保安措施的性质与目的要求其期限具有不确定性。但是,这一规则也存在例外,即当某些措施作为从刑或附加刑时,应当明确期限,例如,禁止居留措施;整体而言,出于对个人自由的保护,也对某些保安措施设定了限制。在期限到期之前,保安措施可以继续直至取得矫正效果,否则需要重新检验人身危险性。如需要延长期限,由法官命令延期。(3)可修改性。刑罚一经宣判则发生既判力,不得修改(行政机关或刑罚执行法官作出的刑罚调整决定除外);但是,关于人身危险性的决定可以随时修改。法院宣告保安措施后并没有放弃该判决,而是要监督措施的执行,并在必要时,宣告新的措施代替原先宣告的措施。新的措施可能更加轻缓也可能更加严厉。(4)不可撤销性。特赦、时效、大赦制度建立在原谅或忘却的基础上,都难以适用于保安措施。大赦制度的适用条件非常严格。由于某些保安措施作为附加刑科处,每个大赦法律会根据情况明确赦免所涉及的刑罚,可以包括主刑、附加刑、从刑在内的全部刑罚,也可以根据类型将某些附加刑排除在赦免之外。1992年的刑法改革之前,刑罚的时效不适用于附加刑。《新刑法典》对此没有明确规定。特赦一般不适用于保安措施。

保安处分在刑法史上于1893年在瑞士刑法学者司托斯(Carl Stooss,1849-1934)起草的瑞士《刑法典预备草案》中登场。该草案承认在刑罚之外,作为刑法上的法律效果,存在八种保安处分,即有危险的无责任能力人、限制责任能力人的治疗、看护处分,收容酒精中毒者于矫正所的处分和禁止进入酒店处分,收容厌恶劳动者于劳动所的处分,累犯的矫正、监禁处分,被假释人的保护监督处分,滥用职权、亲权者的剥夺权利处分,危险物的毁弃处分,预防处分等八种保安处分。该草案在刑法中同时规定了刑罚与保安处分,这是以二元主义为基础的立法模式。该草案的公开发表,对许多国家的立法产生影响。从刑事立法角度,将保安处分作为刑法上的法律效果,被称为二元主义;仅以刑罚或保安处分其中之一作为法律效果的,称为一元主义。[①]

法国《新刑法典》(第一部第三编)只提到刑罚,采取了一元主义观念,而在刑法典之外有为数不多但却是真正保安措施的规定,例如,对吸毒者的医疗救治。《公共卫生法典》第3421-1条规定非法使用毒品的行为构成犯罪,可处一年监禁并科3 750欧元罚金。但是,为了避免追诉或者在追诉的情况下不判处刑罚,《公共卫生法典》的规定倾向于对非法使用毒品

[①] 参见马克昌:《比较刑法原理》,958~959页,武汉,武汉大学出版社,2002。

的人强制收容到特殊机构中,在充分必要的时间内,进行戒毒治疗[①]。当预审法官或审判法官作出戒毒治疗的命令后,审判法官就不得再宣告非法使用毒品罪的刑罚。但是如果行为人逃避执行戒毒治疗的决定,将对其宣告非法使用毒品的刑罚处罚。另外,保安处分措施,也可以由法官在作出附考验期缓刑的监禁刑判决时宣告。

三、从刑

从刑(peine accessoire)是从有罪判决中自然而然得出的刑罚,它自动地附加于主刑,无须法官作出专门宣告。只有作出刑罚判决后才能适用从刑,而判决书中并没有从刑的内容。

从刑不像主刑或附加刑与特定的犯罪相联系,《新刑法典》中没有规定从刑。从刑是由刑法典之外的特别法律针对一系列犯罪或某类犯罪作出的一般规定。在大多数情况下,从刑是对某些判刑人自动适用的职业禁止或无资格的处罚。

人们可能认为,这类刑罚会与《新刑法典》第 132-17 条第 1 款的内容相矛盾,因为该条规定,"任何刑罚未经法院专门宣告,不得适用"。原则上,犯罪人只应受到刑事判决书上的刑罚处罚。实际上,《新刑法典》的规定只涉及主刑、附加刑和替代刑,而不包括从刑。对此,法国最高法院认为,《新刑法典》第 132-17 条和第 132-24 条并没有取消立法机关对刑事判决作出从刑规定的可能。

但是,从刑的类型受到两方面限制:

一方面,未成年人不适用从刑。1945 年 2 月 2 日关于未成年人犯罪的法令被 1992 年 12 月 16 日的法律修改并增加了第 20-6 条,规定对未成年人宣告的刑事判决不得引起任何禁止、丧权或无资格的处罚。

另一方面,原则上,从刑不得涉及公民权、民事权或家庭权。这个原则从《新刑法典》第 132-21 条第 1 款关于禁止公民权、民事权和家庭权的规定中得出。该条规定,尽管存在相反规定,禁止公民权、民事权和家庭权的刑罚,不得从刑事判决中自动得出。禁止公民权、民事权和家庭权的刑罚属于附加刑,应当由法官专门宣告。

---

① 四个机构有资格作出该项保安措施的决定:一是医疗机构,这与对非法使用毒品的刑事追诉无关。二是共和国检察官,在受理非法使用毒品犯罪的案件时作出决定。如果吸毒者符合治疗的条件,则先不提起公诉,直至治疗结束。三是预审法官或未成年人法官,对非法使用毒品的被调查人作出决定。四是审判法官,对非法使用毒品的被调查人作出决定。

由于从刑的普遍性和自动性特征,它对刑罚的个人属性原则提出挑战,因为按照该原则,刑罚是根据犯罪情节和行为人的人格作出。但是,根据《新刑法典》第 132-21 条,犯罪人因适用特别规定而受到判刑自动引起的任何禁止、丧权或无资格的处罚时,可以随时请求撤销该处罚。那么,虽然从刑自动适用,但是处罚的严厉性可以由此减轻。

第二节　刑罚的类型

一、主刑、替代刑和附加刑

按照宣告方式,刑罚可分为主刑、替代刑和附加刑。《新刑法典》中只提到刑罚和附加刑,并没有对每个刑罚的性质作出明确定义。但是,实践中仍然存在这种区分。

（一）主刑

主刑(peine principale)是本身能够独立科处的刑罚,法律对每个犯罪都规定了一种或数种主刑。换言之,任何犯罪都至少受到一种主刑处罚。自然人的法定主刑,可以成为区分重罪、轻罪、违警罪类型的依据。《新刑法典》规定,自然人重罪的主刑是刑事徒刑和刑事拘押,轻罪的主刑是监禁和罚金,违警罪的主刑是罚金。

（二）替代刑

原则上讲,替代刑(peine alternative)不是定罪法律规定的刑罚,而是由刑法总则所规定;法官可以用替代刑代替一个或多个主刑。替代刑于 1975 年引入法国,其目的是代替那些短期的监禁刑,并在某些情况下,代替罚金刑。

自然人的替代刑,在轻罪方面,是日罚金,公益劳动,公民资格实习以及《新刑法典》第 131-6 条列举的剥夺或限制权利的刑罚(例如,暂扣或吊销驾驶执照等);在违警罪方面,替代刑只对第 5 级违警罪适用,包括《新刑法典》第 131-14 条列举的剥夺或限制权利的刑罚。

2004 年 3 月 9 日关于司法与犯罪发展相适应的法律设立了一个新的机制,即允许轻罪法院在宣告替代刑时,确定犯人不遵守宣告刑中义务性或禁止性规定时,可能全部或部分执行监禁刑的最长期限或罚金刑的最高数额。这样,在宣判刑罚时,被判刑人将被告知如不履行替代刑将会领受的主刑刑罚。

（三）附加刑

附加刑（peine complémentaire）是由刑事法律特别规定的补充于主刑的刑罚。附加刑可分为强制附加刑和任意附加刑。"强制附加刑"，是法官必须宣判的刑罚，例如没收；"任意附加刑"，是法官可以选择宣判的刑罚。根据罪刑法定原则，附加刑只在法律有所规定的情况下才能宣告。

重罪和轻罪的附加刑，由《新刑法典》第131-10条规定，违警罪的附加刑，由《新刑法典》第131-16条和第131-17条规定。但是，对于重罪和轻罪，《新刑法典》总则第131-10条①只笼统列出了附加刑的名称。附加刑的适用，则由刑事法律针对每种情形作出具体规定，但是实践中，附加刑的适用千变万化。例如，1984年7月16日的法律第42-11条对曾在体育比赛场地内犯有暴力、破坏犯罪的人规定了禁止进入赛场或到达体育比赛四周围栏的附加刑；1998年6月17日的法律将一个新的附加刑引入法国，即禁止曾经对未成年人实施性犯罪或置未成年人于险境犯罪的人，从事习惯性接触未成年人的职业活动、志愿者活动以及社会司法跟踪活动；1999年1月6日关于危险流浪动物管理和保护动物的法律，规定了禁止曾虐待动物的人持有动物的附加刑，即《新刑法典》第521-1条的规定。

许多附加刑与替代刑具有相同的目的，但是与后者不同的是，附加刑应由刑事法律专门规定，法官不得擅自使用附加刑规定的措施。

附加刑的作用在于补充主刑，其目的往往是预防实施新的犯罪。宣告刑罚时，附加刑也可以取代法定主刑。《新刑法典》第131-11条和第131-18条分别规定，在轻罪和违警罪案件中，附加刑可以作为主刑适用。具体而言，当轻罪或违警罪应处一个或多个附加刑时，法院只能宣告附加刑，或者一个或多个法定附加刑作为主刑。在轻罪领域中，社会司法跟踪同样可以被当作主刑宣告。

因此，附加刑可以依照法官的选择，补充或代替主刑。

在轻罪方面，如同替代刑一样，法院可以在将附加刑作为主刑宣告时，确定犯人不遵守宣告刑中义务性或禁止性规定时，可能全部或部分执行监禁刑的最长期限或罚金刑的最高数额。

---

① 第131-10条规定，"法律有规定时，可以对犯有重罪和轻罪的自然人科处一种或几种附加刑，包括禁止、丧权、无资格或撤销权利、命令治疗或履行义务、封存或没收物品、没收动物、关闭机构、张贴宣告的判决或通过报刊或任何电子大众传媒手段发布该判决。"

二、刑罚的等级

刑法典设立了刑罚的等级,并规定了刑罚的性质、期限和数额。刑法典还规定了不同刑罚适用的犯罪类型及其宣告方式。但是有必要从两方面说明。

一方面,刑罚法定原则要求立法机关和行政权力机关,在刑事法律中对每个犯罪明确规定处罚,即一个或多个主刑且必要时,一个或多个附加刑。另外,如果刑法总则中有所规定,法院还可以宣告替代刑。因此,刑法典总则中刑罚的一般等级本身不足以体现某个具体犯罪的法定刑。

另一方面,由于特别法优于一般法的规则,特别法律可以作出例外的法律规定,将性质和程度不同于刑法典总则中刑罚等级的处罚作为主刑或附加刑,以惩处重罪或轻罪。但是,按照法律高于行政条例的原则,以及《新刑法典》第111-2条的规定,即行政条例规定违警罪并在法定范围和类别内确定违警罪的刑罚,那么行政条例不得在刑法典总则之外规定其他的主刑或附加刑。

(一) 自然人适用的刑罚

"罪分三等"是按照每类犯罪所对应的法定主刑进行分类,因此,法国刑法典规定的重罪刑罚、轻罪刑罚和违警罪刑罚,符合该逻辑。但是每类犯罪不存在特别的刑罚类型。因此,剥夺自由刑对重罪和轻罪都可适用,罚金刑对所有犯罪都可适用。

每类犯罪的刑罚,都可以区分为主刑、替代刑和附加刑。

1. 重罪刑

鉴于刑罚的人道主义,《新刑法典》废除了一些以前对自然人适用的刑罚,如流刑、民事降级等。

(1) 主刑

重罪的主刑是剥夺自由刑。如同1810年《刑法典》,《新刑法典》也区分两种情形,即普通重罪适用刑事徒刑(réclusion criminelle),政治重罪适用刑事拘押(détention criminelle)。徒刑与拘押或监禁的基本区别在于,前者强制犯罪人服劳役,后者不强制犯罪人服劳役。政治犯罪的罪名有限,只涉及《新刑法典》第四编中危害国家根本利益罪。而且这种区分只涉及重罪,对于轻罪,政治犯罪和普通犯罪适用的刑罚相同,即监禁刑(emprisonnement)。

《新刑法典》第131-1条规定的重罪刑罚等级为:无期、最高30年、最高 20 年、最高 15 年的刑事徒刑或刑事拘押。

该刑罚等级允许法官宣告一个期限低于等级的刑罚。但是,《新刑法典》第 131-1 条规定,刑事徒刑和刑事拘押的期限至少为 10 年。如果鉴于案情应对重罪宣告期限较短的剥夺自由刑,那么就应当宣告监禁刑。

（2）附加刑

根据《新刑法典》第 131-2 条的规定,刑事徒刑或刑事拘押不排除罚金刑和《新刑法典》第 131-10 条针对所有重罪和轻罪规定的一个或多个附加刑的适用。

立法机关没有规定罚金是重罪的附加刑。理论上,完全可以将罚金刑作为重罪的主刑科处。但是,这种做法不现实,并且有损以刑罚作为区分犯罪等级的规则。对于重罪,罚金总是被规定附加于刑事徒刑或刑事拘押,以至于在实践中被用作附加刑。

第 131-10 条规定的附加刑包括禁止、丧权、无资格、撤销权利、命令治疗、履行义务、没收、关闭机构、刊登或公布判决。法律对每个重罪都具体规定了附加刑。重罪法庭在惩治重罪时,不得将一个或多个附加刑作为主刑宣告;《新刑法典》第 131-11 条有关附加刑作为主刑宣告的规定,只适用于轻罪。

2. 轻罪刑

《新刑法典》第 131-3 条规定了自然人适用的轻罪刑。

（1）主刑

轻罪主刑包括：监禁刑和罚金刑。

监禁刑,即剥夺自由的刑罚。《新刑法典》第 131-4 条设立了监禁刑的八个梯度,分别是最高 10 年、7 年、5 年、3 年、2 年、1 年、6 个月、2 个月刑期的监禁。但是,立法机关也可以对特定犯罪规定特殊的最高刑期梯度。例如,1997 年 1 月 24 日的法律规定对不能独立生活的老年人支付特殊生活补贴,该规定被纳入到《社会行动与家庭法典》中,并对相关犯罪处以 3 个月监禁刑。同样,《道路交通法典》第 L.413-1 条由 1999 年 6 月 18 日的法律设立,对严重超速驾车的惯犯处以同样的刑罚。

罚金刑。根据《刑事诉讼法典》第 381 条,轻罪的罚金刑最低为 3 750 欧元,而且没有限定最高额,因此附加刑可以达到相当高的数额,例如,贩卖毒品的犯罪,可被判处 7 500 000 欧元罚金。

（2）替代刑

替代刑由刑法典总则规定,即使涉及轻罪的法律没有规定,替代刑仍可以代替轻罪的主刑,这些替代刑包括：

① 如果轻罪当处监禁刑,可以用日罚金代替监禁;但日罚金不得与罚金并科宣告。

② 如果轻罪当处监禁刑,可以用公益劳动代替监禁。公益劳动不能与监禁并科宣告,也不得与第 131-6 条剥夺或限制权利的刑罚并科宣告,也不得与罚金或日罚金并科宣告。未经当事人同意,法官也不得宣告这种制裁。

③ 如果轻罪当处监禁刑,可以用《新刑法典》第 131-6 条规定的剥夺或限制权利的刑罚代替监禁①,如果轻罪只被判处罚金,则可以代替罚金。

④ 如果轻罪当处监禁刑,可以用公民资格实习代替监禁。

⑤ 2014 年 8 月 15 日的法律设立了"刑事强制"刑罚,如果轻罪当处监禁刑,且犯罪人的人格、客观情况、家庭和社会状况以及犯罪事实显示需要给与个别化的、持续性的社会教育陪护,则可以用刑事强制代替监禁。

(3) 附加刑

根据《新刑法典》总则第 131-10 条的规定,对轻罪可以科处附加刑。附加刑由处罚轻罪的法律规定。在实践中,附加刑的种类繁多并与所处罚的犯罪相适应。在轻罪领域,可以在法定主刑之外并科宣告附加刑,或者用附加刑取代并宣告为主刑。

3. 违警刑

《新刑法典》第 131-12 条规定了违警刑。对于违警罪,不存在监禁刑和布告刑。

(1) 主刑

违警罪的主刑就是罚金,最高额由《新刑法典》第 131-13 条规定,不同的级别对应不同的数额②,其中第 5 级违警罪的最高罚金为 1 500 欧元;累犯的最高罚金为 3 000 欧元(违警罪累犯依法构成轻罪的情形除外)。

---

① 这些替代刑包括:最长 5 年内暂扣驾驶执照;最长 5 年内禁止驾驶车辆;吊销驾驶执照并在最长 5 年内禁止申请新的驾驶执照;没收属于犯人的一辆或多辆汽车;最长 1 年内禁止使用属于犯人的一辆或多辆汽车;最长 5 年内禁止持有或携带未经许可的武器;没收犯人所有或自由处置的一件或多件武器;撤销狩猎许可并在最长 5 年内禁止申请新的狩猎许可;最长 5 年内禁止签发支票和使用支付卡;没收用于实施犯罪的物品或犯罪所得的物品;最长 5 年内禁止从事职业或社会活动,如果行为人曾经故意利用该活动提供的便利准备或实施犯罪;最长 3 年内禁止到访某些场所或法院确定的某类场所以及曾经实施犯罪的场所;最长 3 年内禁止会见法院特别指定的判刑人员,尤其是犯罪的正犯或者共犯;最长 3 年内禁止与法院特别指定的人员建立联系,尤其是犯罪的被害人。

② 第 1 级违警罪的最高罚金为 38 欧元;第 2 级违警罪的最高罚金为 150 欧元;第 3 级违警罪的最高罚金为 450 欧元;第 4 级违警罪的最高罚金为 750 欧元;第 5 级违警罪的最高罚金为 1 500 欧元;在累犯的情况下最高罚金为 3 000 欧元(法律规定违警罪的累犯构成轻罪的情况除外)。

(2) 替代刑

违警罪中,只有第 5 级违警罪存在替代刑。替代刑是指《新刑法典》第 131-14 条规定的剥夺或限制权利的处罚①,可以代替罚金刑予以宣告。其适用范围没有轻罪的替代刑广泛,适用期限也相对较短。

(3) 附加刑

如果条例作出专门规定,对违警罪同样可以宣告附加刑②。但是,与定义重罪和轻罪附加刑的方法不同,刑法典采取更加具体、详细的列举方式,那么,行政权力机关就不得规定与《新刑法典》第 131-16 条和第 131-17 条不相符的附加刑。

当违警罪的条例规定了一个或多个附加刑时,法官可以在罚金之外并科宣告附加刑,或者用附加刑取代并宣告为主刑。

(二) 法人适用的刑罚

《新刑法典》引入了法人犯罪。由于法人的特殊性、法人刑罚功能的不同以及法人无法适用剥夺自由刑等原因,法国立法机关对法人犯罪设立了专门的刑事处罚,由《新刑法典》第 131-37 条至第 131-49 条规定。

对此,需要说明两点。一是法人适用的大部分刑罚与自然人的刑罚相同。法人专门适用的刑罚只有解散和司法监督。二是"罪分三等"是根据自然人剥夺自由刑的法定主刑作出的分类,由于法人的主刑主要是罚金刑,不涉及自由刑,因此,没必要在法人的每类犯罪之间作出区分。《新刑法典》对法人只作出重罪、轻罪之刑罚和违警罪之刑罚的区分。

1. 法人适用的重罪、轻罪之刑

对于法人适用的重罪、轻罪之刑,法律没有规定替代刑,只规定了主刑和附加刑。因此,对犯有罪责的法人,法官只能宣告刑法明文规定的刑罚。

(1) 主刑

法人重罪、轻罪的法定主刑由《新刑法典》总则第 131-37 条规定。但是,立法机关可以对某个或某些特定犯罪,在刑法典分则中规定总则中没

---

① 替代刑包括:最长 1 年内暂扣驾驶执照;最长 6 个月内禁止使用属于犯人的一辆或多辆汽车;没收犯人所有或自由处置的一件或多件武器;撤销狩猎许可并在最长 1 年内禁止申请新的狩猎许可;最长 1 年内禁止签发支票和使用支付卡;没收用于实施犯罪的物品或犯罪所得的物品。

② 不论是第几级违警罪,这些附加刑包括:最长 3 年内暂扣驾驶执照;最长 3 年内禁止持有或携带未经许可的武器;没收犯人所有或自由处置的一件或多件武器;撤销狩猎许可并在最长 3 年内禁止申请新的狩猎许可;没收用于实施犯罪的物品或犯罪所产生的物品;最长 3 年内禁止驾驶地面摩托化车辆,包括不需要驾驶执照驾驶的车辆;自费完成道路交通安全感化实习;自费完成公民资格实习。另外,专门对于第 5 级违警罪适用:最长 3 年内禁止签发支票;完成公益劳动,20 小时至 120 小时。

有规定的主刑。例如,刑法典分则对实施反人类罪的法人设置了没收全部或部分财产的处罚,而没收财产在刑法典有关法人的总则规定中并未提及。

法人适用的主刑包括罚金刑和《新刑法典》第 131-39 条规定的刑罚。

《新刑法典》第 131-38 条规定,法人适用罚金刑的最高数量是自然人犯有该罪法定罚金刑的 5 倍。因此,应将自然人罚金刑的法定最高额乘以 5 就是法人法定刑的最高额。比如,普通盗窃罪,如果自然人的法定罚金刑为 45 000 欧元,那么法人的法定罚金刑则为 225 000 欧元。以此类推,法人贩卖毒品罪的罚金刑可以达到 37 500 000 欧元。当然,法官并不一定要作出最高数额罚金刑的判决。

从前 100 个登记在犯罪记录上的轻罪判决来看,对法人犯罪通常宣告罚金刑。当法人的领导人也被判刑时,法人被判罚金的平均数大概为法人领导人被判罚金平均数的 4 倍或 5 倍。换言之,《新刑法典》第 131-38 条确定的原则不仅仅是理论上的,而且也在实践中指导法官宣告处罚。

由于自然人的重罪很少有罚金刑规定,因此这影响到法人罚金参照自然人罚金 5 倍规则的应用。2004 年 3 月 9 日关于司法与犯罪发展相适应的法律将法人的刑事责任,自 2005 年 12 月 31 日起予以普遍化,确定了法律未规定自然人重罪的罚金数额时,法人相应重罪的法定罚金为 100 万欧元,从而补充了《新刑法典》第 131-38 条的规定。

《新刑法典》第 131-39 条规定了一系列法人适用的主刑①,其中最严厉的刑罚当属解散。

---

① 除了解散之外,《新刑法典》第 131-39 条规定的主要处罚内容包括:(1)永远禁止或 5 年内禁止直接或者间接从事一项或者多项职业或社会活动。该禁止可以涉及实施犯罪时从事的职业或社会活动,也可以是刑事法律规定的其他职业或社会活动(《新刑法典》第 131-48 条和第 131-28 条)。(2)5 年内置于司法监督下,但公法法人、政党或政治团体、职业工会除外(与解散的规定不同,这里不排除人事代表机构)。(3)彻底关闭或者 5 年内关闭企业或者企业中实施犯罪的一个或多个部门。该处罚包括禁止在被关闭的机构内实施曾发生犯罪的活动。(《新刑法典》第 131-48 条第 2 款和第 131-33 条)。(4)永远或者 5 年内不得进入公共市场。该规定包括禁止直接或间接参与由国家及其公共机构、地方行政区域及其团体和公共机构缔结的市场,以及由国家、地方行政区域或其团体出让或控制的企业缔结的市场(《新刑法典》第 131-34 条)。(5)永远或者 5 年内禁止公开募集资金。该处罚禁止借助信贷机构、金融机构或证券公司或者通过任何广告方式推销任何证券(《新刑法典》第 131-47 条)。该处罚只涉及数量有限的法人,其中包括股份公司。(6)5 年内禁止签发支票和使用支付卡。该禁止要求被判刑的法人向发出样票的银行交回其本人及其代理人持有的样票(《新刑法典》第 131-48 条第 4 款和第 131-19 条)。(7)没收用于或者准备用于实施犯罪的物品以及犯罪所得的物品。(8)通过报刊或任何视听传播手段,布告或者发布作出的判决。

解散,这个民商法中的措施被引入刑法,作为专门对法人适用的死刑处罚。被宣告解散的法人将转到有管辖权的民商事法院进行清算(《新刑法典》第 131-45 条)。基于宪法秩序的理由,解散对公法法人、政党或政治团体、职业工会和人事代表机构不适用。

实践中,解散只适用于具有一定严重性的犯罪,而且只在特定情形下适用,即要么设立法人的目的就是为了实施犯罪,要么法人成立后改变了原先的宗旨而实施犯罪。在后者情况下,只有当法人实施了重罪或实施了自然人当处 3 年以上监禁的犯罪时,才适用解散。因此解散是对法人极其严重的犯罪行为所采取的特别措施。

除了刑事解散,还应提到 2001 年 6 月 12 日第 2001-504 号法律第 1 条规定的民事解散,该法律旨在加强预防和惩治宗教运动对人权和基本自由的侵害行为。根据该条规定,任何法人,当法人本人或其法律上、事实上的领导人因犯有某些罪责(如反人类罪、故意或过失侵害人之生命、身体或心理之完整性、置他人于险境、侵害人之自由、侵害人之尊严、侵害人格、置未成年人于险境、侵害财产、非法行医或非法售药、欺诈广告、诈骗或伪造等犯罪)而获得最终刑事判决,不论法人法律形式或宗旨如何,只要从事活动的目的或效果在于制造、维持、经营其活动参与者在心理或身体上的服从,就可以对其宣告解散。检察院可以依职权或应当事人申请提出解散意见,解散程序在大审法院前进行。

(2)附加刑

刑法典总则中,没有规定法人重罪、轻罪所适用的附加刑。但该遗漏并不影响立法机关在刑法分则中规定附加刑。不过,这种附加刑还是相对比较罕见。例如,对法人贩卖毒品罪规定了永久性吊销酒店或饭店的营业执照(《新刑法典》第 222-50 条)。

2. 法人适用的违警罪之刑

《新刑法典》第 131-40 条规定了法人的违警刑。根据法律效力高于条例效力的原则,行政权不得在法律提到的刑罚之外规定其他刑罚。

(1)主刑

主刑原则上是罚金刑,最高额为处罚犯罪的条例对自然人规定的罚金最高额的 5 倍(《新刑法典》第 131-41 条)。例如,法人犯第 5 级违警罪的法定罚金最高为 7 500 欧元,如果条例惩处累犯,累犯的法定罚金最高为 15 000 欧元。

(2)替代刑

第 5 级违警罪的罚金刑,可以由《新刑法典》第 131-42 条规定的一个或多个剥夺或限制权利的刑罚代替,即最长在 1 年内禁止签发支票和使用支付卡,没收用于或者准备用于实施犯罪的物品以及犯罪所得物品。

(3) 附加刑

根据《新刑法典》第 131-43 条,处罚违警罪的条例可以:

① 不论违警罪的级别,规定没收用于或者准备用于实施犯罪的物品以及犯罪所得物品的附加刑;

② 只对第 5 级违警罪,规定最多 3 年内禁止签发支票的附加刑。

这些刑罚可以作为主刑的附加刑宣告,但是也可以主刑的名义单独宣告(《新刑法典》第 131-44 条)。

第三节　刑罚的内容

1810 年《刑法典》的刑事制裁手段中,剥夺自由刑占据核心位置。为了使法官能够根据犯罪情节和被告人人格作出个别化的处罚,刑罚也越来越多样化。《新刑法典》认可了刑罚的发展,并明确了最常用的刑罚内容。

刑罚可通过多种方式作用于犯罪人:剥夺或限制行动自由,影响财产、权利或名誉,要求履行特定义务。但是,根据相关基本原则,如今法国法中已不存在损害犯人身体完整或生命的刑罚。

一、身体刑和生命刑的消失

法国旧制度、大革命或帝国时期,法律中曾存在极其残忍的刑罚。后来这些刑罚逐渐消失,尤其是在 19 世纪上半叶。死刑于 1981 年被废除。

(一) 身体刑

身体刑是惩治犯人身体的刑罚。这种刑罚具有残忍的特点,在旧制度时期曾大量使用,例如,戴铁颈圈之刑、示众柱刑、铁烙刑、鞭刑、各种毁坏肢体之刑。1810 年《刑法典》保留了若干个身体刑,其中包括对杀害父母的犯人在执行死刑前先割去手腕的刑罚,这些身体刑最终被 1832 年的法律废除。

鉴于宪法原则,尤其是 1789 年《公民人权宣言》第 8 条提出的、被纳入"宪法板块"的刑罚必要性原则,以及国际刑法的相关原则,尤其是《欧洲人权宣言》第 3 条提出的禁止非人道和耻辱性待遇原则,现在法国刑法中已不存在身体刑,而且该刑罚也不会以其他形式存在,即使有时会听到要求使用这个或那个身体刑的声音,例如,对性犯罪人适用去势等。

(二) 死刑

法国刑法过去曾对普通犯罪一直保留死刑(peine de mort)。1848 年《宪法》第 5 条废除了政治犯的死刑,但后来又恢复了死刑。直至 1939 年战争前夕,重大犯罪的数量处于上升状态。从这以后,法律又设置了大约 15 种新的死罪。但从法律上看,适用死刑的犯罪数量很有限。实践中,宣判死刑的案件越来越少,执行死刑的案件更少,死刑犯可以得到国家元首的特赦。1960 年至 1971 年一共执行过 16 例死刑。1978 年刑法典草案中仍然保留了死刑,但是,就在当时,经司法部长、掌玺官巴丹戴尔(R. Badinter)的推动,议会于 1981 年 10 月 9 日通过法律,全面废除了死刑①。法国在废除死刑后,对于原来应判处死刑的犯罪,规定了无期徒刑或终身拘押(对政治犯)。

有关恢复某些极其恶劣重罪死刑的争论经常发生。公众舆论和政治舆论在该问题上存在分歧。另外,死刑在有些民主国家继续生效并得到实际应用,尤其是在美国大部分州适用。争论主要存在两个层面,即犯罪学和哲学层面。

从犯罪学角度看,质疑集中在死刑作为惩治犯罪手段的真正有效性。死刑可以将社会中最危险的犯罪分子清除掉,并通过最彻底的方式预防发生任何累犯;对罪犯进行医疗式处理费用高昂,而且结果是不确定的。死刑具有特别强大的威慑力,但是它并不能使所有犯罪分子放弃犯罪的念头。

另外,废除死刑提出了死刑的替代刑问题。刑事徒刑或刑事拘押的处罚由于可以提前释放犯人而显得不够充分。这个问题已通过"囚禁期"制度得到部分解决,在"囚禁期"内,犯人不得享受任何假释人员可以享受的优惠措施。

从哲学角度看,问题在于死刑的道德观念和人类社会结束一个人生命的法律依据。另外,如果判决有误,死刑的后果不可修复。

实际上,法国在 1981 年废除死刑后又于 1986 年 3 月 1 日批准加入了《〈欧洲人权公约〉关于废除死刑的第 6 议定书》(简称《第 6 议定书》),该

---

① 1981 年,密特朗在参加总统大选时,宣称反对死刑,尽管当时的民意测验显示有 63%的民众支持保留死刑。在他当选总统后,任命著名的律师罗伯特·巴丹戴尔为司法部长,后者长期反对死刑,他极力推动法国国民议会通过废除死刑的法律,并得到了左派的坚决支持和一些右派人士的支持,具体为 368 票对 113 票的多数票通过,在参议院,是以 160 比 126 票的多数票通过。参见[法]巴丹戴尔:《为废除死刑而战》,罗结珍、赵海峰译,168、198 和 204 页,北京,法律出版社,2003。

议定书要求在和平时期废除死刑,但是仍然保留了战时或有紧迫战争威胁时恢复死刑的可能。根据法国《宪法》第 55 条规定,法国加入的国际条约的效力高于国内法律,因此,法国虽然在 1981 年通过法律全面废除死刑,但通过加入《第 6 议定书》又保留了战时恢复死刑的可能。这种例外的保留被支持废除死刑者们认为是与国际全面、普遍废除死刑的运动背道而驰。随后,又出现了 1989 年 12 月 15 日在纽约通过的《〈公民权利和政治权利国际公约〉第 2 任择议定书》(简称《第 2 任择议定书》)和欧洲范围内的 2002 年 5 月 3 日《关于在任何情况下废除死刑的〈保护人权与基本自由的公约〉第 13 议定书》(简称《第 13 议定书》)[①],这两个国际公约都要求在任何情况下废除死刑。法国总统于 2005 年 9 月 22 日提请宪法委员会,就批准这两个国际公约是否需要修改宪法作出表态。宪法委员会于 2005 年 10 月 13 日作出决定[②],认为《第 13 议定书》关于废除死刑的约定与宪法不矛盾,而对《第 2 任择议定书》的批准只能在修改宪法后进行。该决定导致法国通过了 2007 年 2 月 23 日第 2007-239 号宪法法律,将废除死刑正式写入法国宪法。根据该宪法法律,《宪法》的第八编将增加第 66-1 条,规定"任何人不得被判处死刑",从而全面废除死刑,并为法国批准两个国际公约做好准备。[③]

二、自由刑

自由刑的目的在于剥夺或限制犯人的行动自由。

(一)剥夺自由刑

剥夺自由刑,是指在特别制度下对犯人实施有期或无期囚禁。需要指出,剥夺自由不完全是刑事处罚。讯问后的拘留或预审期间和审理前的暂时羁押,不是刑罚,而是刑事诉讼的程序措施。同样,行政机关作出的剥夺自由措施也不是刑罚,如驱逐外国人前的行政拘留,或精神病人在特殊机构的收容等。

剥夺自由曾是法国刑罚制度中的主要刑罚。该刑罚的威吓效果是肯定的,但其弊处也相当多,尤其涉及累犯问题。将囚犯关在一起,监狱起到

---

① 截止到 2005 年 2 月 15 日,已有 13 个欧洲委员会国家签署但还未批准第 13 议定书,有 30 个国家签署和批准了该议定书。法国仍未批准该议定书。

② 宪法委员会"2005 年 10 月 13 日第 n° 2005-524/525 DC 号关于废除死刑的国际条约的决定" http://www.conseil-constitutionnel.fr/decision/2005/2005524525/2005524525dc.htm。

③ 卢建平、孙平:《中法引渡条约中的"死刑犯不引渡"原则及其对我国死刑制度改革的意义》,载《欧洲法律与经济评论》,法国,2007(15-16),1~9 页。

便于罪犯交叉感染的负面效果。对此法国主要采取两方面措施。

一方面,为了避免宣告短期的监禁刑,立法机关为法官规定了不同梯度的刑罚,尤其还规定了一系列代替监禁刑的替代刑(剥夺权利、暂扣驾驶执照、禁止从事职业活动、公益劳动等)和监禁刑暂缓执行的司法技术(各种形式的缓刑)。

另一方面,为了避免囚犯成为社会多余的人,在宣告和执行剥夺自由刑时,还对剥夺自由刑规定了配套的教育及回归社会的措施,如半释放、假释,而且监禁的条件也趋于人道化。但是为了实现这点也需要投入更多的人力和财力资源。

剥夺自由刑的执行制度,不取决于重罪、轻罪的罪名或性质,而取决于刑期以及囚犯的人格,因此,剥夺自由刑是最严重犯罪的法定刑,涉及所有重罪和大部分轻罪。

在重罪方面,根据《新刑法典》第131-1条规定的等级,普通犯罪的剥夺自由刑是刑事徒刑,政治犯罪是刑事拘押。

在轻罪方面,根据《新刑法典》第131-4条确定的等级,剥夺自由刑是监禁。监禁不超过10年,这与刑事徒刑或刑事拘押的最低刑期相衔接。

在违警罪方面,不存在剥夺自由刑。违警监禁刑,在废除之前最长为2个月,后来被1993年7月19日的法律废除,《新刑法典》中也未再提及该刑罚。

(二)限制自由刑

限制自由刑是对犯人的行动自由加以限制,并不完全剥夺,而是禁止其到某些地方去。如同剥夺自由一样,限制自由措施也不一定是刑罚,例如,对外国人的行政驱逐,指定居所或某些附考验期缓刑的义务等。

流刑,以前的重罪刑罚,是将法国公民运到法国本土之外并在5~10年内禁止居住法国的处罚,它随着《新刑法典》的生效而被废除。另外,该刑罚也违背了1974年5月3日在法国生效的《〈欧洲人权公约〉第4议定书》第3条的规定。议定书确立了成员国不得单独或集体地驱逐本国公民也不得剥夺本国公民进入本国权利的原则。

限制自由刑主要包括禁止居留、禁止进入法国,禁止离开法国。

1. 禁止居留

禁止居留(interdiction de séjour),是指禁止犯人出现在法院所指定的特定场所,并伴随着某些监督和救助措施。

禁止居留是重罪和轻罪的附加刑,对重罪判决最长期限为10年,对轻罪判决最长期限为 5 年。禁止居留不适用于未成年人，并且当犯人达到 65 岁则停止执行。

以前法国内务部部长负责确定禁止到访场所的名单、相关的监督和救助措施，自实施《新刑法典》以来，该权限由刑事法院行使。刑罚执行法官可以修改禁止到访场所的名单或配套措施。

禁止居留的主要目的在于预防新的犯罪发生，因此具有明显的预防特征。犯人禁止到访的地点和场所名单，通常包括其实施犯罪的地点或场所、被害人居住地或重新犯罪可能性大的地点或场所。

禁止居留还伴随着监督措施，主要是要求犯人定期前往判决书中指定的部门或机构，向刑罚执行法官汇报其所有超出限定区域的活动，回应法官指定部门或人员的召唤，向刑罚执行法官汇报住所的变更。禁止居留还伴随着救助措施，旨在便于犯人回归社会。

2. 禁止进入法国

禁止进入法国（interdiction du territoire français），是指禁止外国人在法国领土上居住或逗留。外国人禁止进入法国是由刑事法官宣告的限制自由刑，它不应与内务部部长发布的驱逐法国境内外国人（理论上与犯罪无关）的行政措施决定相混淆，后者是当法国境内的外国人对公共秩序构成严重威胁时作出。

禁止进入法国是重罪和轻罪的附加刑。它的期限可为永久性或者最长 10 年，并且由于它在剥夺自由刑的执行期间暂停执行，在监禁刑或刑事徒刑期满后理所当然地引起遣送出境。

禁止进入法国的处罚对未成年人不适用，因此未成年人享有绝对的保护。

出于维护公共秩序的目的，欧共体法允许对欧盟境内人员自由流动的原则作出例外规定。欧共体法院认为，不得在刑事判决后，出于威慑其他外国人或集体预防的目的，作出驱逐或远离领土的命令。驱逐或远离领土措施只能以当事人的个人行为为依据，且该行为确实使人认为行为人将在接待国实施其他严重扰乱公共秩序的犯罪。因此，当外国人因获得、持有毒品为个人所用的犯罪行为受到驱逐处罚，如果该外国人是欧共体其他成员国的国民，则违背了欧共体法关于人员自由流动的规定。

3. 禁止离开法国

与禁止进入法国的刑罚一样，禁止离开法国（interdiction de quitter le territoire français）的刑罚要求犯人停留在法国，禁止前往法国以外的其他国家。该刑罚最长期限为 5 年，对某些犯罪作为附加刑适用，如贩卖毒品罪,淫媒罪,侵犯未成年人和家庭的犯罪或习惯性雇用未成年人乞讨罪。禁止离开法国的刑罚,取代了旧刑法典中对有些犯罪适用的撤销护照刑。但是,刑法典总则中没有对该刑罚规定实施机制,也没有规定监督或配套措施。

三、财产刑

财产刑是触及犯人个人财产的处罚。财产刑分为两种:一种是要求犯人向国家支付一定数额的金钱(罚金和日罚金),另一种是要求犯人向国家转交全部或部分财产或者一项或多项确定的财物(没收)。

(一) 罚金

罚金刑(amende)的历史比自由刑悠久。罚金刑从原始的赔偿金制度发展而来,古罗马的十二铜表法就规定了加害人支付一定赔偿金的制度;日耳曼法所规定的罪犯向公共团体缴纳和平金的制度,逐渐被认可为国家的罚金刑制度;此外,罚金又作为刑罚目的之外增加国库收入的手段被利用起来。现在,罚金刑是利欲性犯罪的财产刑,而且作为一种刑罚手段,对避免短期自由刑的弊害、处罚轻微犯罪发挥着重要作用。在50、60年代的国际刑法学大会上,罚金刑被认为是代替自由刑的适当手段,其代替短期自由刑的积极意义得到肯定。许多国家,一方面开始从自由刑转向罚金刑(所谓缓和化),另一方面将罚金刑从刑事罚转向行政罚(非刑罚化或非犯罪化)。罚金刑已成为适用最多的刑罚方法。如果说现代世界刑罚体系的中心仍是自由刑,那么可以说,在自由刑中,"金钱化的自由刑"正在成为其中心。[①]

罚金刑要求犯人向国家交付一定的金钱,因此属于经济性处罚。

罚金刑应与支付给犯罪被害人的民事损害赔偿相区别。它还应同独立行政机关作出的行政罚款、刑事法官宣告的税务和关税罚款等经济处罚相区别,后者不是刑罚,不遵循相同的刑事罚金制度。

罚金作为刑罚具有不可否认的益处。罚金数额是成比例的,在出现司法错误时可以弥补,而且对国家也带来经济收益,不像监禁刑需要汲取国家的公共财政。但是,罚金刑也同样存在弊端:由于要剥夺犯人一部分收入,该刑罚不仅影响到犯人,而且还影响到其家庭;另外由于罚金针对犯罪人的个人财产和收入作出,因此它对每个犯罪人的影响是不同的,这会造

[①] 张明楷:《外国刑法纲要》,390页,北京,清华大学出版社,1999。

成一定程度的不平等。出于这些原因,《新刑法典》第 132-24 条在修改前曾具体规定,在法定范围内,法官依据犯罪情节并考虑犯罪人的收入与负担,决定罚金的数额。2014 年 8 月 15 日的法律对该条作出修改,取消了这些具体规定,只提出"刑罚可以个人化"的原则,从而赋予法官更大的自由裁量权。

关于罚金刑的适用范围,它是轻罪和违警罪的主刑,而且法律也可以对重罪规定罚金刑。

关于罚金的数额,在重罪方面,《新刑法典》总则中没有规定最高额。在轻罪方面,也没有限定最高额,《刑事诉讼法典》中只规定了罚金总额不得低于 3 750 欧元。在违警罪方面,《新刑法典》总则确定了最高额,它根据违警罪等级的不同而不同。

关于法人的罚金,《新刑法典》总则中明确指出其最高额为刑事法律规定自然人罚金最高额的 5 倍。

立法机关通常在刑事法律中以一般规则的形式确定犯罪罚金的最高额。但是,对于有些犯罪,法律参照某个确定因素建立了比例制罚金,如犯罪客体或犯罪人所得的犯罪收益。因此,窝藏罪除了判处监禁刑之外,对于一般窝藏还科处 375 000 欧元罚金,对于情节加重的窝藏,则处 750 000 欧元罚金,法律还规定罚金可以超出 375 000 欧元直至窝藏财产价值的一半。同样,对无许可证建筑行为所处的罚金最高额要么是 300 000 欧元,要么按非法建筑每平方米 6 000 欧元计算。对税务和关税轻罪的处罚通常采取比例制罚金,参照欺诈或欺诈所涉物品、财产和价值的总额确定。

(二) 日罚金

日罚金刑(peine de jours-amende)由 1983 年 6 月 10 日的法律引入法国。按照这种经济处罚,在法官确定的期限内,犯人每天向国家支付一定的债务,在缴纳罚金的天数期限届满时,可要求其支付总额。换言之,犯人在一定期限内每天"节省"一定数额的钱,并在该期限到期时将全额支付给国家。日罚金与普通罚金有着明显的区别,后者自开始执行有罪判决时即可被索付。

在轻罪方面,当轻罪被判处监禁刑时,日罚金可以作为罚金的替代刑予以宣告。

当宣告日罚金时,法院需要一方面根据犯罪情节,确定日罚金的天数,该天数不得超过 360 天,另一方面根据被告人收入和负担确定每天缴纳的数额,该数额不得超过 1 000 欧元。在未支付全部或部分日罚金总额的情况下，犯人将被收监，收监期限为未支付日罚金的天数。

（三）没收

没收（confiscation）是《新刑法典》总则中列举的剥夺或限制权利的刑罚之一，它实际上是涉及犯人财产的刑罚。没收可以针对犯人分割或共有的财产、动产或不动产、有形或无形财产，以及犯人享有产权或可自由支配的财产实施，但善意取得的财产除外。没收可以按价值执行。因此，没收是国家将属于犯人的所有财产或某个特殊物品予以剥夺的刑罚。它可以区分为普通没收和特别没收。

普通没收，是指国家对犯人全部或部分财产予以剥夺。该处罚由于会影响到犯人的家庭，因此同刑罚的个人属性原则相抵触。基于这个原因，它作为一般刑罚已被1832年的法律废除。如今普通没收只是一个例外刑罚。如果说刑法总则中没有提到普通没收，那么在刑法分则中却有该刑罚的规定，作为某些少数犯罪的附加刑，如反人类罪，贩卖毒品罪，贩卖人口罪和淫媒罪，洗钱罪或恐怖主义行为罪。

特别没收适用的范围比较广泛，是指国家剥夺犯人一个或多个特定的物品。如果被没收的物品未被扣押或不能出示（如，物品消失），则对相应的价值进行没收。被没收的物品交由国家处置，国家可以将其变卖。一些特别规定还允许销毁物品，例如危险或有害物品，或将其分配给确定的个人或机构。

对于自然人，特别没收可以是轻罪和第5级违警罪的替代刑，也可以是重罪、轻罪或违警罪的附加刑。

特别没收涉及用于或旨在用于实施犯罪之物或犯罪所得之物。

根据情况，这些物品是指（1）犯罪物品，例如，未经许可携带的武器，假冒的物品，被盗窃的物品；（2）犯罪工具，例如，故意杀人罪使用的武器，非法捕鱼所使用的渔网或船只；（3）犯罪所得，例如，贩卖毒品所得金钱或者用该钱购买的财物。

除这几种情况之外，没收可以涉及刑事法律或条例规定的任何动产，即使该动产与实施的犯罪没有任何联系。刑法典总则尤其提到，没收犯人所有的一辆或多辆汽车和没收犯人拥有或自由处置的一个或多个武器的刑罚，可以作为监禁刑的替代刑予以宣告。刑法典分则中也规定了为制裁某个特定犯罪而没收特定物品的刑罚，可以作为附加刑宣告。为此，《新刑法典》第225-222条第3项规定了对淫媒罪的相关犯罪没收商业营业资产。

原则上，没收是一种选择性刑罚，即法官有权决定是否宣告该刑罚，但是在以下两种情况下，没收是必须宣告的刑罚：

一是，对于法律或条例规定为危险或有害的物品必须没收。存在这些物品时，即使法律只规定没收为选择性刑罚，法院也应当宣告没收；

二是，当法律规定没收为强制性刑罚时，法官则必须宣告。例如，侵犯私生活犯罪中，擅自使用窃取远程通信信息或截取私人谈话的机器；假币犯罪中，假冒的货币和银行钞票，用于造假的一切材料和设备；等等。

法国以前的司法判例曾认为，在法律没有规定的情况下，没收可以涉及不属于犯人的物品。但是，《新刑法典》第131-21条规定，没收不得涉及可能归还他人的物品，即那些正常情况下属于未被追究或未被判刑的善意第三人合法享有所有权或持有的物品。原则上，没收涉及犯人拥有所有权的物品。只有对危险或有害物品以及法律明文规定的特殊物品，才一律予以没收。

因此，对于贩卖毒品罪，《新刑法典》第222-49条要求没收用于实施犯罪的设备、材料和财产以及犯罪所得，无论其属于何人，处于何地，只要其所有人不可能不知道其来源或不正当用途，均在没收之列。同样《国防法典》第L.2342-80条规定，对于违反化学武器规定的犯罪，将没收化学武器和化学制品，无论其属于何人，处于何地。

四、履行义务刑

履行义务刑要求犯人履行特殊的劳务、确定的义务。作为刑罚，履行义务的内容多样，可分为四种形式，即为集体利益完成一定的劳动，停止犯罪引起的混乱，遵守监督措施并接受医疗救治，完成实习。

（一）公益劳动①

公益劳动(travail d'intérêt général)是要求犯人为公共法人或有资格的协会提供无偿劳动的刑罚。但公益劳动不一定就是刑罚，它也可以是缓刑的考验措施。

公益劳动由1983年6月10日的法律引入法国，主要目的是避免短期监禁刑给犯人造成负面影响。该刑罚在某种程度上成为犯人通过劳动再社会化的手段。《新刑法典》第R.131-19条要求刑罚执行法官在确定劳动内容时须考虑犯人回归社会或就业的前景。公益劳动可以适用于16岁至

---

① 参见孙平：《法国社区矫正制度概论》，载《法治研究》，2014(11)，118~124页。

18 岁的未成年人,1945 年 2 月 2 日的法令第 20-5 条规定,劳动应与未成年人相适应,并具有改造特征或有利于年轻的犯人回归社会。

公益劳动可以是监禁刑的替代刑,也可以是第 5 级违警罪的附加刑;在特殊情况下,当法律有规定时,公益劳动也可以作为有些轻罪的附加刑,例如,醉酒状态或吸毒状态下驾车之轻罪。法律甚至将该刑罚作为主刑,适用于非法在建筑外墙、地铁车厢、公共道路涂鸦的行为人。

公益劳动由刑事法官宣告,对轻罪为 20～400 小时(第 131-8 条)①,对第 5 级违警罪为 20～120 小时(第 131-17 条)。法院确定完成公益劳动的期限,该期限最长不超过 18 个月。在该期间内,犯人须遵守各项监督措施,如回应刑罚执行法官或被指定的社会劳动者的召唤,接受后者的到访等。

但是,只有在被告人出庭并经其明确同意才能宣告公益劳动刑。因此,被告人有权拒绝执行公益劳动。这一特殊条件存在的理由是,一方面,如果被告人不同意,则难以实施该刑罚;另一方面,法国参加的国际公约禁止强迫劳动,尤其是《欧洲人权公约》第 4 条,在刑事方面只对在押或假释人员的劳动要求作了例外规定。

(二)停止犯罪引起的混乱

这类性质的义务,可以附加在延期宣告刑罚(附命令的延期)或缓刑(附考验期缓刑)的决定中。对于某些犯罪,该义务构成真正的处罚,法官可以要求犯人停止犯罪或修复损害结果,而且通常在法官确定的期限内,否则逾期罚款,即如果延迟履行义务则要每天支付一定数额的罚款。

例如,《城市化法典》第 L.480-5 条至 L.480-9 条规定,在非法施工建筑的情况下,法官可以要求犯人拆除非法建筑,使有关场所或建筑符合现行管理规定或者将场所恢复原状。该义务由非法建筑的工程受益人履行。

(三)社会司法跟踪

1998 年 6 月 17 日关于预防和惩治性犯罪和保护未成年人的法律,将一个新颖的措施引入法国刑法,即社会司法跟踪(suivi socio-judiciaire)。

1. 宣告跟踪的条件

社会司法跟踪是一项附加刑。该措施的目的是对付性犯罪分子和预防特别恶劣的重罪和轻罪的累犯。它目前适用于伴随强奸、酷刑或野蛮行

---

① 2014 年 8 月 15 日第 2014-896 号法律修改为"20～280 小时",修改之前为"40～210 小时";2019 年 3 月 23 日第 2019-222 号法律修改为"20～400 小时。"由此可见,公益劳动时间的幅度在不断扩大,劳动时间的上限在不断提高。

径的杀人或谋杀罪(《新刑法典》第 221-9-1 条)、强奸和性侵犯罪(第 222-48-1 条)和置未成年人于险境罪(第 227-31 条)。

跟踪的最长期限,对轻罪判决为 10 年,审判法院可以作出特别说明理由的判决将该期限延长至 20 年;对重罪判决为 20 年;当涉及法定刑为 30 年徒刑的重罪时,该期限为 30 年。当涉及法定刑为无期徒刑的重罪时,重罪法庭可以决定适用无限期的社会司法跟踪,但刑罚适用法院可以在 30 年期满后结束该措施。

司法跟踪有两种宣告形式:(1)宣告司法跟踪作为剥夺自由刑的附加刑。剥夺自由刑在监狱机构执行,同时还可以进行相应的医疗和心理跟踪。在羁押状态下,社会司法跟踪将暂停执行。除经犯人同意立即进行医治外,该跟踪措施自剥夺自由刑结束之日起开始实施。鉴于被跟踪人所要履行的义务,司法跟踪不得与全部或部分附考验期缓刑的监禁刑同时宣告(《新刑法典》第 131-36-6 条)。(2)仅在轻罪的情况下,将跟踪代替监禁刑并宣告为主刑(《新刑法典》第 131-36-7 条)。

2. 跟踪的内容

社会司法跟踪要求在刑罚执行法官的监督下,服从和接受监督措施、救助措施,法官可以修改或补充上述措施。基于这个原因,一个人不能同时服从和履行社会司法跟踪措施的义务、附考验期缓刑的义务或假释的义务。社会司法跟踪还可以包括治疗措施。

(1)监督措施

监督措施包括三种类型:①附考验期缓刑制度中规定的自动适用的监督措施(《新刑法典》第 132-44 条);②附考验期缓刑制度中审判法院或刑罚执行法官要求的附加义务(《新刑法典》第 132-45 条);③与判处跟踪的犯罪性质有关的特殊义务,例如,不得到访特别指定的地点或某类场所,尤其是通常用于接待未成年人的地方;不得会见某些人或某类人或与之建立联系,尤其是未成年人;不得从事习惯性接触未成年人的职业活动或志愿活动。

(2)救助措施

救助措施的目的在于支持犯人为回归社会做出改过自新的努力。

在作出治疗犯人的医疗鉴定后,审判法院可以宣告医治命令。治疗需经当事人同意,否则不得进行。但是在拒绝治疗的情况下,将执行附跟踪的监禁刑。

社会司法跟踪的新颖之处之在于,法官在宣告该措施的同时,要在有罪判决中确定犯人未遵守义务要求时将招致监禁刑的最长期限。该期限对于轻罪判决不超过3年,对于重罪判决不超过7年。如果犯人违反义务,刑罚执行法官可以依职权或在共和国检察官的请求下,经过对抗性辩论后通过说明理由的决定,命令执行审判法官宣告的全部或部分监禁刑。

换言之,社会司法跟踪附带着执行监禁刑的可能,这给犯人造成强制遵守跟踪义务的压力,尤其要服从医疗措施。该制度的新颖之处在于审判法官事先就确定了监禁刑的期限。

社会司法跟踪具有特殊的法律性质。立法机关将其规定为附加刑,但是该措施在许多方面借鉴了附考验期缓刑制度(监督措施和救助措施,审判法官确定犯人不履行义务时监禁刑的期限,刑罚执行法官的监督)。

事实上,鉴于缓刑在公共舆论中的消极影响(公众将其视为宽大措施)以及传统上只适用于短期监禁刑,立法机关打算将社会司法跟踪作为性侵害未成年人之轻罪和重罪的真正刑罚,并且在不履行义务的情况下,在审判法官宣告的徒刑或监禁刑之外,执行额外的监禁刑。

(四) 完成实习义务

设立实习义务的意义在于,提醒犯罪人懂得生活的基本规则,预防再次实施危险行为或缺乏公民素质的行为。因此实习具有教育性质。实习主要有道路安全感化实习(2003年设立)、公民资格实习(2004年设立)、毒品危险性的感化实习(2007年设立)等,这里只论述前两种。

1. 道路安全感化实习

法国2003年6月12日关于加强打击道路交通暴力行为的法律,设立了完成道路安全感化实习的义务。对于驾驶道路机动车辆的相关犯罪,法官可在判处附考验期缓刑时,要求完成该实习,共和国检察官也可以将完成实习的要求,作为追诉的替代措施或在刑事和解时提出。完成实习义务也同样是某些驾车轻罪或违警罪的附加刑。

在作为附加刑宣告时,犯人自费履行实习义务,并在有罪判决生效之日起6个月内完成。履行实习义务后,犯人将收到一份实习证明,并应交给共和国检察官。

实习接待机构负责提供有关道路交通不安全因素的讲授或有关交通事故状况、事故起因分析的一个或多个专门教程。实习费用由犯人承担,但不得超过第3级违警罪罚金的最高额,即450欧元。

2. 公民资格实习[①]

2004年3月9日关于司法与犯罪发展相适应的法律,设立了公民资格

---

① 参见孙平:《法国社区矫正制度概论》,载《法治研究》,2014(11),118~124页。

实习的新刑罚。它具有两方面的性质：

一方面，公民资格实习是一种替代刑，审判法院可以根据《新刑法典》第131-5-1条的规定将其代替监禁刑，即当轻罪被判处监禁刑时，法院可以要求犯人完成公民资格实习，代替执行监禁刑。实习的目的是提醒犯人社会的基本容忍和尊重人之尊严的共和价值。法院将确定实习费用是否由犯人承担，费用不得超过第3级违警罪罚金的最高额，即450欧元。但是，该刑罚不得对拒绝接受实习或未出庭的被告人宣告。

根据1945年2月2日关于青少年犯罪的法令第20-4-1条的规定，《新刑法典》第131-5-1条关于公民资格实习的规定适用于13岁至18岁的未成年人。而且实习内容应当与犯人的年龄相符。但是法院不得命令实习费用由未成年人承担。

另一方面，公民资格实习是轻罪和违警罪的附加刑。

另外，公民资格实习的义务，还可以由共和国检察官在刑事和解过程中建议履行，或由审判法官或刑罚执行法官在附考验期缓刑中要求履行。

（五）刑事强制

2014年8月15日的法律设立了"刑事强制"（contrainte pénale）。如果轻罪当处监禁刑，且犯罪人的人格、客观情况、家庭和社会状况以及犯罪事实显示需要进行个别化的持续性社会教育陪护，则可以宣告刑事强制。

刑事强制，是指犯人在刑罚执行法官的监督下，在法院确定的6个月到5年的期间内，必须服从监督和救助措施以及旨在预防累犯、促进融入或回归社会的特别义务和禁止性规定。

犯人在整个刑罚期间必须服从第132-44条规定的监督措施，即附考验期缓刑适用的监督措施。

特别义务和禁止性规定，包括第132-45条规定的附考验期缓刑的义务和禁止性规定，履行公益劳动的义务和接受治疗义务。

救助措施，是指第132-46条对附考验期缓刑规定的救助措施。

五、涉及权利的刑罚

涉及权利的刑罚在《新刑法典》中被称为"剥夺和限制权利的刑罚"，它剥夺犯罪人某些特权或限制其行使这些特权。

这类刑罚具有广泛的预防性，并通常与实施的犯罪有关联，因此构成了避免新犯罪的措施。但是，只有当犯罪人拥有这些权利而且在日常生活中确实行使这些权利时才具有意义和效果。然而，此类刑罚有时也会产生负面效果（职业禁止会使犯人因找不到其他工作而尝试非法活动）。

这类刑罚数目繁多。法国刑法典规定了其中一部分的刑罚制度。但是，立法机关还可以在刑法典总则之外随时设立其他剥夺或限制权利的刑罚。特别刑法中包括一些特殊刑罚。例如，1995 年 1 月 21 日的《安全导向和规划法》第 18 条规定，禁止游行时实施暴力或极其严重破坏、毁坏、损坏行为的犯罪人参与公共道路上的游行。

这类刑罚主要涉及从事经济活动权，公民权、民事权和家庭权，车辆驾驶权，签发支票权或支付卡使用权。

（一）剥夺或限制职业活动权

该项刑罚阻止犯人（成年自然人或法人）永久性地或在一定期限内从事某些职业活动。行政机关往往有权宣告类似或相同的处罚，例如，暂扣、撤销职业许可或关闭机构。

1. 职业禁止

职业禁止经常由经济领域的法律规定。《新刑法典》的总则规定中提到两类禁止：禁止从事职业、社会活动和禁止履行公共职能。职业禁止不适用于选举委任、工会职责和报刊方面的轻罪。作为附加刑，职业禁止可以是永久性或最长期限 5 年。

（1）禁止履行公共职能

禁止履行公共职能，是对犯罪的公务员适用的刑罚，例如，《新刑法典》第 432-17 条规定了公职人员实施侵害公共行政管理犯罪的职业禁止。

（2）禁止从事职业或社会活动

禁止从事职业或社会活动，可以作为轻罪判决中的替代刑宣告，但仅限于当事人故意利用相关活动提供的便利来准备或实施犯罪的情形。

禁止从事职业或社会活动，还可以作为附加刑宣告，禁止从事实施犯罪时所从事或借机从事的活动，或禁止刑事法律所规定的任何职业或社会活动。

2. 关闭机构

关闭机构是刑事法官以刑罚的名义宣告的措施，有时行政机关也将其作为治安措施。被关闭的机构，通常是用来实施犯罪的机构，立法机关还规定在某些情况下，仍维持关闭期间员工的报酬。显然，该刑罚剥夺了犯人可从机构经营中获得的收入，因此它属于财产刑。由于该刑罚禁止在机构中从事实施犯罪时所开展的业务，所以它也是涉及职业活动权利的刑罚。

在法律规定的情况下，关闭机构可以作为重罪和轻罪的附加刑，期限可为永久性或暂时性，目的通常是避免在机构经营过程中发生新的犯罪，因此具有预防犯罪目的。

3. 解除公共市场

解除公共市场，是《新刑法典》对法人以附加刑或主刑名义适用的刑罚，最长期限为5年。它涉及禁止直接或间接参加任何由国家及其公共机构、地方行政区域及其公共团体和公共机构订立的市场合同，以及由国家或者地方行政区域或其公共团体出让或控制的企业订立的市场合同，从而限制企业的业务和收入。法律有时会规定对自然人以附加刑的名义适用该刑罚。

（二）剥夺公民权、民事权和家庭权

剥夺政治权利、民事权利和家庭权利的刑罚，将犯人排除在民事生活和社会生活之外，因此它曾在旧刑法典中受到重视，相关的刑罚包括民事死亡、法定禁止、民事降级等。随着《新刑法典》的生效，这些刑罚被废除。过去有关民事降级的规定被新法典中禁止公民权、民事权和家庭权的规定所取代，这些刑罚作为附加刑，对于重罪最长期限为10年，对于轻罪最长为5年。原则上，该刑罚应当专门由法官宣告，因为除非有特别规定外，它不会自动从刑事判决中生成。而且，这种刑罚不适用于未成年人。

法官可以调整刑罚的内容，但是只能剥夺犯人的某些权利。剥夺权利可以是全部剥夺或部分剥夺。相关权利是指选举权和被选举权，司法职能行使权或者法院专家权，司法代理权或协助权，简单声明之外的司法作证权，对非子女的监护权或财产管理权。

（三）涉及汽车使用权的刑罚

驾驶汽车成为人们越来越珍贵的权利，因此对驾车权利设置刑罚符合时宜。刑罚有时间接作用于车辆的使用权，如没收汽车，有时涉及部分车辆使用权，如禁止驾驶某些车辆，但在大多数情况下，直接涉及全部车辆使用权，如暂扣或吊销驾驶执照。即使被判刑的犯罪与汽车驾驶没有关系，也同样适用该刑罚。因此，涉及汽车使用权的刑罚规定非常广泛，除在《道路交通法典》之外，主要是刑法典中的规定。

暂扣驾驶执照可以是替代刑，《新刑法典》第131-6条第1项规定该刑罚的期限对于轻罪最长为5年，对于第5级违警罪最长为1年。暂扣驾驶执照也可以是附加刑，《新刑法典》第131-10条规定该刑罚可适用于重罪和轻罪；第131-16条第1项规定该刑罚的期限对于违警罪最长为3年。法官可以允许在职业活动之外行使驾驶权。在此情况下,法院在判决中确定该职业活动的性质,以及行使驾驶权的时间和地点条件。然后,犯人要交出驾驶执照,作为交换,犯人在刑罚执行期间将得到一个证明(有时被称作"白本驾照"),它载明职业活动以及允许驾驶的路程和期间。但是,职业活动之外的驾驶权,不适用于某些犯罪,尤其是交通肇事逃逸轻罪,醉酒驾车或多次严重超速驾驶之轻罪。

吊销或收回驾驶执照可以是替代刑(适用于轻罪),也可以是附加刑(适用于重罪和轻罪),有时甚至是强制附加刑(适用于醉酒驾车之累犯或酗酒驾车或吸毒驾驶之累犯)。该刑罚导致在一定期限内禁止申请新的驾驶执照。

处以暂扣或吊销驾驶执照的刑罚,不要求被告人在实施犯罪的当天持有驾驶执照,只要求被告人取得驾驶执照即可。如果驾驶人不具备驾驶资格,未取得驾驶执照,暂扣或吊销驾驶执照的刑罚,则由同样期限内禁止取得驾驶执照的刑罚代替。

暂扣驾驶执照的刑罚,一方面不得与行政暂扣驾驶执照的处罚相混淆,后者原则上由省长宣告,最长期限为6个月,并且该暂扣期限可以列入司法暂扣的期限内;另一方面也不得与1989年7月10日的法律在《道路交通法典》第L.223-1条及后文规定中设立的驾驶分数制度相混淆。即使驾驶分数的扣除与驾驶车辆的刑事犯罪相联系,但是驾驶分数不是刑罚,而是行政性质的处罚。

(四)禁止签发支票或使用支付卡

禁止签发支票或使用支付卡的期限存在多种可能,这些刑罚可以是替代刑(轻罪,最长期限为5年;违警罪,最长为1年),也可以是附加刑(重罪和轻罪,最长期限为5年;第5级违警罪最长为3年而且只涉及签发支票)。禁止签发支票不涉及可以提取资金的支票或已被认证的支票。

这些刑罚对犯人意味着必须向银行交回曾发出归其持有或归其代理人持有的支票票样或银行卡。

六、涉及名誉的刑罚

涉及犯人荣誉的道德刑,降低了犯人的资信。这类刑罚在当今有所减少,只剩下有罪判决的公告,即由犯人自费承担其判决的布告或发布,费用在法定罚金刑的最高额度内(显然,该刑罚还具有经济处罚的性质)。该刑罚可以作为重罪和轻罪的附加刑,但是它不适用于未成年人。

有罪判决的布告,将在法院指定的地点和时间内执行,原则上,最长期限不超过 2 个月。

有罪判决的发布,由一个或多个新闻出版单位在法兰西共和国官方公告上作出,或者以特殊形式,通过一家或多家视听通信机构予以实现。这些经法院指定的单位或机构必须将有罪判决予以发布。

法官也可以对布告或发布的内容作出选择,可以是判决的全部内容,也可以是判决摘要内容或是按照法院确定的文稿作出的判决理由和主文的公开通报。但是,判决中被害人的姓名,只有经本人、代理人或权利继承人同意方可提及。

根据《新刑法典》第 131-35 条的规定,法官不得同时判处布告和发布有罪判决两种刑罚措施,只能选择其中之一。

第十七章　宣　告　刑

在证实犯罪人有罪后,法官将确定犯罪人领受的刑罚。法律对犯罪规定了理论上的法定刑,法官将法定刑具体应用于对犯罪负有刑事责任的犯罪人。

法律以抽象方式对犯罪作出定罪处罚规定。法律抽象下面遮盖着宣告刑罚时应当考虑的各种个人与案情的实际情况。换言之,宣告刑应当与刑罚的性质、比例、执行制度、犯罪情节以及犯罪人的人格相适应。因此,对于相同的犯罪,由于案情不同,宣告的刑罚也不同,而法定刑只起到处罚犯罪行为的指示作用。

有时,考虑到犯罪人的人格、行为、案情,法律本身也对刑罚制度作出调整。因此,这是指"刑罚法定个别化或个人化"(individualisation ou personnalisation légale de la peine)。

然而,法律不能预见各种具体情况并确定相应的刑事处罚效果。即使法律作出明确规定,在适用刑罚时也不能采取完全统一的方式。刑罚与犯罪情节,尤其与犯罪人人格的实际相称,是由审判法院实现的。这又被称为"刑罚司法个别化或个人化"(individualisation ou personnalisation judiciaire de la peine)。法官为了宣告其认为适合犯人的一个或多个刑罚,需要考虑刑事程序中出现的以及对抗性辩论中提交的所有相关要素。

法官的权力当然要受到限制,要在法律规定的框架下行使,以避免走向擅断。

刑罚司法个别化的权力只能在法律规定的限度内行使。尤其是,法官应当按照刑罚法定原则,遵守立法机关规定的刑罚种类和刑罚幅度或最高刑限制。

随着法国《新刑法典》的生效,法官的刑罚个别化权力又获得新的伸展空间。因此,法官拥有的各类刑罚以及调整刑罚执行的技术越来越多。

刑罚法定个别化和刑罚司法个别化,在确定刑罚的不同阶段发挥着作用,如宣告刑罚的必要性、刑罚性质的选择、刑罚比例(期限、数额)的确定、刑罚的执行方式等。

第一节 无效的刑罚

在某些条件下,即便犯罪人完全负有刑事责任,法律也要求或允许法官对犯罪人不宣告刑罚。

一、宣告刑罚的法定障碍:免除刑罚的法定事由

在宣布犯罪被告人负刑事责任及必要时对附带民事诉讼作出判决后,如果案件符合相关法定条件,法官则无法宣告刑罚,只得对犯罪人免除刑罚。

免除刑罚(exemption de peine)的法定事由是指免除刑罚的特殊事由,法律并没有对所有犯罪或某类犯罪作出一般规定,而是将其与特定的犯罪相联系,法官只能考虑法律规定的情形而别无选择。

刑法已对有些犯罪规定了免除刑罚的机制(恐怖犯罪、坏人结社罪、背叛和间谍罪、越狱罪、假币罪),2004年3月9日《关于司法与犯罪发展相适应的法律》又对免除刑罚作了系统性规定,同时,该法律借鉴了国外经验的模式(尤其是意大利的"司法合作者"范例),设立了真正的悔罪者身份。

《新刑法典》第132-78条第1款规定,"如果企图犯重罪或轻罪的人向行政机关或司法机关作出通报,从而避免了犯罪发生,并在必要时指认出其他正犯和共犯,那么在法律规定的情况下,免除其刑罚处罚。"而根据《新刑法典》第121-5条,犯罪未遂的构成条件是在着手实施犯罪时由于犯罪人意志以外的原因而中断犯罪或没有发生犯罪结果。二者的区别在于前者是自愿告发并避免犯罪发生,后者是由于行为人非自愿的、意志以外的原因而使犯罪没有得逞。

免除刑罚要求同时具备两个条件:一是当事人的告发不仅阻止了犯罪发生,而且还指认出其他正犯或共犯。因此,企图实施重罪或轻罪的人为了免除刑罚向有关机关作出告发还不够,还要求告发具有一定的"质量"。二是仅依据悔罪者的告发,不得宣告任何有罪判决。

《新刑法典》总则中规定了悔罪者免除刑罚的原则,并不意味着免除刑罚适用于所有犯罪的悔罪者。只有法定情况下才可以免除刑罚,即法律明文规定可以免除特定犯罪的刑罚。换言之,刑罚的免除或减轻不是普遍规则,而是专门涉及某个犯罪。大多数免除刑罚的事由,是出于同有组织犯罪斗争的需要而设立①。

当揭发行为不是发生在犯罪预谋阶段,而是在犯罪实施过程之中或之后,在符合一定条件下,揭发人应当获得法定刑的减轻待遇。当揭发发生在有罪判决之后,悔罪者同样可以享受特别的刑罚减轻制度。

考虑到悔罪者本人及其家庭有招致打击报复的危险,2004年3月9日《关于司法与犯罪发展相适应的法律》规定了保护悔罪者的特殊措施。其目的是鼓励参与犯罪预备、实施犯罪或知悉可阻止其他犯罪的因素的人,将这些信息报告给行政机关或司法机关。因此,保护悔罪者的特殊措施的真正目的在于保护悔罪者的安全,在防止受到报复的同时,鼓励其同官方合作和重新回归社会,避免累犯发生。

为了预防司法错误,知悉受到暂时羁押或重罪、轻罪判决的人的无罪证据的人,如果未及时作证而是延迟、自发作证,则免除刑罚。同样,作伪证的人,如果在法院判决前自动撤销其证言,也免除刑罚处罚。

另外,未成年也同样是宣告刑罚的阻却事由。而且这是一般性规则,即对不满13岁的未成年人不得适用刑罚,只能适用教育措施。

二、宣告刑罚的适时性:刑罚的延期或宽免

在宣告犯罪被告人负刑事责任及必要时对附带民事诉讼作出判决和命令没收危险有害物品后,法院可以延期宣告刑罚,也可以免去被告人(自然人或法人)的刑罚。如果犯罪给被害人和社会所造成的损害后果已经或正在消除,法官有权作出此种决定。对轻罪和违警罪(附考验期的延期除外),法院可以命令延期宣告刑罚或免去刑罚。但这些规定不适用于重罪。

(一)宣告刑罚的延期

延期宣告刑罚(ajournement de peine),是法院将刑罚判决拖延到其确定的其他日期进行。延期宣告可以是普通延期,也可以是附加特殊义务的延期。最终判决取决于被告人在此期间的表现。延期开庭宣告刑罚的威胁,可以激励犯罪人为消除犯罪后果和回归社会做出努力。基于此原因,刑罚宣告延期往往是免去刑罚的前提条件。

1. 普通延期

普通延期由《新刑法典》第132-60条至第132-62条规定。当犯罪人

---

① 这些犯罪包括:谋杀和毒杀罪(第221-5-3条)、酷刑和野蛮行径罪(第222-6-2条)、贩卖毒品罪(第222-43-1条)、绑架和非法监禁罪(第224-5-1条)、劫持飞行器、船舶或其他交通工具罪(第224-8-1条)、贩卖人口罪(第225-4-9条)、淫媒罪(第225-11-1条)、有组织盗窃和抢夺罪(第311-9-1条和第312-6-1条)等。

正在回归社会,犯罪引起的损害正在得以修复,犯罪引起的社会混乱即将停止,并且被告人(如果是法人,则是法人代表)出席开庭,则可以命令延期宣告刑罚。但是延期是一项普通权利,根据其适用条件,宣告延期的法院无需对其决定说明理由。

法官延期作出刑罚决定并为此确定判决的日期。在新的宣判之日,法院可以决定免去刑罚,也可以宣告刑罚,甚至可以裁定新的延期,条件是刑罚判决最晚要在第一个延期后的 1 年内作出。

2. 附考验期的延期

附考验期的延期由《新刑法典》第 132-62 条至第 132-65 条规定。作出此种延期命令的条件与普通延期相同,但是它只对轻罪和自然人适用。附考验期的延期,是指法官在作出延期宣告刑罚决定的同时,要求犯罪人在确定的期限内接受考验,考验期不超过 1 年。

在考验期内,将适用《新刑法典》第 132-43 条至第 132-46 条规定(关于附考验期缓刑)的考验制度。因此,犯罪人要服从一定数量的强制性监督措施(例如,回应刑罚执行法官或指定的社会工作者的召唤,向其汇报工作、住宅变更和出行情况),以及服从法官可能要求的特殊措施,并且还享受有利于其回归社会的救助措施。

在此期间内,被告人处于刑罚执行法官的监督之下,后者可以调整、变更或取消被告人的强制性特定义务,或者对其规定新的义务。

在延期开庭之日,根据考验期内犯罪人的表现,尤其是遵守监督措施和强制义务的情况,法官可以决定免去刑罚,或者宣告刑罚,或者作出新的延期,条件是刑罚判决要在第一个延期后的 1 年内作出。

如果被告人不遵守监督措施、救助措施或者强制性特定义务,刑罚执行法官可以在考验期届满前请求法院作出刑罚判决。另外,经共和国检察官同意,刑罚执行法官可以在新的开庭日前 30 天,经过对抗性辩论后,亲自宣告免去刑罚。

3. 附命令的延期

附命令的延期由《新刑法典》第 132-66 条至第 132-70 条规定。附命令的延期,主要针对工商业活动中发生的违背特定法律义务或条例义务的犯罪适用。

法院作出延期宣告刑罚的命令,延期期限不超过 1 年。与普通延期和附考验期的延期不同的是,宣告附命令的延期无需被告人在场,而且不得重复延期。

法院命令被告人遵守其曾忽视的法律、条例规定,并且确定被告人履行义务的期限。如果法律或条例有所规定,法院可以对命令附加逾期罚款的条件,即如果延迟履行义务,则要每天支付一定数额的金钱。刑罚执行法官负责确保强制义务得以执行。

在延期开庭之日,如果各项义务得到遵守,法院可以免去被告人的刑罚;如果认为必要,法院也可以宣告刑罚。

如果被告人未履行或延迟履行相关义务,法院则要对相应的逾期罚款进行结算并且宣告法律、条例规定的刑罚。如果法律、条例有所规定,法院还可以裁定依职权履行犯人不认可的义务,费用由犯人承担。

(二) 刑罚的宽免

在宣告被告人有罪并在必要时对附带民事诉讼作出判决后,法院可以免去被告人的刑罚,即对其不科处刑罚,条件是犯罪人已经回归社会,犯罪引起的损害已得到修复,犯罪引起的社会混乱已经停止。如果这些条件正在形成过程中,宽免刑罚(dispense de peine)的决定可以在一个或多个刑罚延期之后作出。法院在判决时需要判断这些条件的符合情况,但是法院无需对判断后的决定说明理由。

宽免刑罚同样适用于从刑,即对犯人因有罪判决而自动获得的各种禁止、丧权或无能力的从刑适用。在宽免刑罚的情况下,唯一可以宣告的刑罚就是没收危险有害物品,基于其实际特征和预防功能,该刑罚被专门排除在宽免刑罚的规则之外,不受其影响。

第二节 宣告刑的确定

如果法官认为需要对犯罪人处以刑罚,他将运用法律规定的刑罚,即定罪条文规定的主刑和附加刑,刑法总则规定的主刑替代刑。

按照刑罚个别化权限,法官将宣告一个或多个与犯罪情节相称的处罚。刑罚的选择,主要取决于犯罪的严重性和犯罪人的人格。为此,法官更倾向选择突出预防性质的刑罚,以便有助于犯罪人回归社会和预防累犯。

法官负责确定刑罚的性质以及必要时刑罚的比例,即指刑罚的期限或数额。但是,各种法律限制也在法官确定刑罚时起引导作用。

一、法官关于刑罚个别化的一般权限

(一) 选择刑罚的标准

《新刑法典》第132-1条规定,法院宣告的任何刑罚都应予以个别化;

在法律规定的限度内，法院根据犯罪情节和犯罪人的人格及其物质、家庭和社会状况，确定宣告刑罚的性质、刑度和刑罚制度。

根据《新刑法典》第 132-1 条和 1945 年 2 月 2 日《关于未成年人犯罪法令》第 2 条第 2 款的规定，未成年人法庭根据未成年人的犯罪情节和人格，可以宣告教育处罚（对 10 岁以上的未成年人）或者刑罚（对 13 岁以上的未成年人）。

处罚宽大或严厉的理由多种多样，其效果由法官判断。这些理由通常涉及犯罪行为的严重性、对社会秩序造成的混乱、犯罪情节和行为人的人格。因此，即使在法律上犯罪动机对于刑罚无关紧要，犯罪未遂或具有可敬动机的犯罪仍可以受到宽大处理。犯罪人的人格对选择替代刑和附加刑同样起到决定性作用。

法律有时会让法官注意某些宽大事由，但并没有规定相应的轻缓措施。例如，《新刑法典》第 122-1 条第 2 款和第 213-4 条规定，一般而言，识别能力受到损坏或控制行为能力受到阻碍的精神紊乱，或者基于法律命令或合法机关命令实施的反人类罪，都不是不负刑事责任的事由，而只是法院确定刑罚和刑罚制度时应考虑的"情节"。

法国最高法院认为，这些规定没有要求实质审理法官在选择刑罚时说明理由，而且还认为，在无相反规定的情况下，法官在法律规定的限度内确定刑罚属于法官应有的权利，《新刑法典》第 132-1 条对此没有加以任何限制。

第 132-1 条的规定具有激励功能，并且只要求法官在确定刑罚时履行考虑各种事由要素的道德义务。根据法律的特别规定，法官只需要对某些刑罚的选择说明理由。

（二）选择刑罚的理由说明

有些规定明确要求法官对刑罚的选择说明理由。

在轻罪方面，只有特别说明理由后，刑事法官才能选择和宣告固定的监禁刑，即无缓刑的监禁刑。面对未成年犯罪人，少年法庭在作出附缓刑或不附缓刑的监禁刑判决时，都要特别说明理由。

说明理由的义务，要求法官从"事由要素"和犯罪人的"人格要素"等方面具体说明选择刑罚的理由，并且要求法官不得使用空泛、无个性的套话或专门对犯罪严重性作出的评论。

宣告无缓刑的监禁刑的判决，需要说明理由，而对固定的监禁刑的刑期，不需要说明理由。这样，上诉法院（即二审法院）在提高轻罪法院宣告的固定的监禁刑刑期时,可以重复使用判决理由。

二、刑罚性质的确定

法官在选择刑罚时享有很大权限。《新刑法典》第 132-17 条第 2 款规定,"法院对受理的犯罪案件,可以只宣告各种法定刑中的一种刑罚"。这条规定既适用于主刑(如果法定刑是剥夺自由刑和罚金刑,法官可以只宣告其中之一),也适用于(重罪情形除外)可能作为主刑宣告的附加刑。最后,法官可以用替代刑代替刑事法律规定的主刑。法官还可以在必要时,宣告几个刑罚。

但是,法官的选择也受到某些限制。

首先,法官的选择受到刑罚性质的限制。例如,如果犯罪人是法国人,则不得宣告禁止进入法国的刑罚。善意的动机,也可以排除宣告暂扣、吊销驾驶执照的刑罚,或同时没收犯罪物品实物和价值的刑罚。

其次,法官的选择还受到某些犯罪人的限制。如果法官可以决定对 13 岁至 18 岁的未成年人处以刑罚,但他不得宣告不适用于未成年人的刑罚(如,禁止进入法国,日罚金,禁止公民权、民事权和家庭权,禁止从事公共职能、职业或社会活动,禁止居留,关闭机构,解除公共市场,布告或发布有罪判决)。另外,法官还不得对 16 岁以下的未成年人建议公益劳动的处罚。

最后,法律禁止刑事法官同时宣告某些刑罚。这需要法官在确定刑罚时遵守刑罚并科或不并科的规则。

(一) 对自然人宣告的刑罚

对自然人宣告的刑罚,可作出重罪、轻罪和违警罪之区分。

1. 重罪适用的规则

在重罪方面,如果刑事法律有所规定,重罪法庭可在法定范围内宣告一个或多个主刑(刑事徒刑、刑事拘押和/或罚金),而且当法律有所规定时,还可以并处一个或多个附加刑。但是,除非另有规定,不能将重罪的附加刑作为主刑宣告。而根据《新刑法典》第 131-11 条,可以将轻罪的附加刑作为主刑宣告。

2. 轻罪适用的规则

《新刑法典》第 131-9 条规定了在轻罪方面禁止并科某些刑罚。刑罚并科和不并科的规则可以概述如下:主刑之间可以并科,例如,作为主刑的监禁刑和罚金,可以同时宣告;如果法律有所规定,主刑和附加刑也可以并科。但是，主刑不得与代替它的替代刑并科（但是，监禁刑可以与代替罚金刑的日罚金刑并科，或者罚金刑也可以与监禁刑的替代刑并科）。同样，替代刑之间不能并科，即不能宣告多个替代刑。

例如，当法定刑为监禁并且轻罪法院法官决定宣告该刑罚时，法官可以只宣告监禁刑或者将监禁刑与罚金刑或日罚金刑同时宣告，在法定情况下，还可以同时宣告一个或多个附加刑。法官还可以将监禁刑与社会司法跟踪并科，但附考验期缓刑的监禁刑除外，因为社会司法跟踪与附考验期缓刑中的监督措施是相同的，所以二者不得同时宣告。

但是，监禁刑不得与代替它的替代刑并科，即《新刑法典》第131-6条规定的剥夺或限制权利的刑罚、公民资格实习或公益劳动。

如果法定刑为监禁并且轻罪法院法官决定不宣告该刑罚，那么可以作为主刑宣告的刑罚包括：罚金或者日罚金；监禁的替代刑，如公益劳动、公民资格实习、第131-6条规定的剥夺或限制权利；法定的一个或多个附加刑，其中包括社会司法跟踪。

当轻罪的主刑不是监禁，而只是罚金时，法官要么宣告罚金，要么用日罚金或《新刑法典》第131-6条规定的剥夺或限制权利的替代刑，代替罚金，要么将轻罪法律规定的一个或多个附加刑当作主刑予以宣告。

另外，主刑的替代刑，可以与刑事法律规定的附加刑并科。但是如果附加刑的内容与第131-6条规定的剥夺或限制权利的替代刑的内容一样或相近（例如，暂扣驾驶执照、职业禁止），则不适用并科原则。

最后，当法官根据《新刑法典》第131-11条，将刑事法律规定的一个或多个附加刑当作主刑宣告时，法官则不得再宣告其他主刑或替代刑。

3. 违警罪适用的规则

违警罪法庭法官可以宣告罚金刑或者第131-14条规定的剥夺或限制权利的替代刑，但不得将两者同时宣告，在此情况下，可以同时宣告条例规定的一个或多个附加刑。如同对待轻罪一样，违警罪法官可以只将一个或多个附加刑作为主刑宣告，但不得将其与罚金刑（主刑）或替代刑并科。

（二）可对法人宣告的刑罚

刑事法官对法人宣告刑罚的规则相对比较简单。

就重罪、轻罪而言，在法定情况下，法官可以单独或并科宣告罚金刑和第131-39条规定的刑罚。如果法律规定了附加刑，那么它们只得作为附加刑宣告，不得代替主刑。

就违警罪而言，违警罪法官可以宣告罚金，并且在有相关规定的情况下，在罚金之外再宣告一个或多个附加刑，或者将该附加刑代替罚金当作主刑宣告。对于第5级违警罪，还可以宣告两个替代刑，从而取代宣告罚金刑。

三、刑罚数量的确定

大多数刑罚，至少诸如剥夺自由刑、罚金刑等主刑，由法官确定其比例、份额，即在法律、条例规定的范围内确定刑罚的期限和数额。根据刑罚个别化权限，法官享有很大的裁量自由。但是，法律有时也要求减轻或加重处罚。

（一）法律的强制性要求：加重或减轻法定刑的法定事由

刑罚加重或减轻的法定事由有两种。一种是特殊事由，是法律对特定犯罪作出的特别规定；另一种是一般事由，即对所有犯罪都引起加重或减轻刑罚的事由。

1. 加重情节

在加重情节中，一种是普通加重情节，即累犯，涉及大多数犯罪，这将在后文专门提及。

特殊加重情节，是法律对某些犯罪规定的能够自动引起法定刑升高的情节。换言之，立法机关将刑罚与犯罪相联系，如果犯罪符合法定情形，则要特别加大打击力度。

特殊加重情节各种各样，可以涉及被害人的身份（如职业、年龄或脆弱性）、犯罪人的身份（如职业）、犯罪人与被害人的关系（如配偶或同居者、长辈或晚辈的身份）、犯罪人使用的犯罪手段或技术（如使用武器）、犯罪人追求的目的（即动机问题）、犯罪的时间或地点（如夜间、住宅、学校或教育机构内或学生上下学时）、犯罪结果（如人的死亡）、正犯和共犯的人数（如共同犯罪、有组织团伙）。

根据一事不再罚原则，法官不得将同一犯罪事实作为两个加重情节。同样，也不得将同一犯罪事实同时作为一个犯罪的构成要件和另一个犯罪的加重情节。

有些加重情节由于与犯罪人的个人相联系从而具有主体性或个人性（例如，被害人配偶或同居者的身份）；其他加重情节由于与实现犯罪的客观条件相联系而具有客观性或现实性（例如，暴力、酷刑或野蛮行径、破门而入）。后者也适用于共犯。

立法机关还将某些情节同多个犯罪相联系，《新刑法典》对此作出了详细规定：有组织团伙、预谋、破门而入、翻越墙栏、武器、种族动机、性取向等（第132-71条至第132-77条）。使用隐秘手段实施犯罪，同样引起加重剥夺自由刑的法定刑（第132-79条）。最后，有些加重情节本身就构成犯罪（如暴力、酷刑或野蛮行为等）。因此，立法机关对一个行为连续构成多个犯罪的情形给予特殊惩罚，例如，《新刑法典》第222-26条规定，强奸之前、同时或之后实施了酷刑或野蛮行径，处无期徒刑。

当法律对某个特定犯罪规定了加重情节，这些情节就是特殊情节。

例如，《新刑法典》第311-4条至第311-11条规定了盗窃罪的加重处罚，该罪一般处罚为3年监禁和45 000欧元罚金。第311-4条列举了盗窃罪的9种加重情节，每个情节都可以将盗窃罪的刑罚加重到5年监禁和75 000欧元罚金。当具备其中两个加重情节时，刑罚加重至7年监禁和100 000欧元罚金，具备三个加重情节时，刑罚加重至10年监禁和150 000欧元罚金（比如，在运输乘客的公交车辆上，使用暴力，实施共同犯罪）。因此，法律有时专门严惩同时具备多个加重情节的犯罪。

最后，需要指出的是，有些加重情节的后果改变了犯罪的性质，例如，盗窃罪是轻罪，但是如果盗窃之前、之时或之后对他人实施了暴力从而引起肢体损害或永久性伤残，或者使用、携带武器或以武器相威胁，或以有组织团伙形式实施，或者盗窃之前、之时或之后实施了致人死亡的暴力、酷刑或野蛮行径，盗窃罪就转化为重罪。由此可见，自刑事程序开始就要对加重情节的存在与否进行判断，以便确定犯罪的确切性质和适用的法律规则，尤其是管辖和程序规则。

这些情节是严重犯罪的构成要件。但是，需要将它们与普通犯罪的构成要件相区分。如果不具备特殊加重情节，则不能适用加重刑罚，但并不影响有罪判决。

2. 减轻刑罚的法定事由

法律对法定刑的减轻事由作出限制性规定。其中仅有一项普通事由，是对所有犯罪都适用的刑罚减轻事由，即未成年人。

（1）未成年人

少年法庭或未成年人重罪法庭决定对13岁至18岁未成年人宣告刑罚判决时，未成年人自动获得法定刑的减轻，这有时被称作未成年人的减轻理由。

因此，有期剥夺自由刑（刑事徒刑或监禁）将减半，如果法定刑为无期徒刑，则由20年有期徒刑代替。未成年人法院还不得宣告高于成年人法定罚金数额一半以上的罚金，或者不得宣告超过7 500欧元的罚金。

刑罚的减轻对 13 岁至 16 岁的未成年人必须适用。对 16 岁至 18 岁的未成年人,在特殊情况下,少年法庭或未成年人重罪法庭考虑案情和未成年人的人格因素,可以例外地排除适用减轻规则。在轻罪方面,少年法庭作出此类决定时需要特别说明理由。

(2) 减轻刑罚的特殊事由

法律按照免除刑罚的法定事由模式,规定了在满足一定条件下减轻法定刑。但是,不同于企图犯罪阶段适用的刑罚免除,刑罚减轻涉及某些重罪或轻罪的犯罪人。减轻机制在犯罪实施之后、有罪判决之前介入(如果在有罪判决之后作出揭发,根据《刑事诉讼法典》第 721-3 条,犯人可以受到特殊减刑)。

正如刑罚免除,刑罚减轻只对法律专门规定的事由及其相关的犯罪适用,即在法定情况下[①],重罪或轻罪的行为人,如果事先通报了行政机关或司法机关,从而终止犯罪或者避免造成人员死亡或永久残疾等(在已实施犯罪但未发生所有犯罪后果的情况下)损害,或者指认出其他正犯或共犯(这里是替代性条件,对共同正犯或共犯的揭发已满足条件),那么重罪或轻罪行为人的法定剥夺自由刑的期限将被缩减。这些规定同样适用于揭发与被告人的重罪或轻罪性质相同的关联犯罪。但是,仅仅依据这些揭发不得宣告有罪判决。犯罪人依据《新刑法典》第 132-78 条的规定享有刑罚减轻的同时,也享有《刑事诉讼法典》第 706-63-1 条规定的保护制度。

关于刑罚减轻的幅度,揭发者的法定剥夺自由刑将减半。法定刑为无期徒刑时,刑罚将减轻为 20 年有期徒刑。

《新刑法典》第 224-1 条、第 224-3 条和第 224-4 条规定,绑架罪、非法监禁罪和人质罪的犯罪人,如果在七天内自愿释放被害人并且未对被害人实施酷刑或肢体残害,其刑罚可以得到更多的减轻。

另外,《新刑法典》没有将挑唆(provocation)作为减轻刑罚的事由,而 1810 年《刑法典》却对杀人和伤害罪规定了该事由。该情节的后果,将由

[①] 《新刑法典》中可适用刑罚减轻的犯罪包括:毒杀罪(第 221-5-3 条),酷刑和野蛮行径罪(第 222-6-2 条)、贩卖毒品罪(第 222-43 条)、绑架和非法监禁罪(第 224-5-1 条)、劫持飞行器、船舶或其他交通工具罪(第 224-8-1 条)、贩卖人口罪(第 225-4-9 条)、淫媒罪(第 225-11-1 条)、有组织盗窃和抢夺罪(第 311-9-1 条和第 312-6-1 条)、向国外提供情报和领导或组织暴动罪(第 414-4 条)、恐怖主义罪(第 422-2 条)、假币罪(第 442-10 条)。刑罚减轻还可以适用于违反生物武器或有毒武器规定罪(《国防法典》第 L.2341-6 条)、违反化学武器规定罪(《国防法典》第 L.2342-76 条)、违反爆炸物规定罪(《国防法典》第 L.2353-4 条和第 L.2353-9 条)以及违反战争物资、国防武器或弹药规定之轻罪(《国防法典》第 L.2339-13 条)。

法官根据刑罚个别化的一般权限进行判断。

（二）法官选择刑罚比例的自由度

除了没收等为数不多的刑罚外,大多数刑罚可以从期限或数额上划分等级。

如果不具备免除刑罚的法定事由,而且法官认为应当宣告刑罚,那么法官在必要时根据加重或减轻刑罚的法定事由,在法定刑的最高限度内享有广泛的量刑自由裁量权。

重罪法庭在对重罪宣告剥夺自由刑时将受到额外限制。

1. 量刑选择的一般限制：法定最高限度

旧刑法典中,犯罪所对应的剥夺自由刑和罚金刑都有最高和最低的限制。原则上,法官在这个幅度内量刑,但是,如果存在减轻情节,法官还可以在最低刑之下量刑。在整个20世纪中,减轻情节对所有犯罪都适用并使所有犯罪人都受益。法官负责认定减轻情节,他为此需要考虑各种情况,主要涉及实施犯罪的客观条件和犯罪人的个人情况(疾病、年龄、动机、悔罪、社会和职业情况等)。

《新刑法典》取消了刑罚的最低限度和减轻情节,后者不再有任何意义。1992年12月16日的法律第322条取消了《新刑法典》之前法律中的剥夺自由刑和罚金刑的最低限制。

自此,刑事法律在规定刑罚的限度时只规定最高限度。在这个最高限度内,法官可以自由确定刑罚的数额和期限。《新刑法典》第132-19条第1款和第132-20条关于轻罪的监禁刑和罚金刑的量刑规定,更加体现出这一量刑原则。由于刑罚只存在最高刑限制,那么法官可以在此之下宣告很低的甚至只具象征意义的刑罚。

但是,对这个原则也存在例外规定：

首先,税务和海关的比例制罚金,由于具有刑事处罚和民事赔偿的双重特征,不受此原则的限制,《海关法典》和《税务总法典》的相关规定作出了最低罚金额的限制,法院不得在最低额的限度之下宣告处罚。

其次,当适用一次性罚金程序并且违警罪行为人提出请求、抗议或要求时,社区法院在判刑时,不得宣告低于当事人提出质疑之前应缴数额的罚金。

最后,当上诉法院只对犯人的上诉作出判决时,它不得加重一审法院宣告的刑罚判决。

2. 重罪剥夺自由刑的特殊限制

《新刑法典》第132-18条规定,重罪法庭可以对重罪宣告低于法定刑期限的刑事徒刑或刑事拘押,甚至适用轻罪的监禁刑。但是,立法机关对此作出了限制。

(1) 最高限制

对于重罪,剥夺自由刑的最高期限,只有在重罪法庭成员至少以 8 票多数通过时才能宣告(上诉案件须 10 票通过)。未达到该多数并因此要宣告低于法定最高期限的刑罚时,如果法定刑为无期徒刑,法官不得宣告高于 30 年的有期徒刑;如果法定刑为 30 年有期徒刑,法院不得宣告高于 20 年的有期徒刑。这两种情况也符合《新刑法典》第 131-1 条中刑罚梯度递减的刑罚规定。

(2) 最低限制

《新刑法典》第 132-18 条还规定了最低限制,也就是不得在该限制以下作出量刑。

当重罪应被判处无期徒刑或终身拘押时,法院不得宣告低于 2 年的监禁刑。当重罪应被判处有期徒刑或有期拘押时,法院不得宣告低于 1 年的监禁刑。但是,如果法律不要求重罪法庭必须宣告剥夺自由刑,则不受此限制。

第三节 数罪适用的特殊规则

再次犯罪是常见现象,法国近三分之一的犯人是累犯。连续实施多个犯罪,彰显了行为人的人身危险性,在某些情况下需要给予特别制裁。

法国的相关法律制度,根据当事人在前后两个犯罪间隔期间是否受到前罪的最终判决作出区分。

如果当事人在实施后罪之前,已受到前罪的最终判决,而且前罪的刑罚已执行完毕或者已过时效,法律通常加重对后罪的处罚。因为,已受到前罪刑罚处罚的犯罪人若再犯罪则表现出特别的人身危险性,因为前罪的刑罚没有对其产生改造作用。这就是累犯。

累犯(récidive)是个非常具体的法律概念,只有法律专门规定加重法定刑的处罚时才有累犯。除此之外的情形,被称为再犯,对于再犯,不存在任何特殊规则,后罪的判决不受前罪影响。

另外,如果当事人实施后罪时,前罪没有受到最终判决,则存在实际数罪。被告人或被判刑人将享受有利的刑罚规则,即刑罚的并罚不得超过一定的限度。给予被告人或被判刑人刑罚优惠的原因,是其尚未受到"郑重的警戒",数罪的刑事谴责性相对较小。事实上,这更是一个实践规则,可以避免在数罪的情况下产生刑罚的无限制积累和到达不切实际数额的弊端。

一、累犯

"由于在不同的历史时期,各国刑事政策以及刑罚适用所依据的理论不同,因而刑法上规定的累犯制度不尽相同,累犯的法律界定有别。"①法国刑法学者认为累犯的构成是在第一次受到最终有罪判决后,行为人又实行新的犯罪,并且从犯罪的性质与两次犯罪所间隔的时间来看,具备法律规定的累犯之条件。② 因此,根据前后两罪的犯罪性质,可以将累犯分为"普通累犯"和"特别累犯"。普通累犯不要求犯罪人前后实施的犯罪必须属于同一或相近性质之罪。特别累犯则要求前罪和后罪具有相同的性质,或至少具有相近的性质。根据前后两罪发生的时间间隔,可以将累犯分为"无法定期限的累犯"和"有法定期限的累犯"。前者对两罪之间的时间距离不作规定,只要有再犯事实,就构成累犯,所以又被称为"无限时累犯制";后者对两罪之间规定一定的时间距离,在此期限内犯后罪,构成累犯,因此又被称为"限时累犯制"。

法国累犯制度的特点是将普通累犯、特别累犯和无限时累犯、限时累犯相结合,对严重程度不同的犯罪,即重罪、轻罪和违警罪,适用不同的累犯制。对于最严重犯罪的累犯,适用最严厉的构成条件,即将普通累犯和无限时累犯相结合的制度;而对于较轻犯罪的累犯,适用最宽松的构成条件,即特别累犯和限时累犯相结合的制度③。这种设计体现了"轻轻重重"刑事政策在累犯制度上的运用,具体地可分为四种情形:(1)对前罪为重罪或可处10年监禁的严重轻罪、后罪为重罪之累犯,适用普通累犯和无限时累犯制度;(2)对于前罪为重罪或可处10年监禁的严重轻罪、后罪为轻罪之累犯,适用普通累犯和限时累犯制度,前、后罪之间的时间间隔为10

---

① 马克昌主编:《刑罚通论》,402页,武汉,武汉大学出版社,2007年。

② J. Borricand A.-M. Simon, *Droit pénal et procédure pénal*, Paris: Sirey, 2004, 4ème éd., No. 13, p.199.

③ 如果将上述两组不同分类的累犯制排列组合,可以得到四种情况,即普通累犯制与无限时累犯制结合,普通累犯制与限时累犯制结合,特别累犯制与无限时累犯制结合,特别累犯制与限时累犯制结合。第一种情况对于前、后两罪的犯罪性质和时间距离基本上不作要求,因此构成累犯的条件最低;最后一种情况对前、后两罪的犯罪性质和时间距离都有特别规定,所以构成累犯的条件最高。而其他两种情况介于这二者之间。

年;(3)对于前罪为轻罪、后罪为相同轻罪或相似轻罪之累犯①,适用特别累犯和限时累犯制度,且两罪之间的时间间隔为5年;(4)对于前、后罪为第五级违警罪的累犯,适用特别累犯和限时累犯制度,即要求前后两罪均为第五级违警罪,前后两罪之间的时间距离为1年,而且对于第五级违警罪的累犯需要条例特别规定。由此可见,法国刑法对累犯构成根据前后两罪的严重程度从重到轻划分四个层次,并在此基础上对前后两罪设立了从不限时到10年、5年、1年不等的时间间隔。该时间间隔的启始点自前罪刑期届满或时效结束起计算。根据法国刑法,前罪为轻罪、后罪为重罪,或者前罪为违警罪、后罪为轻罪或重罪的情形,均不构成法定累犯。理由是对后罪的刑罚制裁当然要重于前罪的制裁。②

关于未成年人的刑事责任,法国1945年2月2日第45-174号《关于未成年人犯罪的法令》规定了对13岁以上的犯罪未成年人采取刑罚减半制度。2007年8月10日第2007-1198号《关于加强同成年人和未成年人累犯斗争的法律》,对成年人和未成年人的累犯都规定了最低剥夺自由刑制度,同时还规定了未成年人犯罪刑事责任减半的原则同样适用于未成年人累犯的最低自由刑,即最低剥夺自由刑减半。但是该法律第5条也对此作出了例外规定,当年满16岁的未成年人是故意侵害人之生命、身体或精神罪的重罪累犯,或故意暴力犯罪、性侵犯罪或暴力加重情节犯罪的轻罪累犯,则不享受刑事责任减半的原则。法国刑法对未成年人累犯的规定,也体现了"轻轻重重"刑事政策的运用,即未成年人犯罪的刑事责任减半制度,同样适用于未成年人累犯,但是对于某些侵犯人身重罪的未成年人累犯,不适用刑事责任减半原则;同时未成年人犯罪前科消灭制度也避免了前罪发生在未成年,后罪发生在成年而受到累犯加重处罚的情形,体现了将惩治未成年人犯罪与保护未成年人相结合的刑事政策。③

---

① 为此,法国刑法专门将一些犯罪作了归类。根据《新刑法典》第132-16条的规定,盗窃、勒索、敲诈、诈骗以及滥用他人信任,从累犯之角度,视为相同的犯罪。第132-16-1条规定,性侵犯与性侵害之轻罪,从累犯之角度,视为相同的犯罪。第132-16-2条规定,汽车驾驶某些轻罪,从累犯之角度,视为相同的犯罪。第321-5条规定,窝藏赃物罪视同该赃物起源的犯罪,等等。

② [法]卡斯东·斯特法尼等:《法国刑法总论精义》,罗结珍译,557页,北京,中国政法大学出版社,1998。

③ 参见孙平:《法国打击累犯的刑事政策和对我国的借鉴》,载郎胜、刘宪权、李希慧主编:《改革开放30年刑事法治研究》,373~381页,北京,中国人民公安大学出版社,2008。

在规定自然人累犯的同时,《新刑法典》还设立了法人适用累犯规则的情形。另外,对前4级违警罪不再规定累犯。法国晚近的立法加强了对累犯的惩治。2005年12月12日的法律限制对某些犯罪的法定累犯给予考验性缓刑,并试图通过对危险性犯人处以司法监督或在社会司法跟踪制度中配置电子移动监督措施,以限制累犯的发生。2007年8月10日的法律设立了"最低刑";2010年3月10日的法律又对该法律作出多处修改,以便减少重罪累犯的风险。

(一) 累犯规定

法律关于累犯的规定涉及四个方面的问题:受到最终判决的前罪的性质,后罪的性质,前罪和后罪间隔的期限,刑罚加重的幅度。

1. 累犯的前罪

累犯的前罪应受到最终判决,这涉及该罪的性质和判决的内容。

(1) 犯罪的性质

重罪和轻罪均可成立累犯。《新刑法典》仅限于对某类犯罪作出一般限定(例如,被判处10年监禁的轻罪)。这是指前罪的法定刑,而不是宣告刑或已执行的刑罚。

对于违警罪,只存在第5级违警罪的累犯。前4级违警罪不存在累犯。另外,《新刑法典》总则还作出额外规定:只有当条例专门规定时,才存在第5级违警罪的累犯。在重罪和轻罪方面,累犯的规定自动适用,无需法律特别规定。

(2) 判决的内容

前罪应受到最终判决。判决应由法国法院宣告。

首先,这是一个判处刑罚的有罪判决。而延期宣告刑罚,免除刑罚,甚至非刑事处罚的判决,如未成年人的教育措施或税务、海关的罚金,则不予以考虑。

其次,判决是最终判决,即对既判事由已发生法律效力。这意味着,如果判决由一审法院作出,可对轻罪和违警罪判决提起上诉的期限已经届满。

最后,有罪判决不得被消除。复权、特赦或缓刑考验期的到期,也同样影响对判决的考虑。

2. 累犯的后罪

累犯的构成存在两个体系。

在第一个体系中,后罪可以是任何一个犯罪,不论其类型(重罪或轻罪)或性质,都可以构成累犯并加重法定刑。这就是普通累犯。但它有时会受到质疑,主要涉及前罪和后罪之间间隔很长并且性质完全不同,尤其是当其中之一为非故意犯罪的情形。

在第二个体系中,只有当第二个犯罪的性质是确定的,在实践中要求它与受到最终判决的前罪性质相同或相似,才构成累犯。这就是特别累犯。

法国《新刑法典》规定了两种可能。

对于最严重的累犯,即前罪为重罪或可处 10 年监禁的严重轻罪(当累犯为法人时,为可处 100 000 欧元罚金的犯罪),法律规定了普通累犯制,不论后罪性质如何,皆加重刑罚处罚,只要它是重罪或当处 1 年以上监禁的轻罪(法人累犯时为,当处最低 15 000 欧元罚金的犯罪)。

对于最轻微的累犯,法律要求后罪与前罪是相同的犯罪(对第 5 级违警罪累犯而言),或者与前罪是性质相同或相近的犯罪(对轻罪而言)。为此,法律将一些性质相近的犯罪进行了归类。盗窃、敲诈、勒索、欺诈和滥用信任(《新刑法典》第 132-16 条)为可构成累犯的一类犯罪,性侵犯和性侵害(第 132-16-1 条)的轻罪为一类犯罪,驾驶汽车实施某些轻罪为一类犯罪(第 132-16-2 条),禁止调制、生产、储存和使用化学武器的犯罪为一类犯罪(《国防法典》第 L.2342-73 条)。同样,《新刑法典》第 321-5 条将窝藏罪与窝藏赃物罪规定为可构成累犯的一类犯罪。

3. 前后罪之间的间隔

法律规定了构成累犯需要前罪和后罪之间的时间间隔,以及这个期间的启始点。对此,如果前罪与后罪之间没有时间限制亦构成累犯,则是无限时累犯,如果前罪与后罪之间有确定的时间间隔限制,则为限时累犯。

在实践中,前罪与后罪之间的时间间隔有多种可能。无限时累犯适用于最严重累犯,前后两罪之间没有期限限制。但在其他情况下法律作出了时间限制(10 年、5 年或 1 年)。该期间自前罪刑罚被执行完毕或宣告刑的刑罚时效届满之日算起。

4. 刑罚加重的幅度

累犯的后果是在法定刑的基础上加重后罪的处罚。由于法国已废除死刑,对前罪是重罪或可判处 10 年监禁之轻罪、后罪是最高刑为 20 至 30 年刑事徒刑或刑事拘押的重罪之累犯,可处以无期徒刑或终生拘押,对其他累犯可在后罪法定主刑之期限或数额的基础上加倍处罚,即对所有累犯,加重法定刑的处罚。在实践中,不要求法官对累犯适用最高刑,也不要求法官对累犯宣告的刑罚一定要比非累犯的情形重。法官的刑罚个别化权力没有改变。只是在累犯的情况下,法定最高刑的幅度被提高了。

法国在承认法人犯罪的同时也承认了法人累犯。《新刑法典》对法人累犯问题作了规定。法人累犯也存在自然人累犯构成的四种情况。加重刑罚的规则对法人累犯也同样适用。法律规定在累犯的情况下,法人适用罚金刑的最高额是自然人犯罪可处罚金的 10 倍。另外,法律还规定,对于最严重的累犯,还可以适用《新刑法典》第 131-39 条规定的资格刑。

(二) 特殊累犯的情形

刑法典之外的法律还规定了一些特殊累犯,根据不同的方法形成了累犯的特殊制度。

该制度有时成为刑法典总则的例外规定。对于某些犯罪,这些特别规定排除适用累犯加重刑罚的一般规定。例如,报刊犯罪、诽谤罪即是如此(1881 年《关于报刊自由的法律》第 63 条第 1 款),尤其是针对个人的诽谤罪,则不适用累犯制度。其他情况下,这些特别规定超出了一般法律规定,扩大了加重刑罚的适用。例如,法律规定违警罪的累犯构成轻罪,如道路交通领域中超速 50 公里以上驾驶的累犯构成轻罪。当法律规定第 5 级违警罪的累犯构成轻罪时,后罪与前罪的间隔时间为 3 年。

有时,特别法律只调整累犯的范围,对累犯适用额外的附加刑。例如,对醉酒驾车或吸毒驾车的累犯,被告人当处的法定附加刑为 1 年内没收或不得使用汽车以及自动吊销驾驶执照。同样,对烟草广告或宣传轻罪的累犯,法院可以禁止销售非法经营的商品。

(三) 累犯的证明

累犯的成立涉及犯罪人身份的识别及其犯罪前科的认定,前者在犯罪人隐匿真实身份时更为必要。犯罪人身份的鉴定可以采用多种技术,包括人体测量、指纹鉴定、司法身份鉴定部门收集归类的信息等。法人身份的识别,则通过国家企业和机构目录予以实现。

在法国,为了证明被告人的犯罪前科,司法机关采用国家自动记录犯罪的制度,对刑事有罪判决进行登记。目前,这个犯罪记录库设在法国南特,已经实现信息化,它包括刑事法院作出的重罪、轻罪和第 5 级违警罪的刑事有罪判决,甚至还包括附有缓刑的判决。此外,它还包括用于累犯制度之外其他目的的司法决定①。

另外,犯罪记录的卡片上还包括刑罚执行或消灭的记录:特赦、减刑、假释等。

查询犯罪记录以摘录的形式实现,这被称为"报告单"(bulletin)②。

法人也可以受到刑事有罪判决,因此对法人也设立了犯罪记录,主要记录法人的重罪、轻罪和第 5 级违警罪的判决,以及前 4 级违警罪中,作为主刑或附加刑宣告的禁止、丧权或无资格措施的判决。另外,该犯罪记录上还载有关于处罚执行或消灭的措施。

二、数罪并罚

当犯罪人在犯罪被最终判决前又实施其他犯罪,则存在数罪,或犯罪实质竞合(concours réel d'infractions)。

数罪的概念应当与犯罪想象竞合(concours idéal de qualifications)相区分,后者为一个犯罪事实可能构成多个刑事罪名。它还应与累犯的概念相区分,因为在连续实施多个犯罪时,数罪的情形要求对第一个犯罪尚未作出最终判决。

关于数罪的刑罚适用,存在多种制度。出于实际原因,《新刑法典》区分了数罪受到单个刑事追诉或多个刑事追诉(犯罪被分别审判)两种情况。第一种情况下,刑罚适用问题在法官宣告刑罚阶段得以解决;第二种情况下,刑罚适用问题在刑罚执行阶段得以解决。

为了简化起见,《新刑法典》采用最大限度并科(cumul)的制度。当刑罚的性质不同时,每个刑罚都予以宣告和执行。但是,相同性质的刑罚,只能在最高法定刑的最高限度内宣告(在单个刑事追诉的情况下)或执行(在多个刑事追诉的情况下)。在研究这些具体制度之前,需要了解"相同性质的刑罚"和"最高法定刑的最高限度"的定义。

---

① 包括:宣布有罪但免除刑罚或延期宣布刑罚的决定;宣告的主刑或附加刑为禁止、丧权或无资格等措施的前四级违警罪的判决;对于未成年犯罪人宣布的教育措施;司法机关或行政机关宣布的涉及无资格的纪律决定;宣布的个人破产或司法清算的判决;丧失亲权的判决;驱逐外国人的决定;一些外国判决和刑事和解记录(《刑事诉讼法典》第 768 条)。

② 第一号报告单只对司法官发出,上面记录了当事人的全部信息。第二号报告单对某些行政机关发出,上面的记录信息作了略微删节。最后的第三号报告单在所有报告单中记录信息最少(只包括无缓刑或撤销缓刑的 2 年以上监禁的判决;在法院要求记录的情况下,2 年以下监禁;执行期间无缓刑的禁止、丧权或无能力的判决),并根据申请只对当事人发出(或者对未成年人或受监护的成年人的法定代表人发出)。

(一) 基本概念的定义

1. 相同性质的刑罚

相同性质的刑罚,是指具有相同内容和相同效果的刑罚。《新刑法典》第132-5条第1款规定,所有剥夺自由刑都是相同性质的刑罚。在这个例子之外,还有罚金刑、暂扣驾驶执照、职业禁止、公益劳动等。当这些刑罚涉及数个犯罪时,它们只得在最高法定刑的最高限度内宣告或执行。

2. 最高法定刑的最高限度

为了确定最高法定刑的最高限度,需要查阅数罪的相关刑事法律条文。如果这些数罪当处相同性质的刑罚(如,剥夺自由刑),则要查阅数罪中每个犯罪当处刑罚的最高期限或最高数额,并且只采纳其中最高法定刑的最高限度。

以剥夺自由刑为例,如果数罪中有三个犯罪,每个犯罪的监禁刑最高期限分别为1年、3年和7年,那么最高法定刑的最高限度为7年。

如果处罚犯罪的法律没有规定刑罚的期限或数额,则应当参照刑法典总则的规定。因此,日罚金的法定最高刑为每天1 000欧元,期限为360天(第131-5条);公益劳动的最长时间是400小时。

必要时,法定刑的最高限度,在考虑加重或减轻刑罚的法定事由之后确立。《新刑法典》第132-5条第2款规定,在确立最高限度时,应当考虑累犯情形(因此,在数罪的情况下,其中一个或多个犯罪会因累犯而受到加重处罚,例如,某人因窝藏罪被判刑并且刑罚执行完毕。在出狱后2年,又犯有窝藏罪和性侵犯罪;后两个犯罪成为数罪,其中窝藏罪是累犯)。

为了避免剥夺自由刑无限制的并科(或累加),《新刑法典》第132-5条第3款规定,如果数罪中一个或多个犯罪当处无期徒刑并且该刑罚未被宣告,那么最高法定刑的最高限度确定为30年徒刑。

(二) 单个追诉适用的规则

如果对数罪进行统一的刑事诉讼,审判法院在确定被告人对各个犯罪的罪责后,通常不专门对每个犯罪宣告刑罚。

《新刑法典》第132-3条第1款规定的原则是,可以宣告每个当处的刑罚。但是,在涉及相同性质的刑罚时,只得在最高法定刑的最高限度内宣告一个该性质的刑罚。

《新刑法典》的规定是从旧刑法典判例的制度中总结发展而来。《新刑法典》第132-3条第1款的新颖之处在于确定这样一个原则,即所有的主刑形成一个不可分割的整体。因此要确定受到最严厉惩罚的犯罪,这经常是根据剥夺自由刑的法定刑的最高限度来确定。在此基础上,只能宣告受到最严厉处罚的犯罪所对应的主刑。

1. 不同性质刑罚并科的原则

当数罪应处多个不同性质的刑罚时,所有这些刑罚均可予以宣告,不论其所对应的是哪个犯罪。这就是不同性质刑罚的并科原则。

例如,某人实施的第一个犯罪当处监禁刑、罚金刑和五年内暂扣驾驶执照的附加刑。此后,该人又实施第二个犯罪,当处监禁刑和布告或发布有罪判决的附加刑。在统一追诉这些犯罪的情况下,法官可以宣告监禁刑、罚金刑、暂扣驾驶执照和布告或发布有罪判决的刑罚,即便这些刑罚并不是每个犯罪都当处的法定刑,而且即便其中某个刑罚总体上是刑罚最轻的犯罪①的法定刑。

2. 最高法定刑的最高限度内只宣告一个性质相同的刑罚

当数罪涉及多个相同性质的刑罚时,法院只得宣告一个该性质的刑罚,并且在最高法定刑的最高限度内宣告。根据该原则,最轻的刑罚将不予执行,它已被最重的刑罚吸收。

例如,在两个数罪的情况下,第一个犯罪当处5年监禁和150 000欧元罚金,第二个犯罪当处15年监禁和75 000欧元罚金,法官在对这两个犯罪宣告剥夺自由刑时,不得宣告超过这两个犯罪中任何一个犯罪的法定最高刑,也就是剥夺自由刑不得超过最高法定刑的最高限度,即15年,它与第二个犯罪相关联(而不是15年加上5年得出的20年);罚金刑不得超过最高法定刑的最高限度,即150 000欧元罚金,它与第一个犯罪相关联(而不是150 000欧元加上75 000欧元得出的225 000欧元)。

需要指出的是,性质相同的刑罚之间不按刑罚类别作出重罪刑或轻罪刑的区分。因此,宣告的无期剥夺自由刑将吸收任何其他的剥夺自由刑,或称为与之相混同。这种处理方式避免了严格适用刑罚梯度所导致的问题,诸如一个被判处10年徒刑的重罪刑,产生比某些轻罪累犯当处20年监禁的轻罪刑严重的印象。另外,在犯罪当处无期徒刑而法官不打算宣告该刑罚时,最高法定刑的最高限度确定为30年徒刑。

---

① 实践中,刑罚最轻的犯罪是指数罪中监禁刑的法定刑最高限度是最低的犯罪。

3. 宣告的刑罚视为所有数罪的共同刑罚

在数罪当处性质相同的刑罚时，在最高法定刑的最高限度内宣告的刑罚，被视为数罪共同的刑罚。

因此，如果数罪中的一罪没有受到有罪判决（例如，判决的部分内容被修正）或者数罪中一罪的判决被停止执行（例如，新的法律废除了数罪中的一个犯罪，以至于停止执行该罪的刑罚判决），那么数罪的共同刑罚继续适用，只要不超过剩余犯罪的最高法定刑的最高限度即可。

尤其当最高法定刑的最高限度所对应的犯罪判决或刑罚执行被废除时，这个规则就更具有实际意义。例如，如果对两个分别当处 10 年和 5 年监禁的犯罪进行并罚，宣告了 7 年监禁刑，并且如果第一个犯罪被新的法律废除，那么在此情况下需要执行的剥夺自由刑以 5 年为限，即新的法定最高刑。当然，如果犯人已经领受 6 年刑罚，则予以释放。

（三）多个追诉适用的规则

当数罪分别受到多个追诉（不同法院对每个犯罪作出宣判或同一法院先后分别对不同犯罪作出有罪判决——这尤其指犯罪发生在不同地点或犯罪之间没有任何联系的情形），只要不同的追诉都在法国法院进行，刑罚并科（cumul）或不并科（non-cumul）问题在各个宣告刑的执行阶段解决。

《新刑法典》第 132-4 条规定的原则是，宣告刑在最高法定刑的最高限度内并科执行。

但是，法院可以命令将性质相同的刑罚予以全部或部分混同。

1. 相同性质的刑罚在最高法定刑的最高限度内并科执行

不论何种犯罪，对其宣告的所有不同性质的刑罚予以合并执行（例如，监禁刑、罚金刑、暂扣驾驶执照等）。

如果对数罪执行性质相同的宣告刑，则适用最高限度内并罚规则。这些刑罚将在不超过最高法定刑的最高限度内进行累加。

例如，某人因直接教唆未成年人非法使用毒品罪（法定最高刑为 5 年监禁和 100 000 欧元罚金）和敲诈勒索罪（法定最高刑为 5 年监禁和 75 000 欧元罚金）而先后被判处 3 年监禁和 90 000 欧元罚金和 4 年监禁和 45 000 欧元罚金。相同性质的刑罚（监禁和罚金）在最高法定刑的最高限度内进行累加，即 5 年监禁（而不是宣告刑的 3 年加上 4 年得出的 7 年）和 100 000 欧元罚金（而不是宣告刑的 90 000 欧元加上 45 000 欧元得出的 135 000 欧元）。因此，性质相同的刑罚的累加要在最高法定刑的最高限度内进行。

另外,《新刑法典》第 132-5 条第 1 和 3 款规定,如果宣告了无期徒刑,所有其他剥夺自由刑与之相混同,即被无期徒刑所吸收;当数罪中一个或多个犯罪当处无期徒刑而该刑罚未被宣告,为了避免无限制的累加,法定刑的最高限度确定为 30 年徒刑。换言之,在这种情况下,剥夺自由刑不得通过累加超过 30 年。

2. 法官有权命令相同性质的刑罚予以混同

法官可以作出刑罚予以混同(confusion,或吸收)的命令,从而使相同性质的刑罚在最高限度内累加的规则受到减弱。最重的刑罚全部或部分吸收了最轻的刑罚,因此,犯人执行的刑罚要更低于在最高法定刑的最高限度内累加后得出的刑罚。刑罚的混同可以是全部或是部分。

一方面,例如,法官面对三个相同性质的刑罚时,可以命令将这些刑罚全部进行混同,也可以命令只将其中两个刑罚进行混同。

另一方面,法官可以命令将一个刑罚的全部或部分与另一个相同性质的刑罚进行混同。例如,面对 5 年和 3 年监禁,法官可以命令将这些刑罚全部混同,因此犯人需要执行 5 年刑罚(3 年监禁与最重的刑罚完全混同),也可以命令部分混同,例如,只命令将 3 年监禁的三分之二进行混同(即 2 年,因此还剩 1 年),因此犯人要执行 6 年的刑罚。

根据犯人的请求,可以由最后一个宣告判刑的法院作出刑罚混同的命令,或者在此之后,当各个判刑成为最终判决时,由其中一个已宣告刑罚的法院作出命令(如果该法院是重罪法庭,则是该法院所在辖区的预审庭)。

3. 被混同的刑罚保留各自的存在

当作出相同性质刑罚的混同命令时,混同的各个刑罚视为同时执行。

但是,混同并不删除各个刑罚的存在。被吸收的刑罚仍然保留自身的存在和法律后果,它们将在吸收刑消失时显现出来。例如,被混同的相对轻刑可以在确定累犯时予以考虑。另外,如果吸收相对轻刑的最重刑消失(例如,新法律废除了已被判刑的犯罪),那么混同也就消失,这样要在新的最高法定刑的最高限度内执行与最重刑混同的刑罚。

但是,刑罚混同后给予的减刑适用于混同产生的刑罚,并且如果刑罚执行法官同意减刑,减刑期则从混同以后待执行的刑罚中扣除。

(四)一般规则的例外规定

相同性质刑罚不并科(non-cumul,或不累加)制度只对刑事处罚适用。刑罚不并科制度不适用于行政处罚、纪律处罚、海关和税务的罚金和罚款(因具有刑事制裁和民事赔偿的混合特征,所以具有特殊性质)或者罚金征收的司法强制执行措施（即使这些措施是由刑事法官宣告）等。因此，这些处罚之间要并科，并且也要与刑罚并科。但是，这个规则的部分内容受到宪法委员会的质疑，后者认为，当行政处罚与刑事处罚并科时，比例制原则要求宣告的处罚总额不得超过法定处罚中最高额的限度，而且行政机关和司法机关应当监督这一要求得以遵守。

尤其在刑罚中，违警罚金被排除在刑罚不并科（不累加）制度之外，从而适用累加。另外，某些数罪由特殊的法律规定，从而适用其他制度。

1. 违警罚金的累加

1810年《刑法典》中，数罪刑罚不并科原则，只涉及重罪和轻罪，司法判例对此得出的结论是，违警罪被排斥在刑罚不并科的规则之外。现行《刑法典》第132-7条采纳了这个原则，并将其作为刑罚不并科原则的例外，"违警罪的罚金刑之间并科执行，并与数罪中重罪或轻罪的法定的或宣告的罚金并科执行"。

在违警罪数罪的情况下，违警法官可以根据违警罪的个数不受限制地宣告相应个数的罚金（例如，在欺诈罪方面，根据包装上非法粘贴标签的数量作出罚金，即宣告了972个罚金①；根据没有序列码而展览和储存的古董数量认定相应数量的违警罪等②）。

另外，违警罪罚金还与数罪中重罪或轻罪宣告的罚金并科执行。例如，在交通事故中，未在车站停车被宣告的罚金与因此引发车辆相撞造成的过失伤害罪的罚金宣告刑并科执行。

2. 某些数罪适用的特殊规则

立法机关有时为了解决数罪适用的刑罚问题会采取特殊解决办法。

一方面，在有些情况下，法律将两个数罪规定为一个独立的犯罪，并规定了特殊的加重刑罚。此为一个犯罪构成另一个犯罪加重情节的情形。

另一方面，法律对有些数罪专门排除适用《新刑法典》第132-2条至第132-5条规定的一般制度，并用相同性质刑罚并科的原则予以代替。因此，对犯有暴动罪或越狱罪的在押犯人宣告的刑罚，与在押犯人执行的刑罚或被宣告的刑罚进行并科，不得混同。同样，盗用他人姓名、已经或可能使其受到刑事追诉的犯罪的宣告刑，与盗用他人姓名实施犯罪的宣告刑进行并科。为了躲避支付义务而虚假编造无支付能力的轻罪的宣告刑，与当事人想要躲避的有罪判决产生的财产刑进行并科。《新刑法典》之外的一些法

---

① 1979年2月13日最高法院刑庭的判决，刑事公告第65号。
② 1997年10月23日最高法院刑庭的判决，刑事公告第32号。

律也规定了类似的解决方式。

第四节 审判法院关于刑罚执行的个别化权限

审判法院的职责除了确定刑罚的性质、期限或数额外,还包括在法律规定的限度内,根据犯罪情节和犯罪人的人格,确定具体适用的刑罚制度。例如,当审判法院决定宣告罚金刑时,它在确定罚金数额的同时需要考虑犯罪人的经济收入和各种负担。根据修改后的《新刑法典》第132-1条的规定,法院宣告的刑罚都应当是个人化的刑罚。因此,审理法院在确定刑罚时应当考虑犯罪人的人格及其社会、家庭和物质状况。刑罚的个别化原则,应当按照《新刑法典》第130-1条[1]规定的目的和功能予以实现。第130-1条规定,"为了保卫社会,预防新的犯罪,重建社会平衡,在尊重被害人利益的前提下,刑罚的功能是(1)处罚犯罪人;(2)促进犯罪人的矫正、融入社会或回归社会。"

为了落实刑罚个别化原则,立法机关制定了一系列刑罚个别化措施。为此,法官在宣告一个刑罚时,他不仅要确定刑罚的性质和比例,还要在一定的范围内决定刑罚的执行方式。法官根据犯人以后的行为表现,可以利用缓刑来调整其宣告的一个或多个刑罚的执行。最后,法官还可以决定某些刑罚的执行时间,甚至立即免除犯人执行某些刑罚。

一、刑罚执行的附条件暂停:缓刑

(一)缓刑制度介绍

缓刑(sursis)是刑罚执行的附条件暂停。因此,附加缓刑的判决是否执行,取决于犯人在法官确定的被称为考验期的期间内的行为表现。

缓刑存在三种类型:简单缓刑、附考验期缓刑和附公益劳动义务的缓刑。对后两者,在考验期内,缓刑伴随着特殊义务和监督措施。简单缓刑也同样适用于法人的宣告刑。

当刑罚附加缓刑条件时,则在考验期内暂停执行。如果犯人的行为表现令人满意,那么他在考验期届满后将被最终免除执行刑罚,曾宣告的判决视为无效,即视为从未发生。

---

[1] 该条由2014年8月15日的法律设立。

相反,如果犯人在考验期内实施了新的犯罪或者不履行要求的义务,则将被宣告执行刑罚。

因此,缓刑如同给予犯人一个短暂的补过赎罪的机会。由于执行刑罚的前景具有恐吓性,因此缓刑是一项特别实用的回归社会的工具。当监禁附加缓刑时,缓刑可以避免监狱所产生的负面效果。

当判处缓刑时,如果犯人(自然人或者法人代表)出庭,法院院长将告知其判决所附加的条件,以及考验期内实施犯罪将被判刑的后果。

缓刑制度与延期制度具有明显的相似性。二者都有考验期并有时还附带某些义务。但是,缓刑是指暂停执行宣告刑,而延期是指法官延迟宣告刑罚。

刑事法官并不一定对每个刑罚判决都给予缓刑。如果刑事法官决定给予缓刑,他可以自由选择其认为最为合适的缓刑类型。该选择权受到唯一的限制是,在对轻罪判处监禁刑时,《新刑法典》第 132-19 条第 2 款要求法官专门对判处固定监禁刑(即无缓刑的监禁刑)说明理由,换言之就是要对拒绝给予缓刑的决定说明理由。

不论缓刑的类型如何,缓刑都不适用于有罪判决自动产生的从刑,即禁止、丧权和无资格等刑罚。

如果处罚犯罪的法律没有特别规定,则适用缓刑制度的一般规定。例如,《道路交通法典》第 L.234-2 条明确规定,执行因醉酒驾车或酗酒状态下驾车而受到暂扣驾驶执照的判决时,不适用缓刑。

(二)简单缓刑

在实证主义学派有关避免惩罚初犯思想的影响下,简单缓刑由法国1891 年 3 月 26 日的法律引入到刑法中,并且得到广泛应用。除了不得在考验期内实施新的犯罪外,简单缓刑不附加任何特殊义务。

《新刑法典》还将简单缓刑的适用扩展到法人。简单缓刑起初设立之时是为了避免执行监禁刑,而如今可以附加于其他处罚。

1. 给予简单缓刑的条件

(1)可附加简单缓刑的刑罚

简单缓刑可以适用于重罪、轻罪和违警罪,并且对自然人、法人都适用。但是,它只能应用于某些刑罚。

对自然人而言,这些刑罚主要是宣告的短期监禁刑、罚金刑、某些剥夺或限制权利的刑罚、替代刑和某些附加刑。① 但简单缓刑永远不得附加于重罪的刑事徒刑。对法人而言,这些刑罚主要是罚金刑和某些附加刑等。②

缓刑可以是全部(涉及整个刑罚),或者是部分(涉及一部分刑罚)。但是,部分缓刑只得对罚金、日罚金或监禁刑宣告。

当宣告部分缓刑时,未赋予缓刑的那部分刑罚应予以执行。当监禁刑被配置部分缓刑时,固定刑罚(即无缓刑的部分)的执行过程中暂停考验期。

(2) 可给予简单缓刑的犯人

给予简单缓刑也取决于被告人的犯罪前科。设计该制度的目的是优先让初犯受益。

法官仅可以对犯罪前 5 年内未受到刑事有罪判决的自然人或法人作出缓刑决定。因政治犯罪或军事犯罪受到的判刑不在考虑范围内。

① 自然人

在重罪或轻罪领域,宣告刑最长为 5 年的监禁,只有当犯罪人在犯罪前 5 年内没有因普通重罪或轻罪受到刑事徒刑或监禁刑甚至是附带缓刑的判决,才可以配置缓刑。但是,法官并不一定要宣告监禁刑。如果他认为固定的监禁刑过于严厉,他可以宣告其他的主刑,用一个替代刑来代替主刑或者将一个附加刑以主刑的名义宣告。

对于监禁刑以外的其他刑罚,如果犯罪人在犯罪前 5 年内未受到任何性质的剥夺自由刑的判决,可以配置缓刑。

在违警罪方面,如果被告人在犯罪前 5 年因普通重罪或轻罪受到刑事徒刑或监禁刑的判决,则不得给予缓刑。

② 法人

在重罪或轻罪领域,只有当法人在犯罪前 5 年内未因普通重罪或轻罪受到高于 60 000 欧元罚金的判决,才可以给予缓刑。

---

① 自然人的重罪和轻罪领域,简单缓刑可以配置以下刑罚(《新刑法典》第 132-31 条):宣告最长为 5 年的监禁,罚金,日罚金;第 131-6 条规定的除了没收之外的替代刑、剥夺或限制权利的刑罚;第 131-10 条规定的附加刑,但没收、关闭机构和有罪刑事判决的布告除外,因为这些刑罚的主要特征是预防。违警罪领域,简单缓刑可以配置下列刑罚(第 132-34 条第 1 款):仅对第 5 级违警罪科处的罚金;第 131-14 条规定的除了没收之外的替代刑、剥夺或限制权利的刑罚;某些附加刑,包括暂扣驾驶执照,禁止携带或持有需经批准的武器,吊销狩猎许可,对第 5 级违警罪禁止签发支票。

② 法人的重罪和轻罪领域,简单缓刑可以配置以下刑罚(《新刑法典》第 132-32 条):罚金;第 131-39 条规定的附加刑,即禁止从事一项或多项职业活动,解除公共市场,禁止公开募集资金和禁止签发支票或使用支付卡,但解散除外。违警罪领域,涉及的刑罚包括(第 132-34 条第 2 款):仅对第 5 级违警罪科处的罚金;禁止签发支票或使用支付卡,可作为替代刑或附加刑宣告。

在违警罪领域,法人在相同条件下未受到高于 15 000 欧元罚金的判决,才可给予缓刑。

2. 撤销简单缓刑的条件

刑罚的不予执行,是附带条件的。配置缓刑的刑罚是否执行,取决于犯人在考验期内的行为表现。该考验期对重罪和轻罪为 5 年,对违警罪为 2 年,并自判决生效之日算起。如果犯人到庭,法院院长将告知其新的有罪判决导致的后果。

在 2014 年 8 月 15 日第 2014-896 号法律之前,如果考验期内实施新的犯罪则撤销缓刑,除非法官决定不予撤销。2014 年 8 月 15 日的法律在某种程度上将上述规则颠倒过来,将撤销缓刑当作一种例外,法官需要作出撤销决定并说明理由。①

(1) 2014 年 8 月 15 日的法律之前

① 撤销缓刑的事由

如果犯人在考验期内实施了应撤销缓刑的犯罪,则要执行刑罚。相反,如果在此期间没有犯罪,有罪判决将被认为无效,即从未发生过。无罪推定原则要求,缓刑的撤销不只是因为实施了犯罪,而是由于缓刑受益人在之后又受到有罪判决。只要在考验期内实施犯罪,缓刑的撤销可以在考验期到期后数月或数年内进行。

缓刑的撤销取决于在考验期内实施犯罪的性质,有时还取决于对该犯罪将宣告的刑罚。在重罪和轻罪领域,当附带缓刑的刑罚为监禁时(仅对自然人而言),如果在考验期内犯有重罪或轻罪而受到无缓刑的刑事徒刑或监禁刑的新判决,则撤销缓刑。

当附带缓刑的刑罚为除监禁刑外的其他刑罚时(对自然人或法人而言),如果在考验期内受到除无缓刑的刑事徒刑或监禁刑外的其他新刑罚判决,则撤销缓刑。

如果附带缓刑的判决涉及违警罪,缓刑则因犯有普通重罪、轻罪或第五级违警罪受到新的判刑而被撤销。

在所有这些情况下,新的有罪判决只有在本身无缓刑的情况下才引起撤销以前给予的缓刑。

② 撤销的非强制性特征

如果犯罪人在考验期内又因新罪被判处刑罚,那么原则上要撤销缓刑。附缓刑的刑罚将被执行,且不得与法院对考验期内犯罪宣告的相同性

---

① E. Bonis-Garçon et V. Peltier, *Droit de la peine*, Paris: LexisNexis, 2014, 2ème éd., p.297.

质的刑罚进行混同。

但是,缓刑并非自动撤销。审理考验期内新犯罪的法院,可以通过说明理由的特别决定并在其规定的范围内,宣告新的有罪判决不撤销以前给予的缓刑或者只作部分撤销。如果法院没有明确裁定免于撤销缓刑,犯人保留事后向法院申请享受该措施的权利。

（2）2014 年 8 月 15 日的法律之后

2014 年 8 月 15 日的法律改变了以前的做法,在新的有罪判决的情况下,将简单缓刑的撤销变成例外而不再是原则。经该法修订的《新刑法典》第 132-36 条规定,当法院宣告新的无缓刑的刑事徒刑或监禁刑的判决时,法院可以作出专门决定,针对其确定的一定期间或数额,全部或部分撤销以前给予的附加于任何刑罚的缓刑。同样,当法院对自然人或法人宣告除无缓刑的刑事徒刑或监禁刑外的其他新刑罚判决时,法院可以作出专门决定,针对其确定的一定期间或数额,全部或部分撤销以前给予的附加于刑事徒刑或监禁之外其他刑罚的缓刑。

因此,撤销缓刑成为一种例外。它不仅需要法官为此作出决定,还须对决定专门说明理由。如果审判法官因不知道第一个判决而没有根据第 132-36 条作出撤销缓刑的决定,共和国检察官可以向轻罪法院提出说明理由的撤销申请。轻罪法院将开庭审理并作出判决。

3. 未撤销简单缓刑的效果

如果在规定的条件下（考验期内实施犯罪,被判处引起撤销缓刑的刑事判决）,缓刑未被撤销,在考验期结束后,附带缓刑的判决被视为从未发生（第 132-35 条）。

如果刑罚附带部分缓刑,即使固定刑罚的部分尚未执行,则所有刑罚判决都被视为从未发生。但是在任何情况下,日罚金或未附带缓刑的罚金应予以支付。有罪判决自动生成的从刑,即无资格、禁止和丧权,则停止执行。

因此,有罪判决被视为从未宣告。尤其是,如果在考验期过后实施新的犯罪,以前的有罪判决不得作为拒绝给予新缓刑的理由,也不得在认定累犯时予以考虑。

（三）附考验期缓刑[①]

附考验期缓刑起源于英美法国家的考验期制度。根据该制度,法官在

---

① 参见 P. Couvrat,"Réflexions sur la mise à l'épreuve", in *Mélanges Larguier*, Grenoble：PUG, 1993, p.85.

证实行为人有罪并经后者同意后，命令在一定考验期内将其置于开放式的帮教制度之下。附考验期缓刑于 1958 年在法国《刑事诉讼法典》中设立，它是在暂停执行刑罚期间配置救助和监督措施的缓刑。附考验期缓刑与普通缓刑一样都是刑罚执行措施，其效果是使犯人能够免除执行被附带缓刑的刑罚。但是附考验期缓刑与普通缓刑也存在两点主要不同之处：（1）附考验期缓刑的适用范围很窄，只可配置于监禁刑，从而将其他刑罚诸如罚金刑、剥夺或限制权利的刑罚排除在外。（2）附考验期缓刑设置了考验期，犯人在此期间需要接受考验制度，履行一定的义务，否则，将被撤销缓刑并执行监禁刑。

1. 给予附考验期缓刑的条件

（1）可配置附考验期缓刑的刑罚

同简单缓刑相比，附考验期缓刑的适用范围比较窄。它只适用于宣告刑最高为 5 年监禁的刑事判决。因此，附考验期缓刑只对自然人适用。由于涉及相同义务，法官不得在判处附考验期缓刑的监禁刑同时再命令社会司法跟踪。

法官可以决定对一部分监禁刑实行缓刑，即部分缓刑，且该部分监禁刑不超过 5 年。

（2）可给予附考验期缓刑的犯人

与简单缓刑相反，附考验期缓刑的适用条件，没有对犯罪人的犯罪前科设置任何限制。因此，即使犯人以前已受到一个或多个判刑，法官仍可以运用该制度。

2. 考验制度①

与简单缓刑相反，考验期限长短不统一，由法院来确定，该期限不得低于 18 个月，亦不得高于 3 年（自 2006 年 12 月 31 日起最低考验期限为 12 个月）。然而，被确定的考验期也不是一成不变。刑罚执行法官负责监督犯人，他可以自宣告缓刑至少 1 年后并在期限届满前结束考验，或者相反，在发生事端时，延长考验期，但总考验期限不得超过 3 年。

附考验期缓刑附带履行监督措施和救助措施，并且还可能需要履行法院或刑罚执行法官特别要求的义务。

在考验期中，将自动适用多种监督措施。这是指回应刑罚执行法官或其指定的社会劳动者召唤的义务，接受社会劳动者到访并向其提供某些信息和材料的义务，向其预报工作、住址变更和超过 15 天缺勤的义务，对所

---

① 参见孙平：《法国社区矫正制度概论》，载《法治研究》，2014(11)，118~124 页。

有可能影响履行义务的出国、工作或地址变更事先征得刑罚执行法官批准的义务。

考验制度中，必要时，将向犯人提供物质性社会救助措施，帮助其回归社会。

另外，宣告缓刑的法院可以要求被考验人履行附加义务，如从事职业活动，接受职业教育或培训，接受医学治疗（住院治疗），弥补犯罪引起的损害，完成道路安全感化实习，完成公民资格实习，禁止到访法官特别指定的场所或者酒类零售店等。实践中，这些义务的宣告取决于犯人的人格和犯罪情节。

对于可判处附考验期缓刑的监禁刑的 13 至 18 岁未成年人，当需要对其人格采取措施时，审判法院可以对该刑罚附加特别的教育措施（由特殊的教育机构收容或置于监督自由制度之下），儿童法官可以在刑罚执行过程中改变这些措施。如不履行相关义务，则会导致撤销缓刑并执行监禁刑（1945 年 2 月 2 日法令第 20-10 条）。审判法院还可以决定将未成年人送至封闭式教育中心收容。后者由 2002 年 9 月 9 日的法律设立，是指为执行司法监督、附考验期缓刑或假释措施而具有收容未成年人资质的公立或私立机构。在这些收容中心里，未成年人接受监督措施，确保实现与其人格相适应的强化教育教学跟踪。如果违背强制性义务，尤其是未经批准擅自离开中心，将根据情况引起暂时羁押收容（如果收容是基于司法监督制度作出的命令）或者执行监禁刑（在缓刑或假释的情况下）（1945 年 2 月 2 日法令第 33 条）。

根据罪刑法定原则，审判法院不得要求履行《新刑法典》第 132-45 条规定以外的义务。刑罚执行法官（对 13 至 18 岁未成年人是儿童法官）确定法院要求履行义务的履行方式。他可以随时修改法院要求被考验人履行的特殊义务，或在法院没有要求的情况下要求履行特殊义务。

3. 撤销附考验期缓刑的条件

宣告附考验期缓刑的监禁刑之后，法院院长在犯人出庭的情况下告知其在缓刑期间应当遵守的义务以及新罪判刑或不履行义务将引起的后果。

（1）撤销事由

撤销附考验期缓刑的事由有两个。

一是考验期内因实施普通重罪或轻罪而受到刑事徒刑或无缓刑的监禁刑的判决。在此情况下撤销由审判法院宣告。

二是考验期内发生各种事端：被考验人未接受监督措施或未履行特殊义务；考验期内因犯罪受到有罪判决并且当时未宣告撤销缓刑。撤销全部或部分缓刑的权限由刑罚执行法官行使。

刑罚执行法官在受理这些事端后,可以只宣告延长考验期,但总考验期限不得超过 3 年(但是法官不得宣告撤销部分缓刑的同时又延长考验期)。即使审判法院确定的考验期已经到期,只要在考验期内发生了延长考验期或撤销缓刑的事由,刑罚执行法官可以延长考验期或撤销缓刑。

(2)撤销的非强制性特征

不论撤销的事由如何,需专门作出撤销缓刑的命令。另外,法官可以只决定撤销部分已给予的缓刑。在此情况下,考验制度对未被撤销缓刑的部分继续适用。

4. 未撤销的后果

附考验期缓刑未被撤销的后果与简单缓刑相同。但是,对前者还是作了有利于犯人的规定。

尤其是,在判决生效之日起 1 年内和在缓刑考验期到期前,如果刑罚执行法官认为犯人已符合回归社会的条件,可以结束考验期并宣告有罪判决从未发生。

考验期一旦结束或者当法官提前宣告有罪判决从未发生时,则停止执行各种措施和义务。

对于未成年人,由儿童法官行使全部或部分撤销缓刑、延长考验期或宣告有罪判决从未发生的权限。这种权限转换同样适用于附公益劳动义务的缓刑。

(四)附公益劳动义务的缓刑

1983 年 6 月 10 日的法律设立了公益劳动并规定可以配置于缓刑。因此,公益劳动不只是个刑罚,而且也是附考验期缓刑的变形。

1. 给予附公益劳动缓刑的条件

同附考验期缓刑一样,附公益劳动缓刑只能配置于因普通重罪或轻罪而被宣判最高 5 年的监禁刑。但是,法官不得宣告部分缓刑,这一点与其他两种缓刑不同。

给予此种缓刑对犯人的前科也无任何要求。缓刑的宣告需要当事人到庭并经其同意,这一点与公益劳动作为刑罚的宣告条件相同。缓刑可以对 16 岁至 18 岁的未成年人适用,前提是劳动的内容应与未成年人相适应并具有改造性质或有助于帮助被判刑的年轻人回归社会。

另外,刑罚执行法官可以在审判之后并且有罪判决不被上诉的情况下,经犯人同意,对固定监禁刑配置少于或等于 6 个月的附公益劳动的缓刑。同样,对于附部分缓刑的监禁刑,无论是否附带考验期,只要刑罚无缓刑的部分少于或等于 6 个月,也可以作出附公益劳动的缓刑。该缓刑还可以适用于撤销缓刑后的少于或等于 6 个月的监禁刑,无论是否附带考验期。

2. 考验制度

根据第 132-56 条的规定,完成公益劳动被当作一种特殊义务。

法官需确定完成 20~400 小时公益劳动的时长,以及履行公益劳动的期限,最长以 18 个月为限。该期限就是考验期。实施方式与公益劳动作为宣告刑的执行方式相同。

另外,完成公益劳动的义务还需附带必要的监督措施,与附考验期缓刑要求的监督措施相似,尤其是回应刑罚执行法官或其指定的社会劳动者召唤的义务,以及法官可能要求的特殊义务,这一点与附考验期缓刑的内容一样。对于 16 岁至 18 岁的未成年人,刑罚还可以配置保护、救助、监督或教育措施或者在封闭式教育中心收容。

3. 撤销缓刑的条件

撤销缓刑的事由与撤销附考验期缓刑的事由相同,可以是考验期内因犯罪而受到有罪判决(审判法院的职权),也可以是由于特别事端而不再执行公益劳动(刑罚执行法官的职权)。因此,撤销甚至可以发生在履行公益劳动的期限届满之前。

4. 未撤销的后果

如果考验期内未实施任何犯罪也未发生任何事端,即便完成劳动的期限尚未完全结束,那么附缓刑的判决自完成全部公益劳动后视为从未发生。但是,不得以犯人已具备回归社会的条件而在完成全部公益劳动之前,宣告有罪判决从未发生。

审判法院可以决定,犯人应履行的义务持续到完成公益劳动之后,但期限不超过 18 个月。犯人完成公益劳动并不使其应履行的特殊义务失效,例如,禁止会见被害人等。犯人应当履行特殊义务的期限不超过公益劳动的实施期限。如果法院作出这样的决定,并且在该期限内未发生任何事端(不履行义务,犯新罪),有罪判决只在该期限届满时方被视为从未发生。

二、刑罚执行时间的确定

原则上,未配置缓刑的宣告刑,自判决生效之日起执行。但是,在一定条件下,法官可以命令立即执行某些刑罚,或者分割执行某些刑罚,或者无条件免除执行刑罚。

（一）预先执行

法官可以命令预先执行，即对某些刑罚立即执行，不顾及任何上诉途径。

因此，在轻罪领域，在作出无缓刑的监禁刑判决时，不论刑罚的期限长短，法院可以通过专门说明理由的判决，作出收容或维持羁押的命令。同样，在轻罪领域，可以对《新刑法典》第131-6条规定的替代刑、剥夺或限制权利的刑罚、公益劳动以及可能宣告的附加刑宣布预先执行。许多特别法条都规定了这种可能。该措施自被告人经法定程序对此获悉之日起生效。

（二）分割执行

宣告刑罚时，如果"医疗、家庭、职业或社会"原因影响刑罚的正常执行，审判法院可以宣告分割执行刑罚。

该措施可以对违警罪或轻罪适用，但不得适用于重罪。

对于轻罪的监禁刑，适用条件是宣告的监禁低于或等于2年，或者对于法定累犯，低于或等于1年，刑罚执行的整个期限不超过4年，每个分割期间不少于2天。

对于轻罪或违警罪的罚金（对法人亦如此）、日罚金和暂扣驾驶执照①，亦可适用分割执行，刑罚执行的整个期限不超过3年，而且应当出于"医疗、家庭、职业或社会"等严重影响刑罚正常执行的原因，方可适用分割执行。

该措施涉及以分割的方式执行刑罚（例如，分几次执行罚金或监禁刑）。法官在判决中明确执行刑罚的期限。

刑罚执行过程中可以改变分割。如果审判法院没有命令分割执行，刑罚执行法官可以在执行阶段以同样理由作出分割执行的决定。

（三）立即解除

宣告判决后，审判法院可以应犯人的请求，解除全部或部分因刑事判决自动产生的从刑，即禁止、丧权或无资格等刑罚。那么，这些刑罚就不再适用。根据《新刑法典》第132-17条第1款的规定，如果法院没有专门作出宣告，则不得执行任何刑罚，但不包括法院没有专门排除适用的从刑。

禁止、丧权和无资格等从刑，不论是从判决中自动产生，还是被审判法院作为附加刑宣告，均可以在有罪判决之后被解除。

---

① 法律或条例规定该刑罚不影响职业活动以外的驾驶的情形除外。

三、刑罚执行方式的确定

刑事法官宣告某些刑罚时,他经常需要确定刑罚的执行方式。例如,当宣告禁止居留时,他要明确禁止犯人到访的地点和强制执行的配套措施。

《新刑法典》还允许法官确定有期的剥夺自由刑的执行制度。法官可以宣告刑罚在半释放或监外收容的制度下执行,或宣告电子监督制度,因此,法官可以减轻刑罚的执行;而随着囚禁期制度的适用,法官也可以加重刑罚的执行。

(一)半释放和监外收容

在执行刑罚的最后时期,刑罚执行法官可以决定犯人在半释放(semi-liberté)和监外收容制度(placement à l'extérieur)下执行监禁刑。半释放和监外收容也可以由审判法院宣告。

当审判法院宣告低于或等于 2 年监禁或对累犯宣告低于或等于 1 年监禁时,可以决定通过半释放和监外收容制度执行刑罚。由于法律没有提及法定刑的性质,只提及宣告刑及其期限,据此,可以得出半释放和监外收容制度对重罪和轻罪都可以适用,只要宣告的监禁刑符合法律预设的刑期规定。

另外,法国的司法判例显示,当监禁刑附带部分缓刑时,只要监禁刑的固定部分即不予以缓刑的部分符合法律预设的刑期规定,也可以对监禁刑的固定部分宣告半释放或监外收容。在此情况下,是以监禁刑中不予缓刑的那部分刑期作为参照,累犯刑期在 1 年或 1 年以下,非累犯刑期在 2 年或 2 年以下。

犯人享受半释放制度的前提是具有正当理由,即从事职业活动,参与职业教育或培训,参加旨在回归社会的实习或临时工作,参加家庭生活或需要医学治疗。

处于半释放制度下的被羁押人,在履行半释放制度义务所需的期间内(例如,如果半释放制度允许犯人从事职业活动,他可以去工作地点),可以离开监狱机构(不中止监禁刑的执行),无需受到特别监督。当犯人在监狱机构之外的停留对履行义务不再必要时,则应回到监狱并留在监狱里,特别是夜间或假期期间。

监外收容的犯人在监狱机构之外从事由行政机关监督的劳动。当审判法院决定将犯人置于半释放或监外收容制度下时,还可以另外要求当事人执行《新刑法典》第 132-43 条至第 132-46 条规定的措施,即对附考验期缓刑适用的义务和禁止性规定。

刑罚执行法官负责监督半释放和监外收容制度的执行情况。他确定相关的执行方式,尤其是时间和必要的特殊义务。如果不再具备半释放或监外收容制度下执行刑罚的条件,如果犯人不履行要求的义务或者行为表现不好,刑罚执行法官可以在经过对抗性的辩论后作出决定,撤销犯人享受的措施,对该决定可提起上诉。

如果犯人人格显示出相关必要性或者如果具备可利用的手段,刑罚执行法官还可以按照同样的方式,用半释放措施代替监外收容措施或作出相反代替,或者用电子监督代替这两者措施中任意一项措施。

(二) 电子监督

电子监督(placement sous surveillance électronique)由 1997 年 12 月 19 日的法律设立,之后被 2004 年 3 月 9 日的法律和 2009 年 11 月 24 日第 2009-1436 号法律修改。电子监督的适用存在两种形式:一种是由审判法院在宣告刑罚时作出采取该措施的决定,另一种是在刑罚执行后期由刑罚执行法官作出采取该措施的决定。根据《新刑法典》第 132-26-1 条,允许审判法院,而不只是刑罚执行法官,决定采取电子监督措施。当审判法院宣告 2 年或 2 年以下监禁或对累犯宣告 1 年或 1 年以下监禁时,可以决定被判刑人的监禁刑在电子监督制度下执行,前提是犯人具有正当事由,即从事职业活动,参与职业教育或培训,参加旨在回归社会的实习或临时工作,参加家庭生活或需要医学治疗,长期参与预防累犯的社会活动并为适应社会作出认真努力。在决定采取电子监督措施前,需要征得被告人同意。当涉及未解除监护的未成年人时,该决定需得到行使家长权的监护人的事先同意。另外,2009 年 11 月 24 日第 2009-1436 号法律还允许法官对判处部分适用附简单缓刑或附考验期缓刑的刑罚,宣告电子监督措施,只要刑罚的固定部分符合上述最高刑期的要求。在这种情况下,不是以宣告的监禁刑的刑期作为参照,而是以刑罚固定部分(即不得缓刑部分)的刑期作为参照,即对累犯为 1 年或 1 年以下,对非累犯为 2 年或 2 年以下。

电子监督对犯人意味着禁止离开住所或刑罚执行法官指定的其他地点。审判法院还可以要求电子监督之下的犯人履行《新刑法典》第 132-43 条至 132-46 条规定的措施,即附考验期缓刑适用的措施和义务。

刑罚执行法官可以确定电子监督的执行方式,在犯人不遵守禁止规定和相关义务的情况下撤销电子监督,并用其他措施代替电子监督。当适用

《新刑法典》第132-26-1条时，刑罚执行法官在判决生效之日起最长4个月期限内，通过作出不可上诉的命令，确定电子监督的执行方式。如果不再具备电子监督制度下执行刑罚的条件，如果犯人不履行禁止性规定或强制义务或者行为表现不好，如果犯人拒绝接受对执行条件作出必要更改，在经过对抗性的辩论后，刑罚执行法官可以决定撤销电子监督措施。

如果犯人人格显示出相关必要性或者如果具备可利用的手段，刑罚执行法官还可以按照同样的方式，用半释放措施或监外收容措施代替电子监督措施。

如果犯人逃避电子监督措施或使监督设备失去作用，将按照脱逃罪论处，处以3年监禁和45 000欧元罚金。

（三）囚禁期

刑事法官在行使刑罚个别化权限的范围内，还可以根据犯罪特别严重恶劣的性质和行为人的人身危险性，加重刑罚打击力度。为此，他可以在宣告剥夺自由刑时决定刑罚在特别严厉的囚禁期制度下执行。

囚禁期（période de sûreté）是在执行剥夺自由刑的过程中，不得给予犯人任何缩短宣告刑刑期或允许犯人离开监狱机构等优惠措施的那部分刑罚期间。因此，在此期间，亦不能给予中止或分割执行刑罚、监外收容、允许出监、半释放、假释等优惠措施。[①]

在法律有规定的情况下，囚禁期是强制性制度，否则就是非强制性制度，由法官作出判断。在刑罚执行篇中对该制度作了更多的规定。法官可以对宣判的不附缓刑的5年以上监禁宣告囚禁期（非强制性），不论所犯何罪，囚禁期的期限由法官确定，在宣告刑的三分之二或在无期徒刑情况下为22年的限度内确定。当囚禁期为强制性规定时，法官可以缩短囚禁期的法定期限，但是也可以通过特别决定增长囚禁期的法定期限。

---

① 参见 P. Couvrat, "De la période de sûreté à la peine incompressible", *RSC*, 1994, 356.

第十八章 执 行 刑

2004年3月9日《关于司法与犯罪发展相适应的法律》设立了《刑事诉讼法典》第707条,并提出了实施刑罚的总原则,包括以下三方面内容:

第一,刑事法院宣告的刑罚,除了不能克服的情况,应当及时有效地予以执行;

第二,刑罚的执行,在尊重社会利益和被害人权利的前提下,应当有利于犯人融入社会或回归社会和预防累犯;

第三,为此,鉴于犯人人格和情况的发展,在刑罚执行过程中可以调整刑罚。因此,对于剥夺自由刑,刑罚个别化可以尽可能使犯人逐渐回归自由并且避免没有任何司法跟踪措施的释放,也就是避免"一下子"出狱而使累犯方面的危险性被掩盖起来。

2004年3月9日的法律明显地修改了实施刑罚的法律。该法律有关刑罚执行的规定于2005年1月1日生效,主要目的在于有效地执行宣告刑,加强刑罚执行决定程序的司法化(2000年6月15日《关于加强无罪推定和被害人保护的法律》已经启动该司法化进程)和对犯人实施司法跟踪。

当审判法院未决定立即执行其宣告的刑罚时,刑罚自有罪判决生效之时起执行,也即对判决不再享有任何司法救济途径,因为,司法救济原则上中止刑罚的执行。

某些刑罚执行制度已有发展变化(例如,禁止居留、公益劳动、没收、暂扣和吊销驾驶执照)。本章在对刑罚执行的规则进行概述后,将主要论述剥夺自由刑和罚金刑的执行。

第一节 概 述

一、刑罚的执行机关

刑罚的执行涉及多个机构参与。权限主要在检察院和刑罚执行法官之间分配,而其各自权限的要求(一方面执行刑罚和维护公共安全,另一方面帮助犯人回归社会)有时会出现对立。

依据刑罚的性质,其他机构也可以参与刑罚执行。例如,监狱管理机构参与剥夺自由刑的执行,税务员负责罚金和没收,内务部负责某些附加刑或从刑(例如,无资格从业、关闭机构等)。

(一) 检察院

检察院是负责跟踪刑事判决执行的机关。检察院可以得到警察力量的协助,以保证刑罚的执行。

检察院对刑罚执行法官和刑罚执行法庭作出的有利于犯人的决定行使抗诉权。

(二) 刑罚执行机关

为了实现刑罚执行个别化手段的多样性,尤其是剥夺自由刑的执行,需要授予司法机关决定这些措施的权力和跟踪执行的权限。为此,法国设立了专门机构,即刑罚执行法官,其职责在不断增加。2004 年 3 月 9 日《关于司法与犯罪发展相适应的法律》,完成了刑罚执行权的司法化进程,该法律还从总体上简化了同时存在多个专门法院结构的局面(大区假释法院、国家假释法院)。改革的内容如下:

第一,刑罚执行法官(juge de l'application des peines)是负责执行刑罚的一般司法机关;

第二,大区假释法院转变为刑罚执行法庭(tribunal de l'applicatoin des peines),负责执行假释和复查保安措施;

第三,刑罚执行法官和刑罚执行法庭的决定,是一审司法机关的决定,对其可提出上诉,并根据情况,可向上诉法院的刑罚执行庭(chambre de l'application des peines)或只向其庭长提出;

第四,对这些决定还可以向最高法院提出上诉。因此,国家假释法院被撤销。

这个新组织,由《刑事诉讼法典》第 712-1 条至第 712-2 条规定,自 2005 年 1 月 1 日起生效。

1. 刑罚执行机关的组成与权限

根据《刑事诉讼法典》第 721-1 条,刑罚执行法官和刑罚执行法庭是刑罚执行的一审司法机关,在法律规定的条件下,负责确定剥夺自由刑或某些限制自由刑的主要执行方式,并且负责监督执行情况。

(1) 刑罚执行法官

刑罚执行法官与附考验期缓刑由 1959 年《刑事诉讼法典》同时设立。

刑罚执行法官由经最高司法委员会出具意见后颁布的政令任命。该法官从每个地方大审法院的座席法官①中挑选产生。刑罚执行法官的地域管辖扩展到其所属的地方大审法院的管辖区域,尤其包括该辖区中的监狱机构。

2004年3月9日的法律使刑罚执行法官成为真正监督刑罚执行的法官,他们负责确保刑罚措施的执行,同时也负责撤销这些措施(以前的旧法曾将该权限交由审判法院行使,如撤销附考验期缓刑或公益劳动义务等)。

刑罚执行法官无论对处于关押状态的犯人还是处于开放状态的犯人都拥有许多特权。

——在监狱方面,刑罚执行法官的主要职责是对其辖区内监狱机构的所有羁押犯人确定行刑的方式(即给予多项回归社会的措施)。因此,他有权决定监外收容、半释放、减刑、刑罚分割执行或中止执行、批准押送出监、准许出监、电子监督和某些情况下的假释(与刑罚执行法庭共同行使假释的职权)。

——刑罚执行法官还对开放状态下,即处于自由状态下行刑的犯人行使广泛的权限。这些权限包括:①监督某些附有特定义务的非剥夺自由刑的执行;②监督禁止居留的犯人,修改禁止犯人到访地点的名单和相关的配套措施;③确定公益劳动的执行方式,尤其是劳动性质和劳动时间;④推迟执行公益劳动的期限;⑤在法律规定的条件下,用一些刑罚或措施代替其他刑罚或措施,尤其是用日罚金代替公益劳动或附公益劳动的缓刑,或者用附公益劳动的缓刑或日罚金代替6个月以下的固定监禁刑;⑥在不执行替代刑的情况下,命令执行审判法院事先确定的全部或部分监禁刑或罚金刑;⑦对犯人处以社会司法跟踪,补充或修改强制义务,并根据需要,宣告履行治疗义务;⑧在未遵守强制义务的情况下,命令执行审判法院已确定期限的全部或部分监禁刑。

刑罚执行法官还负责在附考验期缓刑或附公益劳动缓刑的执行中跟踪被考验人;确定犯人应履行的义务和监督其执行;在不履行该义务的情况下,延长考验期或撤销缓刑。刑罚执行法官跟踪获得假释的犯人或处于电子监督之下的犯人时,也享有类似的特权。为了履行这些职责,刑罚执行法官得到监狱改造和考验部门的协助,该部门设立在每个监狱机构中,

---

① 在法国司法制度中,法官(juge)和检察官(procureur)统称"司法官"(magistrat)。由于法官坐着行使审判职能,所以又称为"座席法官"(juge assis);检察官站着行使公诉职能,所以又称为"站席法官"(juge debout)。

由社会劳动者组成。

——《刑事诉讼法典》第712-4条规定,应犯人申请或共和国检察官的请求,刑罚执行法官根据第712-5条和712-6条的规定,以说明理由的命令或判决,对所掌管的措施,作出授予、变更、延期、拒绝、收回或撤销的决定。这里区分两类决定:

一类是不经对抗性辩论、通过命令作出的决定(第712-5条)。这是指减刑、批准押送出监和准许出监。为了给予这些措施,刑罚执行法官得到刑罚执行委员会的协助,该委员会起咨询作用并由刑罚执行法官主持,它包括共和国检察官、监狱长、领导成员、监狱部门的领导、监督人员和社会劳动者;

另一类是经狱政代表提出意见和对抗性辩论作出的判决。在对抗性辩论过程中,刑罚执行法官要听取检察院的公诉意见和犯人及其律师的意见(如果犯人被羁押,辩论则在监狱机构进行)。判决涉及监外收容、半释放、刑罚分割与中止、电子监督和假释等不属于刑罚执行法庭管辖的措施。但是,刑罚执行法官经共和国检察官、犯人及其律师同意后,可以作出给予这些措施之一的决定而不经过对抗性辩论。除非法律另有规定,对于刑罚执行法官作出的社会司法跟踪、禁止居留、公益劳动、附考验期缓刑或附公益劳动缓刑的监禁刑等刑罚的决定,或者对于附考验期的延期宣告刑罚等措施的决定,仍然适用对抗性辩论程序(第712-6条)。

刑罚执行法官通过说明理由的命令,决定更改或拒绝更改上述措施及其相关义务以及刑罚执行法庭命令措施中的义务,除非共和国检察官要求在作出决定之前应当进行对抗性辩论(第712-8条)。2009年11月26日的法律允许刑罚执行法官在认为必要时,将复杂案件转交刑罚执行法庭审理。另外,在履行职责过程中,刑罚执行法官可以在全法国开展或命令开展审查、听证、鉴定、征用或其他措施的活动,以便作出刑罚个别化的决定或确保犯人遵守决定中规定的义务(第712-16条)。

(2) 刑罚执行法庭

每个上诉法院的辖区内设立一个或多个刑罚执行法庭,这些刑罚执行法庭的地域管辖由政令确定,与上诉法院辖区内一个或多个地方大审法院的地域管辖相对应。刑罚执行法庭由庭长和2名陪审员组成,他们由上诉法院院长从该法院的刑罚执行法官中任命。

经犯人申请、共和国检察官公诉或犯人所属的刑罚执行法官主动提出,刑罚执行法庭通过说明理由的判决,作出给予、延期、拒绝、收回或撤销相应措施的决定。这些措施包括囚禁期的解除、假释或刑罚中止等不属于刑罚执行法官职权的措施。在作出上述判决之前应当听取狱政机关代表的意见，并通过检察院同犯人及其律师之间的对抗性辩论听取他们的意见（如果犯人处于羁押状态，辩论可以在监狱机构进行）。

2. 针对刑罚执行机关决定的法律救济

对刑罚执行法官和刑罚执行法庭的决定，犯人、共和国检察官或检察长可以提出上诉或抗诉。但是，根据决定性质和作出决定机关的不同，上诉方式也有所不同：

对于刑罚执行法官不经对抗性辩论作出的命令，上诉应在通知决定后的 24 小时内提出。上诉向上诉法院刑罚执行庭的庭长提出，后者根据检察院同犯人或其律师的书面意见，通过说明理由的命令作出裁决。

但是，对于刑罚执行法官和刑罚执行法庭作出的判决，可以在通知判决后 10 日内提出上诉，并由上诉法院刑罚执行庭予以审查，后者经对抗性辩论后作出说明理由的裁决。如果该法庭认可拒绝给予第 712-6 条或第 712-7 条规定的措施的判决，它可以确定一个不受理相同措施申请的期限。该期限不得超过剩余羁押期的三分之一，也不得超过 3 年。

第 712-14 条规定，刑罚执行法官和刑罚执行法庭的决定具有预先执行力。但是，如果检察院在 24 小时内提出抗诉，则中止该决定的执行，直至上诉法院刑罚执行庭或其庭长作出裁决。案件最迟应在提出抗诉后两个月内进行审查，否则抗诉被视为从未发生过。

最后，对刑罚执行庭庭长的命令和刑罚执行庭作出的决定，可以在通知后的 5 日内向最高法院提出上诉，该上诉不中止命令或决定的执行。

3. 涉及未成年人的规定

未成年人的特别法院宣告有罪判决时，儿童法官行使刑罚执行法官的职能，直至犯人达到 21 岁。这项职能存在两个限制：

（1）如果犯人在审判日达到 18 岁，只有当特别法院专门决定由其管辖时，儿童法官方有权管辖；

（2）由于未成年人人格或宣告刑刑期的原因，儿童法官可以在未成年人达到 18 岁时，出于对犯人利益的考虑放弃审理，从而让刑罚执行法官管辖。

关于判决执行的准备、实施和跟踪工作，儿童法官在必要时，委托青少年司法保护部门，负责监督犯人履行义务的情况。当犯人达到 18 岁时，儿童法官还可以为此委托监狱改造和考查部门负责这项工作。

少年法院行使刑罚执行法庭的职能，未成年人特别法庭行使上诉法院刑罚执行庭的职能。

二、刑罚执行中的个别化措施

刑罚个别化不仅在宣告刑罚时应予以考虑,在执行刑罚的整个过程中也应当予以考虑。鉴于犯人的人格和为回归社会作出的努力,他们可以享受不同的优惠措施,大多数措施是为了调整剥夺自由刑。但是,某些优惠措施还可以修改甚至消除有待执行的非剥夺自由刑。

(一) 总统赦免

共和国总统可以行使赦免权,免除对犯人执行全部或部分刑罚,不论该刑罚的性质是否为剥夺自由刑。

总统还可以决定替换刑罚,即用一个刑罚代替另一个(例如,用轻罪的监禁刑代替重罪的刑事徒刑)或者减刑,即缩短待执行刑罚的刑期。

(二) 中止和分割

对判处短期监禁刑的犯人,可以中止或分割执行刑罚。但是该措施不限于对监禁刑适用。

事实上,在任何违警刑和非剥夺自由的轻罪刑的执行过程中,可以采用中止或分割刑罚。给予该措施的理由是相同的,即具有医疗、家庭、职业或社会方面的重要理由。

按照不同的中止执行期限,决定该措施的管辖机关也不同。如果非剥夺自由刑被中止执行至少 3 个月,由轻罪法院庭、违警罪法院或社区法院,根据检察院的建议,作出决定。如果非剥夺自由刑被中止执行的期限少于 3 个月,则由检察院作出决定。

审判法院根据《新刑法典》第 132-28 条作出分割执行罚金、日罚金或暂扣驾驶执照的命令,并可以在同样的条件下修改分割执行命令。

另外,某些特殊规定对中止刑罚的决定设立了特别程序。《新刑法典》第 131-22 条,允许刑罚执行法官面对医疗、家庭、职业或社会方面的重要理由时中断公益劳动的执行期限,就属于这种情形。

(三) 解除

关于刑事有罪判决自动引起的禁止、丧权和无资格的从刑,可以在审判法院宣告刑罚阶段就申请全部或部分解除(relèvement)。

在刑罚执行过程中,犯人也可以申请解除作为从刑或以附加刑名义宣告的禁止、丧权和无资格的处罚。

申请向作出判决的法院提出,如果是重罪法庭作出判决,则向预审庭提出。解除可以是全部解除或部分解除,如果是部分解除,则只涉及解除某些刑罚或缩短刑期。

三、对不执行刑罚的处罚

逃避执行刑罚通常构成犯罪。除了脱逃罪（其行为包括多种情况，如处于电子监督下的被羁押人消除远程监督手段的作用）和为逃避支付罚金而虚假编造无支付能力罪之外，相关的犯罪还包括，当法院命令对刑事判决作出布告时，删除、隐藏或撕毁布告的行为处 6 个月监禁和 7500 欧元罚金，法院还将重新命令犯人自费执行布告。被禁止居留的人，违禁出现在被禁止的场所或逃避执行监督措施的行为；违禁从事职业或社会活动的行为；违反暂扣或吊销驾驶执照处罚产生的义务和禁止性规定，违禁驾驶某些汽车；违禁出现在某些场所或会见某些人；违反完成实习的义务；违禁持有或携带武器；违反收回狩猎许可的决定；违禁签发支票或使用支付卡；违反关闭机构的决定，违反解除公共市场的决定；破坏、挪用被冻结或没收物品的行为；拒绝交回被暂扣、撤销或收回的许可的行为；或拒绝交付没收物品的行为或违反公益劳动的义务，都是处 2 年监禁刑和 30 000 欧元罚金的犯罪行为。自然人违背《新刑法典》第 131-39 条对法人宣告的刑罚，将同样受到制裁。另外，这些判决并不免除相关人对其违反的义务的执行。

另外，在发生事端和不执行某些刑罚附带的特殊义务的情况下（例如，禁止居留），负责监督和管理犯人的机关可以采取措施加强刑罚的执行。

为了保证有效执行替代刑，并且为了在犯人不履行义务时避免新的诉讼，2004 年 3 月 9 日《关于司法与犯罪发展相适应的法律》允许审判法院确定，在犯人不遵守宣告刑产生的义务或禁令时，其应当执行法定监禁刑的最长期限或法定罚金的最高额。当轻罪法院将公民资格实习、《新刑法典》第 131-6 条规定的剥夺、限制自由刑或公益劳动宣告为替代刑时，或者当该法院根据《新刑法典》第 131-11 条将附加刑宣告为主刑时，可以适用上述规定。

法院院长在宣告判决后，将上述规定告知犯人，犯人会立即知悉不执行判决将产生的后果，由此对其产生威慑作用。但是，监禁刑刑期和罚金数额不得超过被宣判轻罪的法定刑，也不得超过《新刑法典》第 434-41 条规定的刑罚。当犯人不执行宣告刑产生的义务或禁止性规定时，刑罚执行法官将命令执行审判法院事先确定的全部或部分监禁刑和罚金刑。

相同类型的规定也对社会司法跟踪措施适用。

第二节　剥夺自由刑的执行

剥夺自由刑包括无期徒刑或终身拘押、有期徒刑或有期拘押和监禁。犯人在宣告刑罚前受到剥夺自由措施的期间，算入刑期内。例如，审判前的暂时羁押期间，算入刑期。

不论监狱制度的结构还是刑罚执行的个别化措施，剥夺自由刑的整个执行制度致力于促使犯人回归社会。

一、监狱制度

剥夺自由刑制度不取决于刑罚的重罪、轻罪性质，而取决于刑期长短和犯人人格。该制度具有统一性。因此，今天仍保留对政治犯的特殊待遇。监狱制度更由犯人的人身来决定，而非由其被判刑的犯罪来决定。

（一）收监地点

刑事徒刑、刑事拘押和监禁的刑罚，首先引起在相应的机构内关押犯人。

1. 监狱机构

法国《刑事诉讼法典》区分了多种监狱机构。在这些机构中收监取决于羁押的理由（暂时羁押或刑事判决），对于犯人，取决于其将要或还要领受的刑罚。

主要将看守所与刑罚执行机构相区分。

原则上，看守所是暂时羁押人的场所。在例外的情况下，被判1年（包括1年）以下监禁的犯人以及未执行刑罚少于1年监禁的犯人，可以分派到看守所执行刑罚。在看守所中为他们留有专门的区域。

刑罚执行机构，是专门接待终审判刑犯人的地方，包括中央监狱、羁押中心、半释放中心、刑罚整治中心。

中央监狱，拥有强化安全措施的制度和组织，其形式也是为了保证和促进犯人回归社会的可能性。羁押中心、半释放中心、刑罚整治中心都有引导犯人回归社会和作出狱准备的制度。羁押中心的特点是允许出监、与外界通信和从事集体活动。刑罚整治中心的特点是在监狱机构内、外组织犯人回归社会的活动。

监狱中心汇聚了属于不同监狱类型的区域。这些区域，根据其所属的类型命名（中央监狱区、羁押中心区、半释放中心区、刑罚整治中心区、看守所区)。

法国监狱制度也具有难以解决的人满为患问题。

2. 分派的标准和程序

犯人的分派,是指确定犯人在哪类监狱机构中执行刑罚,这需要考虑犯人的性别、年龄、犯罪前科、刑事类别、身体和精神状况以及回归社会的可能性。另外,谋杀或杀害15岁未成年人前实施或伴随实施强奸、酷刑或野蛮行径的犯人,强奸或其他性侵犯罪的犯人,以及非以暴力、强制、威胁或出其不意的方式性侵未成年人的犯人,根据《刑事诉讼法典》第717-1条的规定,将送入可提供医学和心理治疗的监狱机构。

司法部长(监狱部门的中央行政机构)享有专属管辖权,分派中央监狱犯人,以及总刑期在10年(包括10年)以上并在判刑或最后判刑生效时待执行刑期在5年以上的犯人,因恐怖主义行为被判刑的犯人以及被记录在特别羁押目录的犯人。大区狱政机关的主任决定向羁押中心、半释放中心、刑罚整治中心和看守所分派犯人。除非紧急情况,在决定分派前需要咨询刑罚执行法官的意见。

(二) 监狱生活

监狱生活的宗旨有时截然对立,它一方面要有利于犯人的矫正,保障安全,确保纪律得以遵守;另一方面要保证犯人回归社会,使羁押条件人道化,尊重犯人的人身权利。

1. 羁押制度

不同时期、不同国家,采取了不同的羁押制度。例如,昼夜共监;昼夜单监,即白天和晚上都单独监禁;晚上单监,白天共监;最后是较为进步的制度,从完全单监到共监阶段,再到释放。

在看守所中,适用的制度是昼夜单监制度。刑罚执行机构原则上适用晚上单独收监的制度。但是,在特殊情况下,由于内部羁押场地的分配、场地暂时饱和或组织劳动的需要等原因,也可以不按这些规定执行。

脱逃罪,即被羁押人逃避所受监管的行为,处3年监禁和45 000欧元罚金。以暴力、破坏或贿赂方式实施该罪,处5年监禁和75 000欧元罚金。

2. 囚犯的权利

监狱机构被要求以保护做人尊严的方式对待犯人。所有犯人有权在符合维护人类尊严的条件下羁押,这在多个国际条约中有所规定,尤其是《欧洲人权公约》。在违背人类尊严的条件下羁押,很可能构成非人道待遇行为。被羁押人有权与其家庭保持联系和收发信件,有权保持卫生和健康,有权要求满足宗教生活。监狱改造和考验机构还可以组织一些文体活动。

帮助犯人回归社会也是追求的目标。在所有机构中都安排了初级教育,被羁押人可以通过函授获得更高级的教育。监狱生活中还可以开展职业培训或从事某项劳动。

长期以来,监狱劳动是改造犯人的一项义务和工具,它更多的意义在于帮助犯人回归社会。如今,监狱劳动具有非强制性,监狱劳动可以在监狱内进行,也可以在监狱外处于监督之下,以监外收容形式进行。劳动是为了国家或特许权享受者的利益而实施(经监狱机构领导批准后,被羁押人也可以为自己的利益劳动)。

犯人的劳动收入要在许多科目上进行分配。200 欧元以内的收入作为犯人的饭费补助归犯人所有。200 欧元以外的数额,一部分将用于赔偿犯罪的民事受害人和需要赡养的人,10%作为囚犯获释时领取的劳役金。再余下的由犯人自由支配,但是如果要将这部分收入汇往监狱以外则要经过特别批准。

二、剥夺自由刑执行过程中的个别化措施

剥夺自由刑的执行应趋向于促使犯人回归社会。为此,刑罚的执行要受到多项调整,调整刑罚的决定主要由刑罚执行法官作出(不仅如此,有些措施,如半释放、监外收容或电子监督,可以在审判阶段由审判法院决定)。刑罚调整取决于犯人的表现和其为回归社会所做的努力。

各种刑罚个别化措施的共同特征,是允许犯人在执行刑罚过程中暂时走出监狱,甚至永远走出监狱。这些优惠措施的意义在于鼓励犯人好好改造,为回归社会作出必要的努力。

大多数刑罚调整措施(半释放、监外收容或电子监督)的目的,是让某些犯人在可能的情况下优先受益。2004 年 3 月 9 日的法律为此设立了系统检查当事人个人情况的特别程序,以便确定刑罚执行方式。一方面,为了避免监狱的交叉感染和脱离社会的弊端,这些程序应当让那些被判处短期监禁刑(低于或等于 1 年监禁)未被收监的人员受益。另一方面,为了保证犯人回归社会和预防累犯,这些程序还对处于刑罚执行末期的在押犯人适用,即所有 6 个月(包括 6 个月)以上 2 年以下监禁刑的未执行部分不到 3 个月,或者所有 2 年(包括 2 年)以上 5 年以下监禁刑的未执行部分还剩 6 个月。

这些多样的措施可以分成两类。一类允许犯人在执行刑罚过程中,暂

时走出监狱机构,而不影响整个宣告刑的刑期;另一类缩短未执行的剥夺自由刑的刑期,允许提前释放。但是,任何一类优惠措施,除批准押送出监外,在囚禁期内不得适用。另外,除不引起立即释放的减刑和批准押送出监外,刑罚的调整措施不得给予未事先进行精神鉴定的性犯罪重罪或轻罪的犯人。当犯人犯有杀人罪、谋杀罪或强奸 15 岁未成年人罪时,由两位鉴定专家进行该鉴定。

(一) 允许暂时出监的措施

允许暂时出监的措施,是指批准押送出监、允许出监、监外执行、刑罚中止和分割、半释放措施。

1. 批准押送出监

批准押送出监只在特殊情况下作出,例如,参加近亲属的葬礼。在囚禁期内也可以执行批准押送出监。犯人在出监期间受到监视人的全程陪同。

2. 允许出监

允许出监的决定由刑罚执行法官作出,该措施允许犯人在确切的期间内离开监狱。监狱外度过的时间也算入刑罚执行期内。换言之,刑罚没有中止执行,这与刑罚中止和刑罚分割不同。允许出监的目的是使犯人做好适应职业或社会的准备,维持家庭关系或完成应尽的义务。犯人在出监期间不受监狱机构的任何监督,但是后者可以对允许出监附加特殊义务,如不得到访某些场所。

允许出监的措施有多种类型,给予的条件和期限根据不同目的在 1~10 日间不等。

3. 监督下的监外执行

监外执行允许犯人在监狱外从事受到行政机关监督的劳动,受益方为公共机关或特许权人。监外劳动在监狱人员的监督下进行,每天劳动结束后,犯人原则上还要回到监狱。

刑罚执行法官作出监外劳动的批准。监外劳动可以适用于待执行监禁刑为 5 年(包括 5 年)以下并且以前未被判处过 6 个月以上剥夺自由刑的犯人,以及符合假释或半释放期限条件的犯人。监外执行将批准给对维护公共安全和遵守公共秩序显示出足够保证的犯人,这尤其通过犯人的人格、犯罪前科、羁押时的表现和回归社会的决心体现出来。

4. 无监督的监外执行

1998 年 12 月 8 日《关于监狱组织和运行的政令》规定了无监狱人员

监督的监外执行,监外执行的目的是从事工作,接受教育,参加实习,从事临时工作,参加职业培训或接受健康治疗。

该措施适用于,待执行刑期不超过 2 年的犯人,在累犯的情况下,该期限缩减为 1 年,符合假释的期限条件且待执行刑期不超过 3 年的犯人,以及符合给予假释考验的犯人。刑罚执行法官确定执行措施的条件,并且可以附加《新刑法典》第 132-44 条和第 132-45 条关于附考验期缓刑的义务或禁止性规定。

5. 中止和分割

在执行阶段,因"重要的医疗、家庭、职业或社会理由",监禁刑可以暂时中止或分割执行。该措施只涉及轻罪并且待执行刑期在 2 年或 2 年以下。中止或分割的总期限不得超过 4 年,在分割执行的情况下,每个分割期不得低于 2 天。

刑罚执行法官在对抗性辩论之后,作出给予、延期、撤回或撤销分割或中止措施的决定。刑罚执行法官可以对犯人附加《新刑法典》第 132-44 条和第 132-45 条规定的附考验期缓刑的义务或禁止性规定。

中止刑罚的命令还可以向患有威胁生命疾病或身体状况不适合长期羁押的犯人作出,但因精神紊乱而在医疗机构住院的犯人除外。中止刑罚的决定,不受刑罚性质(重罪或轻罪)或待执行刑期的限制。另外,法律也未对犯罪性质或危害公共秩序的风险规定条件,以至于措施可以对任何患病的犯人适用。但是,需要分别出具两份医疗鉴定,一致证明犯人属于上述情形之一。

根据不同情形,决定中止的机关是:

——当宣告的剥夺自由刑为 10 年或 10 年以下,或者不论原宣告刑如何,待执行的剩余羁押期为 3 年或 3 年以下,则由刑罚执行法官决定;

——在其他情况下由刑罚执行法庭作出决定。

必要时,犯人还要遵守《新刑法典》第 132-44 条和第 132-45 条关于附考验期缓刑的义务或禁止性规定。

鉴于刑罚的人道主义倾向,刑罚中止的期限是不确定的。但是,如果不再符合中止条件或者没有履行强制义务,刑罚执行法官可以随时命令医疗鉴定和结束中止。

6. 半释放

法官在宣告刑罚时可以作出半释放(semi-liberté)的决定。刑罚执行法官在刑罚执行过程中,也可以基于相同的理由给予半释放措施,这些理由是从事职业活动,接受教育或职业培训,参加家庭生活或接受医学治疗。

给予半释放的对象是剥夺自由刑的总刑期为 2 年或 2 年以下的犯人,或待执行的剩余刑罚为 2 年或 2 年以下的犯人。半释放也可以适用于假释的犯人,期限不超过 1 年(《刑事诉讼法典》第 723-1 条)。

刑罚执行法官确定犯人白天抵达履行半释放义务的场所(例如,工作场所)的时间。当犯人在监外不需要履行半释放义务时,则必须回到或待在监狱(半释放中心或区域)中。

对半释放可以附加特殊义务,即附考验期缓刑的各项义务,例如,不准到访某些场所,接受教育或职业培训,接受医学治疗,不得去酒类零售店,不得会见某些人。

刑罚执行法官负责监督履行义务的情况。如果犯人未履行义务或表现不好,可以撤回半释放措施。

(二)允许提前释放的措施

除了特赦,剥夺自由刑的总期限可以通过两种方式缩短:减刑和假释。另外,伴随着电子监督措施,剥夺自由刑可以在监狱外执行,尤其是在住所中执行。

1. 减刑

刑罚执行委员会出具意见后,减刑(réduction de peine)由刑罚执行法官给予。2004 年 3 月 9 日《关于司法与犯罪发展相适应的法律》自 2005 年 1 月 1 日起改革了减刑制度。2014 年 8 月 15 日《关于刑罚个别化和加强刑罚效率的法律》对减刑制度作出进一步改革,取消了累犯和非累犯之间减刑计算的区分,统一二者的计算方式。减刑存在三种类型。

(1)普通减刑

如果犯人表现良好,通常由刑罚执行法官给予减刑。2004 年 3 月 9 日的法律设立了真正的减刑信用机制:犯人在被羁押期间表现良好,就获得给予普通减刑的信用分数,并在收监和执行刑罚时予以记录。为此,法国《刑事诉讼法典》第 721 条规定,每个犯人可获得减刑的期限按宣告刑的期限计算,第一年最长为 3 个月,第一年之后为每年 2 个月;如果待执行的剩余监禁刑为 1 年以下,则每个月 7 天。如果犯人在羁押期间表现不好,刑罚执行法官可以应监狱主管或共和国检察官的申请,撤销减刑。减刑决定按照第 712-5 条的规定作出(不经对抗性辩论作出裁决)。

《刑事诉讼法典》第 721 条还设立了被提前释放犯人的缓期减刑机制,即当犯人被释放后又在相当于所减刑的期限内实施了重罪或轻罪而被判处新的剥夺自由刑,审判法院可以命令全部或部分撤销减刑并执行相应的监禁刑(不与新的判刑相混同,而是进行累加)。

当犯人入狱时,监狱秘书处将根据减刑记录,告知其预计释放的日期,以及在表现不好或释放后犯新罪的情况下全部或部分撤销减刑的可能。最后这项信息在释放犯人时还要再次向其告知。

该制度的优点在于简单,它可以马上估算出预计执行的刑期,以便安排执行方式。另外,它非常具有教育特征,即当出现引起撤回减刑的违纪事件时,犯人将受到推迟出狱时间的惩罚,因此当事人自执行刑罚一开始就被告知了游戏规则。

(2) 额外减刑

为回归社会作出认真努力的犯人,尤其是成功通过学校、大学或职业考试,证明其获得了新知识或在学习、培训中取得了实际进步,或者尽力赔偿被害人的犯人,不论其已服刑期的长短,可适用《刑事诉讼法典》第721-1条规定的额外减刑制度。额外减刑的幅度根据犯人的犯罪经历不同而不同。如果犯人非法定累犯,减刑幅度每年不超过3个月,如果待执行的剩余监禁刑为1年或1年以下,减刑幅度为每个月7天;如果犯人对未成年人实施了谋杀、酷刑或野蛮行径、性侵犯或性侵害之重罪或轻罪,减刑幅度相应地为每年2个月和每个月4天。因此要明确告知犯人,他们表现得越好、越努力回归社会和赔偿受害人,他们越能够早日离开监狱。

如果监禁刑为1年以下,则一次性宣告减刑;否则每年宣告一次。

(3) 悔罪者的特殊减刑

《刑事诉讼法典》第721-3条规定,在判刑之前或之后向行政机关或司法机关作出揭发从而制止或避免第706-73条、第706-73-1条和第706-74条规定的犯罪的犯人,可以适用特殊减刑。

不论何时作出揭发,犯人都可以享受特殊减刑:

——他可以在被判刑前作出揭发,但是要么揭发的情况不符合享受《新刑法典》第132-78条的规定(刑罚免除或减轻法定刑),要么在犯人到庭之前,无法开展必要调查,核实揭发的真实性;

——他可以在被判刑后作出揭发,要么在收监前出于对知晓犯罪的愧疚,要么提供一些在收监后获知的信息。但是,如果要获得特殊减刑,当事人揭发的内容必须涉及《刑事诉讼法典》第706-73条、第706-73-1条和第706-74条规定的有组织犯罪的犯罪之一。

揭发的效果可以是制止了犯罪的发生(持续犯罪或未完全实现结果的犯罪),或者避免了犯罪的发生(犯罪处于预备或着手实施阶段)。

对于判处有期刑的犯人,减刑的幅度可以达到宣告刑的三分之一。对于判处无期徒刑的犯人,减刑可以达到第 729 条给予假释规定的 18 年考验期中的 5 年。特殊减刑由刑罚执行法庭作出决定。

(4) 被害人权利的考虑

《刑事诉讼法典》第 721-2 条规定,享受一个或多个减刑的犯人在被释放后,应履行刑罚执行法官决定的保障被害人安全和权利的义务性或禁止性规定。根据第 712-6 条规定的方式(在对抗性辩论之后),刑罚执行法官可以命令那些根据第 721 条和第 721-1 条享受一个或多个减刑的犯人,在释放后禁止接待、会见或以各种方式联系民事当事人,期限是不超过整个减刑的期限。该决定在释放犯人之前作出,并在必要时,与给予最后一次减刑的决定同时作出。该禁令可以附带赔偿民事当事人的义务。如果犯人不遵守强制义务和禁止性规定,刑罚执行法官可以根据第 712-6 条规定的方式,撤回全部或部分减刑,并且作出收监命令。

2. 假释

从词源上分析,假释的英语表达是"parole",它源于法语的"parole d'honneur",原文的意思是承诺。法国人最初发明这种实践主要是用于战俘,即如果保证以后不再参战,战俘就可以在战争结束前获得释放。当时这项制度的目的是减轻战争的负担,而违誓的士兵将被处死。①

在法国,德·马尔桑吉(Bonneville de Marsangy,1802-1894)法官是 19 世纪法国刑罚改革领域中最有影响的人物之一,他对假释和不定期刑在法国和欧洲的发展作出了巨大的贡献,被尊称为"欧洲假释之父"。他指出,假释是完全赦免和刑罚执行完毕之前的一个中间期间,当犯人经过一段赎罪性的痛苦监禁之后,如果表现良好,法院就可以附条件地暂时释放犯人,在此期间如果犯人受到有根据的指控,那么犯人就必须回到监狱。② 在马尔桑吉法官的倡议和引导下,法国于 1885 年 8 月 14 日制定了假释法③。根据该法律的规定,被宣告剥夺自由刑的人,除无期徒刑外,刑期执行已过半者即可申请假释。

如上所述,法国的假释制度(libération conditionnelle)由 1885 年的法律设立,它是指由于犯人表现良好和为了使其回归社会而在刑期届满之前释放被剥夺自由犯人的刑罚执行制度。但是,释放条件是犯人在一定期限内

---

① 参见柳忠卫:《假释制度比较研究》,43 页,济南,山东大学出版社,2005。
② 同上,58~59 页。
③ 参见 J. Borricand, "La libération conditionnelle: quel avenir?", RSC, 1989, 589~597.

保持良好的表现，至少到刑罚届满之日。因此，也被称为"有条件"的释放。

该措施的依据是，犯人的改造比预计要快，对其羁押已不再必要。相反，提前释放并附一定特殊义务可以有助于犯人回归社会和预防累犯。

（1）假释的条件

假释对所有剥夺自由刑都适用，不论其性质或刑期（《刑事诉讼法典》第729条）。2014年8月15日《关于刑罚个别化和加强刑罚效率的法律》修订了假释的规定，统一了给予累犯和非累犯假释之前已执行刑期的机制。给予假释的条件有三个。

第一，为了获得假释，犯人应已领受一部分刑罚，这被称为考验期间，必要时也考虑到减刑或可能发生的特赦。

在有期剥夺自由刑的情况下，考验期间为刑罚的一半：犯人只有在已经执行的刑期与待执行的刑期相等时才可以获得假释。但是考验期间最长不得超过15年；如果犯人是法定累犯，考验期间不超过20年。

当执行的刑罚为无期徒刑时，考验期间为18年，在法定累犯的情况下，考验期间不超过22年。获得假释的考验期间可以缩短，即每监禁一年减1个月，对于法定累犯则是每年减20天。

另外，任何被判处4年或4年以下剥夺自由刑的犯人（对未成年人实施重罪或轻罪的犯人除外）或者待执行剩余刑罚为4年或4年以下的犯人，如果要对其习惯居住地的10岁以下孩子行使家长义务，也可以给予假释，且无期限条件限制。

第二，假释只能给予为适应社会作出认真努力的犯人，尤其当他们具有从事职业活动，接受教育、职业培训，为回归社会参加实习或临时工作，参与家庭生活，接受治疗或者努力赔偿受害人等正当理由。即使当事人没有提出申请，刑罚执行法官也要每年一次及时地检查希望获得假释的犯人的情况，以便他们可以享受该措施。对犯人回归社会的前景，将根据其个人、家庭和社会情况进行审查。犯人落户居住地的监狱改造和考验部门，在必要时，可以收集补充信息。

第三，犯人被告知释放的条件后，可以选择拒绝接受假释。因为，假释所附的监督措施和特殊义务只有在犯人同意的情况下才能实施。但是，如果决定对监禁刑服刑完毕的外国人采取禁止进入法国、护送到边境、驱逐出境或引渡措施，由于假释以执行这些措施为前提，那么可以不经过犯人的同意而决定假释。

(2) 宣布机关

按照已宣告的刑罚和待执行的刑罚,假释的宣布机关分为两种。

以前,宣布假释由刑罚执行法官和司法部长分别行使,后来由刑罚执行法官和 2000 年 6 月 15 日《关于加强无罪推定的法律》设置的大区假释法院分别行使。自 2005 年 1 月 1 日起,该项职责由刑罚执行法官和刑罚执行法庭分别行使。

当宣告刑为 10 年或 10 年以下剥夺自由刑,或者不论原宣告刑为何,待执行的羁押期为 3 年或 3 年以下,由刑罚执行法官宣告假释。在其他情况下,由刑罚执行法庭宣告假释。但是,刑罚执行法庭可以确定两个特定日期并且让刑罚执行法官在这两个日期之间确定假释的具体时间。

经过对抗性辩论后,假释的给予、延期、拒绝给予或撤销的决定,由刑罚执行法官或刑罚执行法庭通过说明理由的判决作出。

(3) 假释的管理制度

给予假释就免除了犯人剩余的剥夺自由刑。假释只涉及剥夺自由刑,对其他刑罚不产生影响,尤其对从刑和可能宣告的附加刑不产生影响。

在假释期内,按照附考验期缓刑的模式,犯人要接受一整套旨在帮助其回归社会的监督措施、救助措施以及特殊义务(《刑事诉讼法典》第 731 条)。

配套措施的性质和期限由假释的宣布机关确定。这些义务可以由刑罚执行法官或经其建议由刑罚执行法庭根据宣告假释的规定进行修改。

执行救助措施和监督措施的期限,对于有期剥夺自由刑不得低于释放时未执行的刑期。换言之,犯人应当履行这些措施,原则上至少到刑罚执行结束的那一天。另外,监督期不超过该日期后的 1 年。在任何情况下,监督措施和救助措施的总期限不超过 10 年。

当执行的刑罚为无期徒刑时,各种配套措施的执行期不低于 5 年,也不高于 10 年。

(4) 撤销假释的事由和程序

出狱时剩余剥夺自由刑的执行与否,取决于犯人在假释期限内的表现。

如出现新的判刑、表现不好或不遵守规定的措施和特殊义务,则可以撤销假释。在紧急情况下,可以中止假释。

撤销决定根据情况由刑罚执行法庭或刑罚执行法官作出,其方式与给予假释的方式相同。但是,假释从不自动撤销,需要专门宣告撤销假释。

撤销假释将引起对犯人的收监,后者将按照撤销假释决定的要求,领受全部或部分在其释放时未领受的刑罚。

如果在假释期内没有撤销假释,犯人将被最终释放。剥夺自由刑被视为自假释之日起已执行。但是,假释未经撤销而期限届满时,对刑事判决本身不产生任何后果,这与缓刑的处理结果相反。这意味着该判决可以作为累犯的前罪判决,并且阻碍给予缓刑,而且刑事判决自动产生的从刑继续适用。

3. 电子监督

1997年12月19日的法律将电子监督引入法国(现为《新刑法典》第132-26-1条至第132-26-3条、《刑事诉讼法典》第723-7条至第723-13-1条)。受到其他国家经验的启发,法国采取了这种新的剥夺自由刑的执行方式,目的是缓解监狱的饱和状态和促进犯人回归社会。该措施使犯人在"家中"服刑,受到经常性监督(经当事人同意,可以用于司法监督措施)。由于需要使用可靠的电子设备,这项制度的落实逐步得以实现。

(1) 电子监督的适用条件

在审判阶段,审判法院可以作出电子监督的决定。如果在此阶段没有宣布,刑罚执行法官可以在之后自行或应共和国检察官的要求或犯人的请求,决定刑罚在电子监督制度下执行。但是需满足两个条件:

① 当一个或多个剥夺自由刑的总刑期不超过2年或待执行的剩余剥夺自由刑不超过2年时,可以宣告该措施;累犯的情况下,上述两个刑期缩减为1年。电子监督也对未成年人适用。电子监督的决定还可以以假释考验的名义作出,期限不超过1年;

② 只有律师在场且经犯人同意,刑罚执行法官才可以宣告该措施。由于执行期间犯人要携带一个发出信号的电子设备,因此设立该条件的目的是保障犯人的尊严和私生活。对于未解除监护的未成年人,则应获得其监护人的同意。最后,如果刑罚执行法官指定的实施地点不是犯人的住所或是一个公共场所,则需要获得场所主人的同意。

(2) 电子监督的管理制度

电子监督措施将产生多方面的后果。

首先,禁止犯人离开住所或刑罚执行法官指定的其他场所。为了确定这些地点和时间,刑罚执行法官应当考虑犯人从事的职业活动,接受的教育或培训,进行的实习或临时工作,参加家庭生活和接受医学治疗的需要。电子监督措施还要求犯人回应刑罚执行法官指定的任何公共机关的召唤。因此,犯人的作息时间即使不事先确定,至少也要安排得非常有条理。刑罚执行法官可以随时变更执行的条件,即他在决定中所确定的地点和时间。

其次，按照司法部长批准的方式，监督该措施的执行情况，可以从远距离侦查犯人在每个确定的期间内是否留在或离开刑罚执行法官指定的场所。该方式是让犯人在整个监督期内携带一个可以发射信息的手环，手环将信息发射到指定地点的接收器，接收器再通过电话线将其发送到监督中心，这些信息是关于设备运行情况和当事人是否留在指定地点的信息。狱政部门人员负责将手环戴在犯人手上，它在没有发出警报前不得被摘除。

狱政管理人员在电子监督决定指示的期间内，还可以到指定的地点会见犯人。但是，未经同意，他们不得进入被监督人的住所。如果没有犯人的回复，则推定其缺席并将此汇报给刑罚执行法官。警务部门和宪兵部门可以查实犯人不正常的缺席情况并将此汇报给刑罚执行法官。

最后，处于电子监督之下的犯人受到刑罚执行法官的监督。后者还可以根据《刑事诉讼法典》第723-10条，让犯人接受监督措施、特殊义务以及附考验期缓刑中所规定的救助措施（《新刑法典》第132-43条至第132-46条规定的措施和义务）。他还可以随时变更这些措施。

（3）电子监督决定的撤销

经对抗性辩论后，刑罚执行法官可以对以下情况判决撤销电子监督，对该判决可以上诉：①不遵守禁止离开或回应召唤的义务；②表现不好；③不遵守监督措施或特殊义务；④受到新的有罪判决；⑤犯人拒绝变更执行条件；⑥犯人自己申请撤销。

撤回电子监督的情况下，根据撤销决定的内容并在减去已实施电子监督的刑期后，犯人要执行全部或部分剩余的刑罚。

另外，躲避电子监督决定的行为，以及被监督的犯人采取任何方式妨碍电子程序对其进行远程监督的行为，构成可判处3年监禁和45 000欧元罚金的犯罪。

4. 囚禁期

为了保证宣告刑的确定性，同严重犯罪做斗争并保护社会，满足公共舆论对刑罚执行法官刑罚个别化权力的制约，法国于1978年在法律中设立了关押期制度。之后，该制度又经历多次修改，尤其是1994年2月1日和2004年3月9日的法律。

囚禁期（période de sûreté）是指在剥夺自由刑刑期的一段时间内，犯人不得享有任何缩短刑期或允许出监的措施，即刑罚中止或分割、监外执行、允许出监、半释放、假释等措施。在囚禁期内可以给予减刑，但减刑只能算入囚禁期以外的刑期。如果要享受这些措施，则需满足执行一部分刑罚的要求（例如，假释的考验期间最长为15年），囚禁期的主要作用是延迟享受这些措施的时间。

囚禁期不仅仅调整所涉及的刑罚执行制度,它的设立具有高度的象征意义,并且其目的完全出于安全考虑。被设置囚禁期的刑罚更是完全意义上的刑罚。囚禁期可以是非强制的,由审判法院作出判断,也可以是强制的,即自动适用。但是,它在任何情况下都不适用于未成年人(1945年2月2日的法令)。

(1) 非强制性囚禁期

① 涉及的犯罪

当法律没有规定强制性囚禁期时,不论犯罪性质如何,审判法院可以在宣告5年以上无缓刑的剥夺自由刑时,设置囚禁期。

② 非强制性囚禁期的期限

法院在宣告刑刑期的三分之二限度内任意设置囚禁期,当宣告无期徒刑时,囚禁期最长期限为22年。

(2) 强制性囚禁期

① 涉及的犯罪

设置强制性囚禁期要符合两个条件,一个是关乎被审理的犯罪,另一个是宣告的剥夺自由刑刑期。

强制性囚禁期只有在法律对特定犯罪规定囚禁期的情况下才适用。这些特殊规定涉及极其严重的犯罪①。

对法律规定的犯罪,当审判法院宣告10年或10年以上无缓刑的剥夺自由刑时,则自动适用囚禁期。

② 强制性囚禁期的期限

原则上,囚禁期等于宣告的剥夺自由刑的一半,如果宣告刑为无期徒刑,则是18年。囚禁期自动适用,无需审判法院专门宣告。

但是,在宣告刑罚时,审判法院有权缩短强制性囚禁期,而没有最短期限的限制,或者通过特别决定延长囚禁期,但要在宣告刑刑期的三分之二限度内,如果宣告刑为无期徒刑,则要在22年的限度内。

---

① 主要包括反人类罪(第211-1条至第212-3条)、严重杀人罪和毒杀罪(第221-2条至第221-5条)、酷刑和野蛮行径罪(第222-1条至第222-6条)、引起死亡、截肢或永久性残疾的严重暴力罪(第222-8条、第222-10条、第222-14条和第222-15条)、引起死亡或伴随酷刑或野蛮行径的强奸罪(第222-25条和第222-26条)、贩卖毒品罪(第222-34条至第222-39条)、劫持集体运输工具罪(第224-6条至第224-7条)、严重淫媒罪(第225-7条至第225-10条)、严重盗窃罪(第311-6条至第311-10条)、火灾或爆炸引起的严重破坏罪(第323-8条至第323-10条)、恐怖主义犯罪(第421-3条、第421-4条和第421-5条)、假币罪(第442-1条至第442-2条)、禁止调制、生产、储存和使用化学武器罪(第L.2342-57条至第L.2342-60条)。

另外,当涉及对 15 岁未成年人实施的杀人罪或谋杀罪伴随强奸、酷刑或野蛮行径(第 221-3 条和第 221-4 条)时,如果宣告刑为无期徒刑,经重罪法庭特别决定,囚禁期可延长至 30 年,甚至终身。换言之,重罪法庭可以决定对这些犯罪,在宣告的整个剥夺自由刑期间,不得适用任何暂时或永久释放的措施,不论剥夺自由刑是有期徒刑还是无期徒刑。因此,这也被称为"不可压缩的刑罚"(peines incompressibles)。

但是,为了明确地维持刑罚个别化原则,不论囚禁期的期限和性质,即非强制性和强制性囚禁期,立法机关又规定了变更囚禁期的可能。

(3) 囚禁期执行过程中的变更

无论非强制性囚禁期还是强制性囚禁期并非一成不变,它们可以通过之后的总统赦免或司法决定予以变更,甚至撤销。

① 总统赦免

第一种方式是实行特赦政令,从而结束刑罚执行和囚禁期,或者决定减刑。在后者情况下,《刑事诉讼法典》第 720-2 条第 2 款规定,除非特赦政令另有规定,囚禁期被调整为减刑后刑罚的一半。被设置永久性囚禁期的无期徒刑减刑时(即不可压缩的无期徒刑),囚禁期被调整为特赦后刑罚的总刑期。

② 司法决定

第二种方式是《刑事诉讼法典》第 720-4 条规定的内容。不论囚禁期的期限如何,当犯人作出重新适应社会的认真保证,刑罚执行法庭可以例外地决定结束或缩短囚禁期,并为此宣告调整刑罚。

鉴于犯人的人身危险性,该程序受到严格规定:

——首先,当犯人作出重新适应社会的认真保证,刑罚执行法庭可以例外地决定结束或缩短《新刑法典》第 132-23 条规定的囚禁期。对于已服的刑期没有规定任何要求;

——其次,当重罪法庭根据《新刑法典》第 221-3 条和第 221-4 条最后一款将囚禁期确定为 30 年时,刑罚执行法庭可以缩短囚禁期或者在犯人至少服刑 20 年后结束囚禁期;

——最后,对于不可压缩的无期徒刑,规定了特殊程序,即当重罪法庭专门规定,判处无期徒刑的犯人不得适用任何调整刑罚的措施时,刑罚执行法庭只有在犯人服刑至少 30 年后才能给予调整措施,并且还需要对犯人作出心理鉴定,该鉴定由 3 名在最高法院登记簿注册的医学专家实施,对犯人的危险性状况出具意见。

在任何情况下并且作为一般规定的例外,刑罚执行法庭可以宣布采用无限期的救助措施和监督措施。

(三) 预防累犯的保安措施

1. 司法监督

应检察院的请求并且为了预防累犯的发生,刑罚执行法庭可以对下列犯罪作出司法监督(surveillance judiciaire)的命令：因重罪或轻罪当领受社会司法跟踪且被判处 7 年或以上剥夺自由刑的危险犯人,或者因重罪或轻罪新罪被判处 5 年或以上剥夺自由刑的法定累犯。司法监督措施由 2005 年 12 月 12 日《关于治理累犯的法律》设立。鉴于相关刑事案件的严重性,2009 年 11 月 24 日的法律撤销了刑罚执行法官这项保安措施的权限而交给刑罚执行法庭行使,2010 年 3 月 10 日的法律又降低了适用司法监督的刑罚门槛(7 年代替原规定的 10 年)。

司法监督不适用于被判处社会司法跟踪或被假释的犯人。司法监督措施自犯人被释放之日起开始实施,实施期限不超过其获得未被撤销的减刑和额外减刑的期限。犯人的累犯危险性是给予该措施的前提条件,它通过刑罚执行法官命令的医学鉴定予以证实。在监督过程中,当事人应当遵守《新刑法典》第 132-44 条和第 132-45 条,以及第 131-36-12 条规定的义务。2008 年 2 月 25 日的法律还增加了服从指定住址的义务,即对因实施《刑事诉讼法典》第 706-53-13 条规定的重罪而被判处 15 年或以上有期徒刑的犯人,禁止其在法官指定的期间以外离开住所或法官指定的其他地点。当医学鉴定为可以治疗时,犯人应遵守治疗命令。犯人还应当接受有助于其回归社会的救助措施和监督措施。刑罚执行法官可作出命令,修改犯人应遵守的义务,结束这些义务或者在犯人未遵守决定时,全部或部分撤销犯人所获得的减刑并命令再次对其收监。在此情况下,可以自释放犯人时起对其进行保安监督。大区保安收容法院有权作出相关命令。在执行司法监督过程中,非因全部或部分撤销《刑事诉讼法典》第 723-35 条规定的减刑而引起的羁押,将中止司法监督措施。在中止结束后,司法监督在剩余的期限内继续执行。

对实施第 706-53-13 条规定的重罪被判处 15 年或以上有期徒刑的犯人宣告司法监督时,犯人应履行的义务可以延续至第 723-29 条规定的限度以外。对此应当紧接着适用 2 年的保安收容。大区保安收容法院负责对此作出决定。

2. 保安收容和保安监督

(1) 保安收容

2008 年 2 月 25 日第 2008-174 号法律设立了保安收容和保安监督措

施。根据该法新设立的、经 2010 年 3 月 10 日法律修改的《刑事诉讼法典》第 706-53-13 条,如果刑罚执行结束时对犯人状况的审查显示,犯人人格存在严重障碍而且具有累犯可能性极高的特殊人身危险性,那么可以根据相关规定在刑罚结束后对该犯人予以保安收容(rétention de sûreté),前提是犯人对未成年被害人实施了谋杀罪或杀人罪、酷刑或野蛮行径罪、强奸罪、绑架罪或非法监禁罪等重罪而被判处 15 年或以上的有期徒刑。同样如果对成年被害人实施了谋杀或情节加重的杀人罪、情节加重的酷刑或野蛮行径罪、情节加重的强奸罪、情节加重的绑架罪或非法拘禁罪等重罪,或者当这些犯罪构成杀人罪、酷刑或野蛮行径罪、强奸罪、绑架罪或非法拘禁罪的累犯时,也采取同样的规定。

除非假释被撤销,对被假释的犯人不得进行保安收容。在程序上,检察长根据保安措施多方惩戒委员会的建议,至少在释放日到期前 3 个月,向大区保安收容法院提出保安收容的申请,由后者作出保安收容的命令。在作出命令时,法院经过对抗性辩论,并核实犯人在服刑期间已受到与其人格障碍相适应的医学、社会和心理干预措施之后,作出特别说明理由的决定。对于该决定,可以向国家保安收容法院提出上诉。自收容决定生效后 3 个月内,犯人可以申请大区保安收容法院结束该措施。收到申请后,法院有 3 个月的期限作出决定。如果在该期限内未作出决定,则保安收容正式结束。如果法院驳回申请,犯人可以在 3 个月后提出新的申请。

犯人至少在释放日到期前 1 年,接受保安措施多方惩戒委员会进行的危险性评估。为此,该委员会将要求犯人在专门的机构收容至少 6 周以便接受 2 名专家的检查。一切都取决于犯人的累犯风险。只有当该风险的程度非常高(收容是预防第 706-53-13 条所列犯罪的唯一手段)并且其他跟踪措施(自动在国家犯罪记录卡记录性犯罪和暴力犯罪,治疗命令,移动电子监督措施)不足以奏效的情况下,才建议保安收容。如果该委员会认为不具备保安收容的条件但犯人具有人身危险性,案件将转发给刑罚执行法官决定是否可以采取司法监督措施。该委员会还要核实,犯人是否在服刑期间已确实受到与其人格障碍相适应的医学、社会和心理干预措施。

在法国,保安收容也是倍受质疑的措施。有学者认为,保安收容影响到刑罚法。语义上的辩解(收容不是刑罚而是保安措施)无法掩饰观念的改变。2008 年 2 月 25 日的法律以前,犯罪人只对自己实施的行为受到剥夺自由的处罚。该法之后,犯罪人可能仅因为其表现而受到禁闭措施。潜在的犯罪等同于已实施的犯罪。犯罪和刑罚之间的传统关系被打破。立法所采纳的犯罪人危险性属于犯罪学范畴而不是精神病学范畴,这并不能支持参议院法律委员会报告人对保安收容作出的定义。①

实践中,犯人被收容在社会医疗司法保安措施中心,其身份与被羁押犯不同。根据《刑事诉讼法典》第706-53-22条,被收容者受到的权利限制应严格限定在公共秩序需要的范畴内。被收容者原则上可以接受治疗,参加体育活动和职业培训,以便实施司法部和卫生部提供的自助回归社会的项目。社会医疗司法保安措施中心也有多学科的专业团队,负责帮助犯人回归社会和制定相关计划。该中心也可以与中心以外的国民教育机构、企业和社会工作者签订合作协议。

（2）保安监督

如果保安收容未被续延,或者应当事人申请被结束或被依法结束,或者犯人因实施《刑事诉讼法典》第706-53-13条规定的犯罪被判处15年或以上有期徒刑并接受司法监督措施或社会司法跟踪措施且已执行完毕,大区保安收容法院可以将被收容或被强制履行义务的犯人置于保安监督制度(surveillance de sûreté)之下,期限为2年。为此需要证实犯人持续存在的人身危险性,保安监督措施是预防可能性极高累犯的唯一手段,而且国家犯罪记录卡自动记录性犯罪和暴力犯罪所产生的义务措施不足以奏效。根据该法典第726-37条,司法监督之后采取保安监督措施时,由刑罚执行法官或共和国检察官,在司法监督结束6个月前向大区法院提出申请。对保安监督措施的撤销,需按照第706-53-17条规定的方式提出申请。保安监督措施可以续延相同的期限。如果当事人不遵守保安监督措施要求的义务,并再次显示出很可能实施第706-53-13条规定的犯罪的人身危险性,大区保安收容法院院长可以紧急命令将其收容在社会医疗司法保安措施中心。该收容只有在保安监督义务不足以奏效时才命令实施。

2010年3月10日的法律规定了在保安收容或保安监督执行期间可以进行羁押。在此情况下,相关措施暂时中止执行。如果羁押超过6个月,大区保安收容法院最迟在停止羁押后3个月内确认重新进行收容或监督,否则,保安收容或保安监督措施将依法自动终止。

---

① 报告人为M. Lecerf,报告第174段中写到,根据Ch. Debuyst,犯罪学中的危险性是"以极大可能实施侵害人身或财产犯罪的显示迹象为特征的社会心理现象"。《巴黎犯罪学国际课程》,1953年。参见 J. Leroy, *Droit pénal général*, Paris：L.G.D.J., 2012, 4ème éd., pp.406~407.

第三节 罚金的执行

罚金刑要求犯人向国家支付一定数额的金钱。《刑事诉讼法典》第707-1条规定了应当支付罚金的总额,未支付全部或部分罚金的犯人,将依法受到监禁。

一、征收的方式

罚金总额原则上一次性支付。但是出于治疗、家庭、职业或社会等重要理由,法官在宣告刑罚之时或之后可以决定分割执行刑罚,期限最长为3年。

罚金征收由征收人以共和国检察官的名义实施。为了加快征收罚金,设立了不同的机制。

——2004年3月9日的法律在《刑事诉讼法典》第707-2条至第707-4条中引入了犯罪人快速支付罚金总额享受一次性减额的机制。在轻罪或违警罪方面,被判处罚金的犯人,不论罚金数额多少,可以自宣告判决之日起一个月内支付罚金总额。如果犯人在此期限内支付总额,可以享受支付总额减少20%的优惠,但减少数额最高不超过1 500欧元(设置最高额是为了保障公共财政)。

当法院判决罚金刑时,庭长将告知犯人这些规定。罚金的支付不影响行使上诉权。因此,在对刑罚判决提出上诉后,应当事人的申请,可以退还已支付的金额。

当犯人由于经济原因被允许按照国库相关部门确定的期限和方式分几次支付罚金总额时,他也可以享受减少支付总额的优惠。

——有些违警罪罚金的征收适用特殊程序。《道路交通法典》中违反道路交通规定的前四级违警罪,《保险法典》中违反地面机动车强制险的违警罪,违反环境保护的违警罪,违反保护和检验驯养动物和捕获野生动物规定的违警罪,适用一次性罚金制度。该程序给予犯罪人通过支付事先确定数额的罚金避免刑事追诉的可能,而且也可以加快罚金的征收,从而避免社区法院的案件堆积。犯罪人可以直接将现金一次性交给发现其犯罪的执法人,或者在45天内向执法人发出的支付卡提供印花税票、支票,或者使用远程支付手段支付。如果在45天内未支付,罚金总额将自动增加并由国库征收。如果犯罪人对违警罪的真实性提出质疑,可以向检察院提出说明理由的声明。检察院可以放弃追诉,或者提请社区法院审理。当社区法院作出有罪判决时,宣告的罚金不得低于增长后的一次性罚金。该制度经过调整,也对违反客运公共交通管理的违警罪适用,并允许经营人和犯罪人之间进行谈判。

二、征收的保证

如果犯人不支付罚金,则存在着多个程序保证罚金的征收。逃避支付罚金而虚假编造无支付能力的行为,构成当处 3 年监禁和 45 000 欧元罚金的犯罪。

(一) 各种征收保证的概况

为了保证罚金的支付,审判法院在作出判决之前就采取一定的措施。因此,预审法官在对被调查人命令实施司法管制(contrôle judiciaire)时,可以要求交付一定的押金,以保证以后罚金的支付。在有组织犯罪领域,命令对被调查人实施的财产保全措施,也可以保证以后罚金的支付。

为了征收宣告的罚金,国家还掌握着多种财产执行途径。如同所有的债权人,国家可以命令扣押犯人的财产,将其拍卖并将拍卖所得用于支付罚金。国库还可以通过司法抵押或法定抵押保证判决所产生的债权。另外,国库还对犯人的动产和不动产享有普遍优先权,保证国库优先于其他包括被害人在内的债权人获得支付。

当宣告判决时,如果存在多人实施的具有不可分性或关联性的犯罪,审判法院可以决定所宣告的各个罚金支付具有连带性。但是,这需要符合一定的条件。该措施不能自动适用,而是由法官为此特别作出说明理由的决定;该措施只对重罪、轻罪和第 5 级违警罪适用;并只在共同正犯和共犯没有支付能力的情况下适用。

因此,犯人应支付所有罚金的总额,并且之后可以向共同正犯和共犯追索代替其支付的罚金,大多数情况下,这种索要是徒劳的,命令支付的连带性正是因为他们没有支付能力。这种方法显然与刑罚的个人属性原则相违背。

(二) 司法强制

征收罚金还受到司法强制措施的保证,以前是对身体采取强制措施,将债务人送进所在地区的监狱,要求其支付罚金。债务人在司法强制期限结束前不得被释放,除非他支付部分罚金或提供无支付能力证明。

身体强制在民事和商业领域已于 1867 年废除。它只在支付国库和保证国家债权得以实现且不具有民事赔偿性质的领域仍然存在,即刑事罚金、税务罚款和税款。

但是，将债务人收监直至最近还不被法律和法院认为是刑事处罚，更不是不支付罚金的替代刑。法国最高法院认为这是一种执行途径，一种法律规定的保证财产性判决、税务处罚和税款等执行的、具有刑罚性质的措施。由于不是刑罚，身体强制不属于刑罚制度。另外，执行该措施不免除犯人对罚金的支付。

这个观点却受到欧洲人权法院的质疑，对于案件中涉及延长身体强制期限的法律的溯及适用问题，该法院认为，身体强制的目的和机制使其成为《欧洲人权公约》中的"刑罚"，并且认为法国违反了该公约第7条第1项禁止科处比实施犯罪时所适用的刑罚更为严厉的刑罚[①]。

这个重新定义的后果是，由于该法院认为身体强制是一个只能由法官命令的刑罚，法国2004年3月9日《关于司法与犯罪发展相适应的法律》建议了一个新的程序，命名为"司法强制"，完全由刑罚执行法官监督实施。《刑事诉讼法典》第749条及后文对该制度作出规定，并自2005年1月1日起生效。

当故意不执行因重罪而宣告的罚金判决或因轻罪监禁刑而宣告的罚金判决，包括故意不执行税务或海关罚金的判决时，刑罚执行法官可以命令采取司法强制，司法强制是一种监禁，其期限由该法官在法律规定的最大范围内并根据罚金的总额或者累加的总额确定。

收监的最长期限，根据未支付罚金的数额确定（第750条）。

——罚金至少为2 000欧元且不超过4 000欧元时，该期限为20天；

——罚金至少为4 000欧元且不超过8 000欧元时，该期限为1个月；

——罚金至少为8 000欧元且不超过15 000欧元时，该期限为2个月；

——罚金超过15 000欧元时，该期限为3个月。

涉及贩卖毒品的犯罪和涉及海关的犯罪，当罚金总额超过100 000欧元时，剥夺自由的期限可以达到1年。

如同以前的身体强制，司法强制不得对相同犯罪的未成年人宣告实施，也不得对判决时65岁以上的老年人以及通过任何方式都证明无支付能力的人宣告实施。而且司法强制也不得同时对夫妻实施，即使为了征收属于不同判决的罚金也是如此。

第754条作了程序规定，即司法强制只能应追诉方申请，在向被判刑

---

① 欧洲人权法院，1995年6月8日判决，Jamil诉法国。

人作出支付催告令的 5 天之后实施。考虑到支付催告的送达通知,如果支付催告在 1 年以内作出,应国库的请求,共和国检察官可以要求刑罚执行法官宣告第 712-6 条规定的司法强制(在对抗性辩论之后)。共和国检察官可以为此发出第 712-17 条规定的凭证(传票或逮捕证)。刑罚执行法官的决定具有临时执行力,对该决定可以提出上诉。刑罚执行法官可以决定犯人的支付期限,如果后者的个人情况证实需要,该法官可以决定对其作出不超过 6 个月的延期执行。

如同以前一样,被宣告司法强制的个人可以通过支付或寄存一笔金额使债务灭失,或者提供被认为是良性可靠的担保,预防或终止司法强制的效力。受到司法强制的犯人并没有解除对判决总额的支付。换言之,他应当支付罚金(第 759 条和 762 条)。

根据《新刑法典》第 131-25 条的规定,如果犯人在确定的期限届满时不支付全部或部分日罚金,将引起与未支付日罚金天数相等期限的收监。

第十九章 刑罚消灭的事由

原则上,审判法院宣告的刑罚在全部执行后灭失。但是,刑罚判决仍存在并产生法律效果。它被登记在犯罪记录上,例如,在发生新犯罪时,该记录可以阻碍给予缓刑,并可以构成累犯的前罪。

刑罚还可以由于其他事由灭失。《新刑法典》第133-1条规定了一定数目的刑罚灭失事由及其后果。这些刑罚灭失事由可以分成两类:

一类是,某些事件只消灭刑罚,但不影响判决;

另一类是,如果判决尚未执行或正在执行,则判决本身消失,并引起刑罚提前灭失。

第一节 保留判决的刑罚灭失事由

一些刑罚灭失事由是特殊事由,因为它们与刑罚相联系。例如,当犯人达到65岁,禁止居留的刑罚自动停止。另一些刑罚灭失事由是一般事由,可以对所有刑罚适用。因此,根据《新刑法典》第112-4条,在审判之后,当新法律废除了被判决的犯罪,以至于所实施的行为不再具备刑事犯罪特征,刑罚则停止执行。刑罚还可由于犯人死亡、时效、特赦或解除等原因停止执行。

一、犯人死亡

《新刑法典》第133-1条规定犯人死亡阻止或停止刑罚的执行。对于被判刑的法人,死亡是指解散,但不包括刑事法院宣告的解散,因为该解散本身就是应当执行的刑罚。

该一般规则是基于"刑罚的个人属性原则"(principe de la personnalité des peines)而存在。由于个人犯有错误并负有个人责任而受到判刑,他只能自己承受刑罚,不可以对第三人执行刑罚[①]。但是,罚金和没收可以在

[①] 参见 X. Pin, *Droit pénal général*, Paris: Dalloz, 2005, p.17.

犯人死亡后执行。当犯人的财产连同债务转移给其继承人时,后者应支付罚金的总额或交付被没收的物品。该解决措施的理由是,如果被判刑人生前支付了罚金或交付了没收物品,其留给继承人的财产将会减少。

二、刑罚的时效

刑罚的时效,是指自判决生效之日起一定期限届满时,没有执行的刑罚即告消灭。该规则存在的理由是,时间已经消除犯罪引起的社会混乱,也让判决从人们的记忆中消失。另外,犯人在刑罚时效期间,一方面表现较好从而没有引起对他的关注(以至于人们认为他已回归社会),另一方面,由于受到将领受刑罚的痛苦和不安的折磨,犯人在此期间已经改过自新。

刑罚时效不得与公诉时效相混淆。后者是自犯罪发生后经过一定期限,就不再追诉犯罪。

(一)时效的范围

原则上,所有刑罚不论其性质如何都有时效。但是,某些剥夺权利的刑罚,如职业禁止或禁止选举,在实践中立即适用,而无需执行行为。

通常,不论被判刑的犯罪性质如何,刑罚都有时效。但是,法律规定对某些犯罪宣告的刑罚是无时效的,例如,对反人类罪宣告的刑罚就是如此。

(二)时效的期限

1. 时效期限的长短

重罪的宣告刑,刑罚时效的期限原则上为20年。轻罪的刑罚时效为5年,违警罪的刑罚时效为3年。对于某些犯罪,适用与一般法律规定不同的特殊时效。因此,恐怖主义行为或贩卖毒品行为,如果是重罪,则宣告刑的时效为30年,如果是轻罪,宣告刑的时效为20年。

适用的时效期限取决于犯罪的性质(重罪、轻罪或违警罪),而不是宣告的刑罚。重罪法庭对重罪宣告的监禁刑(轻罪刑)的刑罚时效仍是20年。

2. 时效期限的起始点

原则上,刑罚时效期限的起始点为判决生效之日,即不能再对判决提起上诉之日。但是,也存在特殊情况,例如,宣告刑罚的判决原先附带缓刑,但缓刑在以后被撤销,那么刑罚时效的期限自撤销缓刑决定生效之日算起。

另外,一些特殊规定确定了特殊的起始点。因此,脱逃或不服命令罪的宣告刑时效,自犯人达到其被免除任何兵役义务年龄之日算起。

3. 时效期限的中止和中断

刑罚时效期限可以因某些事由而停止。根据事由的效果,可分为时效期限的中止和中断。

当发生阻止执行刑罚的事由时,时效期限被中止。这些事由可以是法律上的障碍(例如,附条件的特赦)或事实上的障碍(例如,战争或犯人精神错乱)。当中止事由消失后,时效期限继续计算,在中止前经过的时间要计算在时效之内。

刑罚时效期限因实施某个行为而中断。例如,罚金刑实施的扣押,逮捕犯人并对其实施剥夺自由的监禁。中断事由使得中断之前经过的时间消失,时效期限重新计算。因此,当被判处剥夺自由刑的在逃犯人被逮住收监后又逃跑的,新的刑罚时效自其再次逃跑之日算起。

(三) 时效的作用

时效期限届满后,就不得再执行刑罚。规定的刑罚被视为已经由犯人领受。在重罪领域,存在一个特殊情况,即由另一个刑罚代替规定的刑罚。因此,在重罪的宣告刑已过时效情况下,犯人自动服从在被害人或其直接继承人居住的省份终身禁止居留的规定。

另外,时效对判决没有影响,判决被登记在犯罪记录上。该判决可以阻止以后给予的缓刑或可以在累犯规则中发挥作用。如果判决自动产生终身的禁止、丧权和无资格的从刑,这些从刑将继续适用。另外,判决产生的民事义务(损害赔偿)将根据《民法典》的规定产生时效。

三、特赦

特赦(grâce)是国家元首自由裁量免除犯人全部或部分刑罚的恩惠。特赦制度经历了时空的变换。特赦是国家元首的传统权力,如今由法兰西共和国总统掌握。根据《宪法》第17条,"共和国总统有权给予特赦"。

特赦的理由多种多样。一般规则是,特赦针对个人,即鉴于某个特定犯人的良好表现、疾病状况和年龄,给予其特赦。有时,特赦是为了纠正可能出现的司法错误,或仅仅为了矫正法律或法官等机关的严厉措施。这在一些法国学者看来,有违三权分立原则,因为特赦往往导致行政权的最高首脑反驳司法决定,而且特赦减弱了刑罚的确定性。有些特赦被称为集体特赦,即针对一群符合条件的犯人作出。集体特赦通常借国家性事件之机作出(例如,国庆日),并且可以临时解决监狱人满为患的问题。

（一）特赦的条件

特赦法并不存在先进的成文规定。特赦的实质性规则更多地来源于习惯。

所有犯人都可受到特赦。特赦也可以对所有刑罚适用。但是，特赦只涉及刑罚，而不涉及纪律处罚、税务处罚或行政处罚或民事赔偿（损害赔偿）。

关于特赦，要有生效的刑罚判决，即对该判决不可能提起上诉。最后，判决应具有执行力。例如，如果刑罚已被执行或过了时效，或者如果正在缓刑，则不能发生特赦。

（二）特赦的程序

根据一般规定，特赦在提出特赦申请后给予，即由犯人、其亲属甚至检察院提出申请。但是，特赦可以依职权给予，这就是集体特赦的情形。因此，犯人不得拒绝享受特赦。

特赦申请向法兰西共和国总统提出。申请由司法部长预审。为此他要听取多方意见，例如，审判法院院长和刑罚执行法官的意见。尤其还要审查是否有其他刑罚个别化措施的介入（例如，假释或减刑）。

法兰西共和国总统通过政令作出特赦，该政令将通告给当事人。国家元首是裁量给予特赦适当性的法官，如果同意给予特赦，国家元首还要决定特赦的范围。对于特赦政令，犯人不得提出任何救济。

（三）特赦的后果

特赦导致免除执行刑罚，但是特赦的后果实际上取决于其范围。特赦可以免除全部刑罚（以至于终止执行刑罚），也可以免除部分刑罚（其目的是缩减刑罚的总额或期限），还可以用较轻的刑罚代替法官宣告的刑罚（例如，用有期徒刑代替无期徒刑）。因此，这涉及刑罚的减刑变更。

特赦政令没有涉及的刑罚，将全部继续执行。另外，特赦不阻碍被害人获得犯罪损害赔偿的权利。

特赦可以设定特殊条件。例如，在一定时间内不得受到新的判决或履行赔偿被害人的义务。因此，这是有条件的特赦，如果未履行所要求的义务，则引起撤销特赦。

特赦不引起判决消失，判决仍保留在犯罪记录上，并可以阻止以后给予缓刑和可以作为累犯的前罪证明。除非特赦政令作出另外规定，判决自动产生的禁止、褫权或无资格等从刑继续适用。

四、解除

解除(relèvement),是指法官对犯人宣告不再适用某些禁止、丧权或无资格的刑罚,不论这些刑罚是从判决中自动产生,还是以附加刑的名义宣告。解除可以在宣告判决之时或之后作出。但是,犯人总是可以申请解除禁止、丧权或无资格的刑罚。法官从来不得依职权宣告解除。

(一) 即时解除

对于判决自动产生的任何禁止、丧权或无资格,换言之,即从刑,可以立即申请解除。那么,法院可以在宣告判决的同时宣告解除全部或部分从刑。

(二) 延期解除

在作出判决之后,犯人可以申请取消判处的禁止、丧权、无资格或公告措施。这不仅涉及从刑也涉及附加刑。

取消附加刑的理由是,宣告附加刑是考虑到犯人的危险状态并出于预防目的,一旦犯人的危险状态停止或减小,这些刑罚则不再必要。因此,解除是根据犯人自判决以来的行为表现予以宣告。

但是,只有作为附加刑宣告的刑罚才可以被解除,而不是作为主刑宣告的附加刑,后者通常代替法定主刑。另外,司法判例对具有实际性的刑罚不予解除,例如,拆除措施。

解除申请向作出判决的法院提出,如果犯人受到多个判决,则向最后作出判决的法院提出,如果判决由重罪法庭作出,则向预审法庭提出。

解除从刑的申请可以随时提出。另外,当申请涉及撤销附加刑时,只得在作出判决之日起 6 个月后提出。在申请被驳回的情况下,任何新的申请只有在新的 6 个月期限结束后才可以提出。对以后的申请也适用同样规则。

(三) 解除的后果

解除是法院可以自由裁量的权限,法院有权不给予解除。法院可以对解除进行调节,即宣告部分解除。法院只得宣告解除申请中所涉刑罚的解除。法院也可以仅仅缩短禁止、丧权或无资格的期限。当解除申请涉及暂扣驾驶执照的刑罚时,法官可以将暂扣驾驶执照的处罚限于职业以外的活动。

当法官宣告全部解除刑罚时,刑罚则终止执行。解除对法院未涉及的刑罚没有任何效果,后者继续适用。

刑罚判决继续存在并登记在犯罪记录上。判决可以成为累犯的前罪并且阻止以后给予缓刑。

第二节 有罪判决灭失的事由

附缓刑的判决在考验期结束后被视为从未发生，从而使犯人最终免除执行宣告刑。除此之外，还有两个判决灭失的事由：大赦和复权。

一、大赦

大赦（amnistie）是倾向于消除某些行为犯罪特征的立法措施。根据《宪法》第34条，大赦属于立法机关的权力。

最初，大赦法律在政治动乱结束后介入，目的是促进国家和解。如今，大赦主要涉及普通犯罪，并在给予时考虑其他理由：减少法庭案件积压，暂时解决监狱人满为患的问题，在发生某些事件时作出象征性姿态，尤其是在法兰西共和国总统选举时。

（一）大赦的范围

每个大赦法律都确定各自的实施范围。

首先，法律要提及大赦产生效果的日期，只有在该日期前实施的犯罪可以被大赦。例如，2002年8月6日的大赦法律只对2002年5月17日前实施的犯罪适用，该日期是共和国总统任期的起始日。

其次，大赦法要按照不同方式明确大赦涉及的犯罪。大赦的范围可以涉及犯罪的性质（例如，1881年7月29日关于报刊自由的法律规定的违警罪、轻罪），实施犯罪的情节（例如，在劳动纠纷情况下实施的轻罪），宣告刑的性质（例如，处以或将处以公益劳动的轻罪，处以或将处以罚金或日罚金的轻罪）或宣告刑的幅度（例如，处以或将处以无缓刑的3年或3年以下监禁的轻罪）。在这些情况下，大赦是自动给予，即一旦法律被公布并且符合其规定的条件时，这些犯罪将自动受到大赦。

大赦还可以根据犯罪人的身份给予（例如，实施犯罪时不满21岁的行为人，流放犯或抵抗运动成员，在人道主义、文化、科学或经济领域成绩特别卓越的人）。那么，大赦以个人方式给予，即当事人在大赦法规定的期限内（通常在大赦法颁布后1年内或者如果判决在之后作出，则在判决生效后1年内）提出申请，由共和国总统发布政令给予。

但是，大赦法也包含一些限制。一方面，在有些情况下，大赦是附条件的,犯罪人需要履行特殊义务才能享受大赦(例如,逃兵在规定期限内自愿归队,提前支付宣告的罚金)。另一方面,大赦法排除对某些犯罪适用大赦(例如,危害国家或行政机关权威罪,有组织犯罪或暴力犯罪的重罪或轻罪,经济或财政领域的犯罪,侵犯人之尊严、人格权或家庭权的犯罪,环境法领域的犯罪或侵犯人身完整性或置他人于险境的犯罪)。当一个犯罪被列入排除适用大赦的目录中,自动给予的大赦(由于犯罪性质或情节的原因,或者由于宣告刑罚幅度或性质的原因)如同个人方式给予的大赦一样,都不能适用。

(二) 大赦的后果

根据立法机关的大赦法,被赦免的行为以溯及既往的方式不再构成刑事犯罪。但是,要区分大赦法之前是否已作出生效的有罪判决两种情况。

1. 未作出生效的有罪判决

如果被赦免的行为尚未受到追诉或正在追诉过程中,大赦引起公诉的灭失。法官应确认公诉的灭失并且不再宣告有罪判决及处决。另外,这个规则也会产生一种矛盾情形,即被赦免的行为可能受到不同于先前控告书中罪名的上诉,而确认公诉灭失的判决采纳了先前控告书中的罪名。但是,当大赦的范围涉及刑罚的性质或幅度时,则需要实施追诉并且等待判决生效,以便了解行为是否应当被赦免。因此,大赦取决于法官,因为法官宣告的刑罚起到决定作用。

2. 已作出生效的有罪判决

如果对被赦免的行为已作出生效的有罪判决,判决视为从未发生。根据《新刑法典》第133-9条,大赦消除宣告的有罪判决。

(1) 判决被消除

有罪判决被消除,并从犯罪记录中撤销,它只在审判、判决和决定的记录中保留。在犯新罪的情况下,不构成累犯的前罪或给予缓刑的阻碍。如果被赦免的有罪判决曾经引起撤销以前给予的缓刑,那么被撤销的缓刑将得以恢复。对于法官,这个原则导致禁止依据被赦免的判决,对新的犯罪宣告刑罚,即使以说明理由的名义也不允许。

另外,禁止任何人将在履行职务中获悉的被大赦消除的判刑,以任何形式保留或在任何文件中记录。通常在大赦法中规定这些禁令,违反者将受刑事处罚。

(2) 刑罚不再执行

因行为被赦免,对其宣告的刑罚不再执行。这个规定原则上涉及所有刑罚,不论是以主刑、附加刑或替代刑名义宣告的刑罚,还是有罪判决自动产生的从刑(除非每个大赦法作出特别规定)。因此,如果剥夺自由刑正在执行过程中,犯人将被释放。宣告的罚金也无需支付。

在大赦法没有规定的情况下,法国司法判例曾认为,"治安和公共安全措施"(即具有保安特征的刑罚),例如,职业禁止、撤回、暂扣驾驶执照或关闭机构,仍然适用。为了反对该司法判例的做法,法国立法机关开始对大赦法没有免除的措施作出具体规定(例如,禁止进入法国,禁止居留,禁止公民权、民事权和家庭权,禁止从事职业或社会活动,拆除措施,恢复原状措施,没收武器等),这是以暗含的方式意味着,大赦法将免除被赦免判刑产生的所有其他措施或刑罚。

大赦法通过之前已执行的刑罚则不受影响。大赦不引起恢复原状,这尤其意味着已支付的罚金不再予以返还,并且对于已执行的刑罚也不给予任何赔偿。

另外,大赦不损害第三人利益。损害赔偿应当予以支付,如果还没有支付给被害人,则可以提起民事诉讼,以获得被赦免行为引起的损害赔偿。

二、复权

复权(réhabilitation)是因表现良好而在一定期限后消除有罪判决。任何被法国法院判处重罪、轻罪或违警罪刑罚的人都可以获得复权。

该制度首先具有象征意义,社会恢复了犯人的尊严。为了不给犯人设置回归社会的障碍,它还结束了有罪判决自动产生的禁止、丧权和无资格的从刑。

法律规定了复权的两个程序,即通过司法决定取得或者经过一定期限后自动取得。如同自然人一样,法人也可以取得复权。

(一) 司法复权

1. 司法复权的条件

只有当刑罚已经执行,损害赔偿得到支付,并且经过一定期限后犯人提出申请,方可作出司法决定命令复权。但是,如果犯人自实施犯罪以来对国家作出突出贡献,提出申请就不受任何时间、刑罚执行或罚金支付或损害赔偿等条件的限制。

复权的前提是无法再执行审判法院宣告的主刑。那么,主刑应当已经执行,或者过了时效,或者犯人已被特赦。在判刑附缓刑的情况下,在考验期结束后主刑被视为已经执行。另外,除了刑罚时效届满外,犯人还要证明已支付了损害赔偿或已获得免予支付。

对于重罪犯人,只有在判刑视为已执行、时效届满或视为已服刑之日起 5 年后才可以申请司法复权,对于轻罪犯人为 3 年,对于违警罪犯人为 1 年。

但在重罪领域,对于法定累犯、获得复权后又被判刑的犯人或已过刑罚时效的犯人,提出申请的期限延长至 10 年后;在轻罪领域,对于法定累犯、获得复权后又被判刑的犯人或已过刑罚时效的犯人,提出申请的期限为 6 年后。

对于法人,申请只能在处罚到期 2 年后提出。

2. 司法复权的程序

司法复权的前提是犯人或其法定代表人提出诉讼请求。在犯人死亡的情况下,申请可在其死亡之日起 1 年内,由其配偶、直系尊亲属或直系卑亲属提出。复权申请向共和国检察官提出。为此,共和国检察官要对犯人自判刑以来的表现进行调查,尤其要听取刑罚执行法官的意见,然后,他向预审法庭提出申请。预审法庭有权给予或者拒绝给予复权。但是,该法庭需主要根据申请人自判刑以来的表现,其次根据犯罪严重性和犯罪后果,说明其决定的理由。合法提出的申请被驳回后,新的申请只能在 2 年期限到期后提出。

当犯人为法人时,申请由法定代表提出。在复权申请被驳回后,提出新申请的间隔期限为 1 年。

(二) 法定复权

法定复权在一定期限届满后自动取得,无需任何程序。同样,只有当刑罚已经执行、过了时效或者如果犯人获得特赦且刑罚的赦免等同于刑罚执行时,法定复权方可介入。

如果犯人在此期限内未受到新的重罪或轻罪判决,则可以取得复权。对于罚金或日罚金刑的判决,该期限为 3 年,自支付罚金或支付日罚金总额之日、司法强制届满之日、《新刑法典》第 132-25 条规定的因未支付日罚金总额而被收监届满之日或者自刑罚时效结束之日算起。

对于只判处 1 年以下监禁的判决,或剥夺自由、罚金或日罚金之外其他刑罚的判决,该期限为 5 年,自刑罚执行之日或时效结束之日算起。

对于只判处 1 年以上监禁的判决,或者总刑期不超过 5 年的多个监禁刑判决,该期限为 10 年,自服刑期满之日或时效结束之日算起。

相反,在多个监禁刑判决的总刑期超过 5 年的情况下,或者在判处刑事徒刑或刑事拘押刑罚的情况下,排除适用自动复权。

对于法人,该期限为 5 年,自支付罚金、执行刑罚或刑罚时效结束之日算起。在解散的情况下,不适用复权。

(三) 复权的后果

1. 有罪判决的消除

复权消除有罪判决。另外,除非存在相反规定,复权使所有丧权和无资格的从刑消失,尤其是职业方面的刑罚消失,这些刑罚曾因判决而自动适用。

在以前,有罪判决从犯罪记录中消失。被消除的判决不能构成累犯的前罪并且也不得阻碍给予缓刑。任何人不得以任何形式保留或在任何文件中记录其在履行职务中获悉的复权所消除的判刑。2007 年 3 月 5 日第 2007-297 号法律对此作出修改,允许司法机关援引复权所消除的有罪判决。

2. 消除的有罪判决的保留

根据《新刑法典》第 133-16 条第 3 款的规定,在发生新犯罪的情况下,复权并不影响司法机关将被消除的判刑作为法定累犯的前罪予以考虑。所以,犯罪前科的记录不是被全部消除,因此复权消除的有罪判决仍将视为累犯的前罪,从而加重又犯新罪的犯人的法定刑。除非司法复权的判决命令将有罪判决从犯罪记录中删除,且不在第 1 号记录簿上保留记录,否则复权消除的有罪判决,仅从犯罪记录的第 2 号和第 3 号记录簿上消除,但在第 1 号记录簿上仍予以保留。在法定复权的情况下,获得复权的犯人可以向预审庭申请撤销有罪判决的犯罪记录,并且不在第 1 号记录簿上保留记录。

有罪判决只是部分被消除,在一定情况可以继续援引。对此,需要从主观和客观两方面确定有罪判决的保留范围。

从主观方面看,有罪判决只能由司法机关援引。其他人如同以前的做法一样,不得以任何形式保留或在任何文件中记录其在履行职务中获悉的复权所消除的判刑,除非在审判、判决和决定的记录中予以保留。

从客观方面看,有罪判决只在适用法定累犯的规定时才被援引,作为累犯的前罪。但是,在法律没有规定的情况下,只能接受复权所消除的有罪判决如同以前一样,不阻碍给予缓刑。法国最高法院也在保证,除非法律另有规定,法官在确定刑罚时不要考虑复权所消除的有罪判决,即使它在犯罪记录上有所保留。

主要参考文献

外文：

（一）著作

1. M. Ancel, *La défense sociale nouvelle*, Paris：Cujas, 1981, 3ème éd.
2. M. Ancel, *La défense sociale*, "Que sais-je?", Paris：Presses Universitaires de France, 1985
3. R. Badinter (présentation par), *Projet de nouveau Code pénal*, Paris：Dalloz, 1988
4. C. Beccaria, *Des délits et des peines*, Paris：Flammarion, 1991
5. J. Borricand et A.-M. Simon, *Droit pénal et procédure pénale*, Paris：Sirey 2004, 4ème éd.
6. B. Bouloc, *Droit pénal général*, Paris：Dalloz, 2005, 19 éd.
7. B. Bouloc, *Droit de l'exécution des peines*, Paris：Dalloz, 2011
8. E. Bonis-Garçon et V. Peltier, *Droit de la peine*, Paris：LexisNexis, 2014, 2ème éd.
9. J.-M. Carbasse, *Histoire du droit pénal et de la justice criminelle*, Paris, PUF, 2014
10. F. Chabas, *Responsabilité civile et responsabilité pénale*, Paris：Montchrestien, 1975
11. A. Chauveau et F. Hélie, *Théorie du Code pénal*, 8 volumes, Paris：Legrand et Descauriet, 1837-1842
12. P. Conte et P. Maistre du Chambon, *Droit pénal général*, Paris：A. Colin, 2004, 7ème éd.
13. A.-Ch. Dana, *Essai sur la notion d'infraction pénale*, Paris：L.G.D.J., 1982
14. A. Decocq, *Droit pénal général*, Paris：A, Colin, coll. U, 1971
15. M. Delmas-Marty,《*Corpus juris*》*portant dispositions pénales pour la protection des interêts financiers de l'Union européenne*, Paris：Economica, 1997
16. M. Delmas-Marty et G. Giudicelli-Delage, *Droit pénal des affaires*, Paris：PUF, 2000
17. M. Delmas-Marty et C. Teitgen-Colly, *Punir sans juger ? De la répression administrative au droit administratif pénal*, Paris：Economica, 1992
18. H. Donnedieu de Vabres, *Traité de droit criminel et de législation pénale comparée*, Paris：Librairie de la Société du Recueil Sirey, 1937, 1ère éd.
19. H. Donnedieu de Vabres, *Traité élémentaire de droit criminel et de législation pénale comparée*, Paris：Sirey, 1947, 3ème éd.
20. F. Desportes et F. Le Gunehec, *Droit pénal général*, Paris：Economica, 2010, 17ème éd.

21. E. Dreyer, *Droit pénal général*, Paris: LexisNexis, 2014, 3ème éd.

22. E. Gallardo-Gonggryp, *La qualification pénale des faits*, PUAM, 2013

23. E. Garçon, Code pénal annoté, 3 tomes, 2ème édition par M. Rousselet, M. Patin et M. Ancel, Paris: Sirey, 1952-1959.

24. R. Garraud, *Traité théorique et pratique de droit pénal*, Paris: Sirey, 1913-1935, 3ème éd.

25. R. Garraud, *Précis de droit criminel*, Paris: Librairie de la Société du Recueil Sirey, 1921

26. R. Hidalgo, G. Salomon, et P. Morvan, *Entreprise et responsapilité pénale*, Paris: L.G.D.J., 1994

27. A. Laingui, *Histoire du droit pénal*, Que sais-je?, Paris: PUF, 2ème éd., 1993

28. A. Laingui, *La responsabilité pénale dans l'ancien droit, XVIe-XVIIIe siècle*, Paris: L.G.D.J., 1970

29. J. Larguier, Ph. Conte et P. Maistre du Chambon, *Droit pénal général*, Paris: Dalloz, 2007, 21ème éd.

30. Ch. Lazerges (sous la direction de), *Réflexions sur le nouveau Code pénal*, Paris: Pedone, 1995

31. J. Leroy, *Droit pénal général*, Paris: L.G.D.J., 2012, 4ème éd.

32. G. Levasseur (sous la direction de), "Les techniques de l'individualisation judiciaire", in *Centre d'études de défense sociale*, Paris: Cujas, 1971

33. Y. Mayaud, *Droit pénal général*, Paris: PUF, 2010, 3ème éd.

34. R. Merle et A. Vitu, *Traité de droit criminel*, t. I, *Problèmes généraux de la science criminelle*, Paris: Cujas, 1997, 7ème éd.

35. P. Merle, *Les présomptions légales en droit pénal*, thèse, Paris: L.G.D.J., 1970

36. P.-A. Merlin, *Répertoire universel et raisonné de jurisprudence*, t. 15, Paris: Garnery et J.-P. Roret Libraires, 1826, 5ème éd.

37. V. Molinier, *Programme du cours de droit criminal*, Toulouse: Imprimerie de Bonnal et Gibrac, 1851

38. J. Ortlan, *Eléments de droit pénal*, Paris: Cujas, 1886, 5ème éd.

39. X. Pin, *Droit pénal général*, Paris: Dalloz, 2005

40. P. Poncela, *Droit de la peine*, Paris: PUF, 2001, 2ème éd.

41. J. Pradel et A. Varinard: *Les grands arrêts du droit pénal général*, Paris: Dalloz, 2012, 8ème éd.

42. J. Pradel, *Droit pénal général*, Paris: Cujas, 1994, 9ème éd.

43. J. Pradel, *Droit pénal comparé*, Paris: Dalloz, 2002, 16ème éd.

44. J. Pradel, Droit pénal européen, Paris: Dalloz, 2002, 2ème éd.

45. Y. Reinhard, *L'acte du salarié et la responsabilité pénale du chef d'entreprise*, thèse,

Lyon, 1974

46. H. Renout, *Droit pénal général*, Orléans: Paradigme, 2006
47. F. Rigaux, *La loi des juges*, O. Jacob, 1997
48. J.-H. Robert, *Droit pénal général*, Paris: PUF, 1999, 4ème éd.
49. A Roux, *Cours de droit criminel français*, Paris: Sirey, 1927, 2ème éd.
50. R. Saleilles, *L'individualisation de la peine*, Paris: F. Alcan, 1927, 3ème éd., réédition de la 3ème édition en *L'individualisation de la peine: de Saleilles à aujourd hui*, Toulouse: Erès, 2001
51. J.-Cl. Soyer, *Droit pénal et procédure pénale*, Paris: L.G.D.J., 2012, 21ème éd.
52. E. Trébutien, *Cours élémentaires de droit criminal*, Paris: A. Durant, 1854
53. R. Vouin, *Manuel de droit criminel*, Paris: L.G.D.J., 1949
54. Muyart de Vouglans, *Les lois criminelles de France dans leur ordre naturel*, Paris: Merigot, Chapart et Morin Libraires, 1780

（二）论文

55. M. Ancel, *Responsabilité et défense sociale*, in La responsabilité pénale,- travaux du colloque de philosophie pénale, Paris: Dalloz, 1961
56. M. Ancel, "La peine dans le droit classique et selon les doctrines de la défense sociale", *RSC*, 1973
57. J.-M. Aussel, "Concept de responsabilité pénale", in *Annales de la faculté de droit de Toulouse*, 1982
58. J.-F. Barbieri, "L'incidence de la réforme du Code pénal sur la gestion des personnes morales", in La responsabilité pénale des personnes morales, rapport de synthèse lors du colloque de l'Université de Limoges, 11 mai 1993, *Petites Affiches*, 1993
59. J. Borricand, "La répression de la provocation au suicide: de la jurisprudence à la loi", *JCP*, 1988
60. J. Borricand, "La non-rétroactivité des textes réglementaires en matière économique ou fiscale", *D.*, 1978
61. J. Borricand, "La libération conditionnelle: quel avenir ?", *RSC*, 1989
62. B. Bouloc, "La responsabilité pénale des enterprises en droit français", in *Revue internationale de droit comparé*, 1994
63. B. Bouloc, "Le problème des repentis. La tradition française relativement au statut des repentis", *RSC*, 1986
64. J. Carbonnier: "Du sens de la répression applicable aux complices selon l'article 59 du Code pénal", *JCP*, 1952
65. M.-E. Cartier, "Notion et fondements de la responsabilité du chef d'entreprise", in *La responsabilité pénale du fait de l'entreprise*, Paris: Masson, 1977
66. J. Cedras, "Le dol éventuel: aux limites de l'intention", *D.* 1995

67. F. Chabas, "La notion de contravention", *RSC*, 1969

68. Y. Chalaron, "Le concours idéal d'infraction", *JCP*, 1967

69. A. Chavanne et M.-Cl. Fayard, "Les délits d'imprudence", *RSC*, 1975

70. J.Y. Chevallier, "L'état de nécessité", in *Mélanges Bouzat*, Paris: Pedone, 1980

71. J. Consigli, " La responsabilité pénale des personnes morales pour les infractions involontaires: Critières d'imputation", *RSC*, 2014

72. P. Couvrat, "De la période de sûreté à la peine incompressible", *RSC*, 1994

73. P. Couvrat, " Les infractions contre les personnes dans le Nouveau Code pénal", *RSC*, 1993

74. P. Couvrat, " Réflexions sur la mise à l'épreuve", in *Mélanges Larguier*, Grenoble: PUG, 1993

75. Dana-Demaret, La délégation de pouvoirs, *Annales de l'Université Jean Moulin*, 1979

76. A. Decocq, "Inaction, Absention et complicité par aide ou assistance", *JCP*, 1983

77. N. Della Faille et Ch. Mincke, " Les mutations du rapport à la loi en droit pénal", in *Déviance et Société*, 2002

78. M. Delmas-Marty, "Union européenne et droit pénal", in *Cahiers de droit européen*, No. 5-6(1997)

79. M. Delmas-Marty, "Le droit pénal, l'individu et l'entreprise: culpabilité du fait d'autrui ou du décideur ?", *JCP*, 1985

80. M. Delmas-Marty, "La durée de la sentence: structures et stratégies du système pénal français", in *Revue de droit pénal et de criminologie*, 1984

81. F. Desportes, "Le nouveau régime de la responsabilité pénale des personnes morales", *JCP*, 1993

82. F. Desportes et F. Le Gunehec, "Présentation des dispositions du nouveau Code pénal", *JCP*, 1992

83. R. Gassin, "Les définitions dans les textes en matière pénale", in *Droit prospectif*, 1987

84. A. Lepage et P. Maistre du Chambon, "Les paradoxes de la protection pénale de la vie humaine", in *Mélange Bouloc*, Paris: Dalloz, 2006

85. G. Levasseur, "Le domaine d'application dans le temps des lois relatives à l'exécution des sanctions répressives", in *Mélanges Vitu*, Paris: Cujas, 1989

86. G. Levasseur, "Etude de l'élément moral de l'infraction", in *Annales de la faculté de droit de Toulouse*, 1982

87. Y. Mayaud, "De l'article 121-3 du Code pénal à la théorie de la culpabilité en matière criminelle et délictuelle", *D.*, 1997

88. Y. Mayaud, "La volonté à la lumière du nouveau Code pénal", in *Mélanges Larguier*, Grenoble: PUG, 1993

89. D. Mayer, "Principes constitutionnels et principes généraux applicables en droit pénal

français", *RSC*, 1987

90. R. Ottenhof,"Le droit pénal français à l'épreuve du terrorisme", *RSC*, 1987
91. R. Ottenhof,"Imputabilité, culpabilité et responsabilité en droit pénal", *APC*, 2000
92. R. Ottenhof,"Aspects actuels de la minorité pénale", in *APC*, 2008
93. J. Pinatel, "Biologie et responsabilité", *RSC*, 1968
94. W. Pompe,"La nouvelle théroie de la responsabilité pénale", in collection dirigée par R. Vouin et J. Léauté, *Une nouvelle école de science criminelle: l'école d'Utrecht*, Paris: Cujas, 1959
95. J. Pradel, "La défense automatique des biens", in *Mélanges Bouzat*, Paris: Pedone, 1980
96. M. Puech,"De la mise en danger d'autrui", *D.*, 1994
97. J.-H. Robert,"La classification tripartite des infractions selon le nouveau Code pénal", in *Droit pénal*, 1995
98. J.-H. Robert,"Les aspects de droit pénal de la dispense", in *Droits*, No. 25(1997)
99. J.-H. Robert,"L'histoire des éléments de l'infraction", *RSC*, 1977
100. M. Rolland,"Le délit d'omission", *RSC*, 1965
101. F. Rousseau, "La répartition des responsabilités dans l'entreprise", *RSC*, 2010
102. G. Royer, "La réserve d'interprétation constitutionnelle en droit criminel", *RSC*, 2008
103. R. Saleilles, "Essai sur la tentative", *RPDP*, 1913
104. O. Sautel, "Le Livre V du Code pénal et les infractions en matière d'éthique biomédicale", in *Réflexions sur le nouveau Code pénal*, Paris: Pedone, 1995
105. R. Schmelck, "La distinction de la peine et de la mesure de sûreté", in *Mélanges Patin*, Paris: Cujas, 1966
106. M.-C. Sordino, "De la proportionalité en droit pénal", in *Mélanges en l'honneur du professeur J.-H. Robert*, Paris: LexisNexis, 2012
107. A. Varinard, "La théorie de l'infraction impossible: vers la disparition d'un mythe doctrinal", in *Mélanges Chavanne*, Paris: Litec, 1990

中文:

（一）著作

1. 何勤华主编：《法国法律发达史》，北京，法律出版社，2001。
2. 由嵘主编：《外国法制史》，北京，北京大学出版社，2006。
3. 陈文海：《法国史》，北京，人民出版社，2014。
4. 吕一民：《法国通史》，上海，上海社会科学院出版社，2007。
5. ［法］乔治·杜比《法国史》，吕一民、沈坚、黄艳红等译，北京，商务印书馆，2010。
6. ［法］孟德斯鸠著：《论法的精神》（上），张雁深译，北京，商务印书馆，1982。
7. ［意］贝卡里亚：《论犯罪与刑罚》，黄风译，北京，中国大百科全书出版社，1993。
8. ［法］马克·安塞尔：《新刑法理论》，卢建平译，香港，香港天地图书有限公司，1990。

9. [法]米歇尔·福柯:《规训与惩罚:监狱的诞生》,刘北成、杨远婴译,北京,生活·读书·新知三联书店,2012。

10. [法]卡斯东·斯特法尼等著:《法国刑法总论精义》,罗结珍译,北京,中国政法大学出版社,1998。

11. [法]米海依尔·戴尔玛斯-马蒂:《刑事政策的主要体系》,卢建平译,北京,法律出版社,2000。

12. [法]米海依尔·戴尔玛斯-马蒂:《世界法的三个挑战》,罗结珍、郑爱青、赵海峰译,北京,法律出版社,2001。

13. [法]巴丹戴尔:《为废除死刑而战》,罗结珍、赵海峰译,北京,法律出版社,2003。

14. [意]帕多瓦尼:《意大利刑法学原理》,陈忠林译评,北京,中国人民公安大学出版社,2004。

15. [德]金德霍伊泽尔:《刑法总论教科书》,蔡桂生译,北京,北京大学出版社,2015。

16. [德]韦塞尔斯:《德国刑法总论》,李昌珂译,北京,法律出版社,2008。

17. [日]小野清一郎:《犯罪构成要件理论》,王泰译,北京,中国人民大学出版社,2004。

18. [日]大塚仁:《刑法概说:总论》,冯军译,北京,中国人民大学出版社,2003。

19. 李立众:《犯罪成立理论研究》,北京,法律出版社,2006。

20. [法]雅克·博里康、朱琳编著:《法国当代刑事政策》,北京,中国人民公安大学出版社,2010。

21. [法]雅克·博里康:《法国二元论体系的形成和演变》,朱琳译,北京,中国民主法制出版社,2011。

22. 马克昌主编:《刑罚通论》,武汉,武汉大学出版社,2007年。

23. 马克昌主编:《犯罪通论》,武汉,武汉大学出版社,1999年。

24. 马克昌:《比较刑法原理》(外国刑法学总论),武汉,武汉大学出版社,2002。

25. 马克昌主编:《外国刑法学总论》(大陆法系),北京,中国人民大学,2012。

26. 马克昌:《近代西方刑法学说史略》,北京,中国检察出版社,2004。

27. 张明楷:《外国刑法纲要》(第二版),北京,清华大学出版社,2007。

28. 陈兴良:《犯罪论体系研究》,北京,清华大学出版社,2005年。

29. 李春雷、张鸿巍主编:《外国刑法学概论》,北京,北京大学出版社,2011。

30. 赵秉志主编:《外国刑法原理》(大陆法系),北京,中国人民大学出版社,2000。

31. 卢建平:《刑事政策与刑法》,北京,中国人民公安大学出版社,2004。

32. 柳忠卫:《假释制度比较研究》,济南,山东大学出版社,2005。

33. 周振杰:《比较法视野中的单位犯罪》,北京,中国人民公安大学出版社,2012。

(二)论文

34. 卢建平:《法国违警罪制度对我国劳教制度改革的借鉴意义》,载《清华法学》,2013,7(03)。

35. 卢建平:《西方国家刑法发展的新趋向》,载《法律学习与研究》,1990(01)。

36. 卢建平：《犯罪分层及其意义》，载《法学研究》，2008(03)。
37. 米海依尔·戴尔玛斯-马蒂、卢建平：《法的世界化——机遇与风险》，载《法学家》，2000(04)。
38. 卢建平、孙平：《中法引渡条约中的"死刑犯不引渡"原则及其对我国死刑制度改革的意义》，载《欧洲法律与经济评论》，法国，2007(15-16)。
39. 孙平、博胥康：《法国犯罪二元论体系概述：行为和行为人》，载赵秉志主编：《刑法论丛》第 11 卷，北京，法律出版社，2007。
40. 孙平：《法国法人犯罪认定标准及借鉴价值》，载赵秉志主编：《刑事法判例研究》2010 年第一辑，北京，人民法院出版社，2010。
41. 孙平：《法国惩治未成年人犯罪的刑事法律制度》，载赵秉志主编：《刑法论丛》第 26 卷，北京，法律出版社，2011。
42. 孙平：《法国社区矫正制度概论》，载《法治研究》，2014(11)。
43. 孙平：《法国打击累犯的刑事政策和对我国的借鉴》，载郎胜、刘宪权、李希慧主编：《改革开放 30 年刑事法治研究》，北京，中国人民公安大学出版社，2008。
44. 孙平：《试论法国法人犯罪的主体和法人负刑事责任的条件》，载李洁、张军、贾宇主编：《和谐社会的刑事现实问题》，北京，中国人民公安大学出版社，2007。
45. 陈萍：《法国法人刑事责任归责机制的形成、发展及启示》，载《政治与法律》，2014年(5)。

（三）其他

46. 罗结珍译：《法国刑法典》，北京，中国法制出版社，2003。
47. 朱琳译：《最新法国刑法典》，北京，法律出版社，2016。
48. 《中国大百科全书》法学卷，北京，中国大百科全书出版社，2006。

后　　记

　　本书得以写成,首先要感谢百年名校北京师范大学浓厚的人文学术气息的熏陶与滋养,感谢北京师范大学法学学术团队高端科研平台多年来的支持与帮助。

　　其次,要特别感谢本人留学的联合导师、留法"前辈"卢建平教授。回想本人赴法留学临行前,向卢老师请教留学法国的经验,卢老师当时在中国人民大学法学院办公室对我的学习计划给予了详细的建议和叮嘱,并将自己厚厚的法文博士论文《中国刑事政策》的复印件赠送给我,当时情景至今仍记忆犹新。在本人学成归国加入北师大刑科院后,卢老师又建议我致力于法国刑法总论方向研究。卢老师在百忙中对《法国刑法总论》的写作构思、内容和形式提出了非常宝贵的修改和完善意见,还利用访法之际带回多本法文刑法学参考文献,并不断督促我抓紧时间早出成果。而且卢建平老师还带领我们几位留法博士,同法国法律工作者合作在欧洲出版了法文介绍中国法律的著作,让我感到促进中法两国法学法律界交流意义的重要性和时间的紧迫性。因此,再次诚挚感谢卢建平教授曾给予的教诲、指导与鼓励。同时也借机感谢中国人民大学法学院石佳友教授、上海立信会计金融学院陈萍博士、北京师范大学法学院李滨教授和郑延谱教授等留法同仁对本研究项目的关注与支持。

　　时光荏苒,岁月如梭。十多年来,本人的主要教学和科研工作基本上围绕大陆刑法,尤其是法国刑法展开,《法国刑法总论》的写作在不断的积累和研修中最终告一段落。遗憾的是,本人的法国导师米海伊尔·戴尔玛斯-马蒂(Mireille Delmas-Marty)教授于2022年初仙逝。我想如果戴尔玛斯-马蒂教授知道了本书的问世,定会感到十分高兴。在此对这位曾经与我国刑法学界有着密切学术友谊和丰硕交流成果的法国法学大家,这位中国古典文化的爱好者以及这位被卢老师称为人类大同的法律先驱者表示深深怀念。

　　本研究进行过程中,还得到储槐植教授和王志祥教授的督促与指导,在此表示感谢;本研究最终完成,离不开北师大刑事法学术团队有关领导和同事们长期给予的支持与帮助,在此表示由衷感谢。

由于本人学识有限,书中的错误在所难免,对于这些可能存在的错误,本人将承担全部责任,敬请读者不吝赐教。

孙　平

2024 年秋于北京师范大学